Catherine Crowe

a face noturna da natureza

© FARIA E SILVA Editora, 2022
© Tradução Fernando Paz 2022

Editor
Rodrigo de Faria e Silva

Tradução
Fernando Paz

Revisão
J.R.Penteado

Projeto gráfico
Carlos Lopes Nunes

Diagramação
Estúdio Castellani

Capa
Carlos Lopes Nunes

Imagem da capa, contracapa e orelhas
Fotografias de Zico Farina

Dados Internacionais de Catalogação na Publicação (CIP)

C363a Crowe, Catherine

A face noturna da natureza /
Catherine Crowe, – São Paulo: Faria e Silva Editora, 2022
352 p.

ISBN 978-65-89573-07-4

CDD 820 – Literatura Inglesa
CDD 133 – Parapsicologia (Ocultismo; Espiritismo)

FARIA E SILVA Editora
Rua Manguatá, 161 | Cidade Monções
São Paulo | SP | CEP 04567-070
contato@fariaesilva.com.br
www.fariaesilva.com.br

APRESENTAÇÃO

Quando regressei ao Brasil em 1992, já aposentado do Banco do Brasil, entreguei-me de todo à minha atividade literária. Trabalhei em enciclopédias e consegui publicar várias traduções que tinha iniciado. Em 1995 andei às voltas com uma edição das obras completas de Charles Baudelaire para a Editora Aguilar (Nova Fronteira), quando tive de ler tudo o que já estava traduzido do autor em língua portuguesa, além de selecionar uma grande parte do que ainda carecia de tradução. No curso dessas leituras enveredei igualmente por várias biografias do autor a fim de apresentar ao leitor brasileiro não só o que havia de mais expressivo da produção baudelairiana mas igualmente dar-lhe um apanhado ilustrativo do que fora a vida atribulada do gênio, considerado por Rimbaud "um verdadeiro deus". Não me lembro mais (e sempre me penitenciei por isso) onde, em que nota biográfica ou comentário, li que Baudelaire, já na velhice, costumava ler obras cabalísticas (tais como as de Madame Blavatsky) e às vezes até memo se entregava a práticas mediúnicas, como as famosas aparições e mesas falantes. Mas havia um volume, igualmente citado, que podia ser tido como seu "livro de cabeceira". Era uma edição inglesa de THE DARK SIDE OF THE NATURE by Catherine Crowe, de 1882.

Claro que corri para o Google de então e nada encontrei. (Não se espantem, estávamos em 1995: pouco tempo depois também eles iriam descobrir o livro e escreveriam um grande artigo sobre a obra e sua autora. Algo mais tarde, o livro se tornaria "cult" e a Universidade de Cambridge, graças ao projeto Gutemberg, lançaria, em 2011, uma edição fac-similada, que você pode já agora ler na Internet.)

Mas naqueles tempos de pesquisa, o máximo a que cheguei é que havia um exemplar, o único no mundo, na British Library (Biblioteca Pública de Londres), com a possibilidade de ser consultado no setor de obras raras, vale dizer em circunstâncias especiais (críticos, estudiosos de literatura, linguistas, étc.). Mas o certo é que o livro existia!

Em 2004, numa viagem de recreio a Londres, ocorreu-me ir à British Library para "ver" e eventualmente consultar aquela preciosidade – única no mundo! Eu tinha guardado meu cartão de leitor prioritário, de frequentador assíduo da biblioteca, e me muni de coragem para ir até lá e preencher uma declaração em que informava a minha condição de editor brasileiro de Baudelaire e estudioso dos livros que se tornaram sua leitura habitual ao fim da vida.

Cheio de expectativa, entreguei na portaria o meu requerimento e fiquei aguardando no saguão por uma resposta. Algo depois um funcionário veio buscando por Mr. Barroso e me informou que a autorização para a consulta do livro havia sido concedida e que eu deveria esperar, na sala de obras raras, ao fim do corredor, que alguém me trouxesse o exemplar. Lá fui, a sala estava vazia, só para mim, e muito tempo depois surgiu uma funcionária devidamente uniformizada portando o volume, que colocou sobre a única mesa que havia na sala. Deixou-me um par de luvas, para eu usar caso tivesse a intenção ou necessidade de folhear o livro. Eu estava deslumbrado: ei-lo afinal na única edição de 1882, *The Dark Side of the Nature*, de Catherine Crowe à minha frente, bem ao alcance de minhas mãos enluvadas!

Era ele. O exemplar um e único, certamente o precioso irmão gêmeo daquele que Baudelaire folheava em sua atormentada velhice. Qual seria seu conteúdo? Não dava para saber. Na minha sofreguidão, ao tentar abri-lo, só me ocorreu um pensamento, diabólico: Roubar o livro! Levá-lo comigo! Eu tinha apenas que agarrar o exemplar, escondê-lo embaixo do meu casacão de inverno, caminhar por aqueles 100 metros de corredor até a saída e escapar para a rua sem chamar a atenção do funcionário da portaria que, no entanto, retinha a minha ficha de consulta. Opa lá! Espera aí! Embora eu tivesse na ficha dado o meu endereço domiciliar no Brasil, o autor do furto seria facilmente identificado e eu ficaria sujeito às penas legais. No meu caso, havia o vexame maior de eu ter sido, em 1964, gerente da agência londrina do Banco do Brasil! Eu poderia ser preso, processado, sujeito a pagar multa, além de "pegar mal" para o conceito do Banco. E tudo por causa de um livro. De uma paixão. De um capricho de intelectual, de um reles editor de Baudelaire no Brasil. Tinha tudo a perder com o roubo, nada a ganhar nem sequer o livro, que eu teria de devolver indene, incontinenti, ao ser descoberto mais cedo ou mais tarde.

Contudo, o demônio me soprava forte ao ouvido: "Vamos, pega o livro e caminha esses cem metros de corredor que te levam da sala de obras raras à porta de saída. Lá, será só aguardar um descuido do vigia e sair pela porta sem importar com o cartão de consulta. Talvez nem deem pelo furto..."

Num ímpeto, tomei o livro nas mãos enluvadas e saí pelo corredor, carregando-o sem disfarces, enquanto o meu demônio interior me açulava: "Vamos! Falta pouco para a saída, mais alguns passos, e o livro será seu. Não esmoreça!"

Quando chegava à etapa final, eis que o MILAGRE novamente se operou! Em minha vida, fui por várias vezes tocado pela mão do Invisível, fatos extraordinários me acorreram. Talvez a alma de minha avó tivesse me ajudado ainda nesse instante. À minha direita, quase por magia, abriu-se no corredor uma janela iluminada e um pequeno laboratório de fotocópias se mostrou. Estarrecido, perguntei à pessoa que lá estava se podiam copiar o livro que eu tinha à mão. Sim, era possível, mas custaria muito caro, cerca de 200 libras! Não hesitei; dei-lhe o livro, meu cartão de crédito da American Express, endereço para envio, e todo mais que fosse necessário. Ele me deu um recibo e saí da Biblioteca levando incólume a minha ficha de leitor!

Tempos depois, já no Brasil, recebi um envelope lacrado e dentro dele o que seria o microfilme, só que a essa altura eu estava atarefado com mil e um projetos e simplesmente engavetei o pacote: fantasmas, aparições e Baudelaire já não me interessavam. Meu objetivo, então, era editar meu livro de poesias, a que dera o título de "A Caça Virtual e outros poemas".

Passei a frequentar a Biblioteca Nacional e acabei assessorando a revista Poesia Sempre, lá editada, o que me aproximou de Eduardo Portela, seu então diretor. Para meu deslumbramento, Portella não só patrocinou a edição de meu livro, como escreveu um prefácio algo encomiástico para ele, mas "A Caça Virtual e outros poemas", acabou saindo, por obsessão minha, só em 2001. De nosso trato frequente, lembrei-me ter um envelope da National Library de Londres contendo a fotocópia de um livro cabalístico e interessei à nossa Biblioteca Nacional para que o pusesse em condições de leitura. A BN transformou o rolo de fotocópias em enormes folhas (tipo meia página de jornal) e destinou o calhamaço ao setor de obras raras. Até hoje não sei se algum leitor andou por lá a consultá-lo.

Até que em 2011 conheci o Rodrigo de Faria e Silva, por intermédio do amigo comum e também editor Cláudio Giordano, que se interessou pelos meus livros e publicou vários dos originais que tinha guardados. Depois de vários inéditos meus, lembrei-me então do famigerado *The Dark Side of Nature*, que eu mantinha em grandes folhas agora legíveis.

Para minha surpresa, Rodrigo vibrou com a ideia de publicar o livro, cujo assunto (assombrações, almas do outro mundo, etc), segundo ele, estava voltando à moda com a grande ênfase dos estudos kardecistas.

Faltava traduzir o calhamaço. Rodrigo achava que eu próprio devia fazê-lo e cheguei mesmo a tentar todo o primeiro capítulo daquele inglês arrevesado e repetitivo. Desisti e o livro iria voltar ao nimbo quando Rodrigo descobriu seu tradutor ideal: Fernando Paz, conhecedor profundo de inglês (e outras línguas), corajoso o suficiente para enfrentar aquelas dezenas de páginas de um texto cabalístico, fazendo algo como andar na corda bamba em cima do abismo. Graças a eles, o leitor brasileiro pode agora participar desta que foi uma das minhas maiores aventuras.

Ivo Barroso

"Vieste sob um aspecto tão questionável,
que falarei contigo!"

Hamlet

Sumário

Capítulo I
Introdução, *12*

Capítulo II
O habitante do templo, *26*

Capítulo III
Acordar e dormir; e como o habitante do templo às vezes olha para fora, *36*

Capítulo IV
Sonhos alegóricos, pressentimentos etc., *48*

Capítulo V
Avisos, *62*

Capítulo VI
Sonhos duplos e transe, *84*

Capítulo VII
Espectros, *110*

Capítulo VIII
Doppelgängers ou duplos, *122*

Capítulo IX
Aparições, *140*

Capítulo X
O futuro que nos espera, *164*

Capítulo XI
O poder da vontade, *194*

Capítulo XII
Espíritos Atormentados, *208*

Capítulo XIII
Casas mal-assombradas, *216*

Capítulo XIV
Luzes espectrais e aparições associadas a certas famílias, *240*

Capítulo XV
Aparições em busca de orações dos vivos, *260*

Capítulo XVI
O Poltergeist dos alemães e possessão, *284*

Capítulo XVII
Fenômenos Variados, *314*

Capítulo XVIII
Conclusão, *334*

a face noturna da natureza

Capítulo I

Introdução

"Não sabeis que sois o Templo de Deus, e que o Espírito de Deus habita em vós?" — **I Cor. iii.16**

É sabido que os gregos e romanos cultivavam certas noções com respeito ao estado da alma, ou da parte imortal do homem, após a morte do corpo, noções essas consideradas em sua maioria como puramente mitológicas. Muitas delas na verdade o são; e delas não devemos nos ocupar; mas entre essas concepções há algumas que, coincidindo com as opiniões de muitas pessoas esclarecidas dos tempos presentes, devem ser consideradas mais de perto. Refiro-me aqui em especial à crença num reino tripartite da morte. Segundo esse sistema, haveria uma região denominada Campos Elísios, em que certa espécie de felicidade podia ser fruída, e o Tártaro, o lugar da punição para os maus; ambos, comparativamente, pouco habitados. Mas havia ainda uma região intermediária, povoada por inumeráveis hostes de espíritos errantes e plangentes, que, embora sem sofrerem tormentos, são representados como em incessante queixume por sua condição, lamentando a vida que usufruíram na carne, ansiando pelas coisas terrenas e se ocupando na mesma busca de objetivos que antigamente constituíam suas ocupações ou prazeres. Os velhos hábitos ainda lhes são caros e não podem quebrar os vínculos que os unem à Terra.

Ora, ainda que não possamos crer na existência de Caronte, o barqueiro, de Cérbero, o cão de três cabeças, ou de Alecto, a fúria com cabelos de serpentes, vale a pena considerar se a persuasão dos antigos em relação ao que nos concerne tão de perto, ou seja, ao destino que nos espera depois de despidos do mortal invólucro, não teria algum fundamento verdadeiro: se não seria um remanescente de uma tradição transmitida desde os mais primitivos habitantes da Terra, obtida pela observação da natureza ou comunicada por alguma fonte superior; e ainda, se as circunstâncias da constante recorrência em todas as idades e em todas as nações — com frequência observada e registrada por pessoas totalmente ignorantes da sabedoria popular, e sem relação, de fato, com os dogmas de outro credo senão o seu próprio — não permitem admitir, bem como várias passagens das Escrituras, uma surpreendente confirmação dessa teoria da vida futura; ao mesmo tempo em que, por outro lado, oferecem uma explicação natural e conveniente de *seu* mistério.

Para as mentes que só podem admitir aquilo que seja explicável e demonstrável, uma investigação desta natureza pode parecer perfeitamente ociosa; porque enquanto o intelecto mais acurado e a lógica mais poderosa só podem aportar uma escassa luz sobre o assunto, ele é, ao mesmo tempo — embora eu tenha a firme esperança de que tal não será sempre o caso — igualmente inatingível dentro dos atuais limites da ciência; enquanto isto, a experiência, a observação e a intuição devem ser nossas principais, senão únicas guias. Como no século XVII, a credulidade ultrapassava a razão e a discrição, o século XVIII, como reação natural, voltou-se para o extremo oposto. Quem quer que observe com atenção os sinais dos tempos, se dará conta de que outra mudança está se aproximando. O ceticismo desdenhoso da última geração está produzindo um espírito de inquirição mais humilde; e há uma grande classe de pessoas entre as mais esclarecidas do presente que começa a acreditar que a maior parte do que lhes ensinaram a rejeitar como fábula, era, na realidade, uma verdade mal compreendida. Algo do mistério de nossos próprios seres, e dos mistérios que nos circundam, está começando a se avultar para nós como sendo verdades, mas de maneira obscura; e no afã de seguir a pista que nos oferecem, só encontramos uma fraca luz a nos guiar. Temos que tatear nossa saída através do estreito passo à nossa frente, mesmo com o perigo de cairmos em erro, ao mesmo tempo em que possamos confidencialmente reconhecer o termos sido persuadidos pelos acicates do ridículo — essa arma tão fácil de brandir, tão potente para os fracos, tão fraca para os sagazes — que tem atrasado o nascer de tantas verdades, mas que nunca conteve nenhuma. O ceticismo farisaico que nega sem investigar, é tão perigoso, e muito mais desprezível do que a cega credulidade que aceita tudo o que é ensinado sem indagação; é, na verdade, outra forma de ignorância que pretende ser conhecimento. Por *investigação* não quero dizer a apressada, capciosa, irada observação de um fato indesejável, que muito frequentemente avoca o direito de se pronunciar sobre uma questão, mas o lento, recatado, meticuloso exame que se contenta em esperar a manifestação da natureza e segue humildemente suas revelações, ainda que opostas às teorias preconcebidas ou humilhantes para o orgulho humano. Se os homens de saber pudessem ao menos compreender o quanto desacreditam a ciência que professam por sua despótica arrogância e ceticismo exclusivista, certamente demonstrariam, em prol dessa mesma ciência que dizem amar, maior liberalidade e maior franqueza. Esta reflexão, no entanto, sugere naturalmente uma outra, ou seja, amarão de fato a ciência, ou não será que com mais frequência entre eles ela seja apenas um meio para atingir seus fins? Fosse genuíno esse amor pela ciência, imagino que produziria frutos bem diferentes daqueles que vemos brotar da árvore do conhecimento que floresce no presente. E esta suspeita é fortemente acentuada pela lembrança de que, entre os numerosos estudantes e professores de ciência que encontrei em diferentes ocasiões, os verdadeiros cultores e genuínos amantes dela, para seu próprio bem, sempre foram homens de mentes as mais simples, cândidas, não preconceituosas e abertas a ouvir todas as novas sugestões e investigar todos os fatos novos; não arrojados ou autossuficientes, mas humildes e reverentes seguidores, os quais, cientes de sua própria ignorância e demérito, e cônscios de que estão simplesmente nos primórdios dos trabalhos da natureza, não se permitem pronunciar sobre suas descoberta ou fixar limites para os decretos desta. Estão propensos em admitir que as coisas novas e insuspeitas também podem estar certas; que seu próprio conhecimento dos fatos sendo extremamente circunscrito, os sistemas que tentam se estabelecer em dados tão incertos têm que ser muito imperfeitos, e com frequência totalmente errôneos; e que é, portanto, seu dever, como deve ser também seu prazer, aclamar como estranho cada lampejo de luz que apareça no horizonte, venha ele de que quadrante vier.

Mas, ai, pobre ciência que tem tão poucos cultores! *Les beaux yeux de sa cassette,* suponho, são com muito mais frequência seus objetos de atração do que a sua própria bela face!

A crença num Deus, e na imortalidade do que chamamos a alma, é comum a todas as nações; mas nosso próprio intelecto não nos permite elaborar qualquer conceito seja sobre uma coisa ou outra. Toda a informação que temos desse ou de assuntos semelhantes está contida nas menções que as Escrituras nos fornecem aqui e ali; quaisquer outras conclusões a que cheguemos devem ser o resultado de nossa intuição ou de nossa observação e experiência. A não ser com fundamento nestas, a opinião dos mais eruditos teólogos ou dos mais profundos estudiosos da ciência, não têm qualquer valor a mais do que o de outra pessoa qualquer. Nada sabem a respeito desses mistérios, e o fato de se raciocinar à priori sobre eles é inteiramente sem valor. A única maneira, pois, de captarmos ou conseguirmos alguns lampejos da verdade numa indagação dessa natureza, na qual nosso intelecto só nos pode ser de pouca valia, é entrar nela com a convicção de que, nada sabendo, não estamos autorizados a rejeitar qualquer outra evidência que nos possa ser oferecida, até que tenha sido totalmente esmiuçada e considerada falaciosa. Que os fatos apresentados ao nosso conhecimento nos pareçam absurdos e completamente inconsistentes com as noções que nossos intelectos nos tenham permitido formar, isso não deve ter qualquer peso na investigação. Nossos intelectos não são a medida dos desígnios de Deus Todo Poderoso; e devo dizer que acho uma das mais irreverentes, perigosas e pecaminosas atitudes de que o homem ou a mulher podem ser considerados culpados, o fato de se rejeitar com sarcasmo e galhofa qualquer indício que venha, por mais estranho que seja, ferir a nossa mente, ou ferir nossa opinião, por mais adverso que possa ser, pois ele pode estar possivelmente nos mostrando o caminho para uma das verdades de Deus. Sem conhecer todas as condições, e faltando tantos elos da cadeia, é impossível para nós decidir sobre o que é provável e consistente e o que não é; ora, sendo este o caso, penso que já é tempo de chamarmos a atenção para certos fenômenos, que, sob quaisquer aspectos que os queiramos considerar, são sem dúvida extremamente interessantes e curiosos; ao passo que, sob o aspecto de que muitas pessoas estão propensas a considerá-los certos, eles hão de ser muito mais que isso. Desejo levar ao conhecimento do público inglês algumas ideias acolhidas sobre esses assuntos por ampla porção dos intelectos alemães da mais alta ordem. É uma característica que distingue os pensadores daquele país, a afirmativa de que, em primeiro lugar, pensam de maneira independente e corajosa; e, em segundo, que nunca se retraem de promulgar as opiniões que tenham sido levados a formar, por mais novas, estranhas, heterodoxas ou mesmo absurdas que possam parecer aos demais. Não capitulam, como as pessoas fazem neste país, por medo do ridículo, nem estão sujeitos ao ódio que aqui persegue aqueles que se desviam das noções pré-estabelecidas; e a consequência é que, embora muitas teorias e proposições insustentáveis possam ser alegadas, uma grande quantidade de novas verdades surge da colisão, e o resultado, como quase sempre pode ser o caso, é que o que é verdade permanece e se estabelece, e o que é falso sucumbe e é esquecido. Mas aqui na Inglaterra nossos críticos e colegas têm tanta pressa em sufocar e derrubar cada descoberta nova que não provenha deles mesmos ou que não expressem as ideias do momento, mas que, sendo em parte opostas a elas, prometem ser embaraçantes por requerer novos pensamentos para torná-las inteligíveis, de tal forma que a pessoa pode ser induzida a supô-las despidas de toda confiança nessa lei inviolável; enquanto quanto mais importante e quanto mais altos os resultados implicados possam ser, mais irritados ficam contra aqueles que os advogam. Não discutem sobre um novo metal ou uma nova planta, e mesmo um novo cometa ou uma nova ilha têm boa possibilidade de serem recebidos; a introdução de um planeta parece, pelos últimos acontecimentos, ser mais difícil, enquanto que a frenologia e o mesmerismo testemunham que qualquer descoberta tendente a lançar luz sobre aquilo que mais profundamente nos diz respeito, deve estar preparada para encontrar uma tempestade de perseguição furiosa. E um dos males dessa impetuosa e precipitada oposição é que as paixões e os interesses dos oponentes acabam se envolvendo na disputa; em vez de investigadores, tornam-se partidários; tendo se declarado contra ela desde o princípio, é importante para o seu mesquinho interesse que a coisa não seja verdadeira; e determinam que não *será,* se puderem conseguir. Daí, essas açodadas e irritadas investigações de fatos novos, e a euforia com que tais fracassos são registrados; daí também o voluntário desdém do axioma de que mil negativas não podem destruir a evidência de um experimento afirmativo. Sempre desconfiei daqueles que se declaram inflexíveis no princípio de uma controvérsia. As opiniões que, mesmo quando precipitadamente proclamadas, possam ser honestas a princípio, podem ser modificadas muito antes de serem retratadas. Enquanto isto, a marcha da verdade é obstruída, e seu triunfo postergado; as mentes tímidas se alarmam; os que não ousam ou não conseguem pensar por si próprios são subjugados; há muito sofrimento desnecessário envolvido, e muitas perdas preciosas; mas a verdade segue tranquila em seu caminho e atinge o seu objetivo no final.

Com respeito aos assuntos que estou começando a tratar, não se trata simplesmente do resultado de minhas próprias reflexões e convicções o que lhes irei oferecer. Pelo contrário, pretendo fortalecer meu ponto de vista com as opiniões de muitos outros escritores, sendo os principais os alemães, pelos motivos já expostos, nomeadamente, por serem os que principalmente trataram do assunto. Estou bem cônscio de que neste país um número bastante considerável de pessoas se inclinam para algumas dessas opiniões, e penso que poderia arriscar a afirmar que tenho a maioria de meu lado, no que respeita aos fantasmas — pois está acima de dúvida que muitos outros estão dispostos mais a acreditar do que a admitir — e não são poucos aqueles que admitem de fato. O interesse profundo com o qual qualquer narrativa de aparições espirituais que tragam a chancela, ou a aparência de chancela, de autenticidade vem a ser acolhida em qualquer sociedade, é prova de que, embora o medo do ridículo possa suprimir, não consegue extinguir a persuasão intuitiva da qual quase todos estão mais ou menos conscientes.

Confesso que, escrevendo este livro, tenho um objetivo mais elevado do que meramente o de proporcionar uma distração. Quero comprometer a mais sincera atenção de meus leitores, pois estou cônscia de que as opiniões que estou a ponto de defender, se encaradas seriamente, produzirão resultados benéficos. Fomos educados na crença de um reino futuro, mas sabemos igualmente o quão vaga e ineficiente é essa crença para a maioria das pessoas; pois, embora como disse antes, o número daqueles assim chamados crentes em fantasmas, e fenômenos similares, seja muito grande, trata-se de uma crença que permitem que se acomode apenas levemente em seus espíritos. Acham que a evidência exterior e interior é forte demais para ser posta de lado, mas nunca se permitiram pesar o significado dos fatos. Temem o fantasma da Superstição — um título de opróbrio que está muito convenientemente ligado a tudo aquilo em que de fato não acreditamos. Esquecem que ninguém tem o direito de chamar qualquer crença de supersticiosa, a não ser que prove que ela seja infundada. Ora, nenhum vivente pode asseverar que o reaparecimento dos mortos seja impossível; tudo o que tem direito a dizer é que 'ele não acredita' nisso, e a interrogação que se segue imediatamente a essa declaração é, "Você dedicou sua vida inteira a esquadrinhar todas as provas que foram arroladas pela outra parte desde os períodos iniciais da história e da tradição?", e mesmo que o indagado mantenha a afirmativa, e que a investigação tenha sido conscientemente realizada, ainda assim seria ousado o investigador que se considerasse autorizado a afirmar que a questão estaria encerrada. Mas a pressa e a leviandade com que a humanidade faz profissões de crença ou descrença, são, tudo considerado, fenômenos mais extraordinários do que a mais extraordinária história de fantasmas jamais relatada. A verdade é que, nem uma só pessoa entre milhares, no sentido real da palavra, acredita em alguma coisa; apenas imaginam que acreditam, pois nunca consideraram seriamente o significado da palavra e tudo aquilo que ela envolve. O que a mente humana não pode conceber foge de sua apreensão como a água foge de suas mãos; e a vida fora da carne incide nessa categoria. A observação de qualquer fenômeno, portanto, que nos permita dominar a ideia, deve ser necessariamente de todo benéfica; e deve-se lembrar que um simples, mas inteiramente bem estabelecido exemplo de reaparecimento de uma pessoa falecida não só tem esse efeito, mas que nos fornece uma prova demonstrativa da mais profunda de todas as nossas intuições, ou seja, a de que uma vida futura nos espera.

Sem mencionar os modernos alemães de nomeada, que se devotaram a essa pesquisa, em todos os países tem havido homens de admirável inteligência que consideraram o assunto digno de investigação. Entre muitos, no passado, Platão, Plínio e Luciano; e em nosso país as velhas sumidades dr. Henry Moore, dr. Johnson, além de Addison, Isaac Taylor e muitos outros. Pode-se objetar que o eternamente citado caso de Nicolai, o livreiro de Berlim, e a "Teoria das Aparições", do dr. Ferriar não resolveram a questão; mas ninguém duvida de que o caso de Nicolai foi uma questão de doença, de que ele próprio estava ciente, como me parece que estejam todos aqueles atingidos por ela. Conheci uma pobre viúva em Edimburgo que sofria dessa enfermidade, provocada segundo creio pela bebida; mas ela estava perfeitamente consciente da natureza de suas ilusões, e que a abstinência e um médico eram os próprios exorcistas que produziam os espíritos. Com respeito ao livro do dr. Ferriar, um livro assim superficial jamais foi capaz de definir qualquer questão; e sua própria teoria não pode, a não ser com o mais violento esforço, e o auxílio do que ele chama de *coincidências*, contemplar nem mesmo a metade dos casos que ele próprio alega. Que existe uma enfermidade como a que ele descreve, é algo que todos admitem; mas sustento que há centenas de casos registrados para os quais a sua explicação não satisfaz; e se foram instâncias da ilusão espectral, tudo o que ainda da resta a dizer é que se faz necessária uma fundamental reconstrução da teoria concernente.

La Place afirma, em seu "Ensaio sobre as Probabilidades" que, "Qualquer caso, ainda que aparentemente incrível, se for recorrente, será tão merecedor, sob as leis da indução, a uma avaliação justa, como se fora provável, antes disso". Ora, ninguém irá negar que o caso em questão suscita esse tipo de investigação. Determinados céticos podem certamente negar que exista qualquer instância bem autenticada numa aparição; mas no presente isso só pode ser uma mera questão de opinião, já que muitas pessoas tão competentes como elas próprias para julgar, sustentam o contrário; enquanto isto, arguo seu direito de fazer essa objeção, já que aquelas outras pessoas se qualificaram para fazê-lo depois de um longo curso de pacientes e autênticas pesquisas, sempre lembrando que qualquer exemplo de erro ou imposição descoberto e aduzido não tem qualquer valor positivo na argumentação no que diz respeito àquela simples instância; embora possa nos impor a necessidade de uma evidência mais forte e de uma investigação mais cuidadosa. Com respeito à evidência, passada ou presente, devo me permitir aqui observar sobre a extrema dificuldade de produzi-la. Sem mencionar a conhecida displicência dos observadores, e a alegada incapacidade das pessoas de distinguir entre realidade e ilusão, há um pudor excessivo em muitas pessoas que tenham visto ou imaginado ter visto uma aparição em falar de todo a esse respeito, a não ser aos amigos íntimos; de modo que se tem a maioria dos relatos de segunda mão; e mesmo aqueles que são menos ciosos de suas comunicações, são terminantemente contra a divulgação em público de seus nomes e autoridade. Além disso, há uma grande tendência na maioria das pessoas, depois de passada a impressão, em pensar que foram ludibriadas; e onde não haja nem comunicação ou outra circunstância que torne essa convicção impossível, não será difícil adquiri-la, ou pelo menos algo dela que torne o caso sem valor. O vidente fica satisfeito em encontrar esse refúgio para os sentimentos desagradáveis que foram gerados; enquanto que os amigos circundantes, às vezes por genuíno ceticismo e às vezes por afabilidade, quase invariavelmente se inclinam para essa explicação do mistério. Em consequência desses entraves, e os que envolvem a própria natureza do fenômeno, admito francamente que os fatos que irei aduzir, tais como agora existem, podem não ter nenhum valor científico; não podem, em suma, entrar nos domínios da ciência de todo, e muito menos nos da filosofia. Quaisquer conclusões a que formos levados a concluir, estas não podem se fundar numa pura indução. Devemos nos confinar inteiramente nos domínios da opinião; se nos aventurarmos além disso certamente iremos fracassar. No início, todas as ciências não passavam de uma coleção de fatos, a serem examinados, comparados e pesados *a posteriori* por cérebros inteligentes. Para o vulgo, que não enxerga a lei universal que governa o universo, qualquer coisa fora do curso ordinário dos acontecimentos vem a ser um prodígio; mas para as mentes esclarecidas não há prodígios, pois percebe que, tanto no mundo moral quanto no físico há uma cadeia de conexões ininterrupta; e que o fato ou acontecimento mais estranho e até aparentemente contraditório ou supernatural, pode ser tido, após a devida investigação, como estritamente dependente de seus antecedentes. É possível que haja uma ligação faltante, e a expectativa de que nossas investigações venham a ser consequentemente infrutíferas; mas a ligação lá estará sem dúvida, embora nosso conhecimento imperfeito e a nossa visão limitada não a possa encontrar.

E aqui surge o momento próprio para observar que, ao me encarregar do tratamento dos fenômenos em questão, não me proponho considerá-los supernaturais; ao contrário, estou persuadida de que chegou o tempo em que serão confinados estritamente aos limites da ciência. Havia a tendência na última geração em rejeitar e *negar* tudo quanto não compreendiam; espero que a crescente tendência do presente seja a de *examinar* tudo quanto não compreendamos. Igualmente dispostos com nossos antecessores do século XVIII a rejeitar o sobrenatural, e crer que a ordem da natureza é inviolável, estamos dispostos a estender os limites da natureza e da ciência até abarcarem em seus limites de espaço todos os fenômenos, ordinários e extraordinários, pelos quais estamos circundados. Dificilmente passa-se um mês sem que ouçamos sobre alguma nova e importante descoberta das ciências; trata-se de um domínio em que nada é estável; e todos os anos extravasa algo das apressadas e prematuras teorias dos anos anteriores; e isto continuará a ser o caso enquanto os homens de ciência se ocuparem apenas de seus próprios assuntos, sem atentarem no estudo das grandes e primevas verdades — aquelas que os franceses chamam de *Les verités mères* — que englobam todo o conjunto. Enquanto isto, verifica-se uma Verdade continuamente não resolvida, — se não emanada de uma autoridade reconhecida, ela é em geral rejeitada; e o erro, se o fazem, é quase sempre aceito; enquanto isto, quem quer que conteste a teoria recebida, seja ela qual for — referimo-nos especialmente àquela adotada pelos professores de universidades — o faz a seu risco. Mas há um dia ainda incubando no seio do tempo, em que as ciências não estarão isoladas; quando não mais negaremos, mas estaremos aptos a responder pelos fenômenos aparentemente prodigiosos; ou termos a modéstia de, se não os pudermos explicar, admitir que a dificuldade decorre unicamente de nossa própria incapacidade. O sistema de centralização nas estatísticas parece-me ser de duvidosa vantagem, mas um maior grau de centralização parece ser muito mais necessário no domínio da ciência. Um pequeno avanço a esse respeito pode realizar maravilhas, em particular se reforçado com uma pequena dose de paciência e humildade nas mentes dos cientistas; com a lembrança de que os fatos e fenômenos que não dependem de nossa vontade, devem ser esperados — de que devamos estar ao comando deles, já que eles não estarão ao nosso.

Mas retornemos mais uma vez ao nosso objetivo. Se acreditamos que uma vida futura nos espera, não pode haver nada mais natural do que o desejo de obtermos alguma informação sobre o modo de vida que nos espera, de modo que qualquer um de nós possa, antes desse tempo futuro, modificar seu presente modo de ser. O fato de não haver um interesse maior na mente dos homens com respeito a esta questão, decorre em parte da espécie de crença vaga e intangível que ele alimenta sobre o fato; em parte pela sua absorção nos negócios mundanos, e a pesada e indigesta alimentação com que seus pastores clericais o alimentam — pois, sob uma teologia dogmática, religiões parecem ter minimizado isto como sendo mero verniz de espiritualismo; e parcialmente, também, pela aparente impossibilidade de levar avante a indagação por qualquer motivo. Como disse antes, a observação e a experiência só nos podem guiar em tais indagações; pois embora muita gente tenha um sentido mais ou menos intuitivo de sua própria imortalidade, a intuição nada diz a esse respeito; e a questão que estou aqui ansiosa por discutir com meus leitores, é a de se temos quaisquer fatos para observar, ou qualquer experiência a partir da qual uma conclusão pode ser extraída, neste que é o mais interessante de todos os assuntos. Tão grande quanto a dificuldade de produzir evidências, há de ser, segundo penso, admitir amplamente que, embora cada caso individual, em si só, possa ser comparativamente sem valor, o conjunto de casos recorrentes formam um corpo de evidência que, em qualquer outra matéria dificilmente seria rejeitado; e desde que os fatos sejam aceitos, ele exigem imperativamente uma explicação — pois, sem dúvida, a presente teoria das ilusões espectrais não pode abarcá-los — nossa indagação, termine em que conclusão terminar, não pode ser desnecessária ou desinteressante. Vários aspectos dos fenômenos em questão podem ser observados; e embora eu venha a oferecer a minha opinião, e as teorias e opiniões de outros, não insisto em qualquer delas; não escrevo para dogmatizar, mas para sugerir reflexão e pesquisa. Os livros dos dr. Ferriar, dr. Hibbert e dr. Thatcher, americanos, foram todos escritos para sustentar uma teoria exclusiva; e só dão aqueles casos que servem para corroborá-la. Sustentam que o fenômeno inteiro se refere a um desequilíbrio do sistema nervoso ou sanguíneo, e não passa de ilusões subjetivas; e tudo o que não possa ser coberto por essa teoria, rejeitam como falso, ou tratam como um caso de extraordinária coincidência. Em suma, ajustam os fatos à teoria deles e não a teoria aos fatos. Tais livros não podem, portanto, ser considerados como algo mais do que ensaios sobre uma enfermidade especial; não têm quaisquer pretensões relativamente ao seu caráter investigatório. Dessa forma, a questão permanece tão aberta como era antes de ser tratada por eles; enquanto que nós temos a vantagem da experiência e das informações deles com respeito à enfermidade peculiar que constitui o assunto de seus livros. Não é minha intenção entrar nesse assunto; trata-se de algo estritamente médico, e qualquer informação a esse respeito deve ser obtidas nos tratados mencionados acima, e outros, provenientes das universidades.

Os assuntos que pretendo tratar são as várias espécies de sonhos proféticos, pressentimentos, intuições e aparições; em suma, toda a classe de fenômenos que parecem deitar alguma luz sobre a nossa natureza física, e no provável estado da alma após a morte. Nessa discussão, farei livre uso de minhas autoridades germânicas, tais como os Drs. Kerner, Stilling, Werner, Eschenmayer, Ennemoser, Passavant, Schubert, Von Meyer etc., etc.; e aqui faço uma declaração geral sobre esse efeito, porque seria fastigioso para o meu livro estar continuamente citando nomes e referências; embora, toda vez que citar suas palavras literalmente, faça questão de assim proceder; e ainda porque, por ter muito lido e pensado sobre tais assuntos por um tempo considerável, não estou, de fato, em condições de determinar o que seja deles ou de mim mesma. Esta é, contudo, uma questão de ínfima consequência, porquanto não estou desejosa de considerar minhas quaisquer ideias que possam ser encontradas algures. Para mim é suficiente que consiga tornar razoavelmente clara a exposição do assunto e possa induzir outras pessoas a refletir sobre ele.

25

Capítulo II
O habitante do templo

É quase desnecessário observar que as Escrituras repetidamente falam do homem como um ser tripartite, consistindo de espírito, alma e corpo; e que, de acordo com São Paulo, temos dois corpos — um corpo natural e um corpo espiritual; o primeiro, concebido para ser nosso meio de comunicação com o mundo externo — um instrumento a ser usado e controlado por nossas partes mais nobres. Foi esta concepção, levada ao fanatismo, que resultou nas várias e extraordinárias mortificações dos ascéticos de que há registro. Conforme observado pelo rev. Hare Townshend, em uma edição tardia do seu livro sobre Mesmerismo, nesse corpo carnal consiste nossa vida orgânica; no corpo que iremos levar para a eternidade consiste nossa vida fundamental. Não pode o primeiro, diz ele, "ser um desenvolvimento temporário do último, assim como folhas, flores e frutos são o desenvolvimento temporário de uma árvore? E assim como estes envelhecem e caem, deixando atrás de si o princípio da reprodução, nossos órgãos podem se apartar de nós pela morte, e ainda assim o fundamento de nossa existência ser preservado de forma perene".

Sem entrar nas disputas sutis dos filósofos com relação ao espírito, assunto sobre o qual há uma controvérsia permanente entre os discípulos de Hegel e os de outros mestres, devo apenas observar que as Escrituras parecem sugerir o que alguns dos sábios pagãos ensinavam, que o espírito que habita em nós é o espírito de Deus, incorporado em nós por um período, para certos propósitos Dele próprio, a serem assim forjados. Que propósitos são esses, não cabe aqui considerar. Nesse espírito que nos foi assim transmitido, habita, diz Eschenmayer, a consciência, que mantém vigilância sobre o corpo e o espírito, dizendo "Assim deves fazer!" E é a isso que Cristo se refere quando propõe a Seus discípulos que se tornem perfeitos, como o Pai deles no Céu. A alma está sujeita ao espírito; e suas funções são *querer*, ou *escolher*, *pensar* e *sentir*, e desse modo tornar-se ciente da verdade, da beleza e do bem; compreendendo o princípio superior, o ideal superior e a mais perfeita felicidade. O *Ego*, ou o *Eu*, é a resultante dessas três forças, Pneuma, Psique, Soma — espírito, alma e corpo.

No espírito ou alma, ou mais propriamente nos dois juntos, reside também o poder da *visão espiritual*, ou do *conhecimento intuitivo*; porque, assim como há um corpo espiritual, há um olho espiritual e um ouvido espiritual, e assim por diante; ou, para dizer de forma mais correta, todas essas funções sensoriais estão compreendidas em um sentido universal, que não necessita da ajuda dos órgãos corporais; pelo contrário, é mais eficiente quanto mais liberta estiver deles. Resta ver se, ou em que medida, tal separação pode ocorrer durante a vida; completamente, é que não pode ser, até a morte; mas quem quer que acredite sinceramente que o espírito divino habita em si, pode, imagino, sem dificuldade conceber que, embora essa faculdade universal esteja limitada e obscurecida pelas condições temporais a que se encontra sujeita, ainda assim deve conservar seu atributo imprescritível.

Podemos naturalmente concluir que o estado mais perfeito do homem na Terra consiste na mais perfeita unidade do espírito e da alma; e, para aqueles que nesta vida mais se aproximaram dessa unidade, a assimilação total dos dois, quando estiverem separados do corpo, será mais fácil; ao passo que, para aqueles que viveram apenas sua vida intelectual e externa, essa união deve ser extremamente difícil; a alma, tendo estabelecido parceria com o corpo e se divorciado, tanto quanto possível, do espírito. A voz da consciência, então, é raramente ouvida; e a alma, degradada e corrompida, não pode mais desempenhar suas funções de discernir a verdade, a beleza e o bem.

Nessas distintas funções da alma e do espírito, porém, não é minha intenção insistir, uma vez que me parece um assunto sobre o qual ainda não estamos em condições de dogmatizar. Sabemos bem mais sobre nossos corpos, através dos quais a alma e o espírito estão unidos e em contato com o mundo material, e que estão estruturados inteiramente de acordo com as condições daquele mundo; tais como tempo, espaço, solidez, extensão etc., etc. Mas temos que conceber Deus como necessariamente independente dessas condições. Para Ele, todos os tempos e todos os lugares devem estar sempre presentes; e é *assim* que Ele é onisciente e onipresente; e, na medida em que o espírito nos põe em relação imediata com Deus e com o mundo espiritual, assim como o corpo nos põe em relação imediata com o mundo material, podemos, em primeiro lugar, conceber uma ideia da possibilidade de que alguns tênues lampejos desses atributos inerentes possam, às vezes, brotar através do barro onde o espírito estabeleceu sua moradia temporária; e podemos também admitir que, através da conexão existente entre nós e o mundo espiritual, não seja impossível que, às vezes, e sob determinadas condições, nos tornemos conscientes e entremos em relação mais imediata com eles. Esse é o único postulado que invoco; pois, como disse antes, não desejo impor opiniões, mas sugerir probabilidades, ou ao menos possibilidades e, assim, suscitar a reflexão e a investigação.

Com respeito ao termo *mundo invisível*, quero recordar a meus leitores que o que chamamos *ver* é meramente a função de um órgão estruturado para esse propósito, com relação ao mundo exterior; e tão limitados são seus poderes, que nos encontramos rodeados por muitas coisas neste mundo que não podemos ver sem a ajuda de instrumentos artificiais; e por muitas outras coisas que não podemos ver, mesmo com eles; a atmosfera em que vivemos, por exemplo, cujo peso e forças mecânicas estão sujeitos a cálculos precisos, apesar disso, é totalmente imperceptível para nossos órgãos visuais. Assim, o fato de que normalmente não os vemos, não suscita objeção legítima à hipótese de estarmos rodeados por um mundo de espíritos, ou que esse mundo esteja difuso entre nós. Suponhamos que a questão esteja resolvida, e que às vezes realmente tomamos conhecimento deles, embora, admito, a questão não esteja; pois, se as aparições são subjetivas ou objetivas, ou seja, se são meros fenômenos de enfermidade ou aparições notavelmente reais, essa é a indagação que desejo promover — mas, digamos, supondo que a questão fosse decidida afirmativamente, a próxima que se apresenta é, como ou por que meios nós os vemos; ou, se eles se dirigem a nós, como os ouvimos? Se esse sentido universal, que a mim parece ser inseparável da ideia de espírito, for admitido, penso que não deve ser difícil responder a essa questão; e se objetarem que não temos consciência de um tal sentido, respondo que, tanto em sonhos quanto em certos estados anormais do corpo, ele com frequência se manifesta. Para tornar isto mais claro e, ao mesmo tempo, dar um exemplo interessante desse tipo de fenômeno, transcreverei um trecho de uma carta de Santo Agostinho a seu amigo Evadius (Epístola 159. Edições Antuérpia.)

"Vou relatar um caso", ele escreve "que lhe dará material para reflexão. Nosso irmão Sennadius, bem conhecido por nós todos como um médico eminente, a quem amamos especialmente, e que está agora em Cartago, depois de ter se distinguido em Roma, e com cuja piedade e ativa benevolência você está bem familiarizado, não podia, apesar de tudo, como ele nos relatou recentemente, de modo algum vir a acreditar em uma vida após a morte. Mas, Deus, sem dúvida, não desejando que sua alma perecesse, apareceu para ele uma noite, em um sonho, sob a forma de um jovem resplendente e de aparência nobre, que solicitou que o seguisse; e, como Sennadius o obedecesse, chegaram a uma cidade onde, à sua direita, ele ouviu um coro das vozes mais celestiais. Como desejasse saber de onde provinha aquela divina harmonia, o jovem lhe disse que o que ele ouvira foram as vozes dos abençoados; ele então despertou e não refletiu sobre o sonho mais do que em geral se faz. Em outra noite, porém, ouça, o jovem aparece de novo e pergunta se ele o conhece, e Sennadius conta a ele todos os detalhes do sonho anterior, de que se lembrava muito bem. 'Então', disse o jovem, 'você estava dormindo ou acordado quando viu essas coisas?' 'Eu estava dormindo', respondeu Sennadius. 'Você tem razão', respondeu o jovem, 'foi dormindo que você viu essas coisas; e saiba, ó, Sennadius, que o que está vendo agora também está acontecendo em seu sono. Mas, se é assim, diga-me, então, onde está seu corpo?' 'Em meu quarto', respondeu Sennadius. 'Mas você não sabe', prosseguiu o estranho, 'que seus olhos, que são parte do seu corpo, estão fechados e ociosos?' 'Eu sei', ele respondeu. 'Então', disse o jovem, 'com que olhos você está vendo essas coisas?' E Sennadius não pôde responder; e, como hesitava, o jovem falou novamente, e explicou a ele o motivo de suas questões. 'Assim como os olhos do seu corpo', ele disse, 'que agora está deitado em sua cama e dorme, estão inativos e ociosos, e ainda assim você tem olhos com que ver a mim e a essas coisas que lhe mostrei, do mesmo modo, após a morte, quando esses órgãos do corpo não funcionarem mais, você terá um poder vital, através do qual viverá; e uma sensibilidade, com a qual sentirá. Não duvide mais, portanto, de que existe uma vida após a morte'. E assim", disse esse excelente homem, "eu me convenci, e todas as dúvidas desapareceram".

Confesso que vejo beleza e uma verdade lógica nesse sonho, que, penso, poderia convencer mais do que o sonhador.

É pela hipótese desse sentido universal, latente em nós, uma hipótese que, quem quer que acredite que somos espíritos imortais, incorporados durante uma estação em um corpo material, dificilmente pode rejeitar, que procuro explicar essas percepções que não dizem respeito às funções dos nossos órgãos corporais. A mim esta parece ser a chave de todas, ou de quase todas elas, até onde se estende nossa participação nos fenômenos. Mas, supondo que isso seja reconhecido, restaria então a dificuldade de dar conta dos lampejos imprevisíveis e parciais que temos disso; enquanto na questão do mistério que concerne às aparições, exceção feita ao puro resultado de uma enfermidade, temos que tatear, sem muita luz para nos guiar, com relação às condições e aos motivos que possam eventualmente nos pôr em qualquer relação imediata com elas.

Para qualquer um que tenha sido afortunado o bastante para testemunhar um caso genuíno de clarividência, penso que não será difícil conceber esse sentido universal; porém, o modo como opera pode permanecer inteiramente incompreensível. Como disse acima — para o grande espírito e a fonte de vida, todas as coisas, tanto no espaço quanto no tempo, devem estar presentes. Conquanto seja impossível para nossas mentes finitas conceber isso, temos que acreditar. O que pode, em algum grau, facilitar essa concepção, é lembrar que a ação, uma vez iniciada, jamais cessa — um impulso dado é transmitido para sempre, um som emitido reverbera pela eternidade, e assim o passado está sempre presente, embora, para o propósito de nos moldar a essa vida mortal, nossos sentidos ordinários são constituídos de forma a não perceber esses fenômenos. Com respeito ao que chamamos *o futuro*, é mais difícil ainda para nós concebê-lo como presente; nem, até onde sei, podemos emprestar das ciências o mesmo auxílio que as descobertas mecânicas me prestaram com relação ao passado. Como um espírito vê o que, para nossos sentidos, ainda não aconteceu, parece certamente inexplicável. *Prever* não é inexplicável; prevemos muitas coisas argumentando a partir de premissas dadas, embora, de nossos próprios pontos de vista finitos, estamos sempre sujeitos ao engano. Louis Lambert diz, "Eventos como os produzidos pela humanidade, e resultado de sua inteligência, têm suas próprias causas ali onde jazem latentes, assim como nossas ações são realizadas em nossos pensamentos antes de qualquer manifestação externa dos mesmos; pressentimentos e profecias consistem na percepção intuitiva dessas causas". Essa explanação, que está em conformidade com aquela de Cícero, pode nos ajudar em algum grau com relação a uma determinada e pequena classe de fenômenos, mas a questão envolve algo muito mais sutil; nossos sonhos podem nos fornecer a única ideia que fazemos disso, pois lá nós realmente vemos e ouvimos, não apenas o que nunca foi, mas aquilo que nunca será. Ações e eventos, palavras e sons, pessoas e lugares estão tão clara e vivamente presentes em nós como se fossem de fato o que parecem, e penso que a maioria das pessoas deve ficar algo confusa se tiver que decidir, com relação a determinadas cenas e circunstâncias presentes em sua memória, se essas imagens são resultado de alguma experiência em vigília ou em sono. Embora de modo algum uma sonhadora, e sem a mais remota intimidade com qualquer faculdade de pressentimento, sei que este é meu caso. Lembro-me também de um efeito muito curioso produzido em mim quando estava no exterior, alguns anos atrás, resultado da ingestão do pão pouco saudável a que estávamos sujeitos, em razão da carestia. Umas cinco ou seis vezes por dia, eu era tomada por uma espécie de vertigem, durante a qual parecia vivenciar certas cenas e estar consciente de certas palavras que me pareciam ter uma estranha conexão, ou com algum período anterior da minha vida, ou com algum estado prévio de existência; as palavras e as cenas eram sempre precisamente as mesmas. Eu tinha consciência disso e sempre fiz o maior esforço para agarrá-las e retê-las na memória, mas não conseguia; sabia apenas que a coisa *tinha acontecido*, as palavras e as cenas tinham ido embora. Parecia que eu passava momentaneamente para outra esfera, e em seguida voltava. Era o puro resultado de uma enfermidade, mas, como um sonho, mostra como podemos ser sensíveis àquilo que não é e que nunca poderá ser, tornando, portanto, possível conceber que um espírito possa ser igualmente sensível àquilo que será. Estou muito longe de querer insinuar que esses exemplos eliminem as dificuldades; eles não explicam a coisa, apenas mostram de algum modo como ela se dá. Mas é preciso lembrar que, quando fisiologistas têm a pretensão de resolver a questão das aparições pela teoria das ilusões espectrais, estão exatamente na mesma difícil situação. Eles podem fornecer exemplos de fenômenos similares, mas como uma pessoa, em perfeito juízo, pode receber visitas espectrais, não apenas de amigos, mas de estranhos, quando não está pensando na questão, ou por que meio, mental ou ótico, as imagens são evocadas, permanece um mistério da mesma forma que o era, antes que qualquer linha fosse escrita sobre o assunto.

Todas as pessoas e todas as idades acreditaram, mais ou menos, em sonhos proféticos, pressentimentos e aparições, e todas as histórias forneceram exemplos disso. Que as verdades possam ser com frequência distorcidas e mescladas com fábulas, não é argumento contra essas tradições; se fosse, toda a história deveria se rejeitada sob a mesma alegação. Tanto o Velho quanto o Novo Testamento fornecem numerosos exemplos desses fenômenos, e embora Cristo e os apóstolos reprovassem todas as superstições da época, essas convicções não estão incluídas em suas repreensões.

Nem é a relativa raridade desses fenômenos argumento contra sua possibilidade. Muitas coisas estranhas ocorrem ainda mais raramente, sem que as consideremos sobrenaturais ou milagrosas. Das leis comuns da natureza ainda sabemos pouco, de suas aberrações e perturbações, menos ainda. Como poderíamos, quando o mundo é um milagre, e a vida, um sonho do qual não conhecemos nem o início nem o fim! Não sabemos nem ao menos se vemos algo como é, ou melhor, sabemos que não vemos. Vemos as coisas apenas como nossos órgãos da visão as apresentam para nós, e se esses órgãos fossem estruturados de forma diversa, o aspecto do mundo para nós seria diferente. Como podemos ter a pretensão de decidir sobre o que é e o que não é?

Nada poderia ser mais intrigante para quem quer que os leia com atenção, do que os julgamentos de bruxaria do século dezessete. Muitos dos feitos dos antigos taumaturgos e milagreiros dos templos podem ter sido semelhantes; mas eram descartados pelo fácil expediente de serem declarados fábulas e imposturas; mas, durante a neurose das bruxas, tantas pessoas provaram sua fé em seus próprios poderes milagrosos pelo sacrifício de suas vidas, que era quase impossível duvidar de que houvesse algum fundamento em suas próprias convicções, embora o que pudessem ser esses fundamentos, até as mais recentes descobertas do magnetismo animal, fosse difícil conceber; mas aqui abre-se uma nova página para nós, relativa tanto à história do mundo quanto à história do homem, como um indivíduo; e começamos a ver que aquilo que os ignorantes consideravam sobrenatural, e os sábios, impossível, foi tanto natural quanto verdadeiro. Enquanto os homens de ciência da Grã-Bretanha e vários dos nossos jornalistas vêm negando e ridicularizando os relatos desses fenômenos, os mais eminentes médicos da Alemanha vêm discretamente estudando e investigando os mesmos; e, oferecendo ao mundo, em seus trabalhos, os resultados de suas experiências. Entre eles, o dr. Joseph Ennemoser, de Berlim, que nos apresentou em seus dois livros sobre "Magia" e sobre "A Conexão do Magnetismo com a Natureza e a Religião" os frutos dos seus trinta anos de estudos sobre o assunto; durante o curso dos quais ele teve repetidas oportunidades de investigar todos os fenômenos e de se familiarizar perfeitamente até com os mais raros e perturbadores. Para qualquer pessoa que tenha estudado esses trabalhos, os mistérios dos templos e dos julgamentos de bruxas já não são mais mistérios; e ele escreve com a intenção professa não de tornar a ciência mística, mas de trazer o misterioso para os limites da ciência. Os fenômenos, como ele justamente diz, são tão antigos quanto a raça humana. Magnetismo animal não é um novo avanço, uma nova descoberta. Inseparável da vida, porém, como muitos outros fenômenos vitais, tão sutil em suas influências que apenas em casos atípicos suscita atenção, manifestou-se mais ou menos em todas as idades e em todos os países. Mas seu valor como um princípio médico só agora está começando a despontar no mundo civilizado, enquanto sua importância, de um ponto de vista superior, ainda é percebido por poucos. Todo ser humano que já tenha se afastado do conflito, da turbulência e da distração do mundo exterior para olhar para dentro, deve ter ficado perplexo com as milhares de questões relacionadas à sua própria existência, sem encontrar ninguém capaz de resolvê-las. No estudo de magnetismo animal, primeiro ele vai obter alguns lampejos de uma luz que lhe irá mostrar que ele é, de fato, o filho de Deus! E que, embora um habitante da Terra e um decaído, alguns traços de sua linhagem divina e de sua conexão intacta com uma ordem superior de existência ainda permanecem para confortá-lo e encorajá-lo. Descobrirá que há em sua espécie os germes de faculdades jamais reveladas por completo aqui na Terra, e que não têm referência com este estado da existência. Que existem em todos os homens; mas que, na maioria dos casos, são tão discretamente evocadas a ponto de não serem observáveis; e, quando despontam aqui e ali, são negadas, rejeitadas, mal interpretados e difamadas. É verdade que seu desenvolvimento é com frequência o sintoma e o efeito de uma enfermidade, o que parece alterar as relações entre nossos elementos materiais e imateriais. É verdade que alguns dos fenômenos resultantes dessas faculdades são simulados por enfermidades, como no caso das ilusões espectrais; e é verdade que a impostura e a loucura imprimem suas pegadas profanas nesse domínio da ciência, assim como em todos os outros; mas há uma profunda e sagrada fonte de verdade a ser descoberta nessas veredas negligenciadas da natureza, por aqueles que a buscam, e de onde podem extrair as mais puras consolações para o presente, as mais enobrecedoras esperanças para o futuro e a mais valiosa ajuda para penetrar, através da letra, no espírito das Escrituras.

Confesso que me entristece ouvir pessoas rindo, desdenhando e negando tudo isso; sei que é um direito deles; mas não posso deixar de sofrer ao pensar quão compacto e pesado deve ser o barro que os envolve, e como sua vida externa e sensual deve ter prevalecido sobre a interna, a ponto de nenhum lampejo interior irromper para lhes mostrar que essas coisas são verdadeiras.

Capítulo III
Acordar e dormir; e como o habitante do templo às vezes olha para fora

Para começar com a mais simples — ou melhor, eu diria, com a mais comum classe de fenômenos — pois dificilmente podemos chamar de simples
o mistério que nunca fomos capazes de penetrar — eu me refiro a sonhar
— a experiência de qualquer pessoa basta para afirmar que os sonhos normalmente acontecem em um estado imperfeito de sono; e que esse sono imperfeito pode ser causado por uma perturbação qualquer, física ou mental;
ou mesmo por uma cama mal feita, ou por falta ou excesso de agasalho; e
não é difícil conceber que as visões estranhas, confusas e desconexas a que
estamos sujeitos nessas ocasiões possam proceder da menor inatividade de
algumas regiões do cérebro, em relação às outras; de modo que, admitindo
que a frenologia esteja correta, um órgão não se encontra em condições de
corrigir as impressões de outro. Dessas vãs e insignificantes visões, é quase
desnecessário dizer que não pretendo tratar; mas, ao mesmo tempo, preciso
observar que, mesmo admitidas as explicações acima, até agora não fizemos,
nem mesmo com relação a *elas*, muito progresso no sentido de eliminar as
dificuldades. Se sonhar se assemelhasse a pensar, as explanações poderiam
ser bastante satisfatórias; mas a verdade é que sonhar não é pensar, não
como pensamos em estado de vigília, mas é mais parecido com pensar em
estado de delírio ou de mania profunda, ou naquela condição crônica que
origina as ilusões sensoriais. Em nosso estado comum e normal, conceber
lugares ou pessoas não nos habilita a vê-las ou a nos comunicar com elas;
nem imaginamos que assim o fazemos. É verdade que ouvi alguns pintores
dizer que, fechando os olhos e concentrando o pensamento em um objeto,
podem trazê-lo mais ou menos vivamente diante deles; e Blake professou
que de fato via seus modelos quando não estavam presentes; mas, quaisquer que sejam as interpretações que possamos dar a essa curiosa faculdade, o caso dele era claramente anormal, e ligado a alguma peculiaridade
pessoal, física ou psíquica; e, por mais que se considere o caso, é preciso
admitir que não se pode de forma alguma compará-lo com o que nos suce-
de no sono, quando, em nossos sonhos mais comuns, livres das restrições
do tempo ou espaço, visitamos os confins da Terra, voamos pelo ar, nada-
mos no mar, ouvimos lindas músicas e eloquentes orações, contemplamos
os mais belos, assim como os mais odiosos, objetos; e, não apenas vemos,
mas conversamos com nossos amigos, ausentes ou presentes, mortos ou vivos. Todos, imagino, hão de admitir que há a maior diferença possível entre conceber essas coisas em vigília e sonhar com elas. Quando sonhamos,
fazemos, vemos, falamos, ouvimos etc., etc., ou seja, naquele momento

acreditamos que estamos fazendo aquilo; e o que mais pode ser dito de nós quando estamos acordados, do que *acreditamos* que estamos fazendo, vendo, dizendo, ouvindo etc.? É pelas circunstâncias externas e pelo resultado das nossas ações que somos capazes de decidir se de fato fizemos algo ou vimos um lugar, ou se apenas sonhamos que o fizemos; e, como disse acima, passado algum tempo, não estamos sempre aptos a distinguir entre os dois. Enquanto, nos sonhos, frequentemente nos perguntamos se estamos acordados ou dormindo; e nada é mais comum do que ouvir alguém dizer, "Bem, eu acho que fiz, ou ouvi isso e aquilo, mas não tenho certeza se fiz isso ou se estava sonhando". Assim, portanto, a classe inferior dos sonhos, a mais desconexa e confusa, está muito longe das mais vívidas manifestações de nossos pensamentos em vigília; e é nesse sentido, penso, que as explanações dos fenômenos até agora dadas pelos frenologistas e pelos metafísicos deste país são inadequadas e insatisfatórias; enquanto, no que concerne à analogia entre as visões oníricas e o delírio, quaisquer que sejam as possíveis semelhanças com relação aos efeitos, não podemos supor que a causa seja idêntica: já que, no delírio, as imagens e ilusões são o resultado de excessiva atividade do cérebro, o que podemos concluir ser o exato contrário de sua condição no sono. Pinel sem dúvida arriscou uma opinião de que o sono é ocasionado pelo efluxo de sangue à cabeça, e a consequente compressão do cérebro — uma teoria que teria um peso maior se o sono fosse mais estritamente periódico do que é; mas que, neste momento, parece impossível reconciliar com muitos fatos estabelecidos.

Alguns dos fisiologistas e psicólogos alemães abordaram mais profundamente a questão do sonho, ao considerá-la em conexão com os fenômenos do magnetismo animal: e embora suas teorias difiram em alguns aspectos, todas convergem ao olhar para essa área da natureza em busca de explicação. Enquanto uma parte desses pesquisadores, a Sociedade Exegética de Estocolmo incluída, apela para a ajuda de agentes sobrenaturais, outra, dentre os quais o dr. Joseph Ennemoser, de Berlim, parece ser um dos mais eminentes, afirma que a explicação para o mistério deve ser buscada principalmente na ampla e universal lei da polaridade, que se estende não apenas além dos limites desta Terra, mas além dos limites deste sistema, que necessariamente deve estar em conexão com todos os outros; de modo que existe uma interação eterna e incessante, à qual, por suas múltiplas e contrárias influências, somos insensíveis, assim como somos insensíveis à pressão atmosférica, que incide sobre nós, igualmente, por todos os lados.

Acordar e dormir são os lados diurno e noturno da vida orgânica, durante cuja alternância um animal é colocado em diferentes relações com o mundo externo, e a essas alternâncias todos os organismos estão sujeitos. A completude e a independência de cada organismo individual está em exata relação com o número e a completude dos órgãos que desenvolve; e, assim, o animal que se locomove tem vantagem sobre a planta e o zoófito, enquanto, do reino animal, o homem é o mais completo e independente; e, embora ainda seja um membro do todo universal, e portanto incapaz de se isolar, ainda assim está mais apto do que qualquer outro organismo a se proteger de influências externas, e a comportar seu mundo dentro de si. Mas, segundo o dr. Ennemoser, uma das consequências dessa mesma completude é um fraco e insignificante desenvolvimento do instinto; e assim o homem saudável, em vigília e consciente, é, de todos os organismos, o menos sensível às impressões dessa intercomunicação e polaridade universais; embora, ao mesmo tempo, participando da natureza das plantas e dos animais, ele está sujeito, como os primeiros, a toda sorte de influências atmosféricas, telúricas e cíclicas; e frequentemente exibe, como os segundos, apetites e desejos instintivos peculiares e, em algumas organizações particulares, antipatias e suscetibilidades muito marcadas com relação a determinados objetos e influências, mesmo quando não colocados em qualquer relação evidente com eles.

Segundo essa teoria, o sono é um passo para trás — um retorno a uma esfera inferior; condição em que, estando suspensas as funções sensoriais, os instintos de alguma forma retomam o controle. "No sono e na doença", ele diz, "os animais superiores e o homem caem, de um ponto de vista físico e orgânico, de sua independência individual, ou poder de autossustentação; e sua relação polar, ou seja, sua relação com o homem saudável e em vigília, muda de positiva para negativa. Todos os homens, em relação uns aos outros, assim estando, como toda a natureza, sujeitos a essa polaridade. É preciso lembrar que essa teoria do dr. Ennemoser foi divulgada antes que as descobertas do barão Von Reichenbach sobre o magnetismo se tornassem públicas, e a suscetibilidade às influências magnéticas no organismo animal que os experimentos do último vieram a estabelecer está certamente a seu favor; mas, enquanto pretende explicar as condições daqueles que dormem, e possa talvez ser de alguma utilidade em nossas inquirições sobre o mistério do sonho, nos deixa como sempre no escuro, em relação à causa de nossa queda nesse estado negativo; uma investigação que, até agora, parece ter feito pouco progresso.

Com respeito o sonhar, dr. Ennemoser rejeita a teoria fisiológica, que afirma que, durante o sono, magnética ou não, a atividade do cérebro é transferida para o sistema ganglionar e o cérebro cai para uma relação subordinada. "Sonhar", ele diz, "é o despertar gradual da atividade dos órgãos da imaginação, através do qual a apresentação de objetos sensoriais para o espirito, que havia sido descontinuada no sono profundo, volta a acontecer". "Sonhar", ele acrescenta, "também provém da atividade secreta do espírito nos órgãos sensoriais mais internos do cérebro, ocupando a imaginação com imagens sensoriais subjetivas, num processo em que a consciência objetiva da vida diurna dá lugar ao domínio criativo do gênio poético, para o qual a noite se torna dia, e a natureza universal, seu palco de ação; e assim, a natureza suprassensível ou transcendente do espírito torna-se mais manifesta no sonho do que no estado de vigília. Mas, ao serem considerados esses fenômenos, o homem precisa ser visto tanto em suas relações psíquicas quanto físicas, e igualmente sujeito tanto às operações e influências espirituais, quanto às naturais; já que, ao longo da vida, nem a alma nem o corpo podem agir de modo independente um do outro; pois, embora seja o espírito imortal aquele que percebe, é através da instrumentalidade dos órgãos sensoriais que o faz; pois não podemos conceber um espírito absoluto sem um corpo".

O que se parece querer dizer aqui é que o cérebro torna-se o mundo para o espírito, antes de as impressões do mundo externo de fato fluírem através dos órgãos sensoriais externos. Mas, nesse estado, o cérebro, que é o armazém do conhecimento adquirido, não está em condições de aplicar suas aquisições de maneira efetiva; enquanto o conhecimento intuitivo do espírito, se o sono for imperfeito, estará nublado por essa interferência.

Outros fisiologistas, porém, acreditam, dos numerosos e bem comprovados casos de transferência dos sentidos para a cavidade do estômago, nos casos de enfermidade, que a atividade do cérebro, no sono, é transferida para a região epigástrica. Os exemplos desse fenômeno, conforme relatados pelo dr. Petetin e outros, tendo sido frequentemente publicados, não preciso aqui citar. Mas, como o dr. Passavant observa, é bem sabido que as funções dos nervos diferem em alguns animais, e que um sistema pode suprir o lugar de outro; como naqueles casos onde há uma grande suscetibilidade à luz, embora nenhum olho possa ser encontrado.

Esses fisiologistas acreditam que, mesmo durante o mais profundo sono, o espírito mantém sua atividade — uma proposição que, de fato, não podemos negar: "este acorda, embora os sentidos durmam, recuando para suas profundezas infinitas, como o Sol, à noite; vivendo sua vida espiritual serenamente, enquanto o corpo afunda em um estado de tranquilidade vegetativa. Nem resulta que a alma esteja inconsciente durante o sono, do fato de que, ao acordarmos, com frequência perdemos a lembrança de sua consciência; já que, pelo repouso dos órgãos sensoriais, a ponte entre a vigília e o sono é removida, e as lembranças de um estado não são carregadas para o outro".

Aqui ocorrerá a todos, com que frequência, no instante de acordar, estamos não apenas conscientes de que estivemos sonhando, mas também do assunto do sonho, que em vão tentamos agarrar, mas que nos escapa, e para sempre, no momento em que passamos a um estado de perfeita vigília.

Agora, com relação a esse tão chamado sonho em sono profundo, existe algo que ninguém que acredite inteiramente que seu corpo seja um templo construído para que ali habite um espírito imortal pode duvidar; pois não podemos conceber um espírito dormindo, ou necessitado daquela restauração que sabemos ser a condição dos organismos mundanos. Se, portanto, o espírito está desperto, podemos supor que quanto mais desembaraçado se encontre das obstruções do corpo, mais claras serão suas percepções; e que, portanto, no sono natural e profundo dos órgãos sensoriais, podemos estar em um estado de clarividência. Todos que já abordaram a questão têm ciência de que a clarividência de pacientes magnetizados depende da profundidade de seu sono; quaisquer circunstâncias, internas ou externas, que tendam a interromper esse repouso profundo dos órgãos sensoriais, inevitavelmente obscurecerão suas percepções.

De novo, com respeito a não carregarmos as lembranças de um estado para o outro, isso não nos deveria levar a suspeitar que dormir e acordar sejam duas esferas distintas da existência, participando da natureza daquela *vida dupla* da qual os registros da fisiologia humana nos forneceram vários exemplos, onde um paciente encontra-se totalmente despido de qualquer lembrança de eventos passados e do conhecimento adquirido, e tem que começar a vida e o aprendizado de novo, até que outra transição aconteça, através da qual recobra o que havia perdido, ao mesmo tempo perdendo tudo o que recentemente aprendera, o que ele apenas recupera, novamente, através de outra transição, recuperando o conhecimento recém-adquirido, mas uma vez mais destruindo seu repertório original; assim, passando alternadamente de um estado a outro, e revelando uma vida dupla; um homem letrado em uma condição, uma criança aprendendo o alfabeto, na seguinte.

Onde a transição de um estado para o outro é completa, a memória fica inteiramente perdida: mas há casos em que a mudança, sendo gradual ou moderada, as lembranças de uma vida são transportadas mais ou menos para a outra. Sabemos que este é o caso com relação aos sonhadores magnetizados, assim como acontece com os sonhadores comuns; e a maioria das pessoas já deparou com casos em que o sonho de uma noite continua na noite seguinte. Treviranus relata o caso de um estudante que, com regularidade, começava a falar assim que adormecia, sendo o assunto de seu discurso um sonho, que ele sempre retomava do exato ponto em que o havia deixado na manhã anterior. Desse sonho, ele nunca tinha a mais remota lembrança, quando acordado. Uma filha de sir George Mackenzie, que morreu ainda jovem, foi dotada de um gênio impressionante para a música, e era exímia organista. Essa jovem sonhou, durante uma enfermidade, que estava numa festa, onde ouvira uma nova música que a impressionou tanto pela originalidade e beleza que, ao despertar, implorou a seus funcionários que lhe trouxessem papel, para que pudesse escrevê-la antes que a esquecesse, um capricho que, apreensiva com sua comoção, sua médica pessoal infelizmente coibiu; pois, à parte o interesse psicológico adicional associado ao caso, o resultado da concordância, a julgar pelo que se seguiu, provavelmente teria sido reconfortante, mais do que fora o contrário. Uns dez dias depois, ela teve um segundo sonho, onde novamente se encontrava em uma festa e onde descobriu, na estante de um piano, no canto de uma sala, um livro aberto, no qual, com admirado deleite, reconheceu a mesma música, que começou imediatamente a tocar, e então acordou. A música não era curta nem ligeira, mas tinha o estilo de uma *ouverture*. A questão, é claro, permanece, se ela estava compondo a música durante o sono, ou se, por algum ato de clarividência, percebendo algo que existia de fato. Ambos são possíveis, pois, embora ela pudesse ter sido incapaz de compor uma música tão elaborada em estado de vigília, há muitos exemplos registrados de pessoas que realizaram feitos intelectuais em sonhos, para os quais eram inaptas quando acordadas. Uma pessoa muito eminente me garantiu uma vez ter composto alguns versos durante o sonho, creio que era um soneto, que excediam em muito qualquer de suas realizações daquela natureza, em estado de vigília.

Com relação à extraordinária faculdade de memória manifestada nesses e em outros casos semelhantes, tenho algumas observações a fazer numa parte subsequente deste livro.

Exemplos paralelos são aqueles de débeis mentais que, em estado de sonambulismo, ou imediatamente antes da morte, falaram como se estivessem inspirados. Em St. Jean de Maurienne, na Saboia, havia um deles que, tendo caído em um estado natural de sonambulismo, não apenas foi encontrado falando sem dificuldade, mas também com muito sentido, uma faculdade que no entanto desaparecia, assim que acordava. Sabe-se de mudos que, da mesma forma, foram observados falando, no leito de morte.

A possibilidade de sugerir sonhos sussurrando ao ouvido de alguém que dorme, é um fato bem conhecido; mas isso, sem dúvida, só pode ser praticado quando os órgãos sensoriais estão parcialmente despertos. Nesse caso, assim como acontece com pacientes magnetizados em estado de sono parcial, temos apenas fantasia e imaginação, em vez de clarividência.

A próxima classe de sonhos são aqueles que comungam na natureza da intuição ou profecia, e desses há de vários tipos; alguns, diretos e literais em suas premonições, outros, alegóricos e obscuros; enquanto alguns dizem respeito às coisas mais desimportantes, outros, aos mais graves eventos das nossas vidas. Um cavalheiro empenhado em negócios no sul da Escócia, por exemplo, sonha que, ao entrar em seu escritório de manhã, vê, sentado em certo banco, uma pessoa que antes estivera a seu serviço, e de quem não ouvira e em quem sequer pensara havia algum tempo. Ele pergunta a razão da visita e ouve que, por terem tais e tais circunstâncias trazido o estranho àquela parte do país, ele não poderia deixar de visitar seu antigo domicílio, expressando, ao mesmo tempo, o desejo de dedicar alguns dias à sua habitual ocupação etc., etc. O cavalheiro, espantado com o realismo da ilusão, relata a alguém o sonho durante o café da manhã e, para sua surpresa, ao chegar ao escritório, lá estava o homem, sentado, e o diálogo que se segue é precisamente o do sonho. Ouvi numerosos exemplos desse tipo de sonho, onde nenhuma expectativa prévia ou alvoroço da mente poderia ser encontrado para esclarecê-los, e onde a concretização era muito exata e literal, em todos os detalhes, para admitir que fossem explicados pelo recurso imediato a "uma extraordinária coincidência". Há registros também, tanto neste país como em outros, de muitos casos perfeitamente bem autenticados de pessoas que ganham prêmios da loteria depois de terem sonhado com os números sorteados. Como muitos números, porém, podem ter sido sonhados e nunca sorteados, não podemos tirar nenhuma conclusão de tais casos.

Uma amiga minha, estando em Londres, sonhou que viu seu filhinho brincando no terraço de sua casa em Northumberland, e que ele caiu e machucou o braço, e ela o viu deitado, aparentemente morto. Sonhou com isso duas ou três vezes na mesma noite, e acordou o marido dizendo que "temia que alguma coisa tivesse acontecido com Henry". Quando o carteiro chegou, trazia uma carta da governanta, dizendo que lamentava ter que comunicar que, enquanto brincava no terraço de manhã, o senhor Henry caíra sobre uma pilha de pedras e quebrara o braço, acrescentando que desmaiou depois do acidente e ficou desacordado por algum tempo. A senhora que teve esse sonho não se lembra de ter manifestado essa faculdade antes ou depois disso.

O sr. S. era filho de um bispo irlandês, que dava um pouco mais de valor às coisas deste mundo do que convinha à sua função. Ele sempre dissera ao filho que uma coisa só era imperdoável, e essa coisa era um mau casamento, querendo dizer, com isto, um casamento pobre. Como esse tipo de precaução de forma alguma previne que os jovens se apaixonem, o sr. S. tomou-se de afeição pela senhora O., uma bela e jovem viúva, sem qualquer fortuna; e, sabendo que seria inútil pedir o consentimento do pai, casou-se com ela sem consultá-lo. Eles eram, portanto, extremamente pobres e, na verdade, tudo o que tinham para viver era uma baixa sinecura de quarenta libras por ano, que o deão Swift obtivera para ele. Enquanto estava nessa situação, o sr. S. sonhou uma noite que estava na catedral onde antes costumava assistir à missa; que viu um estranho, vestido de bispo, ocupando a cátedra do pai, e que, ao se dirigir ao sacristão, em busca de uma explicação, o homem disse que o bispo falecera e que o fizera no momento em que acrescentava um codicilo ao testamento, em favor do filho. A impressão causada pelo sonho foi tão forte, que o sr. S. sentiu que não deveria descansar até obter notícias de casa; e, como o modo mais rápido de fazê-lo era ir até lá pessoalmente, correu a cavalo, apesar dos conselhos de sua mulher, que não deu a menor importância para o caso. Ele mal havia percorrido metade do percurso, quando encontrou um mensageiro, trazendo notícias da morte do pai; e, quando chegou em casa, descobriu que havia um codicilo apenso ao testamento, e da maior importância para seus prospectos futuros; mas o velho cavalheiro viera a falecer com a pena nas mãos, no momento em que iria assiná-lo.

Nessa situação infeliz, reduzido a uma irremediável indigência, os amigos do jovem propuseram que fosse pessoalmente ao palácio do vice-rei, no próximo dia de audiência, na esperança de obter algo em seu favor; ao que, relutante, ele consentiu. Ao subir as escadas, encontraram um cavalheiro cujo hábito indicava que pertencia à Igreja.

"Santo Deus!", disse ele para o amigo que o acompanhava, "quem é aquele?"

"Aquele é o sr.— fulano de tal."

"Então, ele será o bispo de L—!", respondeu o sr. S.; "pois foi esse o homem que vi ocupando a cátedra do meu pai!"

"Impossível!", respondeu o outro, "ele não tem qualquer interesse, e não tem mais chances de ser bispo do que eu".

"Você vai ver", respondeu sr. S.; "Tenho certeza que será".

Haviam prestado seu tributo e estavam voltando, quando ouviram um grito, e todos correram até as portas e janelas para saber o que havia acontecido. Os cavalos atrelados à carruagem de um jovem nobre tinham ficado inquietos, e estavam pondo em perigo a vida do dono, quando o sr. precipitou-se e, arriscando a própria vida, segurou-os pela cabeça, com isso ganhando tempo para o lorde C. desembarcar, antes de os cavalos romperem as amarras e desaparecerem. Pela intercessão desse nobre e de seus amigos, que o sr. desconhecia até então, foi-lhe concedido o episcopado de L. Esse caso foi relatado a mim por um membro da família.

Seria tedioso relatar todos os exemplos desse tipo de sonho que chegaram ao meu conhecimento, mas ainda que fossem muito mais raros do que são, e não tivessem caráter tão grave e misterioso, certamente causaria surpresa que tivessem suscitado tão pouca atenção. Histórias dessa natureza, quando narradas, são ouvidas com espanto, dada sua importância, e logo esquecidas, e pouca gente reflete sobre o profundo significado dos fatos, ou sobre as importantes consequências para nós, envolvidos na questão, de como, com nossas faculdades limitadas, incapazes de prever os eventos imediatos, nos tornamos de repente profetas e videntes.

O sr. C., um amigo meu, disse-me outro dia ter sonhado que visitava uma senhora sua conhecida, e ela lhe presenteara com uma bolsa. De manhã, mencionou o caso à sua esposa, perguntando-se ainda o que o teria feito sonhar com uma pessoa de quem em nenhuma circunstância se lembraria; e principalmente, que esta lhe desse uma bolsa. Naquele mesmo dia, chegou uma correspondência daquela senhora para a sra. C., contendo uma bolsa, pedindo-lhe que a aceitasse. Ali estava o prenúncio imperfeito do fato, provavelmente resultado de um sonho perturbado.

Relatos dessa ordem, tendo sido mais ou menos familiares para o mundo, em todos os tempos e lugares, e a recorrência desses fenômenos, tendo sido frequente demais para que se admita seja sua veracidade discutida, várias teorias foram publicadas para explicá-los, e de fato parece difícil haver um filósofo ou historiador entre os gregos e os romanos que não tenha feito alguma alusão a essa área tão pouco compreendida da natureza, enquanto, entre as nações orientais, a crença em semelhantes revelações misteriosas permanece ainda inalterada. Espíritos, bons e maus, ou as divindades da mitologia pagã, foram geralmente invocados para resolver a questão, embora alguns filósofos, rejeitando essa interferência sobrenatural, tenham buscado explicação em causas meramente físicas.

Nos ritos druídicos das nações do norte, as mulheres exerciam um papel considerável: havia sacerdotisas, que proferiam oráculos e profecias, muito à maneira das pitonisas dos templos gregos e, sem dúvida, buscando inspiração nas mesmas fontes, a saber, nas influências do magnetismo e dos narcóticos. Quando os ritos puros da Cristandade substituíram as formas pagãs de adoração, a tradição manteve viva a memória desses vaticínios, assim como alguns dos mistérios dos bosques druídicos e, consequentemente, na Idade Média, surgiu uma raça de assim chamadas bruxas e feiticeiras, que eram, em parte, impostoras, em parte, auto-iludidas. Ninguém pensou em buscar a explicação dos fatos testemunhados em causas naturais; o que no início havia sido atribuído à influência dos deuses, agora era atribuído à influência do demônio, e uma associação com Satã era o solvente universal de todas as dificuldades.

Daí vieram as perseguições, é claro, e homens, mulheres e crianças foram oferecidos ao demônio da superstição, até que parte racional e pura da humanidade, apavorada com o holocausto, começou a protestar e a liderar uma reação que, como toda reação, correu diretamente para o extremo oposto. De acreditar em tudo, terminaram por não acreditar em nada, e depois de terem engolido sem hesitar os absurdos mais monstruosos, livraram-se de todo empecilho negando os fatos mais óbvios; enquanto o que consideravam impossível negar era referido como *imaginação* — essa palavra tão abusada, que não explicava nada, mas deixava a matéria tão obscura quanto antes. A natureza espiritual do homem foi esquecida, e o que os sentidos não podiam apreender, nem a razão explicar, foi declarado impossível. Graças a Deus!, sobrevivemos a essa idade e, apesar dos esforços da escola materialista, estamos depressa avançando para melhor. As tradições dos santos que sofreram as mais terríveis torturas, enquanto dormiam ou sorriam, dificilmente podem ser refutadas, agora que ouvimos diariamente a respeito de pessoas que se submetem a terríveis operações sem nada sentir, acreditando estar gozando as maiores delícias; nem podem os indícios psicológicos sugeridos por esses fatos serem ignorados por muito mais tempo. Uma revelação deve levar a outra, e os homens sábios deste mundo serão, em breve tempo, obrigados a concordar com o axioma tão citado de Shakespeare e admitir que "*há* mais coisas no céu e na Terra do que sonha tua filosofia!"

Capítulo IV
Sonhos alegóricos, pressentimentos etc.

Tem sido opinião de muitos filósofos, tanto antigos quanto modernos, que no estado original do homem, do modo como foi gerado das mãos do Criador, o conhecimento que hoje é adquirido com esforço e trabalho, era intuitivo. Seu corpo material lhe foi dado com o propósito de colocá-lo em relação com o mundo material, e seus órgãos sensoriais, para a percepção de objetos materiais; mas sua alma era um espelho do universo, onde tudo estava refletido e, provavelmente, ainda é assim, mas o espírito não está mais em condições de percebê-lo. Degradado em sua natureza, e distraído pela multiplicidade de objetos e interesses que o rodeiam, o homem perdeu a faculdade da visão espiritual; mas, durante o sono, quando o corpo está em estado de passividade, e os objetos externos nos são vedados pelo cerrar-se dos sentidos através dos quais os percebemos, o espírito, em certa medida liberto de seus impedimentos, pode desfrutar em parte de seu privilégio original. "A alma, concebida como o espelho de uma ordem espiritual superior" (à qual pertence), ainda recebe, em sonhos, alguns raios provindos de cima, e prova uma antecipação de sua condição futura; e, qualquer que seja a interpretação dada à história da Queda, poucos duvidarão que antes dela o homem deve ter-se encontrado em uma relação muito mais íntima com o Criador do que a partir de então. Se admitirmos isso, e que, pelas razões acima sugeridas, a alma durante o sono possa estar apta a exercer algo de seu dom original, a possibilidade daquilo que é chamado de sonho profético pode ser melhor compreendida.

"Ver em sonhos", diz Ennemoser, "é uma autoiluminação de coisas, lugares e tempos", porque relações de tempo e espaço não representam obstáculo para o sonhador; coisas próximas e distantes são vistas da mesma forma no espelho da alma, conforme a conexão em que se encontram umas com as outras; e como o futuro não é mais do que um desdobramento do presente, assim como o presente o é em relação ao passado, um estando necessariamente implícito no outro, não é difícil para o espírito desobstruído perceber o que *está* para acontecer, mais do que o que *já* aconteceu. Sob que circunstâncias peculiares o corpo e a alma caem nessa condição relativa particular, não sabemos; mas que certas famílias e constituições são mais propensas a essas condições do que outras, toda experiência irá determinar. Segundo a teoria do dr. Ennemoser, devemos concluir que estas são mais suscetíveis às influências magnéticas, e que o corpo entra em um estado mais rematado de polaridade negativa.

Nas histórias do Velho Testamento, com frequência encontramos casos de sonhos proféticos, e a voz de Deus era ouvida sobretudo pelos profetas durante o sono; parecendo determinar que o homem, nesse estado, está mais suscetível à comunhão espiritual, embora o indivíduo que desse modo se torna um órgão especial da vontade divina, pode ser algo totalmente diferente da mera libertação do espírito incorporado, em casos comuns de clarividência durante o sono. A história profana também nos fornece diversos exemplos de sonhos proféticos, e é desnecessário que me refira a eles aqui. Mas há algo muito digno de nota — a saber, que o caráter alegórico de muitos dos sonhos registrados no Velho Testamento esporadicamente permeiam aqueles do presente. Ouvi falar de diversos dessa natureza, e Oberlin, o bom pastor de Ban de La Roche, era tão sujeito a eles que imaginou que houvesse adquirido o dom de interpretar os símbolos. Essa característica do sonho está em estrita conformidade com a linguagem do Velho Testamento, e das mais antigas nações. Poetas e profetas, pagãos e cristãos, se expressam do mesmo modo, simbolicamente; e se acreditarmos que essa linguagem prevaleceu nos primórdios do mundo, antes que a vida externa e intelectual tivesse predominado sobre a instintiva e emocional, temos que concluir que essa seja a linguagem natural do homem que seria, portanto, dotado de uma faculdade correspondente para compreender esses hieróglifos; e daí resultou que a interpretação dos sonhos tenha se tornado uma arte legítima. Muito tempo depois que essas faculdades instintivas foram perdidas, ou melhor, obscurecidas, pela agitação e as distrações da vida sensual, as memórias e tradições permaneceram, e daí a cultura predominante de enganação e impostura que se seguiu, das quais os ciganos representam um exemplo notável — em quem, no entanto, sem dúvida podem ser encontrados alguns lampejos ocasionais do dom original, como é o caso, embora, mais raramente, em indivíduos de todas as raças e condições. A natureza como um todo é um enorme livro de símbolos que, porque perdemos a chave para os mesmos, não podemos decifrar. "Para o primeiro homem", diz Haman, "o que quer que seu ouvido ouvisse, seus olhos vissem ou suas mãos tocassem, era uma palavra viva; com essa palavra no coração e na boca, a formação da linguagem foi fácil. O homem via as coisas em sua essência e propriedades, e as nomeava em conformidade".

Não pode haver dúvida de que as formas pagãs de adoração e os sistemas de religião eram apenas os símbolos externos de alguns significados profundos, e não as fábulas vãs que com demais frequência foram consideradas; e é absurdo supor que a teologia, que satisfez tantas mentes prodigiosas, não tenha mais fundamento do que um conto de fadas para crianças.

Uma criada que morou muitos anos com uma família abastada em Edimburgo, foi reiteradamente avisada da proximidade da morte de alguns membros daquela família, ao sonhar que uma das paredes da casa havia caído. Pouco antes do adoecimento e morte do cabeça da família, ela disse ter sonhado que a parede principal havia caído.

Um caso singular ocorrido nessa mesma família, e que ouvi de um de seus membros, é mencionado pelo dr. Abercrombie. Nessa ocasião, o sonho não foi apenas profético, mas o símbolo foi realmente traduzido em fato.

Quando um dos filhos estava adoentado com dor de garganta, uma irmã dele sonhou que um relógio de considerável valor, que um amigo lhe emprestara, havia parado; e que ela, ao acordar outra irmã para lhe relatar o caso, esta respondera que "algo muito pior acontecera, pois a respiração de Charles havia parado". Ela então acordou, em grande alarme, e relatou o sonho à sua irmã que, para tranquilizá-la, levantou-se e foi até o quarto do irmão, onde o encontrou adormecido, e o relógio funcionando. Na noite seguinte, o mesmo sonho se repetiu, e o irmão foi encontrado de novo dormindo, e o relógio, funcionando. Na manhã seguinte, no entanto, essa mulher estava escrevendo um recado na sala de visitas, com o relógio ao lado, quando, ao pegá-lo, percebeu que havia parado; estava a ponto de chamar a irmã para relatar o caso, quando ouviu um grito vindo do quarto do irmão, e a irmã entrou correndo com a notícia de que ele falecera naquele momento. A doença não era considerada grave; mas um ataque súbito de asfixia se revelara inesperadamente fatal.

Esse caso, reconhecido e aceito além de qualquer controvérsia, é extremamente curioso em muitos aspectos: em especial, o papel desempenhado pelo símbolo. Eventos simbólicos dessa natureza foram com frequência relatados e, com a mesma frequência, foram objeto de riso. É fácil rir daquilo que não entendemos; e nos dá a vantagem de causar vergonha, no tímido narrador, de sua narrativa, de modo que, se não a suprimir, ao menos se garantirá, rindo também, na próxima vez que contar o caso. Dizem que o relógio de Goethe parou no momento em que ele morreu; e eu ouvi repetidos exemplos desse estranho caso de sincronismo ou magnetismo, se o magnetismo for nossa explicação para o mistério.

"Essa linguagem simbólica, que a Deidade parece ter usado" (vide o sonho de Pedro, Atos II, e outros) "em todas as Suas revelações ao homem, é, em seu mais alto grau, o que a poesia é em um grau inferior, e a linguagem dos sonhos, no mais baixo grau, a saber, a linguagem original e natural do homem; e é muito razoável questionar se essa linguagem, que aqui desempenha um papel inferior, não poderia ser a linguagem mesma de uma esfera superior, enquanto nós, que em vão nos cremos acordados, estamos na realidade enterrados em um sono muito profundo, onde, como sonhadores que imperfeitamente ouvem as vozes daqueles à sua volta, às vezes apreendemos, embora de modo obscuro, umas poucas palavras dessa língua divina". (*Vide Schubert.*)

Esse assunto de dormir e despertar é muito curioso, e poderia suscitar estranhos questionamentos. No caso dos pacientes mencionados anteriormente, que parecem ter duas esferas distintas de existência, quem dirá quem está acordado ou se algum dos dois está? As especulações do sr. Dove a esse respeito merecem mais atenção, eu penso, do que tiveram quando ele deu uma palestra em Edimburgo. Ele sustentou que, muito antes de ter prestado qualquer atenção no magnetismo, tinha chegado à conclusão de que há tantos estados ou condições da mente para além do sono, como há deste lado de cá; passando pelos diferentes estágios de sonho, devaneio, contemplação etc., até a perfeita vigília. Ainda assim, nesse mundo de aparências, onde não vemos nada como de fato é, e onde, tanto no que diz respeito às nossas relações morais quanto físicas, vivemos em um estado de contínua ilusão, é impossível para nós pronunciarmo-nos sobre essa questão. É um lugar comum dizer que algumas pessoas parecem viver em um sonho e nunca estão bem despertas; e o observador mais superficial não pode deixar de ter ficado impressionado com exemplos de pessoas nessa condição, especialmente idosas.

Com respeito a essa linguagem alegórica, Ennemoser observa que, "visto que nenhum sonhador aprende isso de outro, e menos ainda daqueles que estão acordados, deve ser natural para todos os homens". Quão diversa também, é sua abrangência e rapidez em relação à nossa linguagem comum! Estamos acostumados, e com justiça, a nos espantar com o admirável mecanismo através do qual, sem fadiga ou esforço, nos comunicamos com nossos semelhantes; mas quão lenta e ineficiente é a fala humana, se comparada a essa linguagem pictórica do espírito, onde toda uma história é compreendida em um piscar de olhos!, e cenas que parecem durar dias e semanas são representadas em dez minutos. É digno de nota que essa linguagem hieroglífica pareça ser a mesma para todas as pessoas; e que os intérpretes dos sonhos de todas as nações traduzam os signos de forma semelhante. Assim, sonhar com águas profundas denota perturbação, e pérolas são sinal de lágrimas.

Ouvi falar de uma mulher que, sempre que um desgraça era iminente, sonhava que via um grande peixe. Um dia, ela sonhou que esse peixe mordera dois dedos do seu filhinho. Imediatamente depois, um colega da escola da criança machucou aqueles mesmos dois dedos, acertando-os com uma machadinha; e conheci diversas pessoas que aprenderam com a experiência a considerar determinado sonho como prognóstico certo de infortúnio.

Sonhos com caixões e funerais, diante de uma morte iminente, devem ser considerados exemplos dessa linguagem alegórica. Casos do gênero são extremamente numerosos. Não sem frequência, o sonhador, como em casos de intuição, vê o corpo no caixão, de modo a ter consciência de quem irá morrer; ou então, conscientiza-se ao ver o cortejo fúnebre em certa casa, ou em outra circunstância significativa. Essa faculdade que se supôs pertencer aos *highlanders* da Escócia, parece ser perfeitamente bem conhecida em Gales e no continente, em especial na Alemanha.

A linguagem dos sonhos, no entanto, nem sempre é simbólica. Ocasionalmente, o episódio que transcorre a uma certa distância, ou que sucederá em algum período futuro, é literalmente apresentado ao sonhador, como as coisas parecem se apresentar em muitos casos de intuição, e também de clarividência; e uma vez que supomos estar ele, isto é, o sonhador, temporariamente em estado magnético, temos que concluir que o grau de clareza ou lucidez da visão depende do grau daquele estado.

No entanto, complicações consideráveis acompanham essa teoria. Grande parte dos sonhos proféticos de que ouvimos falar está ligada à morte de algum amigo ou parente. Alguns, é verdade, dizem respeito a assuntos pouco importantes, como visitas, e assim por diante; mas esse é, em geral, embora não exclusivamente, o caso específico de pessoas que têm uma tendência constitutiva para esse tipo de sonho, e para quem ele é frequente; mas não é incomum para aqueles que não descobriram qualquer tendência semelhante, conscientizarem-se a respeito de uma morte; e a quantidade de sonhos dessa natureza com que deparo é muito considerável. Agora, é difícil conceber as condições que causam a percepção de uma morte que se aproxima; ou por que razão, supondo, como sugerimos acima, que quando os sentidos adormecem o espírito desobstruído *vê*, a lembrança dessa revelação, se posso chamar assim, sobrevive com muito mais frequência do que qualquer outra; a menos, de fato, que a força do choque persista, choque este, é preciso observar, que sempre desperta o sonhador; e essa pode ser a razão pela qual, se ele adormecer de novo, o sonho quase que invariavelmente se repete.

Eu poderia preencher páginas com sonhos dessa natureza que chegaram ao meu conhecimento, ou foram registrados por outros.

O sr. H., um cavalheiro conhecido meu, homem dedicado ativamente aos negócios, e aparentemente tão pouco propenso quanto qualquer outro que já conheci a ser perturbado por um dom do gênero, sonhou que viu um certo amigo morto. O sono foi tão real que, embora não tivesse qualquer razão para supor o amigo doente, não pôde se furtar a buscar notícias dele, na manhã seguinte. A resposta recebida foi a de que o sr. A. estava fora, e bem. A impressão, no entanto, foi tão vívida que, embora ele tivesse que percorrer quase três milhas, o sr. H. sentiu que não poderia ir até Glasgow, onde negócios o esperavam, sem antes fazer outra inquirição. Dessa vez, o amigo estava em casa, e respondeu ele próprio que estava muito bem, e que alguém devia estar iludindo o sr. H., fazendo-o acreditar o contrário. O sr. H. saiu em viagem, surpreso com a própria ansiedade, mas incapaz de controlá-la. Ficou ausente por apenas alguns dias — acho que três; e a primeira notícia que ouviu ao voltar foi que seu amigo tinha sido acometido de uma inflamação, e estava morto.

Um professor alemão recentemente relatou a um amigo meu que, estando a alguma distância de casa, sonhou que seu pai estava morrendo e que chamava por ele. O sonho se repetiu, e ele ficou tão impressionado que alterou seus planos e voltou para casa, onde chegou a tempo de presenciar o último suspiro do pai. Foi informado de que o moribundo estivera chamando repetidamente seu nome, em uma angústia profunda por sua ausência.

Um homem de negócios de Glasgow recentemente sonhou que viu um caixão, onde estava escrito o nome de um amigo, com a data de sua morte. Algum tempo depois, foi solicitado a comparecer ao funeral daquela pessoa, que à época do sonho gozava de boa saúde, e ficou surpreso ao ver que a placa no caixão exibia a mesma data que tinha visto em sonho.

Um cavalheiro francês, monsieur de V., sonhou há alguns anos que viu uma tumba onde se lia nitidamente a seguinte data — 23 de junho de 184 —; havia também algumas iniciais, mas tão apagadas que não podia decifrá-las. Mencionou o caso à esposa, e durante algum tempo não conseguiam deixar de sofrer com a chegada do mês agourento; mas, como os anos se passavam e nada acontecia, deixaram de pensar nisso, quando finalmente o último algarismo foi esclarecido. No dia 23 de junho de 1846, sua filha única faleceu, aos 17 anos de idade.

Até o momento, os exemplos que relatei parecem se limitar a casos de simples clarividência, ou de intuição, no sonho, embora, ao usar essas palavras, eu esteja longe de sugerir que explico o fenômeno ou desvendo o mistério. A teoria a que aludi acima ainda parece ser a única aplicável aos fatos, a saber, que uma vez que os sentidos externos passam a um estado negativo e passivo, o sentido universal do espírito imortal interior, que vê, ouve e sabe, ou em uma palavra, *percebe*, sem órgãos, torna-se mais ou menos liberto para trabalhar desobstruído. Que a alma seja um espelho onde o espírito vê tudo refletido, é uma modificação dessa teoria; mas confesso que me encontro incapaz de associar qualquer conceito a essa formulação. Outra perspectiva, que me foi sugerida por uma pessoa eminente é a de que, se for verdade, como sustenta o dr. Wigan e alguns outros fisiologistas, que nossos cérebros são duplos, torna-se possível que exista uma polaridade entre os dois lados, onde o lado negativo pode, em certas circunstâncias, tornar-se um espelho do positivo. Parece difícil conciliar essa noção com o fato de que essas percepções ocorrem mais frequentemente quando o cérebro está adormecido. Até que ponto o sonho é perfeito e completo, no entanto, não podemos jamais saber; e, claro, quando os poderes da fala e da locomoção seguem sendo exercidos, sabemos que é apenas parcial, em grau maior ou menor. No caso de sonhadores em estado magnético, a observação nos mostra que os nervos auditivos são estimulados quando nos dirigimos a eles, e adormecem de novo assim que deixamos de perturbá-los. Na maior parte dos casos de sono natural, os mesmos processos, caso a voz fosse ouvida, iriam dissipar o sono completamente; e é preciso lembrar que, como o dr. Holland diz, o sono é uma condição flutuante, que varia de um momento para o outro, e isso deve ser ponderado quando consideramos o sono magnético, também.

É por meio dessa teoria da dualidade do cérebro, que parece ter muitos argumentos a seu favor, e da alternância entre dormir e despertar dos dois lados, que o dr. Wigan procura explicar o estado de consciência dupla ou alternada a que aludimos acima; e também a estranha sensação que a maior parte das pessoas vivenciou, de ter testemunhado uma cena, ou escutado uma conversa, em algum período indefinido anterior, ou mesmo em algum estado prévio de existência. Ele acredita que uma metade do cérebro, estando em condição mais ativa do que a outra, toma conhecimento prévio da cena; e que quando ocorre a percepção pela outra metade, isto parece ser uma repetição de alguma experiência anterior. Confesso que essa teoria, no que concerne aos fenômenos que mencionei por último, é para mim completamente insatisfatória, e especialmente defectiva ao não explicar um dos particulares mais curiosos relacionados a ela, ou seja, que nessas ocasiões as pessoas não apenas parecem reconhecer as circunstâncias como tendo sido vivenciadas antes, mas têm, com muita frequência, um conhecimento prévio real do que será dito ou feito em seguida.

Ora, a explicação para esse mistério, estou inclinada a pensar, pode estar na hipótese que sugeri; a saber, que durante o sono profundo, e o que geralmente nos parece ter sido um sono sem sonhos, somos clarividentes. O mapa dos eventos futuros está aberto diante de nós, o espírito o observa; mas, com o despertar dos órgãos sensoriais, essa vida onírica, com suas excursões aéreas, finda; e somos transportados para a nossa outra esfera de existência. Mas ocasionalmente algum lampejo de lembrança, algum raio de luz oriundo desse mundo fantasmagórico no qual vínhamos vivendo, irrompe em nossa existência objetiva externa, e reconhecemos o local, a voz, as mesmas palavras, como tendo sido apenas uma reprodução de algumas cenas pretéritas de um drama.

O dom do pressentimento, do qual todos devem ter ouvido exemplos, parece ter alguma afinidade com o fenômeno que relatei por último. Conheço uma mulher, em quem essa faculdade é um tanto desenvolvida, que a manifestou pela consciência do momento em que uma morte ocorria em sua família, ou entre seus conhecidos, embora ela não soubesse quem estava partindo. Ouvi diversos casos de pessoas que voltaram correndo para casa depois de pressentirem um incêndio; e o sr. M. de Calderwood, certa vez, quando estava fora de casa, foi tomado por tamanha ansiedade a respeito de sua família que, sem poder de maneira alguma explicar, sentiu-se compelido a correr até eles e retirá-los da casa onde estavam morando; uma ala da qual caiu imediatamente depois disso. Jamais lhe ocorrera qualquer noção de infortúnio, nem ele tinha qualquer razão para esperar que aquilo ocorresse; tendo sido o acidente causado por algum defeito nas fundações.

Um caso muito similar a esse foi relatado por Stilling, a respeito do professor de mátemática Böhm, em Marburg; que, estando uma noite acompanhado, foi de repente tomado pela convicção de que deveria ir para casa. Como, no entanto, estava confortavelmente tomando chá, e não tinha nada para fazer em casa, resistiu à advertência; mas esta lhe voltou com tamanha força que ele foi finalmente obrigado a ceder. Ao chegar em casa, encontrou tudo como havia deixado; mas nesse momento sentiu-se compelido a mover a cama do canto em que estava, para outro; mas como ela sempre estivera ali, resistiu a esse impulso, também. No entanto, a resistência foi em vão, e absurdo como parecia, sentiu que deveria fazê-lo; chamou então a criada, e com sua ajuda, levaram a cama para o outro lado do quarto; depois disso, sentiu-se bastante tranquilo e voltou para passar o resto da noite com os amigos. Às dez horas, os convivas se despediram e ele voltou para casa, e foi para a cama, dormir. No meio da noite, foi acordado por um barulho forte, e observando, viu que uma enorme viga havia caído, levando consigo parte do telhado, e estava exatamente no lugar por sua cama antes ocupado.

Uma jovem criada, dessa vizinhança, que estivera muitos anos em excelente situação, ali onde era muito querida, de repente foi tomada pelo pressentimento de que estava sendo solicitada em casa; e apesar de todos os protestos, deixou o trabalho e iniciou sua jornada até lá; ao chegar, encontrou os pais muito doentes, um deles mortalmente, e muito necessitados de seus serviços. Nenhuma notícia da doença deles chegara a ela, nem ela podia absolutamente explicar o seu impulso. Ouvi numerosos e bem confirmados casos de pessoas que escaparam de se afogar por terem sido tomadas por um pressentimento inexplicável de algum mal, quando não havia qualquer sinal externo que justificasse a apreensão. A história de Cazotte, conforme narrada por La Harpe, é um exemplo notável desse tipo de faculdade; e parece indicar um poder semelhante àquele que possuía Zschokke, que conta, de si próprio, em sua autobiografia, que com frequência, enquanto conversava com um estranho, lhe eram reveladas todas as circunstâncias da vida pregressa daquele sujeito, incluindo até mesmo detalhes de lugares e pessoas. No caso de Cazotte, o futuro se abriu diante dele, e ele antecipou, para um grupo de pessoas eminentes, no ano de 1718, o destino que aguardava cada indivíduo, inclusive o dele próprio, em consequência da revolução que então se iniciava. Como essa história já foi publicada, me escuso de relatá-la.

Um dos casos mais notáveis de pressentimento que conheço é aquele que ocorreu, não faz muito tempo, a bordo de um dos navios de sua Majestade, quando estava ao largo de Portsmouth. Um dia, quando os oficiais estavam à mesa de refeição, um jovem tenente P. de repente pousou o garfo e a faca, afastou o prato e ficou extremamente pálido. Ele então se levantou da mesa, cobrindo o rosto com as mãos e se retirou do salão. O presidente da mesa, supondo-o doente, enviou um dos seus jovens para perguntar o que havia acontecido. Num primeiro momento, o sr. P. não desejava falar, mas, ao ser pressionado, confessou que tinha sido tomado pela repentina e irresistível impressão de que um irmão seu, que estivera na Índia, estava morto. "Ele morreu", ele disse, "no dia 12 de agosto, às seis horas; tenho certeza absoluta!" Nenhuma argumentação foi capaz de vencer sua convicção que, no devido tempo, foi confirmada literalmente. O jovem morrera em Cawnpore, precisamente no momento mencionado.

Quando qualquer demonstração dessa espécie de dom ocorre em animais, o que não é de modo algum infrequente, damos o nome de *instinto*; e podemos considerar, o que provavelmente é, apenas mais um caso raro de desenvolvimento daquele conhecimento intuitivo que lhes permite procurar comida e executar as outras funções necessárias à manutenção de sua existência e à perpetuação de sua raça. Ora, é significativo que a vida de um animal seja uma espécie de vida onírica; seu sistema ganglionar é mais desenvolvido do que nos homens, e o cérebro, menos; e já que não há dúvida, pelo maior desenvolvimento do sistema ganglionar das mulheres, de que elas apresentam com mais frequência ocorrências desse tipo de fenômenos anormais de que estou tratando do que os homens, pode talvez ser procedente considerar o dom do pressentimento em humanos como um instinto subitamente despertadoe que, nos animais, se trata de um instinto acentuado.

Todos já presenciaram ou ouviram falar de exemplos desse tipo de pressentimento, em cães, especialmente. Posso garantir a autenticidade da próxima história; as tradições sendo preservadas com muito zelo na família de que se trata, e de quem a ouvi. No século passado, o senhor P., membro dessa família, e que tinha se envolvido em alguns dos casos tumultuosos desta parte mais ao norte da ilha, um dia ficou surpreso ao ver um cão de sua predileção, que estava deitado aos seus pés, assustar-se de repente, agarrá-lo pelo joelho e puxar — não com violência, mas de um modo que indicava o desejo de que o dono o seguisse até a porta. O cavalheiro resistiu ao convite por algum tempo, até que a perseverança do animal finalmente despertou sua curiosidade, e ele cedeu, e foi assim conduzido pelo cão até a parte mais remota de um bosque vizinho onde, no entanto, não viu nada que pudesse explicar o procedimento de seu amigo mudo, que agora tinha se deitado, satisfeito, e parecia desejar que o dono seguisse seu exemplo.

Determinado a prosseguir nessa aventura e descobrir, se possível, seu significado, ele assim o fez. Um tempo considerável transcorreu, antes que o cão consentisse que o dono fosse para casa; finalmente, ele se levantou e guiou-o no caminho até lá, onde o sr. P. ouviu as primeiras notícias de que um grupo de soldados ali estivera, à sua procura; e lhe mostraram as marcas das lanças com que perfuraram a roupa de cama, à sua procura. Ele fugiu e, por fim, escapou; sua vida tendo sido, assim, salva pelo cão.

Há alguns anos, em Plymouth, eu tinha um cocker spaniel marrom que, com frequência, e muita alegria, acompanhava meu filho e sua ama em seu passeio matinal. Um dia, ela veio reclamar comigo que o Tigre não queria sair com eles. Ninguém podia conceber a razão de um capricho tão pouco usual; e, infelizmente, não cedemos, mas o forçamos a ir. Em menos de quinze minutos ele foi trazido de volta, tão despedaçado por um cão selvagem que acabara de desembarcar de um navio estrangeiro, que foi necessário sacrificá-lo a tiro imediatamente.

Capítulo V
Avisos

Esta comparação entre o poder de pressentimento de um ser humano e os instintos de um animal pode ser ofensiva para algumas pessoas; mas é preciso admitir que, até onde podemos ver, a manifestação é a mesma, qualquer que seja a causa. Ora, o corpo de um animal deve ser informado por um princípio imaterial — vamos chamá-lo de alma ou espírito, ou o que for; porque é evidente que suas ações não são o mero resultado de seu organismo; e desejo apenas sugerir que essa faculdade de previsão deva ser inerente a um espírito inteligente, qualquer que seja a forma carnal em que esteja alojado; enquanto, com relação a que instinto seja, estamos, por enquanto, na mais profunda ignorância. *Instinto*, sendo uma palavra que, como *imaginação*, todos usam e ninguém compreende.

Ennemoser e Schubert acreditam que o instinto através do qual os animais buscam alimento consiste em polaridade, mas deparei com apenas duas teorias modernas que pretendem explicar o fenômeno do pressentimento; uma, é que a pessoa está em um estado magnético temporário, e que o pressentimento é uma espécie de clarividência. Que a faculdade, como aquela do sonho profético, é constitutiva, e se manifesta principalmente em certas famílias, isso está bem comprovado; e os eventos pouco importantes, como visitas e assim por diante, onde ela com frequência se exercita, nos proíbem buscar explicação numa fonte superior. Parece, também, ser bastante independente da vontade do indivíduo, como no caso de Zschokke, que se via íntimo dos segredos de pessoas por quem não manifestava o menor interesse, ao passo que, onde o conhecimento poderia ter-lhe sido útil, ele não era capaz de controlá-lo. A teoria de que metade do cérebro está em um estado negativo, servindo de espelho para a outra metade, se a admitirmos, pode dar conta tão bem, ou melhor, desses pressentimentos em vigília do que da clarividência em sonhos. Mas, de minha parte, estou inclinada ao ponto de vista daquela escola de filósofos que adota a primeira e mais espiritual teoria, que a mim parece oferecer poucos entraves, enquanto, com relação à nossa natureza presente e nossas esperanças futuras, é certamente mais satisfatória. Uma vez admitido que o corpo é apenas a moradia temporária de um espírito imaterial, a máquina através da qual, e pela qual, em seus estados normais, o espírito sozinho pode se manifestar, não vejo grande dificuldade em conceber que, sob certas condições daquele corpo, suas relações possam ser alteradas, e que o espírito possa perceber, por suas próprias e inerentes faculdades, sem a ajuda de seu veículo material; e como essa condição do corpo pode advir de causas puramente físicas, vemos de imediato por que as revelações com frequência dizem respeito a eventos pouco importantes como os referidos.

Plutarco, em seu diálogo entre Lamprius e Ammonius, observa que se os daemons, ou espíritos protetores, que protegem a humanidade, são almas desencarnadas, não devemos duvidar que esses espíritos, mesmo quando encarnados, possuam as faculdades de que agora desfrutam, uma vez que não temos nenhuma razão para supor que quaisquer outras sejam conferidas a eles no momento da dissolução, isso porque essas faculdades devem ser inerentes, embora temporariamente obscurecidas, fracas e ineficientes em suas manifestações. Assim como não é que o Sol começa a brilhar quando desponta por detrás das nuvens, também não é quando a alma sai do corpo, como de uma nuvem que a envolve, que ela pela primeira vez adquire o poder de olhar para o futuro.

Mas os eventos previstos não são sempre desimportantes, nem o modo de comunicação é sempre da mesma natureza. Mencionei acima alguns casos onde algum perigo foi evitado, e há muitos do mesmo gênero registrados em vários trabalhos; o número de casos semelhantes, corroborados pela concordância universal de todos os estudiosos de primeira ordem do sonambulismo, é que induziu um setor considerável de psicólogos alemães a adotar a doutrina dos espíritos guardiães — uma doutrina que prevaleceu, mais ou menos, em todas as idades e que, segundo muitos teólogos, é corroborada pela Bíblia. Há neste país, e acredito que na França também, embora com mais exceções, uma aversão tão extrema a admitir-se a possibilidade de qualquer coisa parecida com o que pode ser chamado de ação sobrenatural, que o mero reconhecimento de tal convicção é suficiente para desacreditar o conhecimento de alguém por uma parte considerável do mundo, sem exceção daqueles que professam acreditar nas Escrituras. Ainda assim, mesmo pondo de parte essa última autoridade, não vejo nada contraditório em se discutir essa crença. Tanto quanto podemos ver, há na natureza uma série contínua, do inferior ao superior, sem que tenhamos o direito de concluir que somos o último elo da corrente. Por que não pode haver uma gama de seres? Que esse possa ser o caso, certamente está de acordo com tudo o que vemos; e o fato de não os vermos não lança, como disse acima, nenhuma sombra de argumento contra a existência deles; o homem, imerso em negócios e prazeres, vivendo apenas sua vida sensorial, está propenso a esquecer quão limitados são esses sentidos, e o quanto eles estão meramente designados a um propósito temporário, e quanto possa existir de que não tenham consciência.

Admitida a *possibilidade*, os argumentos principais contra a *probabilidade* de tal proteção são a interferência que isso implica em relação ao livre-arbítrio do homem, por um lado, e a raridade dessa interferência, do outro. Com respeito à primeira questão, do livre-arbítrio, é um assunto de reconhecida dificuldade, e que está além do escopo de meu trabalho. Ninguém pode honestamente olhar para sua vida pregressa sem se sentir perplexo com a questão de quão apto estava, ou não, no momento, para resistir a determinados impulsos, que o levaram a cometer atos errados ou imprudentes; e temo que permanecerá para sempre uma *vexata quaestio,* até que ponto nossas virtudes e vícios dependem de nosso organismo; um organismo cuja constituição está além do nosso próprio poder, em princípio, embora possamos certamente aperfeiçoá-lo ou deteriorá-lo; mas que temos que admitir, ao mesmo tempo, que seja, em sua forma deteriorada presente, o mau resultado da corrupção do mundo, e a punição herdada dos vícios de nossos antecessores; por meio da qual os pecados dos pais pairam sobre os filhos, até a terceira e quarta gerações.

Existe, como dizem as Escrituras, apenas um caminho para a salvação, embora haja muitos para a perdição, ou seja, embora haja muitos caminhos errados, há apenas um certo; porque a verdade é uma, e nossa verdadeira liberdade consiste em sermos livres para segui-la; porque não podemos imaginar que alguém busque sua própria perdição, e ninguém, imagino, ama o vício pelo vício, como outros amam a virtude, ou seja, por *ser* um vício; de modo que quando seguem seus ditames, temos que concluir que não estão livres, mas amarrados, escravizados por quem quer que seja, ou por um mau espírito, ou pelo próprio organismo; e, penso, todo ser humano que olha para si sentirá que é, em efeito, *livre* apenas quando está obedecendo aos ditames da virtude; e que a linguagem das Escrituras, que fala do pecado como uma sujeição, não é apenas metaforicamente, mas literalmente verdadeira.

Avisar uma pessoa sobre um perigo ou erro iminente não implica constrangimento; o sujeito avisado é livre para aceitar ou não a sugestão, a seu bel prazer. Recebemos muitos avisos, tanto de outras pessoas como de nossas próprias consciências, dos quais nos recusamos a nos beneficiar.

Com relação à segunda objeção, parece ter um peso maior; pois embora os casos de pressentimentos isolados sejam numerosos, eles são certamente, até onde sabemos, casos excepcionais. Mas temos que lembrar que uma influência dessa espécie pode ser exercida de forma muito contínua, embora mínima, em favor de um indivíduo, sem que ocorra qualquer caso de natureza tão impressionante a ponto de tornar a interferência manifesta; e é certo que algumas pessoas — conheci diversas — muito sensíveis, também, que têm durante toda a vida a convicção intuitiva de que essa proteção existe em relação a elas. Que em nossos estados normais não se pretende que guardemos uma comunhão sensível com o mundo invisível, isso parece evidente; mas a natureza sobeja em exceções; e pode haver condições relativas a ambos os lados, o espírito incorporado e o não incorporado, passíveis às vezes de levá-los a ter uma relação mais íntima. Ninguém que acredite que a consciência sobrevive à morte do corpo pode duvidar que o espírito liberto irá então entrar em comunhão com seus congêneres; sendo os tabernáculos carnais que habitamos o que nos impossibilita de fazê-lo no presente; mas uma vez que a constituição dos corpos varia extremamente, não apenas em indivíduos diferentes, mas nos mesmos indivíduos, em diferentes tempos, não podemos conceber a possibilidade de que em certas condições, diminuídas as obstruções, essa comunhão se torne praticável dentro de certos limites? Pois, certamente, há casos registrados e comprovados de pressentimentos e avisos que dificilmente admitem qualquer outra explicação; e o fato de essas advertências serem recebidas com mais frequência em estado de sono do que de vigília, fornece um argumento adicional em favor da última hipótese; pois, se houver qualquer fundamento nas teorias sugeridas acima, estando as funções sensoriais em suspenso, e a vida externa em razão disso nos sendo vedada, o espírito estaria mais suscetível às atividades espirituais, seja de nossos amigos falecidos ou de ministros indicados, caso isso exista. Jung Stelling é de opinião que devemos decidir, a partir do objetivo e do objeto da revelação, se a coisa diz respeito a um mero desenvolvimento da faculdade de pressentimento ou de um caso de intervenção espiritual; mas esse certamente seria um modo muito equivocado de julgar, uma vez que o pressentimento que prevê uma visita, pode prever um perigo e nos mostrar como evitá-lo, como no seguinte caso:

Uns poucos anos antes, o dr. W., ora residente em Glasgow, sonhou que recebera um chamado para atender um paciente a alguns quilômetros dali; que saiu a cavalo e que, ao atravessar uma charneca, viu um touro vindo furiosamente em sua direção, de cujos chifres ele só escapou porque se refugiou em um lugar inacessível ao animal; ali esperou por longo tempo, até que algumas pessoas, observando sua situação, vieram em sua assistência e o soltaram. No desjejum da manhã seguinte, o chamado veio; e, sorrindo à estranha coincidência, saiu a cavalo. Ele não conhecia a estrada que tinha que tomar; mas, aos poucos, chegou à charneca, que reconheceu, e nesse momento o touro apareceu, vindo à toda velocidade em sua direção. Mas o sonho havia-lhe mostrado onde se refugiar, o que fez imediatamente; e ali, passou três ou quatro horas, acuado pelo animal, até que o povo do vilarejo veio acudi-lo. O dr. W. declara que, não tivesse havido o sonho, não teria sabido em que direção correr para salvar-se.

Um açougueiro chamado Bone, que morava em Holytown, sonhou há alguns anos que foi parado por dois homens vestidos de azul em determinado lugar, a caminho do mercado, aonde deveria ir no dia seguinte para comprar gado, e que estes lhe cortaram o pescoço. Contou o sonho à esposa, que riu dele; mas, como o sonho se repetiu duas ou três vezes, e ela viu que ele estava de fato alarmado, aconselhou-o a se juntar a alguém que estivesse indo pela mesma estrada. Ele ouviu o conselho, até que ouviu uma carroça passar defronte à sua porta, e então saiu e juntou-se ao homem, contando-lhe por que fazia isso. Quando chegaram ao local, lá estavam realmente os dois homens vestidos de azul que, vendo que ele não estava sozinho, fugiram correndo.

Ora, embora o sonho aqui provavelmente tenha sido o meio de salvar a vida de Bone, não há razão para supor que este seja um caso do que se chama de *intervenção sobrenatural*. O fenômeno seria suficientemente explicado se admitirmos a hipótese que sugeri; ou seja, que ele se conscientizou do perigo iminente durante o sonho, e fora capaz, por alguma razão que desconhecemos, de carregar a lembrança para o estado de vigília.

Conheço casos de pessoas que, por diversas manhãs que antecederam a ocorrência de uma calamidade, foram acordadas com uma dolorosa sensação de infortúnio, a qual não podiam explicar, e que se dissipou assim que tiveram tempo para refletir que não havia motivo para tal agitação. Esse é o único tipo de pressentimento que já experimentei eu mesma; mas me ocorreu duas vezes, de modo muito característico e inequívoco. Assim que a vida intelectual, a vida do cérebro, e o mundo externo irromperam, a vida instintiva retrocedeu, e o conhecimento intuitivo foi obscurecido. Ou, segundo a teoria do dr. Ennemoser, as relações polares mudaram e os nervos ficaram ocupados em comunicar as impressões sensoriais ao cérebro, a sensibilidade ou estado positivo tendo sido agora transferidos da periferia interna para a externa. É através da mudança contrária que o dr. Ennemoser procura explicar a insensibilidade à dor de pacientes hipnotizados.

Um caso semelhante ao relatado acima ocorreu com uma família bem conhecida na Escócia, os Rutherfords de E—. Uma mulher sonhou que sua tia, residente a alguma distância, fora assassinada por um criado negro.

Impressionada com a vivacidade da visão, não pôde resistir a ir até à casa de sua parente, onde o homem com quem ela sonhara, e que creio ela nunca vira antes, abriu-lhe a porta. Ela então persuadiu um cavalheiro a vigiar no quarto adjacente, durante a noite; e de manhã, ao ouvir passos nas escadas, ele abriu a porta e viu o criado negro levando um balde cheio de carvão com o propósito, assim disse, de acender a lareira de sua patroa. Como o motivo não lhe pareceu muito provável, examinou o carvão e encontrou uma faca escondida ali no meio, com a qual, confessou mais tarde o criado, pretendia matar sua patroa, caso ela oferecesse qualquer resistência a seu propósito de roubar uma alta quantia de dinheiro, que ele sabia que ela recebera, naquele dia.

O próximo caso foi citado em diversas publicações médicas — pelo menos em trabalhos escritos por médicos ilustres, e não é por isso que o relato aqui, mas para observar a extraordinária facilidade com que, conquanto não questionem o fato, se livram do mistério.

O sr. D., de Cumberland, quando jovem, veio a Edimburgo, com o propósito de frequentar a faculdade, ficando aos cuidados do tio e da tia, o major e a sra. Griffiths, que na época residiam no castelo. Quando o tempo estava bom, o jovem tinha o hábito de fazer passeios frequentes com outros de sua idade e carreira; e, uma tarde, mencionou que tinham reunido um grupo para pescar, e reservado um barco para o dia seguinte. Ninguém objetou a esse plano; mas, no meio da noite, a sra. Griffiths gritou, "O barco está afundando! Oh, salvem-nos!" Seu marido disse que supôs que ela estivesse pensando na pescaria; mas ela declarou que nunca havia pensado naquilo, absolutamente, e logo adormeceu de novo. Mas, sem demora acordou uma segunda vez, gritando que viu "o barco afundando!" "Devem ter sido os vestígios da impressão causada pelo outro sonho", ela sugeriu ao marido, "pois não estou nem um pouco preocupada com a pescaria". Mas, ao dormir mais uma vez, o marido foi de novo perturbado por seus gritos, "eles se foram!", ela disse, "o barco afundou!" Dessa vez, de fato, ela ficou alarmada, e sem esperar pela manhã, vestiu uma camisola e foi até o sr. D., que ainda estava na cama, e a quem, com muita dificuldade, convenceu a desistir da excursão programada. Ele então enviou seu criado até Leith, com uma desculpa; e o grupo partiu sem ele. O dia estava ótimo, quando entraram no mar; mas, algumas horas depois, uma tempestade se formou, na qual o barco afundou; ninguém sobreviveu para contar a história.

"Esse sonho é fácil de explicar", dizem os cavalheiro ilustres a que me referi acima, "pelo medo que todas as mulheres têm da água, e o perigo que representa para os barcos o estuário do rio Forth!" Ora, discordo que todas as mulheres tenham medo de água, e não há a menor razão para concluir que a sra. Griffiths tivesse. De qualquer modo, ela afirma que não sentia qualquer preocupação com relação à pescaria, e pode-se presumir que o testemunho dela a respeito daquele assunto vale mais do que o de pessoas que jamais a conheceram, e que nem eram nascidos na época em que o caso aconteceu, em 1731. Além disso, se o sonho da sra. Griffith surgiu simplesmente "do medo que todas as mulheres têm da água", e que sua subsequente verificação foi uma mera coincidência, dado que as mulheres constantemente arriscam suas vidas em viagens e passeios de barco, sonhos como esse deveriam ser extremamente frequentes; o fato de haver, ou não, qualquer acidente iminente, não tem, segundo essa teoria, qualquer relação com o fenômeno. E quanto aos perigos da navegação no estuário do rio Forth, temos naturalmente que supor que, se fossem considerado tão iminentes, o major Griffiths teria, pelo menos, se esforçado para dissuadir um jovem que estava sob sua proteção de arriscar a vida de modo tão imprudente. Seria do mesmo modo razoável menosprezar o sonho do dr. W. dizendo que todos os cavalheiros que têm que cruzar pastos têm grande medo de encontrar um touro — pastos, em geral, sendo infestados desses animais.

Posso afirmar com a segurança dos casos que chegaram ao meu conhecimento, que a ineficiência da comunicação ou pressentimento, ou o que quer que seja, não é um argumento contra o fato de que esses sonhos ocorram. Um notório cavalheiro, cujo nome seria garantia da veracidade de qualquer coisa que relatasse, contou-me o seguinte caso, relacionado a ele próprio. Estava, não faz muito tempo, no litoral com sua família e, entre os demais, um de seus filhos, um garoto de cerca de 12 anos de idade, que tinha o hábito de nadar todos os dias, na companhia do pai, que o levava até à praia. A prática prosseguiu durante toda a estada e qualquer ideia de um acidente jamais ocorreu a ninguém. Um dia antes do dia marcado para a partida, o sr. H., o cavalheiro em questão, depois do café da manhã, foi surpreendido por um torpor pouco usual que, tendo em vão lutado para superar, o levou a adormecer em sua cadeira, e sonhou que estava acompanhando o filho ao banho de sempre, quando de súbito viu o garoto se afogar, tendo ele mesmo corrido até a água, vestido como estava, para trazê-lo à margem. Embora ao acordar estivesse bastante consciente do sonho, não deu importância a este; considerou-o meramente um sonho, nada mais; e quando, algumas horas depois, o garoto entrou na sala e disse, "Agora, papai, é hora de ir, vai ser meu último banho", sua visão da manhã não lhe ocorreu. Desceram até o mar, como sempre, e o garoto entrou na água, enquanto o pai ficou tranquilamente observando-o da areia, quando de repente a criança perdeu pé, depois de uma onda tê-la derrubado, e o perigo de ser levada foi tão iminente que, sem perder tempo e tirar o casaco, botas ou chapéu, o sr. H. correu para água e chegou apenas a tempo de salvá-la.

Esse é um caso de autenticidade comprovada, que considero um exemplo de clarividência ou intuição durante o sono. O espírito, com sua faculdade intuitiva, viu o que estava iminente; o sonhador lembrou-se do sonho, mas o intelecto não aceitou o aviso; e se aquele aviso era apenas um processo subjetivo — a clarividência do espírito — ou se foi exercido por algum agente externo, o livre-arbítrio da pessoa em questão não sofreu interferência.

Cito o seguinte caso semelhante do "Frankfort Journal", de 25 de junho de 1837: — "Dizem que uma circunstância singular está vinculada ao recente atentado à vida do arcebispo de Autun. Nas duas noites que precederam o ataque, o prelado sonhou que viu um homem fazendo repetidas tentativas de tirar sua vida, e acordou em extremo terror e agitação, com o esforço que fez para escapar do perigo. As feições e a aparência do homem estavam tão claramente impressas em sua memória, que ele o reconheceu no momento em que seus olhos caíram sobre ele, o que aconteceu quando este saía da igreja. O bispo escondeu o rosto e chamou seus acólitos, mas o homem disparou antes que pudesse tornar conhecidas as suas apreensões. Fatos como esse estão longe de ser incomuns. Parece que o assassino alimentara desígnios contra as vidas dos bispos de Dijon, Burgos, e Nevers".

A vida do grande Harvey foi salva pelo governador de Dove, que se recusou a permitir que ele embarcasse em direção ao continente com seus amigos. O navio se perdeu, com todos a bordo; o governador confessou que o havia retido em função de uma ordem que recebera em um sonho.

Há um caso muito interessante relatado pelo sr. Ward, em suas "Ilustrações sobre a vida humana", ligado ao falecido sir Evan Nepean, o qual acredito ser perfeitamente autêntico. Ao menos me asseguraram, gente que o conhecia bem, que ele mesmo atestava a veracidade do fato.

Sendo na época secretário do Almirantado, viu-se uma noite impossibilitado de dormir e premido por um sentimento indefinível de que deveria se levantar, embora fossem apenas duas da manhã. Ele assim o fez, e entrou no parque, e dali para o Ministério do Interior, onde entrou por uma porta privativa, cuja chave possuía. Ele não tinha qualquer objetivo ao fazer isso, e para passar o tempo, pegou um jornal que estava sobre a mesa e ali leu um parágrafo dizendo que um perdão judicial fora despachado para York, para os homens condenados por falsificação de moeda.

Ocorreu-lhe perguntar se o perdão tinha sido de fato despachado. Examinou os livros e descobriu que não havia; e foi somente através da mais célere tramitação que o despacho foi cumprido e chegou até York a tempo de salvar os homens.

Não parece que a ação de um espírito protetor, levando sir Evan à sua descoberta, favoreceu para que aqueles homens pudessem ser salvos ou para que os implicados escapassem ao remorso de que seriam acometidos por sua negligência criminosa?

É um fato digno de nota que sonâmbulos consumados acreditam ser assistidos por um espírito protetor. Para aqueles que não acreditam, porque nunca testemunharam fenômenos de sonambulismo, ou que veem a manifestação desse estado como mero delírio de alucinação, essa declaração não terá qualquer peso; mas, mesmo para essas pessoas, essa casualidade universal deve ser considerada digna de observação, embora seja vista apenas como sintoma de uma enfermidade. Acredito ter comentado, em outro lugar, que muitas pessoas sem a menor tendência ao sonambulismo, nem qualquer enfermidade semelhante, têm, durante toda a vida, um sentimento intuitivo de tal proteção; e, sem mencionar Sócrates e os antigos, existem, ademais, inúmeros casos registrados nos tempos modernos de indivíduos não sonâmbulos que declararam ter visto e mantido comunicação com seus espíritos protetores.

É bastante conhecido o caso da menina chamada Ludwiger que, na infância, perdera a fala e a função dos membros, e fora entregue zelosamente pela mãe, à hora da morte, aos cuidado das irmãs mais velhas. As jovens cumpriram piamente a obrigação, até que o dia de casamento de uma delas as fez esquecer o encargo. Ao se lembrarem, mais tarde, correram para casa e encontraram a garota sentada na cama, para o espanto delas, lhes dizendo que a mãe estivera lá e a alimentara. Ela nunca mais falou e, pouco depois, morreu. O caso aconteceu em Dessau, não faz muito tempo; e é, segundo Schubert, um fato perfeitamente aceito naquelas redondezas. A garota, em nenhum outro período da vida, manifestou quaisquer fenômenos semelhantes, nem jamais demostrou qualquer tendência para ilusões espectrais.

A mulher de um cidadão respeitável, chamado Arnold, em Heilbronn, mantinha comunicação constante com seu espírito protetor, que a avisou de perigos iminentes, visitas que se aproximavam, e assim por diante. Apenas uma vez este se tornou visível para ela, e foi na forma de um homem idoso; mas sua presença foi sentida por outros além dela, que sentiram que o ar vibrava, como que movido por uma respiração.

Jung Stilling publica um caso semelhante, que lhe foi transmitido por um ministro religioso muito pio e digno de valor. O objeto da proteção era sua própria esposa; e o espírito apareceu pela primeira vez para ela depois do casamento, no ano de 1799, sob a forma de um menino, vestido com uma túnica branca, no momento em que ela estava ocupada em seu quarto. Ela esticou a mão para tocar na figura, mas esta desapareceu. O menino a visitava com frequência depois disso e, em resposta às suas perguntas, dizia, "eu morri durante a infância!" Ele aparecia a todo momento, estivesse ela sozinha ou acompanhada, e não só em casa, mas em outros lugares, e até mesmo em viagens, assistindo-a quando em perigo; às vezes, flutuava no ar, falava com ela em sua própria língua que, de algum modo, ela diz que compreendia e que sabia falar, também; e uma vez foi visto por outra pessoa. Ele ordenou que ela o chamasse de *Immanuel*. Ela implorou fervorosamente que ele aparecesse para o seu marido, mas ele alegou que aquilo o deixaria doente e provocaria sua morte. Ao perguntar *por que*, ele respondeu, "poucas pessoas estão aptas a ver esse tipo de coisa".

Seus dois filhos, um de 6 anos e o outro mais novo, viram a figura, assim como ela.

Após a morte de Dante, descobriu-se que o décimo terceiro canto de "Paradiso" estava faltando; fizeram uma grande busca, mas em vão; e, para o pesar de todos os interessados, finalmente concluiu-se que não fora jamais escrito ou que fora destruído. Desistiram então da busca, e alguns meses se passaram quando Pietro Alighieri, seu filho, sonhou que o pai aparecia para ele e dizia que se removesse um certo painel próximo à janela do aposento onde ele costumava escrever, o décimo terceiro canto seria encontrado. Pietro contou seu sonho e riram dele, é claro; porém, como o canto não apareceu, acharam por bem examinar o local indicado no sonho. O painel foi removido, e lá estava o canto faltante, atrás dele; muito mofado, mas por sorte ainda legível.

Se for verdade que os mortos retornam às vezes para resolver nossas perplexidades, esta não foi uma ocasião indigna para o exercício de tal poder. Podemos imaginar o espírito do grande poeta ainda apegado à memória de seu nobre trabalho, imortal como ele próprio — o registro daqueles altos pensamentos que jamais poderão morrer.

Subsistem numerosos e interessantes relatos de pessoas que foram acordadas pelo chamado de uma voz que anunciava algum perigo iminente para elas. Três garotos estão dormindo na ala de um castelo, e o mais velho é despertado pelo que parece ser a voz do pai, chamando-o pelo nome. Ele se levanta e corre para o quarto do pai, situado em outra parte do prédio, onde o encontra dormindo; este, ao ser despertado, assegura que não o havia chamado, e o garoto volta para a cama. Mas ele ainda não está dormindo, quando o caso se repete, e de novo vai até o pai, com o mesmo resultado. Ele adormece pela terceira vez, e uma terceira vez é acordado pela voz, de modo distinto demais para que ele desconfiasse de seus sentidos; então, alarmado com algo que não sabe o que é, levanta-se e leva os irmãos até o quarto do pai, enquanto discutem a singularidade do caso, ouvem um barulho, e a ala do castelo onde os garotos estavam dormindo ruiu por terra. O incidente chamou tanta atenção na Alemanha, que foi registrado em uma balada.

Um caso muito inusitado foi relatado a mim recentemente, pelo sr. J. J., como tendo ocorrido com ele mesmo, não faz muito tempo. Um tônico lhe fora prescrito pelo médico, em razão de algum leve distúrbio do organismo, e como não havia nenhuma boa farmácia no vilarejo onde morava, ele estava habituado a caminhar até uma cidade a uns oito quilômetros dali, para encher a garrafa, conforme requeria a ocasião. Uma noite em que fora até M. com esse propósito, e adquirira seu último suprimento, pois agora estava curado, e prestes a parar com o medicamento, uma voz lhe pareceu avisar que um grande perigo era iminente, que sua vida estava ameaçada; então, ouviu, mas não com o ouvido externo, uma bela oração. "Não era eu quem estava rezando", ele disse, "a oração estava muito além de qualquer coisa que eu fosse capaz de criar — falava de mim na terceira pessoa, sempre como *ele*; e suplicava que, pelo bem de minha mãe viúva, aquela calamidade poderia ser evitada. Meu pai morrera havia alguns meses. Eu estava consciente de tudo aquilo, embora não possa dizer se estava dormindo ou acordado. Quando me levantei pela manhã, tinha tudo em minha mente, embora eu tivesse dormido bem nesse intervalo; senti, no entanto, como se a calamidade tivesse sido mitigada, embora eu não tivesse a menor noção do perigo que me ameaçasse. Uma vez vestido, preparei-me para tomar o remédio, mas, ao erguer a garrafa, notei que a cor não era a mesma de sempre. Olhei de novo, hesitei, e afinal, em vez de tomar duas colheres de sopa cheias, minha dose habitual, tomei apenas uma. Felizmente que o fiz, pois o boticário cometera um engano; a droga era um veneno; fui acometido de um vômito violento e outros sintomas alarmantes, dos quais a custo me recuperei. Se tivesse tomado as duas colheres cheias, provavelmente não teria sobrevivido para contar a história".

A maneira pela qual obtive esses detalhes não deixa de ser interessante. Estava passando a tarde com o sr. Wordsworth, em Ridal, quando ele me disse que um estranho o havia procurado aquela manhã e citara dois versos do seu poema "Laodamia", que para ele, disse, tinha um especial significado. Foram elas: —

"The invisible world with thee hath sympathised;
Be thy affections raised and solemnised."

[O mundo invisível simpatizou-se por ti;
Que as tuas afeições cresçam e solenizem.]

"Não sei a que ele se refere", disse o sr. Wordsworth; "mas me deu a entender que aquelas linhas tinham um sentido profundo para ele, e que ele mesmo tinha sido objeto de uma tal simpatia".

Com isso, procurei o estranho, cujo endereço o poeta me deu, e assim soube dele próprio os detalhes mencionados. Sua convicção inata era de que o espírito intercessor era o de seu pai. Descreveu a oração como sendo de uma angústia sincera.

Ora, esses relatos dificilmente podem ser vistos como casos de clarividência ou de intuição no sono, o que na Dinamarca, acredito, chamam de *primeira-visão*; pois em nenhum caso o sonhador percebe o perigo, muito menos a natureza dele. Se, portanto, nos recusarmos a atribui-los à alguma influência protetora externa, eles se resolvem em casos de vago pressentimento; mas será então preciso admitir que a maneira como se manifesta é extraordinária; tão extraordinária, na realidade, que nos vemos em dificuldade tão grande quanto àquela oferecida pela hipótese de um espírito guardião.

Não faz muitos anos, o capitão S. estava passando uma noite em casa de um pastor em Strachur, Argyleshire, ocupada então por um parente seu; pouco depois que se deitou, as cortinas se abriram e alguém olhou para ele. Supondo que fosse alguém da casa, que ignorava que a cama estivesse ocupada, não deu atenção ao caso, até que, tendo o fato se repetido por duas ou três vezes, finalmente ele disse, "O que você quer? Por que está me perturbando desse jeito?"

"Eu vim", disse a voz, "para dizer que neste dia, daqui a doze meses, você estará com seu pai!"

Depois disso, o capitão S. não foi mais perturbado. De manhã, contou o caso ao anfitrião, mas, sendo um perfeito descrente de quaisquer desses fenômenos, sem dar qualquer importância ao aviso.

No curso natural dos acontecimentos, e independentemente daquela visita, doze meses depois, naquele mesmo dia, ele estava de novo naquela casa em Strachur, a caminho do norte, e precisava para isso atravessar de balsa até Craigie. O dia, no entanto, estava tão tempestuoso, que seu amigo lhe implorou que não fosse; mas ele alegou deveres de negócios, acrescentando que estava determinado a não ser impedido pelo espectro em suas intenções. Embora o ministro tenha protelado sua partida entretendo-o com um jogo de gamão, ele finalmente se levantou, declarando não poder ficar mais tempo. Foram então até o lago, mas encontraram a barca atracada à margem, e o barqueiro garantiu que seria impossível atravessar. O capitão S., no entanto, insistiu, e como o velho estivesse firme em sua recusa, irritou-se e deu-lhe com a bengala levemente nos ombros.

"Não fica bem, senhor", disse o balseiro, "bater num velho como eu; mas o senhor manda, e assim será; não posso ir com o senhor, mas meu filho irá; mas o senhor jamais chegará ao outro lado; ele irá se afogar, e o senhor também".

A barca foi posta então na água, e o capitão S., com seu cavalo e criado, mais o filho do barqueiro, embarcaram.

A distância não era grande, mas a tempestade era tremenda; e depois de, com grande dificuldade, chegarem até a metade do lago, foi impossível prosseguir. O risco da manobra era claramente considerável; mas, como não podiam avançar, não havia alternativa senão voltar, e resolveram tentar. A manobra, no entanto, falhou; a embarcação virou e eles foram todos precipitados na água.

"Segure firme no cavalo, eu posso nadar", disse o capitão ao criado, quando viu o que estava para acontecer.

Como fosse um excelente nadador, e a distância da margem não sendo considerável, teve esperanças de salvar-se, mas estava vestido com um sobretudo pesado, botas e esporas. Conseguiu tirar o casaco na água, e então seguiu confiante; mas ai! o casaco ficou preso em uma das esporas e, enquanto nadava, agarrou-se nele, ficando mais e mais pesado à medida que se saturava de água, puxando-o cada vez mais para baixo da superfície. Ele, no entanto, alcançou a margem, de onde seu amigo apreensivo observava o incidente, e quando este se inclinou em sua direção, ele pôde apenas fazer um gesto com a mão, que parecia dizer, "Você viu o que ia acontecer!", e faleceu em seguida.

O barqueiro também se afogou; mas, com a ajuda do cavalo, o criado escapou.

Como não quero alarmar meus leitores, nem apelar de súbito para sua fé, comecei com uma classe de fenômenos, é preciso admitir, suficientemente estranhos, e que, se verdadeiros, é preciso admitir também que são muito dignos de atenção. Sem dúvida, esses casos, e ainda mais aqueles para os quais procederei em seguida, representam um choque doloroso nos conceitos aprendidos pela sociedade refinada e educada, em geral; em especial neste país, onde a psicologia analítica ou científica do século dezoito suplantou quase por completo o estudo da psicologia sintética ou filosófica. Tornou-se um costume olhar para todos os fenômenos relativos ao homem de um ponto de vista puramente fisiológico; pois, embora se admita que ele tenha uma mente, e embora exista uma ciência como a metafísica, a existência do que chamamos de mente nunca é considerada independentemente de uma conexão com o corpo. Sabemos que o corpo pode existir sem a mente; pois, sem mencionar certas condições de vida, o corpo subsiste sem a mente quando o espírito já partiu; embora, sem o princípio da vida, possa subsistir apenas por um período curto, exceto em circunstâncias particulares; mas parece que esquecemos que a mente, embora muito dependente do corpo enquanto a conexão entre eles continua, ainda assim pode subsistir sem ele. Decerto houve filósofos puramente materialistas que negaram isso, mas não são muitos; e não apenas todo o mundo cristão, mas todos aqueles que acreditam em um estado futuro, devem por força admiti-lo; pois mesmo aqueles que sustentam aquela tão insatisfatória doutrina, de que não haverá nem memória nem consciência até que uma segunda encarnação aconteça, nem eles irão negar que a mente, ainda que em um estado de suspensão e incapaz de manifestar-se, ainda assim deve subsistir como uma propriedade inerente da parte imortal do homem. Mesmo se, como alguns filósofos acreditam, o espírito, uma vez liberto do corpo através da morte, retornar para a Deidade e for reabsorvido no ser de Deus, para não se tornar de novo uma entidade separada até nova encarnação, ainda assim, o que chamamos de mente não pode ser separada dele. E uma vez que tivermos começado a conceber a mente, e consequentemente, a percepção, como sendo separada e independente dos órgãos do corpo, não será muito difícil compreender que aqueles órgãos do corpo devem circunscrever e limitar a visão do habitante do espírito, que, de outra forma, deve ser necessariamente sensível a espíritos como ele próprio, embora talvez insensível aos objetos e às obstruções materiais.

"É perfeitamente evidente para mim", diz Sócrates, em seus últimos momentos, "que, para ver com clareza, precisamos nos afastar do corpo e perceber apenas com a alma. Não enquanto vivermos, mas quando morrermos, essa sabedoria que desejamos e amamos nos será pela primeira vez revelada; nesse momento, ou nunca, é que devemos conquistar a verdadeira compreensão e conhecimento; já que através do corpo não podemos, jamais. Mas se, durante a vida, quisermos nos aproximar o mais possível de os possuirmos, será nos divorciando tanto quanto pudermos de nossa carne e de nossa natureza". Em sua visão espiritual e apreensão da natureza humana, como esses velhos pagãos nos cobrem de vergonha!

As Escrituras nos ensinam que Deus escolhe revelar-se a Si mesmo para Seu povo principalmente em sonhos, e somos autorizados a concluir que a razão disso é que o espírito está então mais livre para receber as influências e impressões espirituais; e a classe de sonhos para a qual procedo agora parece ser melhor explicada por essa hipótese. É algo digno de nota que o espanto ou o medo que permeiam um mortal à simples ideia de ser defrontado com um espírito não acontece durante o sono, seja natural ou magnético. Não há medo então, nem surpresa; parece que nos encontramos em estado de igualdade — não será porque nos encontramos espírito com espírito? Será que nosso espírito, estando liberto das travas — o quarto escuro da carne, será que não desfruta de uma igualdade temporária? Não será verdade o que um psicólogo alemão disse, que "*O homem magnetizado* é um espírito!"?

Há numerosos exemplos disponíveis de pessoas que recebem informações durante o sono, e que são ou parecem ter sido comunicadas por amigos falecidos. A proximidade do perigo, o momento da morte do sonhador ou da pessoa amada, têm sido frequentemente revelados sob essa forma de sonho.

Na noite de 21 de junho de 1813, uma mulher que morava no norte da Inglaterra sonhou que o irmão, que na época estava com seu regimento na Espanha, apareceu a ela, dizendo, "Mary, morro hoje, em Vittoria".

Vittoria era uma cidade, antes da famosa batalha, não muito conhecida nem de nome em seu país, e essa sonhadora, entre outros, nunca tinha ouvido falar dela; mas, ao se levantar, recorreu aflita a um diretório geográfico para apurar se esse lugar existia. Ao descobrir que sim, imediatamente pediu seus cavalos e dirigiu-se para a casa de uma irmã, que residia a uns treze ou catorze quilômetros dali, e suas primeiras palavras ao entrar na sala foram, "Você ouviu alguma coisa sobre o John?" "Não", respondeu a segunda irmã, "mas eu sei que ele está morto! Ele apareceu para mim ontem à noite em um sonho e me disse que foi assassinado em Vittoria. Andei procurando no diretório e no Atlas, e acho que esse lugar existe, e tenho certeza de que ele está morto!" E assim foi; o jovem morreu naquele dia em Vittoria, e acredito que no campo de batalha. Se assim foi, é digno de nota que a comunicação não foi feita até que as irmãs estivessem dormindo.

Quando o poeta alemão Collin faleceu em Viena, um homem chamado Hartmann, que era seu amigo, viu-se muito perturbado com a perda de cento e vinte florins, que havia pago ao poeta, mediante a promessa de ser reembolsado. Como esse valor representava uma grande porção de todas as suas posses, o caso provocou nele uma aflição considerável, quando uma noite sonhou que o falecido amigo apareceu para ele e ordenou que apostasse imediatamente dois florins no n.º II, na loteria ou loto, prestes a correr. Ordenou que limitasse a aposta a dois florins, nem mais nem menos; e não comunicasse essa informação a ninguém. Hartmann beneficiou-se da sugestão e ganhou um prêmio de cento e trinta florins.

Dado que olhamos para as loterias neste país como uma espécie de jogo imoral, pode-se objetar com relação a esse sonho que tal informação seria uma missão indigna de um espírito, supondo que a comunicação tenha sido de fato feita por Collin. Mas, em primeiro lugar, temos que ver apenas com os fatos, e não com sua propriedade ou impropriedade, segundo os nossos conceitos; e, aos poucos, farei um esforço para mostrar que tais discrepâncias possivelmente se devem aos conceitos muito equivocados que comumente cultivamos a respeito do estado daqueles que desaparecerem dessa vida terrestre.

Simônides, o poeta, chegando à costa com a intenção de embarcar em um navio no dia seguinte, encontrou um corpo insepulto, que desejou imediatamente que fosse enterrado de forma decente. Na mesma noite, essa pessoa falecida apareceu a ele e ordenou-lhe que não fosse de modo algum para o mar, como estava propenso a fazer. Simônides obedeceu à ordem e viu o navio afundar, enquanto ele próprio permanecia à margem. Mandou erguer no local à memória de seu salvador um monumento, que segundo dizem, ainda existe, e onde foram gravados alguns versos, dedicados por Simônides, o poeta de Ceos, ao falecido que o salvou da morte.

Casos como esses nos permitem alimentar a ideia que sugeri acima, a saber, que durante o sono o espírito fica livre para ver e conhecer, e se comunicar com espíritos, embora a lembrança dessas informações raramente seja carregada para o estado de vigília.

"Quem se aventura a afirmar", diz o dr. Ennemoser, "que essa comunhão com os mortos durante o sono é meramente um fenômeno subjetivo, e que a presença dessas aparições seja pura ilusão?"

Um caso tão extraordinário como qualquer outro registrado aconteceu em Odessa, no ano de 1842. Um velho cego, de nome Michel, estava há muitos anos acostumado a ganhar a vida sentado, toda manhã, sobre uma tora, em um depósito de madeira, com uma gamela aos pés, onde os passantes atiravam suas esmolas. Essa prática de longos anos tornou-o bem conhecido dos habitantes, e como se acreditasse que ele fora um soldado, sua cegueira era atribuída aos inúmeros ferimentos que havia recebido em batalhas. Ele mesmo falava pouco e nunca contradizia essa opinião.

Uma noite, Michel, por acaso, conheceu uma garotinha de 10 anos de idade, chamada Powleska, que não tinha amigos e estava à beira da morte, de frio e fome. O velho levou-a para casa e adotou-a; e, desse dia em diante, em vez de ficar sentado nos depósitos de madeira, andava pelas ruas em sua companhia, pedindo esmola nas portas das casas. A criança o chamava de *pai*, e eles eram muito felizes juntos. Mas, depois de terem levado essa vida por uns cinco anos, uma desgraça abateu-se sobre eles. Um roubo, cometido numa casa que haviam visitado pela manhã, foi atribuído à Powleska e prenderam-na, tendo o homem cego ficado de novo sozinho. Mas, em vez de retomar os velhos hábitos, agora desapareceu completamente, e como esse fato fez com que suspeitassem dele também, a garota foi levada diante do juiz para ser interrogada, com relação ao seu provável local de esconderijo.

"Você sabe onde está Michel?", perguntou o juiz.

"Foi assassinado!", ela respondeu, vertendo uma torrente de lágrimas.

Como a garota estivera presa por três dias, sem qualquer meio de obter informações de fora, aquela resposta, ao lado de um indisfarçável nervosismo, naturalmente provocou uma considerável surpresa.

"Quem disse que ele está morto?", perguntaram.

"Ninguém!"

"Então, como você pode saber?"

"Eu o vi morto!"

"Mas você não esteve fora da prisão?"

"Mas eu vi, mesmo assim!"

"Mas, como é possível? Explique o que quer dizer com isso!"

"Não posso. Só posso dizer que eu o vi morto."

"Quando ele foi assassinado, e como?"

"Na noite em que fui presa."

"Não pode ser; ele estava vivo quando você foi detida."

"Sim, estava; ele foi morto uma hora depois disso. Eles o mataram com uma faca."

"Onde você estava?"

"Não sei dizer; mas eu vi."

A segurança com a qual a garota afirmou o que para os ouvintes parecia impossível e absurdo, levou-os a imaginar que ela estivesse realmente louca, ou fingisse estar; então, deixando Michel de lado, prosseguiram com o interrogatório sobre o assalto, perguntado-lhe se era culpada.

"Oh, não!", respondeu.

"Então, como o produto do roubo foi encontrado com você?"

"Não sei; eu não vi nada além do assassinato."

"Mas não há qualquer fundamento para supor que Michel esteja morto; o corpo dele não foi encontrado."

"Está no aqueduto."

"E você sabe quem o matou?"

"Sei; foi uma mulher. Michel estava andando muito devagar, depois que me separaram dele. Uma mulher veio por trás com uma enorme faca de cozinha; mas ele a ouviu e se virou; então, a mulher atirou um pano cinza na cabeça dele e o atingiu várias vezes com a faca; o pano cinza ficou muito manchado de sangue. Michel caiu no oitavo golpe, e a mulher arrastou o corpo para o aqueduto e deixou-o cair lá dentro sem tirar o pano, que ficou no rosto dele."

Como era fácil confirmar as últimas afirmativas, despacharam gente até o local; e o corpo foi encontrado lá, com o pedaço de pano sobre a cabeça, exatamente como ela havia descrito. Mas, quando lhe perguntaram como ela sabia de tudo aquilo, ela apenas respondeu, "eu não sei".

"Mas você sabe quem o matou?"

"Não, exatamente: foi a mesma mulher que o cegou; mas talvez ele me diga o nome dela esta noite; e, se disser, eu contarei a vocês."

"A quem você está se referindo quando diz *ele*?"

"Ora, ao Michel, é claro!"

Durante toda a noite seguinte, sem deixar que ela suspeitasse de suas intenções, eles a vigiaram; e observaram que ela não se deitou, mas ficou sentada na cama em uma espécie de sono letárgico. Seu corpo ficou imóvel, exceto por alguns intervalos, quando o repouso foi interrompido por violentos choques nervosos, que atravessavam todo seu corpo. No dia seguinte, quando foi trazida diante do júri, ela declarou que agora estava apta a dizer o nome da assassina.

"Mas, espere", disse o juiz, "o Michel nunca lhe disse, quando estava vivo, como perdeu a visão?"

"Não, mas na manhã que precedeu minha prisão, ele prometeu me dizer; e essa foi a causa da sua morte."

"Como pode ser?"

"Ontem à noite, Michel veio até mim e me apontou o homem escondido por trás dos andaimes onde ele e eu nos sentávamos. Ele me mostrou o homem que estava ouvindo nossa conversa e me disse, 'Vou lhe contar tudo sobre isso esta noite'; e então o homem..."

"Você sabe o nome desse homem?"

"É *Luck*; em seguida, ele andou em direção a uma rua larga que leva ao porto, e entrou na terceira casa à direita..."

"Qual é o nome da rua?"

"Não sei; mas a casa tem um andar a menos do que as casas ao lado. Luck contou para Catherine o que tinha ouvido, e ela propôs que ele assassinasse Michel; mas ele se recusou, dizendo, 'já bastou ter queimado os olhos dele, quinze anos atrás, quando ele estava dormindo à sua porta, e tê-lo sequestrado até o campo'. Então, me aproximei para pedir esmola e

Catherine pôs uma moeda de prata no meu bolso, para que eu fosse presa; então, ela se escondeu atrás do aqueduto, para esperar Michel e o matou."

"Mas, já que está dizendo tudo isso, por que ficou com a moeda? Por que não contou isso?"

"Mas na hora eu não tinha visto. Michel me mostrou ontem à noite."

"Mas o que teria levado Catherine a fazer isso?"

"Michel era o marido dela, e ela o deixou para vir para Odessa e se casar de novo. Uma noite, quinze anos atrás, ela viu Michel, que tinha vindo atrás dela. Ela se esgueirou rapidamente para dentro de casa, e Michel, que pensou que ela não o tinha visto, deitou-se à sua porta para observar; mas ele adormeceu, então Luck queimou seus olhos e o levou para longe."

"E foi Michel quem lhe contou tudo isso?"

"Foi: ele veio, muito pálido e coberto de sangue; e me pegou pelas mãos e me mostrou tudo aquilo com os dedos."

Depois disso, Luck e Catherine foram presos; e ficou provado que ela havia de fato se casado com Michel, em 1819, em Kherson. Primeiro, eles negaram as acusações, mas Powleska insistiu, e mais tarde confessaram o crime. Quando comunicaram a confissão a Powleska, ela disse, "Me disseram, ontem à noite".

Esse caso naturalmente suscitou grande interesse, e gente de todas as redondezas correu para a cidade, para ouvir a sentença.

Capítulo VI
Sonhos duplos e transe

Entre os fenômenos do sonho e da vida que temos que considerar, os sonhos duplos constituem um tópico muito interessante. Uma introdução mais ou menos natural a este assunto pode ser encontrada nos casos relatados acima, do professor Herder e do sr. S. de Edimburgo, que parecem ter recebido durante o sono uma impressão tão viva dos desejos sinceros de seus amigos moribundos para vê-los, que se viram irresistivelmente compelidos a obedecer aos chamados dos espíritos. Esses dois casos ocorreram com homens engajados em uma vida ativa, e em condições físicas normais, razão pela qual me referi particularmente a eles aqui, embora muitos outros casos similares possam ser citados como exemplo.

Com relação aos sonhos duplos, o dr. Ennemoser acredita que não sejam tão difíceis de explicar como parecem à primeira vista, uma vez que considera existir uma indiscutível simpatia entre certos organismos, em especial quando conectados por um relacionamento ou por um afeto, o que pode ser suficiente para explicar a ocorrência de pensamentos, sonhos ou pressentimentos simultâneos; e deparei com alguns casos onde o magnetizador e seu paciente estiveram sujeitos a esse fenômeno. Com relação ao poder que se declara ter sido com frequência exercido no sentido de causar ou sugerir sonhos por um operador distante do sonhador, o dr. E. considera que os dois lados ficam em relação positiva e negativa, um em relação ao outro; o poder antagonista do sonhador sendo = 0, ele se torna um recipiente perfeitamente passivo da influência exercida por sua *metade* positiva, se posso usar essa expressão; pois, onde essa polaridade se estabelece, os dois seres parecem quase se misturar para formar um; enquanto o dr. Passavant observa que não podemos determinar quais sejam os limites da força nervosa, que certamente não está limitada pela extinção de seus condutores materiais.

Eu mesma ainda não deparei com qualquer caso de sonho forçado por uma pessoa, à distância; mas o dr. Ennemoser diz que Agrippa von Nettesheim afirma que isso seguramente pode ser feito, e também que o abade Trithemius, e outros, tinham esse poder. Em tempos modernos, Wesermann, de Düsseldorf, alega ter esse mesmo dom e afirma que o exerceu com frequência.

Todos esses fenômenos, o dr. Passavant atribui à interação do imponderável — ou a um imponderável universal sob diferentes manifestações — que age não apenas dentro do organismo, mas além dele, independentemente de qualquer obstáculo material. Assim como uma simpatia acontece entre um órgão e outro, sem a obstrução de órgãos intermediários; e cita a simpatia existente entre a mãe e o feto como um exemplo dessa espécie de vida dupla, a meio caminho entre a simpatia entre dois órgãos no mesmo corpo e a simpatia entre dois corpos separados (cada um tendo sua própria vida, e sua vida também em e para o outro, como partes de um todo). A simpatia entre um pássaro e os ovos que choca é do mesmo tipo; foram observados muitos casos de ovos que, retirados de um pássaro e postos debaixo de outro, produziram uma ninhada com plumagem igual à do pássaro adotivo, em lugar do parente real.

Assim, essa força vital pode estender dinamicamente o círculo de sua influência até que, sob circunstâncias favoráveis, possa agir em outros organismos, fazendo daqueles órgãos, os seus.

É quase desnecessário lembrar os leitores das extraordinárias simpatias manifestadas entre os irmãos siameses — Chang e Eng. Nunca os vi, eu mesma; e para o benefício daqueles na mesma situação, cito os seguintes pormenores do dr. Passavant: — "Eles eram unidos por uma membrana que se estendia do esterno até o umbigo; mas, em outros aspectos, não eram muito diferentes de seus conterrâneos. Eram extremamente parecidos, mas Eng era o mais robusto dos dois. Suas pulsações nem sempre coincidiam. Eles eram ativos e ágeis, e amavam exercícios físicos; tinham o intelecto bem desenvolvido, e o tom de voz e o sotaque, precisamente os mesmos. Como nunca conversavam um com o outro, tinham quase esquecido a língua nativa. Se alguém dirigia a palavra a um, ambos respondiam. Praticavam alguns jogos de habilidade, mas nunca um com o outro; uma vez que, segundo eles, seria como a mão direita jogar com a esquerda. Liam o mesmo livro ao mesmo tempo e cantavam em uníssono. Nos Estados Unidos, tiveram febre, que se desenvolveu da mesma maneira em ambos. Fome, sede, sono e despertar sempre coincidiam; gostos e inclinações eram idênticos. Seus movimentos eram tão simultâneos que era impossível distinguir quem havia originado o impulso; eles pareciam ter uma vontade apenas. A ideia de serem separados por uma operação lhes era repugnante; e se consideravam muito mais felizes em sua dualidade do que os indivíduos que olham para eles com piedade".

Essa admirável simpatia, embora necessariamente em um grau inferior, em geral se manifesta, mais ou menos, em todos os gêmeos. O dr. Passavant e outras autoridades mencionam diversos casos do gênero onde, embora a alguma distância um do outro, a mesma doença aparecia simultaneamente em ambos e se desenvolvia de modo semelhante. Um exemplo muito perturbador desse tipo de simpatia manifestou-se, não muito tempo atrás, em uma moça gêmea que foi de repente tomada por um pavor inexplicável, seguido de estranha convulsão que o médico, chamado às pressas, declarou ser semelhante à luta e ao sofrimento de uma pessoa que está se afogando. Com o tempo, receberam a notícia de que seu irmão gêmeo, então vivendo no exterior, tinha-se afogado precisamente naquele momento.

É, provavelmente, uma ligação do mesmo tipo que se estabelece entre o magnetizador e seu paciente, da qual, além dos casos registrados em diversos trabalhos sobre o assunto, alguns casos interessantes chegaram ao meu conhecimento, como impulsos incontroláveis para dormir, ou para realizar determinadas ações, em obediência à vontade de um operador distante. O sr. W. W., um cavalheiro bem conhecido do Norte da Inglaterra, contou-me que tinha sido curado por magnetismo, de uma doença muito incômoda. Durante parte do processo de cura, depois de estabelecido um contato, as operações foram realizadas enquanto ele estava em Malvern, e o magnetizador, em Cheltenham, e nessas circunstâncias a existência dessa extraordinária dependência com frequência manifestou-se de modo a não deixar possibilidades de dúvida. Em uma ocasião, lembro-me, em que o sr. W. W. estava em sono magnético, ele subitamente saltou da cadeira, batendo as mãos como que assustado, e em seguida explodiu em um acesso violento de riso. Como, ao despertar, não fosse capaz de explicar tais impulsos, sua família escreveu ao magnetizador para perguntar se tinha procurado suscitar alguma manifestação particular no paciente, uma vez que seu sono fora perturbado. A resposta foi que ele não tivera qualquer intenção do gênero, mas que a perturbação poderia ter advindo de uma a que ele próprio fora sujeito. "Enquanto minha mente estava concentrada em você", ele disse, "assustei-me de tal modo com uma violenta batida na porta, que cheguei a saltar da cadeira, batendo as mãos, no susto. Ri copiosamente da minha própria loucura, mas lamento se com isso lhe causei qualquer desconforto".

Deparei com alguns casos de uma simpatia do gênero, entre crianças e seus pais, de modo que os primeiros manifestaram grande perturbação e terror no momento em que a morte ou algum perigo sucedia àqueles; mas seria necessário um grande número de casos para comprovar esse fato particular, e distingui-lo de casos de coincidência acidental. O dr. Passavant, no entanto, admite esses fenômenos.

Voltarei a essas misteriosas influências logo mais; entretanto, para retornar ao assunto dos sonhos duplos, relatarei um caso ocorrido com duas mulheres, mãe e filha, contado por esta, a mim. Elas estavam dormindo na mesma cama em Cheltenham, quando a mãe, a sra. C., sonhou que o cunhado, então na Irlanda, havia procurado por ela. Ao entrar no quarto dele, viu-o na cama, aparentemente morrendo. Ele pediu que ela lhe desse um beijo, mas em razão de sua aparência lívida, ela não o fez, e acordou horrorizada com a lembrança dessa cena. A filha acordou no mesmo momento, dizendo, "Ah, tive um sonho terrível!" "Ah, eu também!", respondeu a mãe; "Sonhei com meu cunhado!" "Sonhei com ele, também", respondeu a srta. C. "Sonhei que estava sentada na sala de visitas, e que ele veio, vestindo um manto coberto de listas pretas, aproximou-se de mim e disse, 'Minha querida sobrinha, sua mãe se recusou a me dar um beijo, mas imagino que você não será tão rude assim?'"

Como essas mulheres não tinham o hábito de se corresponder com frequência com o parente, sabiam que provavelmente as primeiras notícias que chegariam a elas, caso ele estivesse de fato morto, viriam através dos jornais irlandeses; e esperaram ansiosas pela quarta-feira seguinte, que era o dia em que esses jornais chegavam a Cheltenham. Quando essa manhã chegou, a srta. C. correu logo cedo para a sala de leitura e lá soube o que o sonho a havia levado a esperar: o amigo delas estava morto; e, mais tarde, apuraram que a morte tinha ocorrido naquela noite. Além disso, observaram que nem uma nem outra havia falado ou pensado naquele cavalheiro por um bom tempo, antes da ocorrência dos sonhos; nem tinham qualquer razão para se preocupar com ele. É uma peculiaridade, neste caso, que o sonho da filha pareça ser uma continuação do sonho da mãe. Em um, ele foi visto vivo, no outro, o manto e as listas pretas parecem indicar que ele está morto e reclama da recusa em lhe dar um beijo de adeus.

Chega-se quase inevitavelmente à conclusão que os sonhos e desejos do moribundo estavam influenciando as mulheres que dormiam, ou que o espírito em liberdade as estava rodeando.

Pompônio Mela conta que um certo povo do interior da África deita-se para dormir nos túmulos dos antepassados e acredita que os sonhos que se seguem sejam os conselhos inequívocos dos mortos.

O sonho seguinte, de Santo Agostinho, é citado pelo dr. Binns: — "Prestâncio queria de um certo filósofo a solução para uma dúvida, que este se recusava a dar; mas, na noite seguinte, o filósofo surgiu à beira de sua cama e disse aquilo que desejava saber. Ao ser questionado no dia seguinte por que tinha escolhido aquela hora para uma visita, ele respondeu, 'Não fui até você de verdade, mas em meu sonho você achava que assim o fiz.' Neste caso, no entanto, apenas uma das partes parece ter estado dormindo, porque Prestâncio diz que estava acordado; e é, talvez, mais propriamente um exemplo de outro tipo de fenômeno, semelhante ao caso registrado pelo falecido Joseph Wilkins, um ministro dissidente, ocorrido com ele próprio: estando uma noite adormecido, sonhou que viajava para Londres e, como não se desviaria muito do caminho, iria por Gloucestershire, para visitar amigos. Assim, chegou à casa de seu pai, mas tendo encontrado a porta da frente fechada, deu a volta e entrou por trás. Como sua família, no entanto, já estava na cama, subiu as escadas e entrou no quarto do pai. Encontrou o pai dormindo, mas, para a mãe, que estava acordada, disse, enquanto contornava até seu lado da cama, 'Mãe, estou partindo em uma longa viagem e vim aqui para me despedir'; ao que ela respondeu, 'Oh, querido filho, tu estás morto!' Embora espantado com a nitidez do sonho, o sr. Wilkins não deu importância a este, até que, para sua surpresa, recebeu uma carta do pai, destinada a ele, se estivesse vivo, ou, se não estivesse, a seus amigos sobreviventes, pedindo encarecidamente notícias imediatas, uma vez que estavam muito apreensivos que o filho estivesse morto ou em perigo de morte; pois, em determinada noite (nomeando aquela em que o sonho acima ocorreu), ele, o pai, estando adormecido, e a sra. W., desperta, ela ouvira nitidamente alguém tentar abrir a porta da frente, mas, estando fechada, a pessoa deu a volta por trás da casa e por ali entrou. Ela reconheceu perfeitamente os passos como sendo do filho, que subiu as escadas e, entrando no quarto, lhe disse, 'Mãe, estou partindo em uma longa viagem e vim aqui para me despedir'; ao que ela respondera, 'Oh, querido filho, tu estás morto!' Muito alarmada, ela acordou o marido e relatou o sucedido, assegurando-lhe que não era um sonho, pois ela não estivera absolutamente adormecida. O sr. W. conta que esse curioso caso aconteceu no ano de 1754, quando vivia em Ottery, e que com frequência discutira o caso com sua mãe, para quem a impressão fora ainda mais forte do que para ele próprio. Nem morte nem nada digno de nota se seguiu".

Esses exemplos são muito curiosos e nos conduzem a uma transição natural para outro departamento desse misterioso assunto.

Deve haver poucas pessoas que nunca ouviram, de amigos ou conhecidos, casos do que se chama um *espectro* — isto é, que no momento da morte, uma pessoa seja vista em um lugar onde *fisicamente* não está. Acredito que os escoceses também usem esse termo no mesmo sentido da palavra irlandesa *fetch*, que significa uma pessoa vista em dois lugares em algum período indefinido antes de sua morte, e da qual tal aparição é considerada em geral um prognóstico. Os alemães referem-se à mesma coisa por meio do termo Doppelgänger.

Com relação à aparição de espectros no momento da morte, os casos disponíveis são tão numerosos e bem autenticados que, em geral, os mais céticos são incapazes de negar a existência desse fenômeno, embora se esquivem sem, penso eu, reduzir as dificuldades da questão, ao considerá-la algo de natureza subjetiva, e não objetiva; ou seja, que a imagem da pessoa moribunda é, por alguma operação desconhecida, apresentada à imaginação do vidente sem a existência de qualquer coisa de fato real da qual seja o reflexo; o que reduz tais casos a algo tão próximo da classe das meras ilusões sensoriais que parece difícil fazer uma distinção. A distinção que esses teóricos desejam insinuar, no entanto, é que aquelas são puramente subjetivas e autogeradas, enquanto as outras têm uma causa externa, embora não um objeto visível externo — a imagem vista tendo sido oriunda da imaginação do vidente, em razão de uma intuição inconsciente da morte da pessoa cujo espectro é percebido.

Exemplos desse tipo de fenômeno foram comuns em todas as eras do mundo, de tal forma que Lucrécio, que não acreditava na imortalidade da alma, e era no entanto incapaz de negar os fatos, sugeriu a estranha teoria de que as camadas superficiais de todos os corpos estivessem continuamente ondulando, como as camadas de uma cebola, o que explicaria a aparição de espectros, fantasmas, duplos etc. Um autor mais moderno, Gaffarillus, sugere que corpos em decomposição emanam vapores que, uma vez comprimidos pelo ar frio da noite, surgem visíveis aos olhos, em forma humana.

Não seria deslocado mencionar aqui o caso registrado no resumo que o professor Gregory fez das pesquisas sobre magnetismo do Barão Von Reichenbach, acerca de uma pessoa chamada Billing, que trabalhava como amanuense para o poeta cego Pfeffel, de Colmar. Tendo realizado uma série de experimentos, através dos quais comprovou que determinadas pessoas sensíveis podiam não apenas detectar influências elétricas, das quais outras não tinham consciência, mas que podiam também perceber chamas emanadas por fios e ímãs, que eram invisíveis às pessoas em geral; "o barão", segundo o dr. Gregory, "procedeu a uma aplicação útil dos resultados, ainda mais bem-vinda, diz ele, porque erradica completamente um dos principais fundamentos da superstição, o pior inimigo do avanço do esclarecimento e da liberdade humanos. Um caso singular, que aconteceu em Colmar, no jardim do poeta Pfeffel, foi registrado por vários escritores. Os fatos essenciais são os seguintes: o poeta, sendo cego, havia empregado um jovem clérigo da igreja evangélica como amanuense. Pfeffel, quando caminhava, era auxiliado e guiado por esse jovem, de nome Billing. Quando caminhavam pelo jardim, a alguma distância da cidade, Pfeffel observou que, sempre que passavam por determinado lugar, o braço de Billing tremia, e ele traía algum mal-estar. Ao ser questionado, o jovem confessou relutante que, sempre que passavam por aquele lugar, era acometido de alguns sentimentos incontroláveis, e que sentia sempre a mesma coisa ao passar por qualquer lugar onde houvesse corpos humanos enterrados. Acrescentou que, à noite, quando se aproximava de tais lugares, via aparições sobrenaturais. Pfeffel, com vistas a curar o jovem daquilo que via como uma fantasia, foi aquela noite com ele até o jardim. Ao se aproximarem do local na escuridão, Billing percebeu uma luz fraca, e quando se aproximou ainda mais, viu uma figura luminosa e fantasmagórica flutuando sobre o local. Ele a descreveu como uma forma feminina, com um braço cruzado sobre o corpo e o outro pendente para baixo, flutuando ereta, mas tranquila, com os pés a um ou dois palmos apenas do solo. Pfeffel foi sozinho, uma vez que o jovem declinou de segui-lo, até o lugar onde a figura supostamente estaria, e golpeou em todas as direções com sua bengala, além de realmente atravessar o vulto; mas a figura não era afetada, mais do que uma chama o teria sido; a forma luminosa, segundo Billing, sempre voltava à sua posição original, depois dessas experiências. Muita coisa foi experimentada durante diversos meses, e vários grupos de pessoas foram levados até o local, mas a questão permanecia, e o vidente insistia em suas graves afirmações, assim como na ideia que fundamentava o caso, de que algum indivíduo jazia enterrado ali. Por fim, Pfeffel mandou escavar o local. A uma considerável profundidade, encontraram uma sólida camada de cal branca, do comprimento e da largura de um túmulo, e de considerável espessura, e quando a quebraram, encontraram os ossos de um ser humano. Era evidente que alguém tinha sido enterrado no local e coberto com uma grossa camada de cal viva, como em geral se faz em tempos de peste, terremotos e outros eventos similares. Os ossos foram removidos, a cova foi preenchida, a cal, misturada e espalhada pelo local, e a superfície foi de novo nivelada. Quando levaram Billing de novo ao lugar, os fenômenos não retornaram, e o espírito noturno desaparecera para sempre.

"É quase desnecessário ressaltar para o leitor a visão que o autor adota dessa história, que despertou muita atenção na Alemanha, pois veio do mais confiável dos homens vivos, e teólogos e psicólogos conferiram a ela diversos e formidáveis significados. É óbvio que recai no domínio da ação química, e assim encontra uma explicação simples e clara, de origem natural e física. Um cadáver é um campo para abundantes alterações químicas, decomposição, fermentação, gaseificação e reações de todo tipo. Um estrato de cal viva, em uma cova estreita, une suas poderosas afinidades àquelas da matéria orgânica, e dá causa a um processo geral, longo e contínuo. A água da chuva se infiltra e contribui para a ação; a cal externa à massa primeiro se transforma em um pó fino, e em seguida, com mais água, forma um torrão que lentamente é penetrado pelo ar. Cal apagada, própria para construção, mas não utilizada, em razão de alguma causa vinculada a um estado bélico da sociedade de alguns séculos atrás, foi encontrada em buracos ou fossos subterrâneos, nas ruínas de velhos castelos; e essa massa, exceto na superfície externa, estava tão inalterada que foi utilizada em construções modernas. É evidente, portanto, que em tais circunstâncias deve haver uma reação química muito lenta e duradoura, em parte graças à lenta penetração da massa de cal pelo ácido carbônico da atmosfera, em parte, às alterações em processo nos restos de matéria animal, em todo caso, enquanto resta alguma matéria. No caso acima, isso deve ter acontecido no jardim de Pfeffel, e como sabemos que as reações químicas são invariavelmente associadas à luz, visível a pessoas sensíveis, essa deve ter sido a origem da aparição luminosa, que deve ter prosseguido até que as afinidades mútuas dos restos orgânicos, da cal, do ar e da água por fim tenham chegado a um estado de estabilidade química, ou equilíbrio. Assim, portanto, que uma pessoa sensível, embora à parte isso bastante saudável, ali chegou, e entrou na esfera das forças em ação, deve ter sentido, de dia, como a senhorita Maix, as sensações tão frequentemente descritas, e visto, de noite, como a senhorita Reichel, a aparição luminosa. Ignorância, medo e superstição teriam conferido à levemente brilhante e vaporosa luz uma forma humana, e a guarnecido de partes e membros humanos; assim como podemos imaginar a nosso bel-prazer que cada nuvem no céu represente um homem ou um espírito.

"O desejo de desferir um golpe fatal na monstruosa superstição que, em tempos não muito remotos, espalhou pela sociedade europeia, de fonte semelhante, tão inefável sofrimento, quando, nos julgamentos de bruxaria, não centenas, não milhares, mas centenas de milhares de seres humanos inocentes pereceram miseravelmente, seja nos patíbulos, nas estacas, ou em consequência de tortura, — esse desejo induziu o autor a realizar a experiência de levar, se possível, um paciente altamente sensível, à noite, a um adro de igreja. Pareceu possível que tal pessoa pudesse ver, por sobre os túmulos onde jazem corpos em decomposição, algo similar àquilo que Billing vira. A srta. Reichel teve a coragem, rara em seu gênero, de satisfazer esse desejo do autor. Em duas noites muito escuras, ela se deixou levar do castelo de Reinsenberg, onde estava morando com a família do autor, para o adro da igreja de Grunzing, nas vizinhanças. O resultado justificou suas expectativas de um modo belíssimo. Ela logo viu uma luz e observou, em um dos túmulos, ao longo do comprimento, uma delicada chama tremulante; viu a mesma coisa, apenas mais fraca, no segundo túmulo. Mas não viu nem bruxas nem fantasmas; descreveu a aparição flamejante como um vapor resplandecente, de 25 a 50 centímetros, que se estendia em direção ao túmulo e flutuava próximo de sua superfície. Algum tempo depois, foi levada para dois grandes cemitérios próximos de Viena, onde ocorrem diversos enterros diariamente, e onde os túmulos jazem aos milhares. Ali ela viu numerosos túmulos providos de luzes semelhantes. Para onde quer que olhasse, via, dispersas, as massas luminosas. Mas essa aparição era mais vívida sobre os túmulos mais recentes, enquanto nos mais velhos não podia ser percebida. Ela descrevia a aparição menos como uma chama nítida do que como uma massa de fogo densa e vaporosa, intermediária entre bruma e chama. Em muitos túmulos a chama media um metro e vinte, de modo que, quando ela se posicionava sobre eles, era envolvida até o pescoço. Se pusesse as mãos nela, era como se pusesse em uma nuvem ardente e densa. Ela não revelou qualquer desconforto, porque a vida inteira fora acostumada com tais emanações, e vira a mesma coisa, nas experiências feitas pelo autor, ser produzida em geral por causas naturais. Muitas histórias de fantasmas irão agora encontrar uma explicação natural. Podemos ver também que não era de todo um equívoco quando velhas mulheres declaravam que nem todas as pessoas tinham o dom de ver os falecidos vagando por sobre os túmulos; pois apenas os indivíduos sensíveis poderiam ser capazes de perceber a luz emanada pelas reações químicas em processo no cadáver. O autor, assim, espera ter logrado derrubar uma das mais impenetráveis barreiras erguidas pela pura ignorância e a insensata superstição, contra o progresso da verdade natural."

"[O leitor irá aplicar de imediato os experimentos notáveis descritos acima à explicação dos fogos-fátuos nos adros das igrejas, que em geral eram visíveis apenas aos dotados, aqueles que possuíam intuição, por exemplo. Muitas mulheres nervosas ou histéricas devem ter com frequência ficado alarmadas com objetos alvos e sutilmente iluminados em adros escuros, para os quais o medo deu uma forma definida. Nisto, assim como em inúmeros outros pontos que despertarão a atenção do leitor atento de ambos os trabalhos, os experimentos do barão de Reichenbach ilustram as experiências dos Videntes de Prevorst. — W. G.]"*

Que as chamas aqui descritas possam ter-se originado de uma reação química, é uma opinião que não pretendo contestar; o fato pode muito bem ocorrer; esse fenômeno tem sido com frequência observado, pairando sobre caixões e corpos em decomposição; mas confesso que não consigo ver o menor fundamento na afirmação de que foi a ignorância, o medo e a superstição de Billing, um clérigo evangélico, o que o fez conferir a essa luz vaporosa uma forma humana e dotá-la de membros etc. Em primeiro lugar, não vejo qualquer prova de que Billing fosse ignorante ou supersticioso, nem mesmo medroso; os sentimentos de que reclamou, aparentando ser antes físicos do que morais; e é preciso ser uma pessoa fraca, de fato, para, em companhia de outra, ser levada a tal capricho da imaginação. É facilmente compreensível que aquilo que parecia apenas um vapor luminoso de dia possa, surgindo em uma atmosfera mais escura, apresentar uma forma definida; e a sugestão dessa possibilidade poderia levar a algumas especulações interessantes, com relação a um mistério chamado palingenesia, que se diz ter sido praticado por alguns dos químicos e alquímicos do século dezesseis.

Gaffarillus, no livro chamado "*Curiosités Inouies*", publicado em 1650, ao tratar de talismãs, prescrições etc., observa que, já que em muitos casos as plantas usadas para esses propósitos foram reduzidas a cinzas, e não conservaram sua forma, a eficácia que dependia de seu aspecto deve inevitavelmente ter sido destruída; mas tal, diz ele, não é o caso, uma vez que, graças a um poder admirável existente na natureza, a forma, embora invisível, ainda se mantém nas cinzas. Tal fato, observa, pode parecer estranho àqueles que nunca acompanharam o assunto; mas segundo afirma, um relato do experimento pode ser encontrado nos trabalhos do sr. Du Chesne, um

---

* Traduzi do alemão esse trabalho muito interessante. Publicado por Moore, Londres — C. C.

dos melhores químicos da época, a quem um físico polonês, da Cracóvia, mostrou certas ampolas contendo cinzas e que, quando devidamente aquecidas, exibiam a forma de várias plantas. De início, uma pequena e obscura nuvem era observada, que ia gradualmente ganhando forma definida e apresentava aos olhos uma rosa, ou qualquer que fosse a planta ou flor de que consistiam as cinzas. O sr. Du Chesne, no entanto, nunca fora capaz de repetir a experiência, embora tivesse feito diversas tentativas mal sucedidas; mas afinal conseguiu, por acidente, da seguinte maneira: — Tendo para algum propósito extraído os sais de algumas urtigas queimadas e deixado as mesmas fora de casa durante toda a noite, para resfriar, na manhã seguinte as encontrou congeladas: e, para sua surpresa, a forma e o aspecto das urtigas ficaram tão exatamente representadas no gelo, que a planta viva não poderia ser mais perfeita. Encantado com a descoberta, chamou o sr. de Luynes, conselheiro do parlamento, para observar essa curiosidade; daí, segundo diz, ambos concluem que, quando um corpo morre, sua forma ou aspecto ainda permanece nas cinzas.

Dizem que Kircher, Vallemont, Digby e outros exerceram essa arte de ressuscitar as formas das plantas, a partir de suas cinzas; e no encontro de naturalistas de Stuttgart, em 1834, um sábio suíço parece ter revivido o assunto e fornecido uma receita para o experimento, extraída de um trabalho de Oetinger, chamado "Reflexões sobre o Nascimento e a Geração das Coisas". "O invólucro mundano" diz Oetinger, "permanece na réplica, enquanto a essência volátil ascende como um espírito, perfeita na forma, mas vazia de substância".

Mas Oetinger também registra outra descoberta dessa natureza com a qual, diz, deparou de surpresa. Uma mulher trouxe-lhe uma grande quantidade de folhas de bálsamo que ele pôs debaixo das telhas, ainda quentes com o calor do verão, onde secaram à sombra. Mas, sendo mês de setembro, o frio logo veio e contraiu as folhas, sem expelir os sais voláteis. Elas ficaram ali até o mês de junho seguinte, quando ele cortou o bálsamo, pôs em uma retorta de vidro, acrescentou água da chuva e, em cima, posicionou um frasco receptor. Em seguida, aqueceu até que a água ferveu, e então aumentou o calor; nesse momento, surgiu na água uma capa de óleo amarelo da espessura aproximada do dorso de uma faca, e esse óleo adquiriu a forma de inúmeras folhas de bálsamo, que não se fundiram umas à outras, mas permaneceram perfeitamente distintas e definidas, e exibiram todas as marcas que são vistas nas folhas da planta. Oetinger diz que manteve o fluido por algum tempo e o mostrou a diversas pessoas. Finalmente, desejando jogá-lo fora, chacoalhou o frasco e, mediante a agitação do óleo, as folhas se misturaram, mas readquiriram seu formato distintivo assim que voltaram ao repouso, e a forma do fluido conservou perfeitamente suas características.

Ora, até que ponto essas experiências são de fato praticáveis, não posso dizer; o fato de não terem sido repetidas, ou não terem sido repetidas com êxito, não é um argumento muito conclusivo contra essa possibilidade, como qualquer pessoa familiarizada com os anais da química sabe bem; mas há, certamente, uma curiosa coincidência entre esses detalhes e a experiência de Billing; onde se deve observar que, segundo seu relato — e que direito temos nós de contestá-lo? — a figura, depois de ter sido perturbada por Pfeffel, sempre voltou à sua forma original. A mesma peculiaridade foi observada com relação a algumas aparições, onde o espectador foi bastante ousado para realizar a experiência. Em uma carta ao dr. Bentley, escrita em 1695, o rev. Thomas Wilkins, cura de Warblington, em Hampshire, escrita em 1695, trata de uma aparição que assombrou a casa paroquial, e que ele e diversas outras pessoas tinham visto. Nela o reverendo menciona particularmente que, pensando que pudesse ser alguém escondido no quarto, ele esticou o braço para tocá-lo, e sua mão aparentemente penetrou no corpo, mas não sentiu nenhuma substância até encostar na parede: "então tirei a mão, mas ainda assim a aparição estava no mesmo lugar".

Porém, esse espectro não apareceu acima ou perto de um túmulo, mas moveu-se de um lugar a outro, e perturbou consideravelmente os habitantes da casa paroquial.

Com relação às luzes sobre os túmulos, suficientes para explicar a convicção com relação ao que é chamado de fogo-fátuo, elas certamente, e até certo ponto, fornecem uma explicação muito satisfatória, mas essa explicação não abrange a totalidade do mistério, pois a maioria das pessoas que afirmam ter visto fogos-fátuos, também dizem que estes não ficavam sempre imóveis sobre os túmulos, mas às vezes se moviam de um lugar para outro, como no seguinte caso, relatado a mim por um cavalheiro que me garantiu tê-lo ouvido da pessoa que testemunhou o fenômeno. Ora, este último fato — eu me refiro à locomoção das luzes — será certamente contestado; mas a existência delas também o foi; apesar de tudo, elas existem e podem viajar de um lugar para outro, até onde sabemos.

A história que me contaram, ou um caso semelhante, foi, creio, mencionado pela sra. Grant; mas era alguma coisa a respeito de um ministro recém admitido em sua paróquia, que estava uma noite apoiado à parede do adro da igreja adjacente à casa paroquial, quando viu uma luz flutuando acima de determinado lugar. Supondo que fosse alguém com uma lanterna, abriu a portinhola e se adiantou para verificar quem poderia ser; mas antes que chegasse ao local, a luz se moveu para a frente; e ele a seguiu, mas não conseguia ver ninguém. Não estava muito acima do chão, mas avançou rapidamente pela estrada, entrou por um bosque e subiu um morro, até que por fim desapareceu pela porta de uma casa de fazenda. Incapaz de compreender a natureza da luz, o ministro estava em dúvidas se fazia perguntas na casa ou se voltava, quando ela reapareceu, vindo aparentemente da casa, acompanhada de outra, ultrapassou-o, e, seguindo pelo mesmo trajeto, ambas desapareceram no lugar onde pela primeira vez ele observara o fenômeno. Ele fez uma marca no túmulo para que pudesse reconhecê-lo e, no dia seguinte, perguntou ao sacristão de quem era o túmulo. O homem disse que pertencia a uma família que morava no alto do morro, indicando a casa onde a luz tinha parado. Havia a indicação M'D. — mas que fazia algum tempo que ninguém era enterrado ali. O ministro ficou extremamente surpreso ao saber, ao longo daquele dia, que uma criança da família morrera de febre escarlatina na noite anterior. Com relação à classe de fenômenos que acompanha essa luz fosforescente, terei mais para dizer daqui a pouco. O que refiri acima parecerá uma história incrível para muitos, e houve um tempo em que também me parecia; mas deparei com tantas estranhas evidências corroborativas, que não me sinto mais autorizada a rejeitá-la. Perguntei à pessoa que me contou a história se acreditava nela; disse-me que não era de acreditar em nada desse gênero. Então perguntei se aceitaria o testemunho daquele ministro em qualquer outra questão, e respondeu-me, "seguramente". Como, no entanto, terei oportunidade de voltar a esse assunto em um capítulo subsequente, vou deixá-lo de lado neste momento e relatar alguns dos fatos que me levaram a considerar as teorias e experimentos acima. O dr. S. conta que a senhora T., na Prússia, sonhou, no dia 16 de março de 1832, que a porta da casa se abriu e seu padrinho, o sr. D., muito ligado a ela, entrou no quarto, vestido como em geral o fazia quando estava para ir à igreja, aos domingos; e que, sabendo que sua saúde andava debilitada, ela lhe perguntou o que ele estava fazendo fora de casa tão cedo, e se ele já se sentia novamente bem. Ao que ele respondeu que sim; e, estando prestes a realizar uma viagem muito longa, viera para se despedir dela e para encarregá-la de uma missão, a saber, que ela deveria entregar uma carta que ele havia escrito para a esposa; mas, acompanhada de uma ordem, que essa não deveria abri-la naquele mesmo dia, mas dali a quatro anos, quando ele estaria de volta, precisamente às cinco horas da manhã, para ouvir a resposta; até aquele prazo, ele a incumbia de não romper o selo da carta. Entregou-lhe então uma carta, com um selo preto; a letra transparecia no papel, de modo que ela, a sonhadora, pôde perceber que ali havia um comunicado para a sra. D., a esposa, com quem, graças à leviandade de caráter dela, ele vivera muito tempo de modo infeliz, dizendo que ela ia morrer naquele dia, dali a quatro anos. Nesse momento, ela foi despertada pelo que lhe pareceu uma pressão na mão, e sentindo convicção plena de que aquilo era mais do que um sonho comum, não ficou surpresa ao saber que seu padrinho estava morto. Ela contou o sonho à senhora D., omitindo no entanto a menção ao comunicado contido na carta, que, segundo pensou, o sonho indicava expressamente que não fosse revelado. A viúva riu da história e logo retomou sua vida alegre, e se casou de novo. No inverno de 1835-6, no entanto, foi acometida de uma febre intermitente, e nessa ocasião o dr. S. foi chamado para atendê-la. Depois de várias vicissitudes, ela sucumbiu, afinal; e no dia 16 de março de 1836, exatamente às cinco da manhã, ela de repente se assustou na cama e, aparentemente fixando os olhos em alguém que via aos seus pés, exclamou, "Para que você veio? Deus tenha piedade de mim! Eu nunca acreditei!" Ela então inclinou-se para trás, fechou os olhos, que nunca mais abriu, e um quarto de hora depois expirou muito calmamente.

Alguns psicólogos acreditam, assim como Sócrates e Platão, e outros antigos, que em certas condições do corpo, condições essas que podem surgir naturalmente ou ser produzidas artificialmente, os vínculos que o ligam ao espírito podem ser mais ou menos afrouxados; e que o segundo pode assim se dissociar temporariamente do primeiro, e então gozar de uma antecipação do seu destino futuro. No grau inferior, ou primeiro, dessa dissociação, estamos acordados, embora pouco conscientes, enquanto a imaginação é estimulada de maneira extraordinária, e nossa fantasia fornece imagens quase tão vivas quanto as da realidade. Essa, provavelmente, é a condição temporária de poetas inspirados e descobridores eminentes.

O sono é considerado outro estágio dessa dissociação, e já se levantou a seguinte questão, se, quando o corpo está em sono profundo, o espírito não está totalmente livre e vivendo em outro mundo, enquanto a vida orgânica prossegue como sempre e sustenta o corpo até o retorno de seu habitante. Sem no momento procurar admitir ou refutar essa doutrina, observarei apenas que, uma vez admitida a possibilidade da dissociação, toda consideração de *tempo* deve ser posta de lado como sendo irrelevante à questão; pois o espírito desembaraçado da matéria deve se mover com a velocidade do pensamento — em suma, *um espírito deve estar onde seus pensamentos e afeições estão.*

É a opinião desses psicólogos, no entanto, que nas condições normais e saudáveis do homem, a união de corpo, alma e espírito é mais completa; e que todos os graus de dissociação no estado desperto são graus de perturbação mórbida. Daí decorre que sonâmbulos e clarividentes são encontrados principalmente entre mulheres enfermas. Houve pessoas que pareciam possuir uma força que podiam exercer à vontade, e por isso deixavam o corpo, que permanecia durante a ausência do espírito em estado de catalepsia, muito pouco distinguível, se tanto, da morte.

Eu digo *deixavam o corpo*, supondo que essa seja a explicação para o mistério; pois, é claro, não passa de uma suposição. Há registros de que Epimênides tinha esse dom e que Hermótimo de Clazômenas teria percorrido o mundo em espírito; enquanto seu corpo jazia aparentemente morto. Por fim, sua mulher, aproveitando-se da ausência de sua alma, queimou o corpo, e assim interceptou seu retorno. Assim contam Luciano e Plínio, o Velho; e Varrão conta que o mais velho de dois irmãos, chamado Corfídio, quando supôs-se que estivesse morto, teve o testamento aberto e o funeral preparado pelo outro irmão, a quem declararam seu herdeiro. Nesse momento, no entanto, Corfídio despertou e contou aos presentes atônitos, cuja atenção chamou batendo as próprias mãos, que viera em nome do irmão mais novo, que deixara a filha a seus cuidados e informara onde tinha enterrado algum ouro, solicitando que os preparativos do funeral que fizera fossem agora revertidos em seu próprio proveito. Logo em seguida, chegaram as notícias de que o irmão mais novo morrera inesperadamente, e o ouro fora encontrado no local indicado. Esse parece ter sido um caso de transe natural; mas os dois casos mais notáveis de transe voluntário com que deparei em tempos recentes foram o do coronel Townshend e do dervixe que permitiu que fosse enterrado. Quanto ao primeiro, ele podia, aparentemente, morrer quando quisesse; seu coração parava de bater, não se percebia qualquer respiração, e seu corpo todo se tornava frio e rígido como morto; suas feições se enrugavam e perdiam a cor, seus olhos ficavam vítreos e tenebrosos. Ele permanecia nesse estado por várias horas, e então gradualmente revivia; mas reviver não parecia um esforço de vontade, ou melhor, não fomos informados se era ou não. Nem nos disseram se ele trazia alguma recordação de volta consigo, nem como essa estranha faculdade se desenvolveu ou foi descoberta pela primeira vez — todos pontos muito importantes e dignos de investigação. Vejo nos relatos do dr. Cheyne, que o assistiu, que o modo particular como o coronel Townshend descrevia o fenômeno ao qual se sujeitava, era de que podia "morrer ou expirar quando queria; e ainda assim, mediante esforço, *ou de algum modo*, podia voltar à vida". Ele realizou a experiência na presença de três médicos, um dos quais manteve a mão em seu coração, o outro segurou seu pulso, e o terceiro posicionou um espelho diante de seus lábios, e constataram que todos os traços de respiração e pulsação gradualmente cessavam, a tal ponto que, depois de considerar sua condição durante algum tempo, estavam saindo da sala convencidos de que estava mesmo morto, quando sinais de vida surgiram e ele lentamente despertou. Mas não morreu enquanto repetia a experiência, como tem sido algumas vezes afirmado.

Esse despertar *"mediante esforço, ou de algum modo"* parece ser melhor explicado pela hipótese que sugeri, do que por qualquer outra; a saber, que como no caso do sr. Holloway, que relatarei logo a seguir, seu espírito ou alma se liberou do corpo, mas um vínculo suficiente se manteve para reuni-los.

Com relação ao dervixe ou faquir, acredito que um relato dessa faculdade singular foi apresentado pela primeira vez ao público pelos jornais de Calcutá, há uns nove ou dez anos. Ele a tinha exibido com frequência para a satisfação dos nativos, mas subsequentemente foi posto à prova por alguns dos oficiais e habitantes europeus. O capitão Wade, conselheiro inglês em Ludhiana, estava presente quando ele foi desenterrado, dez meses depois de ter sido enterrado pelo general Ventura, na presença do marajá e de muitos de seus principais sirdares.

Parece que o homem se preparava previamente por mais de alguns processos que, diz ele, anulam por algum tempo o poder de digestão, de modo que o leite recebido em seu estômago permanece inalterado. Força então todo o ar do corpo para o cérebro, que fica muito quente; em seguida o pulmão entra em colapso e o coração para de bater. Então, ele fecha com cera todas as aberturas do corpo, através das quais o ar poderia entrar, com exceção da boca, mas a língua é virada de tal forma para trás, que fecha a garganta, e a isso se segue um estado de insensibilidade. Ele então é despido e colocado em uma bolsa de linho, e, na ocasião em questão, essa bolsa foi selada com o próprio selo do Ranjit Singh. Foi então colocada em um baú de pinho, também trancado e selado, e o baú enterrado em um jazigo, que cobriram de terra e pisotearam, e onde em seguida plantaram cevada e puseram sentinelas para vigiar. O marajá, no entanto, era tão céptico que, apesar de todas essas precauções, por duas vezes, no decurso de dez meses, mandou desenterrá-lo para ser examinado; e em ambas as vezes o corpo foi encontrado no mesmo estado em que o haviam encerrado.

Ao ser desenterrado, o primeiro passo para sua recuperação é desenrolar a língua, que se encontra bastante rígida, e para isso é preciso segurá-la na posição certa por algum tempo com os dedos; jogam água morna sobre ele, e seus olhos e lábios são umedecidos com manteiga amolecida ou óleo. Sua recuperação é muito mais rápida do que se poderia esperar, e logo se torna capaz de reconhecer os presentes e conversar. Diz que durante o estado de transe tem sonhos arrebatadores, e que é muito doloroso ser despertado, mas desconhecemos se jamais revelou qualquer de suas experiências. Aparentemente, sua única apreensão é ser atacado por insetos, e por isso pede que o baú seja pendurado no teto. O intervalo parece transcorrer num estado perfeito de hibernação; e quando é soerguido, não se percebe qualquer pulsação, e seus olhos ficam vidrados como os de um cadáver.

Em seguida, ele se recusou a se submeter às condições propostas por alguns oficiais ingleses, e com isso incorreu na suspeita de que a coisa toda fosse uma impostura; mas a experiência foi repetida com frequência por indivíduos muito capazes de julgar, e sob precauções muito severas, para assim escaparem a qualquer embaraço. O homem se julga um *santo*, e é muito provavelmente um indivíduo sem valor, mas isso em nada afeta a questão. Príncipes indianos não permitem ser explorados impunemente; e como Ranjit Singh não daria um alfinete pela vida do homem, não pouparia meios de lhe privar o acesso a alimento ou ar.

Nos casos citados acima, exceto naqueles de Corfídio e de Hermótimo, a ausência do espírito é unicamente sugerida ao espectador pela condição do corpo; uma vez que a memória de um estado não parece ter sido levada para o outro — se o espírito vagou por outras regiões, não trouxe recordações de volta; mas temos muitos casos registrados onde essa evidência incompleta parece ser fornecida. Os mágicos e adivinhos dos países do Norte, através de narcóticos e de outros meios, produziam um estado cataléptico do corpo semelhante ao da morte, no momento em que seus dons proféticos seriam exercidos; e embora saibamos que alguma impostura em geral se mistura a essas exibições, ainda assim, não há dúvida de que um estado a que chamamos de clarividência é assim induzido; e que, ao despertar, eles trazem notícias de várias partes do mundo, de ações realizadas e de acontecimentos, que mais tarde são comprovados através de investigações.

Um dos casos mais notáveis desse gênero foi o registrado por Jung Stilling: um homem que, por volta do ano 1740, morava nas vizinhanças de Filadélfia, nos Estados Unidos, cujos hábitos eram discretos e falava pouco: era grave, benevolente e piedoso, e nada se sabia contra seu caráter, exceto que tinha a reputação de guardar alguns segredos que não eram exatamente *legais*. Muitas histórias extraordinárias foram contadas a seu respeito, entre as quais, a seguinte: — A esposa de um capitão de navio, cujo marido estava em viagem para a Europa e a África, e de quem estivera muito tempo sem notícias, preocupada quanto à sua segurança, foi convencida a procurá-lo. Tendo ouvido sua história, ele pediu licença por alguns instantes, para poder trazer as notícias que ela pedia. Foi então até um quarto, enquanto ela esperava sentada; mas como a ausência foi mais longa do que esperava, ficou impaciente, imaginando que ele a houvesse esquecido; e aproximando-se discretamente da porta, espiou por uma abertura e, para sua surpresa, viu-o deitado em um sofá, imóvel como se estivesse morto. Ela, é claro, não considerou recomendável perturbá-lo, mas aguardou seu retorno, quando então ele lhe disse que o marido não lhe pudera escrever por tais e tais razões; mas que estava naquele momento em um café em Londres, e logo estaria em casa de novo. Conforme dito, o marido chegou, e como a mulher soube por ele que as causas de seu silêncio incomum foram precisamente as alegadas pelo vidente, ela se sentiu desejosa de apurar a veracidade das demais informações; e sua vontade foi satisfeita; pois assim que o marido pôs os olhos no mago, disse que o vira antes, em determinado dia, num café em Londres; e lhe contou que sua mulher estava extremamente preocupada a seu respeito; e que ele, o capitão, nisso mencionara o que lhe impedira de escrever; acrescentando que estava às vésperas de embarcar para os Estados Unidos. Depois perdeu o estranho de vista na multidão, e não soube mais dele.

Não tenho outra fonte dessa história, senão Jung Stilling; e se fosse a única do gênero, poderia soar incrível; mas é corroborada por tantos exemplos paralelos de informações dadas por pessoas em estados de sonambulismo, que não estamos autorizados a refutá-la sob o pretexto da impossibilidade.

O falecido sr. John Holloway, do Banco da Inglaterra, irmão do gravador de mesmo nome, conta de si próprio que, estando uma noite em casa repousando com sua mulher, e incapaz de dormir, fixou os olhos e pensamentos com uma intensidade incomum em uma bela estrela que brilhava pela janela, quando de repente percebeu que seu espírito havia se libertado do corpo e estava planando em direção àquela esfera radiante. Mas subitamente inquieto com a angústia da esposa, que poderia encontrar seu corpo aparentemente morto ao lado dela, ele retornou ao corpo com *dificuldade* (*daí*, talvez as violentas convulsões com que alguns sonâmbulos da mais alta ordem são despertados). Ele descreveu que voltar era voltar para a escuridão; e que enquanto o espírito estava livre, ele estava *alternadamente na luz ou na escuridão conforme seus pensamentos estivessem voltados para a sua esposa ou para a estrela.* Ele disse que sempre evitou qualquer coisa que pudesse produzir a repetição desse acidente, uma vez que as consequências eram muito angustiantes.

Sabemos que, por uma intensa contemplação dessa sorte, os dervixes produzem um estado de êxtase, através do qual pretendem ser transportados para outras esferas; e não apenas os videntes de Prevorst, mas muitas outras pessoas em um estado altamente magnético, afirmaram a mesma coisa com relação a elas; e certamente a natureza singular das informações que trazem não é pouco digna de nota.

O dr. Kerner conta de uma sonâmbula, Frederica Hauffe, que um dia, em Weinsberg, exclamou durante o sono, "Oh, Deus!" e acordou imediatamente, como que despertada por sua exclamação, dizendo acreditar ter ouvido duas vozes dentro de si. Nesse momento, seu pai jazia morto num caixão, em Oberstenfeld, e o dr. Fohr, o médico, que o assistira em sua doença, estava sentado com outra pessoa numa sala ao lado, com a porta aberta; quando ouviu a exclamação, "Oh, Deus!" tão distintamente, tendo certeza de que não havia ninguém ali, correu até o caixão, de onde o som parecia ter procedido, pensando que a morte do senhor W. fora apenas aparente, e que ele estava despertando. A outra pessoa, que era um tio de Frederica, não ouvira nada. Não encontraram ninguém no local de onde a exclamação poderia ter procedido, e o caso permaneceu um mistério, até encontrar-se uma explicação. Plutarco conta que um certo homem, chamado Tespésio, tendo caído de uma grande altura, foi soerguido da queda aparentemente morto, embora nenhum ferimento externo tivesse sido constatado. No terceiro dia depois do acidente, no entanto, quando estavam para enterrá-lo, inesperadamente despertou; e observaram mais tarde, para a surpresa de todos que o conheciam que, de incrédulo incurável que era, tornou-se homem dos mais virtuosos. Ao ser interrogado a respeito da causa da mudança, ele relatou que, durante o período de insensibilidade física, pareceu-lhe que estava morto, e que primeiro fora mergulhado nas profundezas de um oceano, do qual, entretanto, logo emergiu, e então, de uma só vez, o espaço todo se descortinou para ele. Tudo surgiu sob um aspecto diferente, e as dimensões dos corpos planetários, e a distância entre eles, eram tremendas; enquanto seu espírito parecia flutuar em um mar de luz, como um navio em águas calmas. Descreveu também muitas outras coisas que tinha visto; disse que as almas dos mortos, ao saírem do corpo, surgiam como uma bolha de luz, da qual rapidamente emanava uma forma humana. Que, dessas, algumas disparavam de uma vez em linha reta, com grande rapidez, enquanto outras, ao contrário, pareciam incapazes de encontrar seu curso, e continuavam a flutuar, indo para lá e para cá, até que finalmente disparavam também numa direção ou noutra. Ele reconheceu poucas das pessoas que viu, mas, aquelas que reconheceu, e às quais procurou se dirigir, pareceram como que atônitas e impressionadas, e o evitaram horrorizadas. Suas vozes eram indistintas, e pareciam articular vagos lamentos. Havia outras, também, que flutuavam longe da terra, e que pareciam brilhantes e graciosas; essas evitavam a aproximação das demais. Em suma, o comportamento e a aparência desses espíritos manifestavam claramente seus graus de alegria e tristeza. Tespésio foi então informado por um deles de que não estava morto, mas que um decreto divino permitira que fosse até lá, e que sua alma, que ainda estava ligada ao corpo, como que por uma âncora, iria retornar a ele. Tespésio observou então que era diferente dos mortos dos quais estava rodeado, e essa observação pareceu restituir-lhe as lembranças. Aqueles eram transparentes e estavam envoltos por uma luz radiante, mas ele parecia arrastar um raio escuro, ou uma sombra atrás de si. Esses espíritos também apresentavam aspectos muito diferentes; alguns eram inteiramente permeados por um brilho claro, suave, como o da Lua cheia; outros pareciam atravessados por listras sutis que reduziam seu esplendor; enquanto outros, ao contrário, eram marcados por manchas ou faixas pretas, ou de uma cor escura, como as marcas no couro de uma víbora.

Há um caso que não posso deixar de mencionar, ligado a essa história de Tespésio, e que, à primeira leitura, me arrebatou com força.

Há uns três anos, tive diversas oportunidades de ver duas jovens, então sob os cuidados de um sr. A., de Edimburgo, que esperava, principalmente através do magnetismo, recuperar-lhes a visão. Uma era uma criada acometida de amaurose, que ele levara para sua casa, movido por um desejo caridoso de lhe ser útil; a outra, cega desde a infância, era uma jovem em melhor situação, filha de respeitáveis comerciantes do Norte da Inglaterra. A garota com amaurose recuperou a visão, e a outra foi tão beneficiada, que

105

era capaz de distinguir casas, árvores, carruagens etc., e, com o tempo, embora de modo obscuro, as feições de uma pessoa próxima. Nesse momento da cura ela foi infelizmente afastada, e pode ter retrocedido para seu estado anterior. O motivo, no entanto, por que aludo a essas jovens nesta ocasião é que elas tinham o hábito de dizer, quando estavam em estado magnético — pois elas eram ambas, mais ou menos, *clarividentes*, — que as pessoas que o dr. A. estava magnetizando na mesma sala apresentavam aparências distintas. Algumas eram descritas como brilhantes; enquanto outras, em diferentes graus, apresentavam listras pretas.

Mencionaram uma ou duas, sobre quem parecia flutuar uma espécie de nuvem, como um véu irregular de escuridão. Elas também disseram, embora isso tenha acontecido antes que qualquer notícia a respeito das descobertas do Barão von Reichenbach tivesse alcançado o país, que viam uma luz irradiar-se dos dedos do sr. A., quando ele as magnetizava; e que às vezes seu corpo inteiro lhes parecia radiante. Ora, estou segura de que nem o sr. A. nem essas garotas jamais ouviram essa história de Tespésio; nem eu tinha ouvido, na época; e confesso que, quando deparei com isso, fiquei bastante impressionada com a coincidência. Essas jovens disseram que era a "bondade ou a maldade", referindo-se ao estado moral das pessoas, que era assim indicado. Ora, certamente, essa concordância entre o homem mencionado por Plutarco e essas duas jovens — uma das quais não tinha qualquer instrução, e a outra, muito pouca — é digna de atenção.

Uma vez perguntei a uma jovem, em estado altamente clarividente, se ela via "os espíritos daqueles que se tinham ido" pois assim *ela* designava os mortos, nunca usando a palavra *morte*, em qualquer de suas formas. Ela me respondeu que sim.

"Onde eles estão, então?", perguntei.

"Alguns estão aguardando, e outros já se foram."

"Você pode falar com eles?", perguntei.

"Não", ela respondeu, "não há interferência nem orientação".

Em estado desperto, ela seria incapaz de dar essas respostas; e que "alguns estão aguardando, e outros já se foram", a mim parece estar muito de acordo com a visão de Tespésio.

O dr. Passavant menciona um garoto camponês que, depois de uma curta mas dolorosa doença, aparentemente morreu, e seu corpo ficou inteiramente rígido. Ele, no entanto, despertou, reclamando com amargura por ter sido chamado de volta à vida. Disse que estivera em um lugar maravilhoso e que vira seus parentes falecidos. Suas faculdades ficaram muito acentuadas, depois disso: outrora um tanto lerdo, agora, quando seu corpo jazia imóvel, e seus olhos, fechados, rezava e discursava com eloquência. Seguiu nesse estado durante sete semanas, mas finalmente se recuperou.

O mais assustador dos casos de transe registrados são aqueles em que o paciente mantém a consciência, embora não possa manifestar qualquer evidência de vida; e é terrível pensar quantas pessoas possam ter sido de fato enterradas, ouvindo cada prego ser batido em seu próprio caixão, e tão conscientes de toda a cerimônia como aqueles que as seguiram até o túmulo.

O dr. Binns menciona uma garota, de Canton, que estava nesse estado, ouvindo cada palavra pronunciada à sua volta, mas totalmente incapaz de mover um dedo. Ela tentava gritar, mas não conseguia, e supôs que estivesse de fato morta. O horror de se ver a ponto de ser enterrada, com o tempo, fez com que alguma transpiração surgisse em sua pele, e ela por fim despertou. Descreveu que sentia que sua alma não tinha poder para agir sobre o corpo, e que parecia estar *em seu corpo e fora dele, ao mesmo tempo.*

Ora, isso é exatamente o que os sonâmbulos dizem — que sua alma está fora do corpo, mas ainda mantém uma relação com ele, de modo que não o deixa, por completo. É provável que o magnetismo seja o melhor meio de fazer despertar uma pessoa nesse estado.

O uso de enterrar pessoas antes de que haja sinais inequívocos de morte é muito condenável. Um sr. M'G. caiu em transe, há alguns anos, e permaneceu insensível durante cinco dias; sua mãe ficou bastante chocada, durante esse período, porque o médico não permitiu que fosse enterrado. Ele teve, depois disso, uma recorrência da doença, que durou sete dias.

Um sr. S., que estivera por algum tempo fora do país, morreu, aparentemente, dois dias depois de regressar. Como tinha comido um pudim que sua madrasta lhe preparara para o jantar, com as próprias mãos, as pessoas se convenceram de que ela o havia envenenado; e, tendo aberto o caixão para investigar, encontraram seu corpo virado de lado.

Um dos casos mais assustadores é o do dr. Walker, de Dublin, que tinha um pressentimento tão forte a esse respeito, que tinha de fato escrito um tratado contra o costume irlandês de enterrar às pressas. Ele morreu em seguida, e acredita-se, de uma febre. Sua morte ocorreu de noite e, no dia seguinte, foi enterrado. Nesse período, a sra. Bellamy, a outrora celebrada atriz, estava na Irlanda; e como lhe havia prometido, em uma conversa, que providenciaria para que ele não fosse enterrado até que houvesse sinais inequívocos de decomposição, assim que soube o que acontecera, tomou providências para que seu túmulo fosse reaberto, mas infelizmente era tarde demais; o dr. Walker tinha sem dúvida despertado, e estava virado de lado; mas a vida agora já se fora. O caso relatado pela senhora Fanshawe, a respeito da mãe, é digno de nota pela confirmação proporcionada pela ocasião de sua morte.

No dia 10 de janeiro de 1717, o sr. John Gardner, um ministro de Elgin, caiu em transe e, estando aparentemente morto, foi colocado num caixão, e no dia seguinte foi levado para o túmulo. Mas, por sorte, ouviram um barulho no caixão e o abriram, e ele foi encontrado vivo e levado para casa de novo; onde, segundo os registros, "contou muitas coisas estranhas e incríveis que tinha visto no outro mundo".

Falei acima de sonhos que compelem ou sugerem, e ouvi falar de pessoas que têm o poder de dirigir os próprios sonhos para qualquer assunto em particular.

Esse dom pode ser, em algum grau, análogo àquele que tinha o americano e alguns sonâmbulos, que parecem carregar as lembranças de um estado para outro. Os efeitos produzidos pelas poções de feitiçaria parecem ter sido algo similares, na medida em que elas sonhavam o que esperavam ou desejavam sonhar. Jung Stilling conta que uma mulher deu mostras, em uma sessão de julgamento de bruxas, de que, tendo visitado a assim chamada bruxa, ela a encontrou preparando uma poção no fogo, que sugeriu, à visitante, beber, garantindo que assim a acompanharia até o sabá. A mulher disse que, para não ofendê-la, levara o recipiente até os lábios, mas que não bebera; a bruxa, no entanto, engoliu tudo e, imediatamente depois, desabou por terra em um sonho profundo, onde ela a deixara. Quando voltou para vê-la no dia seguinte, a outra declarou que tinha ido até o monte Brocken.

Paolo Minucci conta que uma mulher, acusada de bruxaria, tendo sido trazida à frente de um certo magistrado de Florença, não só confessou sua culpa, mas declarou que, se a deixassem voltar para casa e ungir-se, ela iria assistir ao sabá naquela mesma noite. O magistrado, um homem mais esclarecido do que a maioria de seus contemporâneos, consentiu. A mulher foi para casa, usou o unguento e caiu imediatamente em sono profundo; eles então a amarraram na cama e testaram a realidade do seu sono com queimaduras, tapas, e picando-a com instrumentos pontudos. Quando ela acordou, no dia seguinte, relatou que tinha estado no sabá. Eu poderia citar vários casos similares; e Gassendi empenhou-se de fato para desenganar algumas camponeses que se acreditavam bruxas, preparando um unguento que produzia os mesmos efeitos de suas poções mágicas.

No ano de 1545, André Laguna, médico do papa Julius III, ungiu uma paciente que sofria de delírio e falta de sono com um unguento encontrado na casa de uma feiticeira que havia sido presa. A paciente dormiu durante trinta e seis horas consecutivas, e quando, com muita dificuldade, foi despertada, reclamou que eles a haviam arrancado dos deleites mais arrebatadores; deleites que pareciam rivalizar com o paraíso de Maomé. De acordo com Llorente, as mulheres que se dedicavam ao serviço da Mãe do Céu, ouviam continuamente sons de flautas e tamborins, assistiam às danças alegres dos faunos e dos sátiros, e sentiam prazeres inebriantes, sem dúvida graças às mesmas causas.

É difícil imaginar que todas as pobre coitadas que sofreram a morte por empalamento na Idade Média, por terem participado das assembleias profanas que descreveram, não tivessem fé em suas próprias histórias; ainda assim, apesar da vigilância incansável das autoridades públicas e da maldade privada, nenhuma dessas assembleias foi jamais identificada. Como então podemos explicar a pertinácia de suas confissões, senão supondo que elas tenham sido vítimas de alguma extraordinária ilusão? Em uma carta de Llorente endereçada à Inquisição, ele não tem escrúpulos em afirmar que os crimes imputados às bruxas, e por elas confessados, com frequência não existem, senão em seus sonhos; e que os sonhos são produzidos pelas drogas com as quais elas se untavam.

As receitas desses compostos, que passaram tradicionalmente de geração em geração, perderam-se desde que a bruxaria saiu de moda, e a ciência moderna não tem tempo para investigar segredos que parecem ser mais interessantes do que proveitosos; mas, no sono profundo produzido por essas poções, não é fácil dizer que fenômenos podem ter acontecido para justificar ou, pelo menos, para explicar, suas autoacusações.

Capítulo VII

Espectros

Casos como o de lady Fanshawe, e outros similares, certamente parecem favorecer a hipótese de que o espírito se liberta do corpo quando este deixa de ser uma habitação adequada para si. Isso acontece quando a morte sobrevém, e a razão dessa partida, podemos naturalmente concluir que seja o fato de que o corpo deixou de estar disponível para suas manifestações; e nesses casos que parecem tão relacionados com a morte, onde com frequência não haveria de fato qualquer despertar, não foram os esforços realizados, parece não haver dificuldade em conceber que essa separação possa acontecer. Quando estamos junto a um leito de morte, tudo o que vemos é a morte do corpo — da partida do espírito, não vemos nada; de modo que, em casos de morte aparente, ele pode partir e retornar, embora não tenhamos consciência de nada, a não ser da reanimação do organismo. É certo que as Escrituras sancionam esse aspecto da questão em diversas passagens; assim diz Lucas, no capítulo 8, versículo 34, "Ele, porém, tomando-lhe a mão, chamou-a dizendo: 'Criança, levanta-te!' O espírito dela voltou e, no mesmo instante, ela ficou de pé" etc., etc.

O dr. Wigan observa, ao tratar dos efeitos da pressão temporária sobre o cérebro, que a mente não é aniquilada porque, se a pressão for removida a tempo, ele se recupera, embora, se permanecer por muito tempo, o corpo se reduzirá a seus elementos primários; e ele compara o organismo humano a um relógio, que podemos fazer parar ou deixar funcionar à vontade, relógio que, diz ele, também será gradualmente reduzido a seus elementos fundamentais pela ação química; e, acrescenta, perguntar onde está a mente durante essa interrupção é como perguntar onde está o movimento do relógio. Penso que um instrumento de sopro seria um paralelo melhor, pois o movimento do relógio é puramente mecânico. Não requer um espírito informador, inteligente, para respirar por suas aberturas e fazer dele o veículo das dissonâncias mais graves ou dos mais eloquentes discursos. "A essência divinamente misteriosa a que chamamos de alma", acrescenta, "não é portanto a mente, da qual devemos com cuidado distingui-la, se quisermos ter esperança de realizar qualquer progresso na filosofia da mente. Onde reside a mente, durante a suspensão dos poderes mentais na asfixia, não sei, mais do que sei onde residia antes que fosse unida àquele complexo específico de ossos, músculos e nervo".

Por meio de uma pressão temporária do cérebro, a mente decerto não se aniquila, mas suas manifestações através do cérebro são suspensas; sendo a alma ou ânima a origem dessas manifestações, onde reside a vida, tornando o templo adequado para seu habitante divino, o espírito. A conexão da alma com o corpo é provavelmente muito mais íntima do que a conexão deste com o espírito; embora a alma, assim como o espírito, seja imortal e sobreviva quando o corpo morre. Sonâmbulos parecem insinuar que a alma do corpo carnal torna-se então o corpo do espírito, como se a imago ou o eidólon fossem a alma.

O dr. Wigan, e na realidade fisiologias em geral, não parecem reconhecer a velha distinção entre o pneuma ou ânima, e psiquê — a alma e o espírito. Embora as Escrituras às vezes pareçam empregar os termos indiferentemente, ainda assim há passagens suficientes que estabelecem a distinção; como em São Paulo, quando fala de uma "alma vivente e um espírito que dá a vida", em 1 Coríntios 15:45; de novo, em 1 Tessalonicenses 5:23, "rezo a Deus por seu espírito e alma e corpo" etc.; e também em Hebreus 4:12, onde trata da espada de Deus, "dividindo em partes a alma e o espírito". Em Gênesis 2, somos informados de que o "homem torna-se uma alma viva", mas isso aparece de forma distinta em 1 Coríntios 12, onde se diz que os dons da profecia, o discernimento de espíritos etc., etc. pertencem ao espírito. Logo, com relação à possibilidade de o espírito ausentar-se do corpo, São Paulo diz, referindo-se à sua própria visão, em 2 Coríntios 12: "Conheço um homem em Cristo, que há catorze anos foi arrebatado ao terceiro céu (se em seu corpo, não sei; ou fora do corpo, não sei dizer; Deus o sabe) um homem tal que alcançou o terceiro céu"; e assim nos dizem também que estar "ausente do corpo é estar presente com o Senhor", e que quando estamos "em casa no corpo, estamos ausentes do Senhor". Também nos dizem que "o espírito volta para Deus, que o deu"; mas depende de nós se nossas almas perecerão ou não. Temos que supor, no entanto, que, mesmo nos piores casos, alguns resquícios desse espírito divino permanecem com a alma, desde que esta não esteja inteiramente pervertida nem tenha se tornado incapaz de salvação.

São João também diz que, quando profetizava, estava no *espírito*; mas eram as "*Almas do Imolados*" que ele via, e que "gritavam em voz alta" etc., etc. *Almas*, aqui, provavelmente no sentido de indivíduos; como dizemos, "tantas almas pereceram no naufrágio" etc.

Na "Revue de Paris" de 29 de julho de 1838, conta-se que uma criança *viu* a alma de uma mulher que, deitada inconsciente em uma crise magnética quase seguida de morte, saía de seu corpo; e encontrei registro em outro trabalho de que um sonâmbulo, levado a aconselhar um paciente, disse, "É tarde demais; a alma dela está partindo. Posso ver a chama vital deixando seu cérebro".

De alguns dos casos que relatei acima, somos levados a concluir que, em certas condições do corpo, o espírito, de um modo que desconhecemos, readquire parte de sua liberdade e se torna apto a exercer mais ou menos suas propriedades inerentes. Fica de algum modo liberto de suas condições inexoráveis de tempo e espaço, que circundam e limitam seus poderes, quando em conexão estreita com a matéria, e comunga com outros espíritos que também estão libertos. Até que ponto essa libertação (se for isto) ou reintegração de atributos naturais pode ocorrer durante o sono comum, podemos concluir apenas de exemplos. Em sonhos proféticos, e naqueles casos de informações aparentemente recebidas dos mortos, essa condição parece ocorrer; assim como em casos como o da pessoa mencionada em um capítulo anterior, que por diversas vezes, ao acordar, esteve consciente de que estivera conversando com alguém e, espantada, ouvia em seguida dizer que esse indivíduo morrera naquele momento; e trata-se de um homem aparentemente em excelente estado de saúde, dotado de vigorosa razão, e ativamente envolvido em negócios.

Na história do americano, citada de Jung Stilling em capítulo precedente, havia um ponto que me abstive de comentar naquele momento, mas para o qual devo voltar; a alegação é a de que o viajante tinha visto o homem e até conversado com ele num café em Londres, de onde a informação desejada foi trazida. Ora, esse único caso, considerado isoladamente, não representaria muito, embora Jung Stilling, que era uma pessoa das mais conscienciosas, declare ter ficado ele mesmo muito satisfeito com a autoridade com que o relata; mas, estranho dizer — pois sem dúvida a coisa é muito estranha — há inúmeros casos similares registrados; e parece que se acreditou em todas as épocas do mundo que as pessoas às vezes eram vistas onde fisicamente não estavam; vistas não apenas por indivíduos que dormiam, mas por pessoas em um perfeito estado de vigília; e que esse fenômeno, embora ocorrendo com mais frequência no momento em que o indivíduo visto está a ponto de morrer, às vezes ocorre em períodos indefinidos anteriores à catástrofe; e, às vezes, onde catástrofe alguma parece iminente. Em alguns desses casos, um desejo sincero parece ser a causa do fenômeno. Não há muito tempo, uma senhora muito estimada, que estava morrendo no Mediterrâneo, expressou que ia estar perfeitamente pronta para encontrar a morte, se pudesse, ainda uma vez, ver os filhos, que estavam na Inglaterra. Logo em seguida, entrou em um estado de inconsciência, e as pessoas à sua volta estavam em dúvida se tinha ou não dado o último suspiro; em todo caso, não esperavam mais que ela despertasse. Ela o fez, no entanto, e nesse momento anunciou alegremente que, tendo visto os filhos, estava pronta para partir. Durante o período em que permaneceu nesse estado, sua família a viu na Inglaterra, e assim ficaram sabendo de sua morte, antes que a informação os alcançasse.

Essas aparições parecem ocorrer quando a condição física da pessoa vista em outro lugar nos permite conceber a possibilidade de que o espírito tenha saído do corpo; mas a questão naturalmente surge, de saber o que foi de fato visto; e confesso que, de todas as dificuldades que permeiam a questão a que me dispus investigar, essa me parece a maior; pois não podemos supor que um espírito possa ser visível ao olho humano, e tanto em ambos os casos acima, como em diversos outros que tenho para narrar, não há nada que possa nos levar à conclusão de que as pessoas que viram o espectro ou seu duplo estivessem em outro estado, que não o normal; a aparição, em suma, parece ter sido percebida através dos órgãos externos do sentido. Antes de levar essa questão adiante, no entanto, vou contar alguns casos similares, apenas com essa diferença, de que o espectro, tendo aparecido, até onde se pode apurar, no instante da morte, permanece incerto se foi visto antes ou depois da ocorrência do falecimento. Uma vez que, tanto nos casos relatados acima, como nos seguintes, o corpo material era visível num lugar, enquanto o espectro era visível em outro, eles parecem ser estritamente análogos; em especial porque, em ambas as classes de exemplos, o corpo estava morto ou em um estado muito semelhante da morte.

Exemplos de pessoas sendo vistas a alguma distância do lugar onde estão morrendo são tão numerosos que, nesse âmbito, tenho de fato um *embarras de richesses*, e acho difícil fazer uma seleção; especialmente porque em cada caso há pouco para contar, o fenômeno todo se limitando ao fato de que a aparição foi vista, e as principais variantes consistindo nisso, que o vidente, ou os videntes, com frequência não suspeitam que o que viram fosse outra coisa que não uma aparição de carne e osso; enquanto, em outras ocasiões, a certeza de que a pessoa está longe, ou qualquer peculiaridade ligada à aparição mesma, produz a imediata certeza de que o vulto não é corpóreo.

A sra. K., irmã do prefeito B., de Aberdeen, estava sentada um dia com o marido, o dr. K., na sala da casa paroquial, quando de repente disse,

"Oh! Meu irmão está vindo! Ele acabou de passar ao longo janela" e, seguida do marido, se apressou até a porta para receber o visitante. Mas ele não estava lá. "Deve ter dado a volta até a porta de trás", disse ela; e foram para lá. Mas ele também não estava lá, nem os criados o tinham visto. O dr. K disse que ela devia ter-se enganado; mas ela riu da ideia; o irmão tinha passado pela janela e olhou para dentro; ele deve ter ido a algum lugar, e sem dúvida iria voltar. Mas ele não veio; e de St. Andrews logo chegaram as notícias de que naquele exato momento, até onde era possível comparar as circunstâncias, ele morrera de repente em sua própria residência. Ouvi essa história de pessoas ligadas à família, e também de um eminente professor de Glasgow, que me disse que uma vez perguntara ao dr. K. se ele acreditava nessas aparições. "Não posso senão acreditar", retrucou o dr. K., e então justificou suas convicções, narrando o caso a seguir.

Lorde e lady M. moravam em sua propriedade na Irlanda. O lorde saíra para caçar de manhã, e era esperado à hora do jantar. No decorrer da tarde, lady M. e uma amiga estavam andando no terraço que forma uma passarela na frente do castelo, quando ela disse, "Oh, M. está voltando!", e nisso o chamou para se juntar a elas. Ele, no entanto, não prestou atenção, mas passou por elas, até que o viram entrar na casa, no que o seguiram; mas ele não estava lá; e, antes que se recobrassem da surpresa causada por sua súbita desaparição, lorde M. foi trazido para casa morto, tendo sido atingido por sua própria arma. O fato curioso neste caso é que enquanto as senhoras estavam seguindo a aparição, no terraço, lady M. chamou a atenção da companheira para o casaco de caça do marido, observando o quanto era confortável, e que fora ela que o havia criado especialmente para ele.

Uma pessoa, em Edimburgo, ocupada em seus afazeres diários, viu uma mulher entrar em sua casa, e por estar em tão maus termos com esta, não pôde ficar senão surpresa com a visita; mas, enquanto esperava por uma explicação, e sob a influência do ressentimento, evitando olhar para ela, descobriu que a mulher se fora. Não soube explicar a visita e, como disse, estava se "perguntando o que a tinha levado até ali", quando soube que a pessoa havia falecido naquele mesmo instante.

Um ministro escocês foi visitar um amigo que estava muito enfermo. Depois de permanecer sentado ao lado do inválido por algum tempo, deixou-o repousar e desceu. Ficou lendo na biblioteca por um curto tempo, quando, ao erguer os olhos, viu o moribundo de pé à porta. "Meu Deus!"

ele disse, assustado, "como você pode ser tão imprudente?" A figura desapareceu; e, ao subir apressado, descobriu que o amigo tinha falecido.

Três jovens de Cambridge tinham saído para caçar, e em seguida jantaram juntos na casa de um deles. Depois do jantar, dois deles, cansados do exercício da manhã, adormeceram, enquanto o terceiro, um sr. M., permaneceu acordado. Nesse momento, a porta se abriu e um cavalheiro entrou, pondo-se atrás do proprietário dos quartos, que dormia, e, depois de ficar ali um instante, foi até um quartinho — um pequeno quarto interno, sem outra saída. O sr. M. aguardou um pouco, na expectativa de que o estranho fosse sair de lá; mas, como não saiu, acordou o anfitrião, dizendo, "Alguém entrou no seu quarto; não sei quem é".

O jovem se levantou e olhou para dentro do quartinho, mas como não havia ninguém lá, ele naturalmente admitiu que o sr. M. havia sonhado; mas o outro lhe garantiu que nem havia dormido. Ele então descreveu o estranho — um homem idoso etc., vestido como um fazendeiro, de perneiras e tudo o mais. "Puxa, parece meu pai", disse o anfitrião, e imediatamente foi investigar, imaginando que o velho cavalheiro poderia ter saído sem ser observado pelo sr. M. Não souberam, porém, dele; e o correio, pouco depois, trouxe uma carta anunciando que ele morrera no momento em que fora visto no quarto do filho, em Cambridge.

Muito recentemente, um cavalheiro que vivia em Edimburgoestava sentado com a esposa, e de repente se levantou e avançou até a porta, com as mãos estendidas, como se estivesse para receber uma visita. Quando sua mulher lhe perguntou o que estava fazendo, ele respondeu que tinha visto um conhecido entrar na sala. Ela não tinha visto ninguém. Um ou dois dias depois, o correio trouxe uma carta, anunciando a morte da pessoa vista.

Um regimento, não faz muito, aquartelado em Nova Orleans, construiu um refeitório provisório que, de um lado, tinha uma porta para os oficiais, e do outro, uma porta e um espaço separado para o taifeiro. Um dia, dois oficiais estavam jogando xadrez ou damas, um sentado de frente para o centro do salão e, o outro, de costas para este. "Valha-me Deus! Com certeza, é seu irmão!" exclamou o primeiro para o segundo, que olhou ansioso à sua volta, uma vez que acreditava que o irmão estivesse na Inglaterra. Nesse momento, o vulto, tendo passado o lugar onde os oficiais estavam sentados, estava de costas para eles. "Não", respondeu o segundo, "esse não é o regimento do meu irmão; esse é o uniforme da brigada Rifle. Por Deus! Mas é o meu irmão", ele acrescentou, assustando-se e indo ansiosamente atrás do estranho, que nesse momento voltou-se e olhou para ele, e então, de algum modo, estranhamente desapareceu no meio das pessoas que estavam no canto do salão destinado ao taifeiro. Supondo que tivesse saído por ali, o irmão o perseguiu, mas ele não foi encontrado; nem o taifeiro nem ninguém ali o viu. O jovem havia morrido naquele momento, na Inglaterra, após ser transferido para a brigada Rifle.

Eu poderia cobrir páginas com casos similares, sem mencionar aqueles registrados em outras coleções e na história. O caso do lorde Balcarres talvez seja digno de nota, por ter sido perfeitamente comprovado. Ninguém jamais contestou sua veracidade, apenas livram-se das dificuldades afirmando que se trata de uma ilusão espectral! Lorde B. estava confinado no castelo de Edimburgo, sob suspeita de jacobitismo quando, uma manhã, estando deitado na cama, as cortinas foram abertas por seu amigo, o visconde de Dundee, que olhou fixo para ele, apoiou-se por algum tempo na lareira e então saiu da sala. Lorde B., sem supor que o que vira fora um fantasma, pediu que Dundee voltasse e falasse com ele, mas este se foi; e, pouco depois, chegavam as notícias de que ele havia falecido naquela mesma hora, em Killicrankie.

Mas, além do tempo e do local, muito frequentemente outras circunstâncias acompanham a aparição, que não apenas demonstram que o vulto é um fantasma, mas que também revelam ao vidente a natureza da morte.

O sr. P., um administrador americano, em uma de suas viagens à Inglaterra, estando uma noite na cama entre o sono e a vigília, foi perturbado por alguém que veio até sua cabine, pingando água. Deduziu que a pessoa tivesse caído no mar, e perguntou por que razão vinha ali para perturbá-lo, quando tinha tantos outros lugares para ir? O homem murmurou alguma coisa indistinta, e o sr. P. percebeu então que era seu próprio irmão. Aquilo o despertou completamente, e tendo certeza de que alguém estivera lá, saiu da cama para sentir se o carpete estava molhado, ali onde o irmão estivera. Mas não estava; e quando perguntou aos companheiros de viagem, na manhã seguinte, eles lhe garantiram que ninguém tinha caído na água nem estivera em sua cabine. Nisso, ele anotou a data e os detalhes do episódio e, ao chegar a Liverpool, enviou uma carta selada a um amigo em Londres, pedindo-lhe que não a abrisse enquanto ele não escrevesse novamente. Os correios da Índia, no devido tempo, trouxeram a notícia de que, naquela noite, o irmão do sr. P. se afogara.

Um caso parecido com esse foi o do capitão Kidd, que Lorde Byron costumava dizer que ouvira do próprio. Ele foi uma noite acordado em sua rede, sentindo alguma coisa pesar sobre ele. Abriu o olhos e viu, ou pensou ver, na luz indistinta da cabine, seu irmão, de uniforme, deitado na cama. Concluindo que era apenas uma ilusão suscitada por algum sonho que tivera, fechou os olhos de novo para dormir; mas novamente, sentiu o peso, e lá estava a figura, ainda deitada sobre a cama. Nesse momento, esticou as mãos e sentiu o uniforme, que estava molhado. Alarmado, gritou, pedindo a presença de alguém; e quando um dos oficiais entrou, a figura desapareceu. Ele, mais tarde, soube que o irmão se afogara naquela noite, no Oceano Índico.

Ben Johnson contou a Drummond de Hawthornden que, estando na casa de campo de sir Robert Cotton, com o velho Camden, teve uma visão, onde seu filho mais velho, então uma criança em Londres, surgia diante dele com a marca de uma cruz de sangue na testa; nisso, impressionado, rezou a Deus; e de manhã mencionou o caso para o sr. Camden, que o convenceu que se tratava de uma fantasia. Nesse ínterim, chegaram as notícias de que o garoto tinha morrido de peste. O costume de marcar uma casa infectada com uma cruz vermelha está sugerido aqui; a cruz, aparentemente, simbolizando o modo como se deu a morte.

Em 1807, quando várias pessoas morreram em consequência de um falso alarme de incêndio no teatro Sadlers's Wells, uma mulher chamada Price, ao testemunhar no inquérito, disse que sua filhinha tinha ido até a cozinha por volta das dez e meia, e ficou surpresa de ver ali o irmão, que ela supôs que estivesse no teatro. Ela falou com ele, que em seguida desapareceu. A criança imediatamente contou à mãe que, alarmada, correu para o teatro e encontrou o garoto morto.

Em 1813, uma jovem de Berlim, cujo noivo servia o exército em Düsseldorf, ouviu alguém bater à porta de seu quarto, e seu noivo entrou de pijama branco, manchado de sangue. Pensando que a visão fosse fruto de algum distúrbio dela própria, levantou-se e saiu do quarto para chamar o criado; mas, como ele não estava por perto, ela voltou e encontrou ainda a figura ali imóvel. Nesse momento, ficou muito alarmada, e tendo contado o caso a seu pai, souberam que alguns prisioneiros estavam passavam pela cidade, e assim apuraram que o jovem tinha sido ferido e levado para a casa do dr. Ehrlick, em Leipzig, com grandes esperanças de recuperação. Mais tarde, porém, ficou provado que ele havia morrido naquele momento, e que seus últimos pensamentos foram para ela. Essa jovem rezou e desejou honestamente outra aparição assim; mas nunca mais o viu.

Ora, na maioria dos casos que detalhei acima, a pessoa foi vista em um local para onde naturalmente supomos que seus pensamentos moribundos poderiam ter fluído, e a visita parece ter sido feita logo antes ou logo depois da morte do corpo; em ambos os casos, podemos imaginar que o espírito tenha afinal partido, ainda que a vida orgânica não tenha de todo se extinguido. Deparei com alguns casos em que não nos resta dúvida sobre quais fossem os últimos desejos do moribundo: por exemplo, — uma senhora conhecida minha estava a caminho da Índia e, quando o fim da viagem se aproximava, ela acordou uma noite com um murmúrio em sua cabine e a consciência de que algo pairava sobre ela. Sentou-se e viu uma nuvem azulada se afastando; mas, convencendo-se de que deveria ser uma fantasia, preparou-se para voltar a dormir; mas, assim que se deitou, não só ouviu como sentiu a mesma coisa, como se aquela nebulosa silhueta pairasse sobre ela e a envolvesse. Tomada pelo horror, ela gritou. A nuvem então se afastou, assumindo uma nítida forma humana. As pessoas próximas dela naturalmente a persuadiram de que estivera dormindo; e ela quis acreditar assim; mas, quando chegou à Índia, a primeira coisa que ouviu foi que um amigo muito especial tinha ido a Calcutá para recebê-la no desembarque, mas adoecera e morreu, dizendo que seu único desejo era estar vivo para ver sua velha amiga mais uma vez. Ele falecera na noite em que ela viu o vulto em seu quarto.

Um exemplo muito assustador desse tipo de fenômeno é contado pelo dr. H. Werner, a respeito do barão Emilius von O. Esse jovem fora enviado a Paris para realizar seus estudos; mas, relacionado mal, tornou-se dissipado e negligenciou os estudos. Os conselhos do pai não foram ouvidos, e suas cartas ficaram sem resposta. Um dia o jovem barão estava sentado sozinho em um banco no Bois de Boulogne, e caíra em uma espécie de devaneio, quando, ao erguer os olhos, viu a figura do pai no alto. Acreditando ser uma mera ilusão espectral, golpeou o vulto com sua tala, e nisso ele desapareceu. No dia seguinte recebeu uma carta, instando-o a retornar imediatamente, caso quisesse ver o pai com vida. Ele foi, mas encontrou o velho já no túmulo. As pessoas à sua volta disseram que ele estivera bem consciente, e com uma grande vontade de ver o filho; tinha mesmo demonstrado um sintoma de delírio, a saber, que depois de expressar sua vontade, de repente exclamou, "Meu Deus! Ele está me batendo com a tala!" e em seguida faleceu. Neste caso, a condição do moribundo lembra a de um sonâmbulo ao descrever o que vê acontecer à distância; e os arquivos de magnetismo fornecem alguns exemplos, em especial aquele de Auguste Muller de Karlsruhe, em que, através da força de vontade, a pessoa adormecida não somente foi capaz de trazer notícias de lugares distantes, mas também, como o mágico americano, de se fazer visível. Os dons da profecia e da clarividência, ou televidência, com frequência revelados em moribundos, são perfeitamente reconhecidos pelo dr. Abercrombie e outros fisiologistas.

Capítulo VIII
Doppelgängers ou duplos

Nos casos esmiuçados no capítulo anterior, a aparição surgiu, tanto quanto pudemos averiguar, no momento da morte; mas há muitos casos em que o espectro é visto em um período indefinido, antes ou depois da catástrofe. Desses, eu poderia citar grande número, mas como em geral eles se limitam à simples visão de uma pessoa onde ela não está, e a morte se segue pouco depois, uns poucos exemplos irão bastar.

Há uma história notável desse gênero, contada por Macnish, por ele chamado de "um caso de alucinação, ocorrido sem que o indivíduo tivesse consciência de qualquer causa física que a possa ter suscitado". Se fosse um caso isolado, por estranho que seja, eu pensaria assim também; mas quando casos similares sobejam, como acontece, não posso me persuadir a descartá-los tão facilmente. A história é a seguinte: — O sr. H. estava um dia andando pela rua, aparentemente em perfeita saúde, quando viu, ou pensou ver, um conhecido, o sr. C., andando à sua frente. Chamou-o em voz alta, mas esse não pareceu ouvi-lo, e continuou andando. O sr. H. então acelerou o passo para alcançá-lo, mas o outro acelerou também, como que para manter-se à frente do perseguidor, e seguiu nesse ritmo até que o sr. H. considerou impossível chegar até ele. Isso continuou por algum tempo até que, ao alcançar um portão, o sr. C. o abriu e entrou, batendo-o com violência na cara do sr. H. Confuso com semelhante tratamento de um amigo, ele imediatamente abriu o portão e viu o longo caminho à frente, mas onde, para seu espanto, não viu ninguém. Determinado a decifrar o mistério, foi então à casa do sr. C., e sua surpresa foi grande ao ouvir que este estava acamado e já permanecia assim por diversos dias. Uma ou duas semanas depois, esses cavalheiros se encontraram na casa de um amigo comum, onde o sr. H. relatou o caso e gracejou, dizendo ao sr. C. que, uma vez que vira seu espectro, ele não poderia viver muito. Este riu com gosto, assim como os demais; mas, dentro de alguns dias, o sr. C. foi acometido de uma inflamação aguda da garganta e morreu; e, pouco depois, o sr. H. estava também no túmulo.

Esse é um caso muito impressionante: a pressa, a abertura e o fechamento reais do portão, evidenciando não apenas a *vontade* mas o *poder* de produzir efeitos mecânicos, em um momento em que a pessoa estava fisicamente em outro lugar. É verdade que ele estava doente, e é muito provável que no momento estivesse dormindo. O mostrar-se ao sr. H., que tão logo iria segui-lo até o túmulo, é outra peculiaridade que parece acompanhar com frequência esses casos, e que se parece com o que era chamado,

124

em inglês antigo, e ainda hoje em escocês, de um *tryst* — um compromisso de reencontro, entre aqueles espíritos prestes a encontrar a liberdade. Supondo que o sr. C. estivesse dormindo, possivelmente estaria, naquele estado, cônscio daquilo que era iminente aos dois.

Há um caso ainda mais notável, citado pelo sr. Barham, em suas lembranças. Não conheço outra fonte para este; mas ele relata, como tendo sido um fato, que uma jovem respeitável acordou uma noite ao ouvir alguém em seu quarto, e que, ao olhar para cima, viu o jovem de quem estava noiva. Muito ofendida com tal intrusão, ordenou-lhe que partisse imediatamente, se quisesse que ela falasse de novo com ele. Nisso, ele mandou que ela não se assustasse; e contou que viera para dizer que iria morrer, dali a seis semanas, e desapareceu. Tendo apurado que o jovem não podia ter estado em seu quarto, naturalmente ela ficou muito alarmada, e sua evidente depressão tendo-a levado a investigar, contou o ocorrido à família com quem vivia — creio que como leiteira; mas cito de memória. Eles deram pouca importância ao que parecia tão improvável, especialmente porque o jovem seguia em perfeita saúde, e ignorava por completo a predição, que sua amada teve a cautela de lhe ocultar. Quando o dia fatal chegou, aquelas senhoras viram a garota muito alegre, enquanto seguiam para seu passeio matinal, e observaram uma à outra que parecia improvável que a profecia se concretizasse; mas, ao voltar, viram-na correndo avenida acima em direção à casa, em grande agitação, e souberam que seu amado estava morto ou agonizante, creio que em consequência de um acidente.

A única chave que posso sugerir para explicar um fenômeno como esse é que o jovem, em seu sono, estava consciente do destino que o aguardava; e que enquanto seu corpo estava deitado em sua cama, em estado próximo de um transe ou catalepsia, o espírito liberto — livre como os espíritos dos mortos verdadeiros — adiantou-se para contar o caso à dona de sua alma.

Franz von Baader diz, em carta ao dr. Kerner, que Eckartshausen, pouco antes de sua morte, assegurou-lhe que tinha o poder de fazer o duplo ou o espectro de uma pessoa aparecer, enquanto o corpo jazia em outro lugar, em estado de transe ou catalepsia. Acrescentou que o experimento poderia ser perigoso, se não fossem tomados os cuidados para evitar a interrupção do vínculo da forma etérea com a material.

Uma senhora perfeitamente descrente desses fenômenos espirituais andava um dia em seu próprio jardim com o marido, que seguia indisposto e apoiado em seu braço, quando, ao ver um homem de costas para eles, com uma pá na mão, cavando, exclamou, "Veja só! Quem é?" O companheiro perguntou, "Onde?"; e, nesse momento, a figura apoiada na pá virou-se e olhou para eles, sacudindo a cabeça tristemente; e ela viu que era o marido. Evitou explicações, fingindo que cometera um engano. Três dias depois, o cavalheiro morreu; deixando-a inteiramente convertida a uma crença que antes havia rejeitado.

Aqui, de novo, o conhecimento prévio e o desejo evidente, assim como o poder de manifestá-los, é extremamente curioso. Em especial, porque o sósia da aparição não estava nem em transe nem dormindo, mas perfeitamente consciente, caminhando e falando. Se algum propósito particular pudesse ser auferido por meio da informação dada, a solução poderia ser menos difícil. Um objetivo, é verdade, pode ter sido atingido, como de fato o foi, a saber, a mudança na opinião da esposa; e é impossível dizer que influência essa conversão possa ter tido em sua vida posterior.

É preciso admitir que esses casos são muito desconcertantes. Poderíamos de fato nos livrar deles negando-os, mas os casos são numerosos demais, e o fenômeno tem sido muito bem conhecido em todas as eras para ser deixado de lado com tanta facilidade. Nos exemplos acima, a aparição, ou espectro, estava de algum modo ligada à morte da pessoa cuja imagem fantasmagórica é percebida; e, na maioria desses casos, o desejo sincero de ver esses seres amados parece ter sido o meio de realizar o objetivo. O mistério da morte é para nós tão terrível e impenetrável, e sabemos tão pouco sobre o modo como o espiritual e o corpóreo são unidos e mantidos juntos durante a continuidade da vida, ou que condições podem sobrevir quando essa conexão está para ser dissolvida, que, ao mesmo tempo em que observamos com espanto fenômenos como os acima referidos, encontramos poucas pessoas dispostas a rejeitá-los como absolutamente apócrifos. Elas sentem que, nesse departamento, já tão misterioso, ainda pode haver um mistério maior; e o terror mesmo que o pensamento da morte imediata inspira na maioria dos espíritos impede-os de tratar esse tipo de fatos com aquele ceticismo desdenhoso com o qual muitos casos semelhantes são negados e se tornam motivo de riso. Entretanto, se presumirmos que a pessoa estava morta, ainda que por um instante insignificante antes da aparição, esta vem sob a denominação do que em geral chamamos de um fantasma; pois tenha o espírito abandonado o corpo há um segundo ou cinquenta anos, isso não deve fazer diferença em nossa apreciação do fato, assim como as dificuldades sejam menores num caso do que no outro.

Menciono isso porque deparei e deparo constantemente com pessoas que admitem essa espécie de fatos, ao mesmo tempo que declaram não poder acreditar em fantasmas; os casos, dizem, de pessoas vistas à distância no momento de sua morte são numerosos demais para permitir que os fatos sejam negados. Ao admitirem isso, no entanto, parecem a mim admitir tudo. Se, como disse acima, a pessoa está morta, a figura vista é um fantasma ou um espectro, esteja ela morta há um segundo ou há um século; se estiver viva, a dificuldade decerto não diminui; ao contrário, a mim parece aumentar consideravelmente; e é com essa espécie desconcertante de fatos que devo prosseguir, na sequência; a saber, aqueles em que a pessoa não apenas está viva, como em alguns dos casos relatados acima, mas onde o fenômeno parece ocorrer sem qualquer referência à morte do sujeito, presente ou prospectiva.

Em ambos os casos, somos forçados a concluir que a coisa vista é a mesma; as questões são, que é isso que vemos? E como se torna visível? E ainda mais difícil de responder parece ser a questão de como pode dar informações ou exercer uma força mecânica. Como, no entanto, esta investigação será mais pertinente quando chegar àquele tópico do meu assunto comumente chamado de fantasmas, vou adiá-la por enquanto e limitar-me apenas ao caso dos duplos, ou Doppelgängers, como os alemães denominam a aparição de uma pessoa fora de seu corpo.

Ao tratar do caso de Auguste Muller, um sonâmbulo notável, que tinha o poder de aparecer em outro lugar, enquanto seu corpo jazia frio e duro em sua cama, o professor Kieser, que o atendeu, diz que o fenômeno, em relação ao vidente, deve ser considerado como puramente subjetivo — ou seja, que não havia nenhuma forma distinta de Auguste Muller visível aos órgãos sensoriais, mas que a influência magnética do sonâmbulo, por força de sua vontade, agiu na imaginação do vidente e evocou a imagem que ele acreditou ter visto. Mas então, considerando ser isto possível, como o dr. Werner diz, como vamos explicar aqueles numerosos casos em que não há qualquer sonâmbulo envolvido no assunto, e nenhum vínculo especial, de que tenhamos consciência, estabelecido entre as partes? E, contudo, esses últimos casos são os mais frequentes; pois embora tenha deparado com numerosos casos registrados pelos fisiologistas alemães do que é conhecido como ação à distância em sonâmbulos, esse poder de aparecer fora do corpo parece muito raro. Muitas pessoas ficarão surpresas com essas alusões a uma espécie de fenômeno magnético, que neste país é tão pouco conhecido ou objeto de pouco crédito; mas os fisiologistas e psicólogos da Alemanha têm estudado o assunto nos últimos cinquenta anos, e os volumes preenchidos com suas visões teóricas e registros de casos são mais numerosos do que possa imaginar o público inglês.

A única outra teoria com que deparei, e que pretende explicar o modo como acontece essa dupla aparição, é em que o espírito deixa o corpo, como presumimos que faça em casos de sonhos ou de catalepsia; nesses exemplos, o fluido nervoso, que parece ser o "archeus" ou espírito astral dos antigos filósofos, tem o poder de projetar um corpo visível para fora da imponderável matéria da atmosfera. De acordo com essa teoria, esse fluido nervoso, que parece uma corporificação do corpo ou o próprio corpo, é construído a partir do fluido nervoso, ou éter — em resumo, o corpo espiritual de São Paulo, — vínculo de união entre o corpo e a alma, ou espírito, com força plástica suficiente para erguer uma figura no ar. Sendo o poder orgânico mais elevado, não pode, por nenhum outro, físico ou químico, ser destruído; e, quando o corpo se desprende, segue atrás da alma; e como, durante a vida, é o meio pelo qual a alma age sobre o corpo, e dessa forma é capaz de se comunicar com o mundo externo, assim, quando o espírito deixa o corpo, é por meio desse fluido nervoso que pode se fazer visível, e mesmo exercer poderes mecânicos.

É certo que não apenas sonâmbulos, mas pessoas enfermas, às vezes têm consciência de um sentimento que parece emprestar alguma sustentação a essa última teoria.

A jovem de Canton, por exemplo, mencionada em capítulo anterior, declarou, como o fazem muitos pacientes sonâmbulos, que enquanto seus corpos jazem duros e frios, eles o veem como se estivessem fora dele; e em alguns casos descrevem detalhes de sua aparência que não poderiam ver normalmente. Há também numerosos casos de enfermos que veem seu duplo, quando nenhuma tendência ao delírio ou à ilusão espectral fora observada. Neste país, eles são sempre incluídos nesta última categoria, mas deparo com vários casos registrados pelos fisiologistas alemães, em que essa aparição foi vista por outros e até por crianças, no mesmo momento em que foi *sentida* pelo inválido. Num desses casos, encontrei o enfermo dizendo, "Não posso imaginar como estou deitado. Parece que esteja dividido, deitado em dois lugares ao mesmo tempo". É digno de nota que um amigo meu, durante uma enfermidade no outono de 1845, tenha expressado precisamente o mesmo sentimento; nós, no entanto, não vimos de modo algum esse segundo *ego*; mas é preciso lembrar que ver essas coisas, como disse em capítulo anterior, provavelmente depende de um dom ou condição peculiar do vidente. O servo de Eliseu não era cego, e ainda assim não conseguia ver o que seu mestre via; até que seus olhos foram abertos — ou seja, até que se tornou capaz de perceber objetos espirituais.

Quando o apóstolo Pedro foi solto da prisão pelo anjo — e não é descabido notar aqui que nem ele "sabia que era verdade o que foi feito pelo anjo, mas pensou que teve uma visão", isto é, ele não acreditou em seus sentidos, mas se supôs vítima de uma ilusão espectral — e, quando foi solto e bateu no portão de entrada, onde muitos de seus amigos estavam reunidos, estes, não acreditando que pudesse ter escapado, disseram, quando a moça que abrira a porta insistiu que ele estava lá, "É o anjo dele". O que quiseram dizer com isso? A expressão não é *um* anjo, mas o anjo *dele*. Ora, não é indigno de nota que, no Oriente, até hoje, um duplo, ou um doppelgänger, é chamado de anjo de um homem ou mensageiro. Como não podemos supor que esse termo tenha sido usado de outra forma senão seriamente pelos discípulos reunidos na casa de Marco — pois estavam preocupados com Pedro e, quando chegou, estavam ocupados em rezar — somos autorizados a acreditar que aludiam a algum fenômeno conhecido. Eles sabiam, ou que a imagem de um homem — seu ser espiritual — às vezes aparecia onde fisicamente não estava, ou que sua imago ou eidólon era capaz de exercer uma força mecânica, ou então que outros espíritos às vezes assumiam uma forma mortal, ou não teriam suposto que era o anjo de Pedro quem *batera* à porta.

Dr. Ennemoser, que sempre se inclina mais para a explicação física de um fenômeno do que para a psíquica, diz que a faculdade de autovisão, que é análoga a de ver o duplo de outra pessoa, deve ser considerada uma ilusão; mas que essa imago de outro, vista à distância, no momento da morte, supostamente deve ter uma realidade objetiva. Mas se formos capazes de assim perceber a imago de outra pessoa, não posso compreender por que não podemos ver nossa própria; a não ser, é claro, que aquela só seja percebida quando o corpo da pessoa vista está em estado de inconsciência; mas nem sempre essa parece ser uma condição necessária, como se verá em alguns exemplos que irei detalhar. O dr. Ennemoser considera a faculdade de perceber o objeto análoga à da intuição, e pensa que pode ser gerada tanto por condições locais quanto idiossincráticas. A dificuldade que reside no fato de que algumas pessoas têm o hábito de ver espectros de amigos e de parentes deve ser explicada por essa hipótese. O espírito, assim que liberto do corpo, está apto à comunhão com *todos* os espíritos, encarnados ou não; mas nem todos os espíritos encarnados estão preparados para a comunhão com ele.

O sr. R., cavalheiro que atraíra a atenção pública em virtude de algumas descobertas científicas, fora acometido por uma enfermidade em Roterdã. Estava convalescendo, mas ainda preocupado em passar parte do dia na cama, quando, ainda deitado certa manhã, viu a porta se abrir e entrar, em lágrimas, uma senhora de quem era íntimo, mas que supunha estivesse na Inglaterra. Ela veio às pressas para junto da cama, torcendo as mãos, evidenciando com seus gestos uma angústia de espírito extrema e, antes que ele pudesse se recuperar o suficiente da surpresa para inquirir a causa de seu sofrimento e de sua súbita aparição, ela se foi. Ela não desapareceu, mas saiu novamente do quarto. O sr. R. chamou imediatamente os criados do hotel, com o propósito de lhes fazer algumas perguntas sobre a senhora inglesa: quando chegou, o que acontecera com ela, e para onde fora quando deixou o quarto, e estes afirmaram que não havia tal pessoa, ali; ele insistiu que sim, mas por fim o convenceram de que eles, pelo menos, não sabiam nada a respeito dela. Quando seu médico o visitou, naturalmente expressou a grande perplexidade a que fora levado pelas circunstâncias; e como o médico não encontrava sintomas no paciente que pudessem justificar uma suspeita de ilusão espectral, anotaram a data e a hora da ocorrência, e o sr. R. aproveitou a primeira oportunidade para apurar se alguma coisa tinha acontecido com a senhora em questão. Nada acontecera com ela, mas, naquele momento exato, seu filho tinha morrido, e ela estava de fato naquele estado de sofrimento em que o sr. R. a viu. Seria muito interessante saber se seus pensamentos tinham estado muito intensamente dirigidos ao sr. R. naquele momento; mas este é um ponto que não fui capaz de apurar. Em todo caso, a causa motriz da figura projetada, seja como for que tenha acontecido, parece ter sido uma violenta emoção.

Um caso análogo a esse é o do dr. Donne, que já foi mencionado em tantas publicações que eu não deveria aludir aqui, a não ser com o propósito de mostrar que esses exemplos pertencem a uma *classe* de fatos, e que não se deve supor que similaridade pressuponha identidade, ou que a mesma história seja relatada com outros nomes e localidades. Digo isso porque quando casos como esse são relatados, às vezes ouço dizerem, "Ah, ouvi essa história antes, mas disseram que aconteceu com o sr. fulano de tal, ou em tal lugar", a verdade é que essas coisas acontecem em todos os lugares, e com uma grande variedade de pessoas.

O dr. Donne estava na embaixada de Paris, onde chegara havia pouco tempo, quando seu amigo, o sr. Roberts, ao entrar no *salon*, o encontrou num estado de considerável agitação. Assim que se recuperou o suficiente para falar, disse que sua mulher passara duas vezes pela sala, com uma criança morta nos braços. Enviaram imediatamente um mensageiro para a Inglaterra, para indagar sobre a senhora, e a notícia recebida foi a de que, depois de muito sofrimento, ela dera à luz uma criança morta. O parto ocorrera no momento em que o marido dela a vira em Paris. Ninguém jamais questionou a afirmação do dr. Donne de que vira sua mulher, mas, como costuma acontecer, o caso foi englobado na teoria das ilusões espectrais. Eles dizem que o dr. Donne naturalmente estava muito ansioso com o iminente início do trabalho de parto de sua esposa, do qual ele deveria estar ciente; e que sua imaginação agitada fez todo o resto. Em primeiro lugar, não encontro registro de que estivesse sofrendo de alguma ansiedade particular com relação ao assunto; e, ainda que estivesse, as coincidências de tempo e circunstância com respeito à criança morta permanecem sem explicação. Nem somos levados a crer que o médico não estivesse bem, ou que estivesse vivendo o tipo de vida favorável a alimentar fantasias recorrentes. Ele estava ligado à embaixada na alegre cidade de Paris; tinha acabado de almoçar com outros colegas, e tinha sido deixado sozinho por um curto espaço de tempo, quando foi encontrado no estado de assombro descrito acima. Se casos extraordinários de ilusões espectrais como esse, e muitos outros que estou registrando, podem de repente acontecer em constituições aparentemente saudáveis, já está na hora de o mundo médico reconsiderar o assunto e nos fornecer uma teoria mais compreensível a esse respeito; e se esses não são casos de ilusão espectral, mas casos que devem ser explicados por aquele vago e abusado termo *imaginação*, que nos contem mais a respeito da imaginação — um serviço que aqueles que consideram essa palavra suficiente para dar conta desses estranhos fenômenos devem, é claro, estar qualificados para fazê-lo. Se, no entanto, ambas as hipóteses — pois não passam de meras hipóteses, desamparadas de qualquer prova, que por terem sido apresentadas com um ar de autoridade em uma era racionalista, passaram sem questionamento — se, no entanto, elas não forem consideradas suficientes para satisfazer um vasto número de espíritos, e eu sei que esse é o caso, penso que o estudo que empreendo não poderá ser de todo inútil ou inaceitável, leve-nos aonde levar. A *verdade* é tudo o que busco; e penso que há uma verdade muito importante a ser extraída de ulteriores estudos sobre este assunto em suas diversas relações — em resumo, uma verdade de suma importância com relação a todas as outras; uma que contém evidências de um fato, no qual estamos mais profundamente implicados do que em qualquer outro; e que, se bem estabelecido, trará provas que confirmarão a intuição e a tradição. Estou muito ciente de todos os entraves no caminho — internos e externos; muitos, inerentes ao próprio assunto; e outros estranhos a ele, mas dele inseparáveis; e estou muito longe de supor que meu livro vá resolver a questão, nem para um só indivíduo. Tudo o que anseio ou espero é mostrar que a questão ainda não está encerrada, nem pelos racionalistas nem pelos fisiologistas; e que ainda está aberta; e tudo o que desejo é suscitar o questionamento e a curiosidade; e que, assim, algum espírito mais qualificado do que o meu para prosseguir na investigação possa ser instigado a assumi-la.

O dr. Kerner menciona o caso de uma senhora, de nome Dillenius, que foi acordada uma noite pelo filho, uma criança de 6 anos de idade; sua cunhada, que dormia no mesmo quarto, também acordou na mesma hora, e os três viram madame Dillenius entrar no quarto, trajando um vestido preto, que havia comprado recentemente. A irmã disse, "Estou te vendo em dobro! Você está na cama e, apesar disso, está andando pelo quarto". Ficaram seriamente alarmadas quando a figura parou entre as portas, em uma atitude melancólica, com a cabeça apoiada na mão. A criança, que também viu, mas não parece ter ficado assustada, saltou da cama e, correndo em direção à figura, passou a mão através dela, enquanto tentava empurrá-la, exclamando, "Vai embora, mulher de preto". A forma, no entanto, permaneceu como antes; e a criança, alarmada, saltou para a cama novamente. Madame Dillenius supôs que a aparição estivesse prevendo sua própria morte; mas isso não ocorreu. Um sério acidente aconteceu logo em seguida com seu marido, e ela imaginou que pudesse haver alguma conexão entre os dois episódios.

Esse é um daqueles casos que, por sua natureza extremamente desconcertante, levaram alguns psicólogos a procurar uma explicação na hipótese de que outros espíritos podem, por alguma razão, ou sob determinadas condições, assumir a forma de uma pessoa, com o intuito de insinuar algo ou causar uma impressão, dificultada por esse golfo que divide o mundo material do espiritual. Com relação a casos como o de madame Dillenius, no entanto, estamos impossibilitados de descobrir algum motivo — a menos, é claro, que seja a compaixão — para um tal exercício de poder, supondo que houvesse; mas no famoso caso de Catarina da Rússia — de quem dizem que, enquanto estava deitada na cama, foi vista pelas senhoras entrando na sala do trono, e, ao ser informada do caso, foi pessoalmente e viu a figura sentada no trono, ordenando a seus guardas que atirassem nela — podemos conceber a possibilidade de que seu espírito protetor, caso ela tivesse um, tenha empregado esse meio para avisar que se preparasse para uma mudança que, depois de uma vida como a sua, estamos autorizados a concluir, ela não estava muito pronta para confrontar.

Becker, um professor de matemática em Rostock, tendo um dia iniciado uma discussão com alguns amigos sobre uma questão controversa de teologia, ao ir até sua biblioteca buscar um livro que queria consultar, viu a si mesmo sentado à mesa, no lugar que costumava ocupar. Ele se aproximou da figura, que parecia estar lendo e, ao olhar por cima de seu ombro, observou que o livro aberto diante era uma Bíblia, e que, um dos dedos da mão direita, apontava para a passagem, "Põe ordem em tua casa, porque vais morrer." Ele voltou para o grupo e contou o que vira, e apesar de todos os argumentos em contrário permaneceu totalmente convencido de que sua morte estava próxima. Despediu-se dos amigos e faleceu no dia seguinte, às seis horas da tarde. Ele já tinha atingido uma idade considerável. Aqueles que não acreditaram na aparição, disseram que ele morrera de susto; mas tenha ou não sido assim, o caso é suficientemente impressionante; e, se aquela foi uma aparição real, perceptível, seria um forte reforço à hipótese aludida acima; ao passo que, se foi uma ilusão espectral, é por certo uma ilusão infinitamente estranha.

Como estou ciente o quanto é difícil, exceto quando a aparição é vista por mais de uma pessoa, diferenciar casos reais de autovisão daqueles de ilusão espectral, não vou me demorar mais nesta questão, mas, voltando ao análogo assunto dos Doppelgängers, contarei alguns casos curiosos desse tipo de fenômeno.

O dr. Werner conta que o professor Happach tinha uma criada idosa, que cultivava o hábito de vir chamá-lo toda manhã, e que, ao entrar no quarto, o que em geral ele a ouvia fazer, ela costumava olhar para um relógio que ficava debaixo do espelho. Uma manhã, ela entrou tão suavemente que, embora ele a tivesse visto, não ouviu seus passos; ela seguiu, como de costume, até o relógio, e veio para o lado de sua cama, mas de repente virou-se e saiu do quarto. Ele a chamou, mas, como não respondesse, ele saltou da cama e foi atrás dela. Ele não a viu, no entanto, até que chegou ao quarto dela, onde a encontrou na cama, dormindo profundamente. A partir de então, a mesma coisa passou a ocorrer com frequência com essa mulher.

Um caso rigorosamente paralelo me foi contado por um editor de Edimburgo, como tendo ocorrido com ele próprio. Sua caseira tinha o hábito de chamá-lo toda manhã. Em uma ocasião, estando perfeitamente desperto, ele a viu entrar, caminhar até a janela e sair de novo, sem falar. Tendo o hábito de fechar a porta, supôs que esquecera de fazê-lo; mas logo em seguida ele a ouviu bater para entrar, e descobriu que a porta ainda estava trancada. Ela lhe garantiu que não estivera lá, antes. E desfrutava de perfeita saúde quando isso aconteceu.

Há apenas algumas noites, uma senhora de quem sou íntima estava na cama e não tinha dormido, quando viu uma de suas filhas, que dormia num quarto no andar de cima, e que se retirara para descansar algum tempo antes, parada ao pé de sua cama. "Filha—", ela disse, "o que houve?" "Por que você veio?" A jovem não respondeu, mas partiu. A mãe saltou da cama, mas, não a vendo, deitou-se de novo; mas a figura ainda estava lá. Plenamente convencida de que se tratava mesmo da filha, falou com ela, perguntando se alguma coisa tinha acontecido; mas de novo a figura partiu, e de novo a mãe saltou da cama, chegando a subir parte das escadas; e isso aconteceu uma terceira vez. A filha, durante todo esse tempo, estava dormindo em sua cama; e a senhora estava em seu estado normal de saúde; não estava forte, mas de forma alguma doente, nem minimamente histérica ou nervosa; apesar disso, está perfeitamente convencida de que viu a figura de sua filha naquela ocasião, embora seja incapaz de explicar o caso. Provavelmente, a filha estava sonhando com a mãe.

Um presidente da Suprema Corte de Ulm, de nome Pfizer, atesta como verdade o seguinte caso: — um cavalheiro que ocupava um cargo público tinha um filho em Gottingen que escreveu ao pai solicitando que este lhe enviasse, sem demora, determinado livro de que precisava para elaborar uma dissertação em que estava empenhado. O pai respondeu que tinha procurado, mas que não encontrara a obra em questão. Pouco tempo depois, quando estava pegando um livro das prateleiras, ao se virar, surpreendeu-se ao ver o filho no ato de esticar as mãos em direção a uma alta prateleira, em outra parte da sala. "Você!" exclamou, supondo que fosse o jovem

134

em pessoa; mas a figura desapareceu; e, ao examinar a estante, o pai descobriu ali o livro solicitado, que imediatamente enviou para Gottingen; mas, antes que o livro chegasse, recebeu uma carta do filho, descrevendo o lugar exato onde o livro podia ser encontrado.

Observo que o sir David Brewster e outros que escreveram sobre o assunto, e que representam todos esses fenômenos como imagens projetadas na retina, a partir do cérebro, insistem muito no fato de que são vistas da mesma maneira com os olhos fechados ou abertos. Há, no entanto, duas respostas para esse argumento: primeiro, que mesmo que assim fosse, a prova não seria decisiva; já que em geral é de olhos fechados que os sonâmbulos veem — sejam eles pacientes naturais ou magnetizados; e, segundo, noto em alguns casos que a mim me parecem exemplos genuínos de uma aparição objetiva, que, onde a experiência foi feita, a figura não foi vista quando os olhos estavam fechados.

O autor de uma obra intitulada "Uma investigação sobre a Natureza dos Fantasmas", adepto da teoria da ilusão, conta a seguinte história, cuja veracidade pode atestar, embora não tenha permissão para nomear os envolvidos: —

A srta.—, aos 7 anos, quando estava no campo, não longe da casa do pai, na paróquia de Kirklinton, em Cumberland, viu no campo um vulto que pensou fosse o pai, no momento em que este estava em casa, de cama, de onde não se afastara por um tempo considerável. Estavam no campo, também, no mesmo momento, seu filho George e John, o criado. Um deles gritou, "Vá até ele, senhorita!" Ela se virou, mas a figura tinha desaparecido. Ao voltar para casa, perguntou, "Onde está meu pai?" A mãe respondeu, "Na cama, com certeza, filha"; da qual ele não havia saído.

Relato isto porque a imagem foi vista por duas pessoas; poderia mencionar diversos casos semelhantes, mas, quando vistos apenas por uma pessoa, ficam, é claro, passíveis de outra explicação.

Goethe, cuja família, aliás, era de videntes, conta que estando certa vez num estado de espírito apreensivo, e cavalgando por uma trilha em direção a Drusenheim, viu, "não com os olhos do corpo, mas com os olhos do espírito", a si próprio a cavalo, vindo em sua direção em trajes que ele então não possuía. Eram cinza com adornos dourados; a figura desapareceu; mas, oito anos depois, encontrava-se quase que por acidente naquele lugar, a cavalo, e precisamente naqueles trajes. Esse parece ter sido um caso de *intuição*. É bem conhecida a história de Byron, que foi visto em Londres, quando estava de cama e febril em Patras, é bem conhecida; mas isso pode ter sido suscitado por uma extraordinária semelhança pessoal, embora a convicção de que era ele próprio fosse tão firme, que apostaram cem guinéus nisso.

Há algum tempo, a "Dublin University Magazine" noticiou um caso, cuja fonte desconheço, como tendo ocorrido em Roma, em que um cavalheiro, ao voltar certa noite para seus aposentos, causou em seu criado tamanha surpresa, que o homem exclamou, "Meu Deus! O senhor já tinha voltado para casa, antes". Ele afirmou que abrira a porta da casa para o dono, que o acompanhara até o andar de cima e, creio, que o ajudara a despir-se e o vira entrar no leito. Quando foram até o quarto, não encontraram roupas; mas a cama parecia ter sido ocupada, e havia uma estranha marca no teto, como que da passagem de um fluido elétrico. A única coisa de que se lembrava o jovem, que possa explicar esse extraordinário caso, foi que, quando estava fora, e acompanhado, fora acometido de tédio, entrara em um estado de devaneio e se esquecera por um tempo de que não estava em casa.

Quando li essa história, embora tenha aprendido com a experiência a ser muito cautelosa ao declarar impossível o que desconheço completamente, confesso que aquilo, de algum modo, excedeu minha capacidade de recepção, mas depois disso ouvi falar de um caso semelhante, tão bem comprovado, que minha incredulidade ficou abalada.

O dr. Kerner conta que o cônego de uma catedral católica, de modos algo dissipados, ao voltar para casa uma noite, viu uma luz em seu quarto. Quando a criada abriu a porta, recuou surpresa, e ele perguntou por que razão ela deixara uma vela acesa no andar de cima; nisso, ela afirmou que ele voltara para casa havia pouco, fora para o quarto, e que ela estivera se perguntando sobre seu silêncio pouco usual. Ao subir para o quarto, ele viu a si próprio sentado na poltrona. A figura se levantou, passou por ele e saiu pela porta do quarto. Ele ficou seriamente alarmado, supondo que sua morte estivesse próxima. No entanto, viveu muitos anos depois disso, mas a influência do episódio em seu caráter moral foi muito benéfica.

Não faz muito tempo, um professor, penso que de teologia, de uma faculdade de Berlim, dirigiu-se a sua turma dizendo que, em vez da aula usual, iria lhes contar um caso que na noite anterior ocorrera com ele, acreditando que o resultado não seria menos salutar.

Contou então que, ao voltar para casa na noite anterior, tinha visto seu próprio imago, ou duplo, do outro lado da rua. Desviou o olhar e tentou evitá-la, mas percebendo que ela ainda o acompanhava, tomou um atalho para casa, na esperança de se livrar dela, no que foi bem sucedido, até que, na frente de casa, viu-a diante da porta.

Ela tocou a campainha; a criada abriu; ela entrou; a criada entregou--lhe uma vela e, espantado do outro lado da rua, o professor viu uma luz cruzar as janelas a caminho de seu próprio quarto. Ele então atravessou a rua e tocou; a criada, naturalmente, ficou terrivelmente alarmada ao vê-lo, mas, sem esperar uma explicação, ele subiu as escadas. Assim que chegou em seu próprio quarto, ouviu um barulho forte e, ao abrir a porta, não encontraram ninguém ali, mas o teto havia caído, e sua vida assim foi salva. A criada corroborou o depoimento aos alunos; e um ministro, agora ligado a uma das igrejas escocesas, estava presente quando o professor contou o caso. Sem admitir a doutrina dos espíritos protetores, é difícil explicar esse último exemplo.

Um caso muito interessante de intervenção aparentemente amigável ocorreu com o famoso dr. A. T., de Edimburgo. Ele estava sentado até tarde, uma noite, lendo em seu escritório, quando ouviu passos no corredor, e sabendo que a família estava, ou deveria estar, toda na cama, levantou-se e olhou para apurar quem era, mas, não vendo ninguém, sentou-se de novo. Nesse momento, ouviu outra vez o barulho, e teve a certeza de que havia alguém, embora nada pudesse ver. Os passos, porém, claramente subiam as escadas, e ele os seguiu, até que chegou à porta do quarto dos filhos, que abriu, e encontrou a mobília pegando fogo; e assim, não fosse o amável serviço desse bom anjo, seus filhos teriam se queimado em suas camas.

A história mais extraordinária desse gênero, no entanto, que chegou ao meu conhecimento, é a seguinte, e os fatos são perfeitamente autênticos: —

Há uns setenta ou oitenta anos, o aprendiz ou assistente de um respeitável cirurgião de Glasgow, segundo contam, tivera uma caso ilícito com uma criada, que desapareceu de repente. Nenhuma suspeita de jogo sujo, no entanto, parece ter sido levantada. Aparentemente, presumiram que ela tivesse se afastado para uma vida reservada e, em consequência disso, nenhuma investigação foi feita a respeito.

Glasgow era, na época, um lugar muito diferente do que é no presente, em mais de um aspecto; e entre suas peculiaridades estava a extraordinária rigidez com que o sábado era observado, a tal ponto que não se permitia a ninguém mostrar-se nas ruas ou em passeios públicos, durante as horas reservadas aos serviços religiosos. De fato havia inspetores designados para apurar se o regulamento era observado, e anotar o nome dos infratores.

Em um extremo da cidade há um local aberto, de considerável extensão, no lado norte do rio, chamado "The Green", a que às vezes os indivíduos recorrem para desfrutar de ar puro e se exercitar, e onde os namorados não sem frequência se recolhem para gozar do escasso isolamento que a proximidade de uma cidade tão grande pode oferecer.

Um domingo de manhã, os inspetores da devoção pública mencionados acima, tendo atravessado a cidade e estendido suas perquisições a lugares tão longínquos quanto a extremidade sul de Green, limitada por um muro, observaram um jovem deitado na grama, a quem de imediato reconheceram como sendo o assistente do cirurgião. Eles, é claro, perguntaram por que não estava na igreja, e procederam ao registro de seu nome nos livros, mas em vez de tentar apresentar qualquer desculpa para sua ofensa, ele apenas se levantou do chão, dizendo, "Sou um homem miserável; olhem para a água!" Ele então imediatamente subiu uma escadaria que cortava o muro e levava para uma trilha, que se estendia ao longo do rio, em direção à estrada de Rutherglen. Eles o viram subir a escadaria, mas sem compreender o significado de suas palavras, em vez de continuarem observando-o, naturalmente dirigiram sua atenção para a água, onde nesse momento notaram o corpo de uma mulher. Tendo-a trazido com alguma dificuldade até a margem, imediatamente começaram a levá-la para a cidade, assistidos por diversas outras pessoas, que a essa altura tinham-se juntado a eles. Era cerca de uma hora e, ao cruzar as ruas, foram obstruídos pela congregação que saía de um dos principais locais de culto; quando pararam por um instante para deixá-los passar, viram o assistente do cirurgião sair pela porta da igreja. Como era possível que tivesse dado a volta por algum outro lado e chegado ali antes deles, não ficaram muito surpresos. Ele não se aproximou deles, mas misturou-se à multidão, enquanto prosseguiam seu caminho.

Exames provaram que a mulher era a criada que desaparecera. Estava grávida e obviamente fora assassinada com um instrumento cirúrgico, encontrado em meio às suas roupas. Nisso, em razão de sua conhecida conexão com ela, e de sua autoacusação implícita para os inspetores, o jovem foi detido, sob suspeita de culpa, e julgado naquela jurisdição. Foi a última pessoa vista na companhia dela, imediatamente antes do seu desaparecimento; e havia ao todo, contra ele, presunções de prova tão consistentes que, corroboradas por aquilo que ocorreu no Green, teriam justificado um veredito de *culpado*. Mas, estranho dizer, esse último e mais importante item das provas falhou, e ele apresentou um álibi incontroverso; foi provado, para além de qualquer possibilidade de dúvida, que estivera na igreja do início do serviço, até o fim. Foi, portanto, absolvido; enquanto o público permaneceu na maior perplexidade, para explicar como podia essa extraordinária discrepância. O jovem era bem conhecido dos inspetores, e foi em plena luz do dia que o encontraram e anotaram seu nome nos cadernos. E, é preciso lembrar, eles não o estavam procurando nem pensando nele, e nem na mulher, sobre quem não havia nem curiosidade nem suspeita. Muito menos a teriam procurado onde ela estava, não fosse a pista recebida por eles.

O interesse suscitado na época foi muito grande; mas nenhuma explicação natural para o mistério jamais foi sugerida.

Capítulo IX
Aparições

O número de histórias registradas que parecem dar suporte aos aspectos que sugeri em meu último capítulo é, imagino, desconhecido das pessoas, em geral; e muito menos se supõe que ocorrências similares ainda aconteçam com frequência. Eu mesma, de fato, não tinha ideia nem de um nem de outro, até que minha atenção acidentalmente voltou-se nessa direção, e fui levada a investigar, e o resultado disso me surpreendeu seriamente. Não é minha intenção insinuar que todos os meus conhecidos são videntes, ou que essas coisas aconteçam todos os dias; mas o que quero dizer é isto: primeiro, que além dos numerosos exemplos desses fenômenos mencionados na história — que têm sido tratados como fábulas por aqueles que professam acreditar no resto das narrativas, embora todas se sustentem nas mesmas bases, i.e., na tradição e no ouvir falar — existem, de uma forma ou de outra, centenas e centenas de casos registrados, em todos os países e em todas as línguas, que apresentam aquele grau de similaridade que os assinala como pertencendo a uma mesma classe de fatos, muitos dos quais de uma natureza que parece excluir a possibilidade de abrigá-los sob a teoria das ilusões espectrais; e, segundo, devo dizer que raramente encontro alguém que, se consigo induzi--lo a acreditar que não publicarei seu nome e não me rirei dele, não esteja pronto a me contar alguma ocorrência do gênero, como tendo acontecido com ele próprio, sua família ou amigos. Admito que, em muitos casos, as pessoas concluem suas narrativas dizendo que pensam ter tido uma ilusão, *porque* não podem acreditar em fantasmas; não sem frequência acrescentando que *desejam* pensar assim; já que pensar de outra maneira os deixaria pouco à vontade. Confesso, no entanto, que isso me parece uma maneira pouco sábia, assim como muito arriscada de tratar do assunto. Acreditar que a aparição seja uma ilusão, *porque* não podem acreditar em fantasmas, equivale simplesmente a dizer, "Não acredito porque não acredito"; e é um argumento sem efeito, exceto para invalidar sua capacidade de julgar absolutamente a questão; mas a segunda razão para não acreditar, a saber, o fato de não quererem fazê-lo, tem não apenas a mesma desvantagem, mas está também sujeito a objeções muito mais sérias; pois é nosso dever apurar a verdade em uma questão que diz respeito a cada uma de nossas almas tão profundamente; e esquivar-se de encará-la para que não revele alguma coisa de que não gostamos, é um expediente tão infantil quanto desesperado. Nas resenhas a meu último romance "Lilly Dawson", onde anuncio o presente trabalho, observo que, enquanto alguns críticos rechaçam a própria ideia de alguém acreditar em fantasmas, outros, menos apressados, ao mesmo tempo que admitem que seja um assunto do qual não sabemos nada, objetam a investigações adicionais, em razão de medos e sentimentos desconfortáveis que serão engendrados. Ora, por certo, se fosse um assunto em que não estivéssemos implicados pessoalmente, e que pertencesse apenas ao território da curiosidade especulativa, todos estariam perfeitamente justificados ao seguir suas inclinações com relação a ele; não haveria razão para se assustarem, caso não gostassem; mas, uma vez que é perfeitamente certo que o destino desses pobres fantasmas, seja qual for, será o nosso algum dia — antes talvez que um ano ou uma semana passe por nós — fechar nossos olhos para a verdade, porque pode, talvez, nos suscitar alguns sentimentos confortáveis, é certamente uma estranha mistura de desprezível covardia e ousada temeridade. Se for verdade que, por alguma lei da natureza, almas que partiram revisitem a Terra às vezes, podemos estar certos de que é proposital que tomemos conhecimento, e que essa lei existe para algum bom propósito; pois nenhuma lei divina pode ser despropositada ou danosa; e será concebível que devêssemos dizer, não queremos saber, porque é desagradável para nós? Não seria como dizer, "Vamos comer, beber e ser felizes, porque amanhã morreremos!" e ademais recusarmo-nos a questionar o que será de nós quando morrermos? Recusarmo-nos a nos servir da prova demonstrativa que Deus misericordiosamente pôs ao nosso alcance? E com toda essa teimosia, as pessoas não se livram da apreensão; seguem combatendo e abafando tudo com argumentos e com a razão, mas há muito pouca gente, na realidade, homens ou mulheres, que, uma vez postos em uma situação calculada para lhes sugerir a ideia, não sentem uma convicção intuitiva lutar dentro deles. Em circunstâncias ordinárias da vida, ninguém sofre desse terror; nas extraordinárias, não vejo os descrentes professos em situação muito melhor do que os crentes. Não faz muito tempo, ouvi uma senhora expressar o grande alarme que teria sentido, caso tivesse que passar uma noite inteira em Ben Lomond, como Margaret Fuller, a autora americana, o fez recentemente; "porque", ela disse, "embora não acredite em fantasmas, sentiria um medo terrível de ver algum, então!"

Além disso, embora eu não suponha que um homem, em seu estado normal, possa jamais encontrar um espírito incorpóreo sem experimentar considerável temor, sou inclinada a pensar que o terror extremo que a ideia inspira provém de uma má educação. Os ignorantes amedrontam as crianças com fantasmas, e os mais bem educados lhes asseguram que isso não existe. Nosso entendimento pode acreditar nestes, mas nossos instintos acreditam naqueles; de modo que, de nossa educação, conservamos o terror; e apenas crença suficiente para nos perturbarmos sempre que nos vemos em circunstâncias que o despertem. Ora, talvez, se as coisas fossem conduzidas de forma diferente, o resultado poderia ser diferente. Supondo que se o assunto fosse devidamente investigado, e ficasse comprovado que o ponto de vista que eu e muitos outros estamos dispostos a considerar com relação a ele estão corretos; e supondo, então, que se dissesse tranquilamente às crianças que não é impossível, mas que em alguma ocasião elas poderiam rever um amigo que se foi; que as leis da natureza estabelecidas por uma sábia Providência admitem que os mortos às vezes revisitem a Terra, sem dúvida com o propósito benevolente de manter viva em nós nossa crença em um estado futuro; que a morte é meramente uma transição para outra vida, que depende de nós celebrá-la ou não; e que, enquanto os espíritos que parecem iluminados e abençoados podem ser objeto de nossa inveja, os outros devem suscitar apenas nossa intensa compaixão. Estou convencida de que uma criança educada assim não sentiria terror à vista de uma aparição, em especial porque muito raramente parece haver algo terrível no aspecto dessas figuras; elas em geral vêm em seus "hábitos de vivos" e se parecem tanto com a pessoa viva de carne e osso que, quando não se sabe que estão já mortas, são com frequência confundidas com os vivos. Há exceções a essa regra, mas é muito raro que essas aparições exibam em si mesmas alguma coisa que desperte alarme.

Como prova de que uma criança não ficaria naturalmente aterrorizada à vista de uma aparição, apresentarei o seguinte caso, cuja autenticidade posso assegurar: —

Uma senhora embarcou com o filho em um navio na Jamaica, com o propósito de visitar amigos na Inglaterra, deixando o marido em boa saúde. Era um barco a velas, e eles já estavam por algum tempo no mar quando, uma noite, estando o filho ajoelhado diante dela, fazendo suas orações antes de dormir, de repente ele disse, olhando ansiosamente para um lugar específico da cabine, "Mamãe, papai!" "Bobagem, querido!" a mãe respondeu; "você sabe que o papai não está aqui!" "Está, sim, mamãe", respondeu o menino. "Ele está olhando para nós, agora!" E ela não conseguiu convencê-lo do contrário. Quando foi para o convés, contou o caso ao capitão, que achou tão estranho que disse que iria anotar a data da ocorrência. A senhora pediu que ele não o fizesse, porque isso atribuiria um significado à coisa que a deixaria apreensiva; ele o fez, no entanto, e pouco depois de sua chegada à Inglaterra, ela soube que o marido havia morrido exatamente naquele momento.

Soube de outros casos em que a criança tinha visto aparições, sem demonstrar qualquer alarme; e, no caso de Frederica Hauffe, o filho em seus braços com frequência era visto apontando sorridente para aqueles que ela mesma dizia que via. No caso relatado acima, temos um exemplo valioso de uma aparição que não podemos acreditar que tenha sido um fenômeno meramente subjetivo, embora tenha sido visto por uma pessoa e não pela outra. A receptividade da criança pode ter sido maior, ou o vínculo entre ela e o pai, mais forte, mas essa ocorrência inevitavelmente nos leva a supor com que frequência nossos amigos que se foram podem estar perto de nós, e nós não os vemos!

Um sr. B., conhecido meu, contou-me que, há alguns anos, perdeu dois filhos. Houve um intervalo de dois anos entre as mortes; e mais ou menos o mesmo período de tempo se passara desde a morte do segundo, quando o caso que irei relatar aconteceu. Pode-se imaginar que, passado esse tempo, por mais vívida que tenha sido a impressão inicial, esta tivesse consideravelmente esmaecido no espírito de um homem de negócios; e ele me garante, que na noite em que o episódio aconteceu, não estava de modo algum pensando nas crianças; estava, além disso, perfeitamente bem, e não tinha comido nem bebido nada diferente, nem se abstido de comer ou de beber nada a que estivesse acostumado. Estava portanto em seu estado normal quando, pouco depois de ter-se deitado na cama, e antes de adormecer, ouviu a voz de uma das crianças dizer, "Papai! Papai!"

"Você está ouvindo?", ele perguntou à mulher, deitada ao seu lado; "Estou ouvindo Archy me chamar, tão claro como sempre o ouvi, em minha vida!"

"Bobagem!", respondeu a esposa; "É imaginação sua."

Mas, de novo, ele ouviu "Papai! Papai!", e agora as vozes de ambos os filhos falaram. Nesse momento, ele exclamou, "Não aguento mais isso!", e, se levantando, abriu as cortinas e viu ambas as crianças de pijama, perto da cama. Ele se levantou no ato; elas então recuaram lentamente e, de frente para ele, foram até a janela, onde desapareceram. Ele diz que o caso provocou uma forte impressão nele, à época; e, de fato, uma impressão que jamais se apagaria; mas ele não sabia o que pensar daquilo, uma vez que não acreditava em fantasmas, e concluiu portanto que deveria ter sido alguma ilusão espectral extraordinária; especialmente porque sua mulher não ouviu nada. *Pode* ter sido assim; mas o caso de modo algum prova isso.

Desses diversos graus de suscetibilidade ou afinidade parece decorrer outra consequência, a saber, que mais de uma pessoa pode ver o mesmo objeto e, ainda assim, ver de forma diversa, e menciono isso em particular porque é uma das objeções que gente irrefletida faz de fenômenos desse tipo, da intuição, especialmente. No impressionante caso que os registros apontam ter acontecido em Ripley, no ano de 1812, ao qual devo me referir com mais detalhes em um capítulo futuro, muita ênfase foi dada ao fato de que o primeiro vidente disse, "Olhe para esses animais!", enquanto o segundo respondeu, "animais não, homens." Em um capítulo anterior, mencionei o caso de uma senhora a bordo de um navio que viu ou sentiu uma espécie de nuvem azul flutuando sobre ela que, recolhendo-se em seguida, assumiu uma forma humana, embora ainda sob a aparência de uma substância vaporosa. Possivelmente, se a receptividade dela, ou o vínculo entre eles, tivesse sido mais forte, ela poderia ter visto a imagem nítida de seu amigo moribundo. Soube de diversos casos de figuras nebulosas que foram vistas como se o espírito tivesse tomado para si a forma do ar da atmosfera; e é digno de nota que, quando outras pessoas percebiam as aparições que frequentavam a Vidente de Prevorst, algumas viam como formas nebulosas o que ela via nitidamente vestidas com as roupas que usavam, quando vivas; e assim, em algumas ocasiões, aparições são representadas como sendo transparentes, enquanto, para outros, não foram diferenciáveis do corpo físico real. Todas essas discrepâncias, e outras a que aludirei no futuro, são sem dúvida absurdas apenas para nossa ignorância; são os resultados de leis da física, tão absolutas, embora não tão facilmente apuráveis, quanto aquelas nas quais os fenômenos mais ordinários à nossa volta encontram explicação.

Uma coisa muito peculiar aconteceu com a renomada autora de "Letters from the Baltic" [Cartas do Báltico], e que meus leitores poderão interpretar como quiserem. Uma noite antes de sair de Petersburgo, ela passou na casa de uma amiga. O quarto designado para o seu uso era uma grande sala de jantar onde puseram uma cama provisória e instalaram um biombo, para dar um ar de conforto ao recanto onde ficava a cama. Ela foi para cama, dormir, e ninguém que a conheça pode suspeitar que tenha ilusões espectrais, ou que seja incapaz de avaliar suas próprias condições, quando via o que fosse. Como ia começar sua viagem no dia seguinte, pedira para ser chamada cedo, e assim se viu sendo acordada de manhã por uma velhasenhora com trajes russos que olhou para ela, acenando e sorrindo, e insinuando, como ela supôs, que era hora de se levantar. Sentindo-se no entanto muito sonolenta e pouco disposta a se levantar, pegou o relógio detrás do travesseiro e, ao olhar para ele, percebeu que eram apenas quatro horas. Como, pelos trajes da velha senhora, entendeu que fosse russa, e portanto era pouco provável que entendesse qualquer língua que ela soubesse falar, acenou com a cabeça e apontou para o relógio, dando a entender que era cedo demais. A mulher olhou para ela e acenou, e então se afastou, e nisso a viajante voltou a se deitar e logo adormeceu. Pouco depois, foi acordada por uma batida na porta e a voz da criada a quem pedira que a despertasse. Mandou que entrasse, mas, estando a porta trancada por dentro, teve que sair da cama para fazê-la entrar. Nesse momento, perguntou-se como a velha senhora havia entrado, mas, presumindo que houvesse outro modo de entrar, não se preocupou com isso, vestiu-se e desceu para tomar café. Naturalmente, a pergunta que em geral se faz a uma visita foi feita — esperavam que ela tivesse dormido bem! "Muito bem", ela disse, "só que alguém da casa tinha estado um pouco ansioso demais para acordá-la de manhã"; e ela então mencionou a visita da velha senhora, mas, para sua surpresa, afirmaram que não havia tal pessoa na família. "Deve ter sido alguma velha enfermeira ou uma lavadeira, alguém assim", ela sugeriu. "Impossível!" responderam; "Você deve ter sonhado tudo isso; não temos nenhuma velha senhora na casa; ninguém com essas roupas; e ninguém poderia ter entrado, já que a porta devia estar fechada há muito tempo, a essa hora!" E essas afirmações foram confirmadas pelos criados; além do mais, tenho que observar, a casa, como em geral são as casas num país estrangeiro, consistia de um apartamento ou andar fechado por uma porta que o isolava inteiramente do resto do prédio, e, estando acima do nível da rua, ninguém poderia ter tido acesso pela janela. A senhora, agora um pouco confusa, perguntou se havia alguma outra entrada para o quarto; mas, para sua surpresa, ouviu que não havia, e então mencionou que trancara a porta antes de ir para a cama, e a encontrara trancada de manhã. A coisa ficou sem qualquer explicação, e a família, que estava muito mais espantada do que ela, com muito gosto teria acreditado que foi tudo um sonho; mas qualquer interpretação que se dê ao fato, ela tem certeza de que não é a verdadeira.

Não faço comentários sobre o caso acima, embora seja um tanto inexplicável; e não sei se menciono quaisquer daqueles casos consagrados, e que parecem estar tão satisfatoriamente comprovados como qualquer caso simplesmente aceito quando reportado. Aludo em particular às histórias da sra.

Bloomberg, do general Wynyard, de lorde Tyrone e lady Beresford; ao caso ocorrido em Havant, em Hampshire, e relatado em carta do sr. Caswell, o matemático, ao dr. Bentley; o caso acontecido em Cornwall e narrado pelo reverendo sr. Ruddle, um dos prebendados de Exeter, cuja assistência e conselho foram solicitados, e que teve duas entrevistas pessoais com o espírito; e muitos outros, já publicados em diferentes trabalhos, especialmente em um pequeno livro intitulado "Accredited Ghost Stories" [Histórias Comprovadas de Fantasmas]. Posso no entanto dizer que, com relação a lady Beresford e ao general Wynyard, as famílias dos envolvidos sempre acreditaram nos casos; assim como a família de lady Betty Cobb, que tirou o laço do braço de lady Beresford, depois que ela morreu; tendo-o usado sempre, desde o encontro com a aparição, para esconder a marca que esta havia deixado, ao tocá-la.

Houve muitas tentativas de desconsiderar a história do aviso de lorde Littleton, embora as provas seguramente tenham convencido a família, como soubemos pelo dr. Johnson, que disse, em relação ao caso, ter sido a coisa mais extraordinária que acontecera em sua época, e que a ouviu da boca de lorde Westcote, o tio de lorde Littleton.

Essa história, no entanto, tem uma sequência muito bem comprovada, embora muito menos conhecida do público. Parece que o sr. Miles Peter Andrews, amigo íntimo de lorde Littleton, estava em sua casa em Dartford, quando lorde L. morreu em Pitt Place, Epsom, a quarenta e oito milhas dali. A casa do sr. Andrews estava cheia de gente, e ele esperava lorde Littleton, a quem tinha deixado em estado normal de saúde, para encontrar-se com ele no dia seguinte, um domingo. O próprio sr. Andrews, sentindo-se indisposto na noite de sábado, retirou-se cedo para a cama e pediu à sra. Pigou, uma de suas convidadas, para fazer as honras, no jantar. Ele admitiu, pois foi ele mesmo a fonte dessa história, que teve um sono febril ao deitar-se, mas que foi acordado entre as onze e a meia-noite por alguém que abria suas cortinas, e foi lorde Littleton, de pijama e chapéu, que o sr. Andrews reconheceu. Lorde L. falou, e contou que tinha vindo para dizer que *estava tudo acabado*. Parece que lorde Littleton gostava de brincadeiras, e como o sr. A. não tinha qualquer dúvida de que a visita era o próprio lorde L., em carne e osso, supôs que se tratasse de uma de suas brincadeiras; e, estendendo o braço, da cama, agarrou seus chinelos; a coisa mais próxima que pôde alcançar, e atirou nele, e nisso a figura recuou para um vestiário que não tinha outra entrada, nem saída, além do dormitório. Nesse momento, o sr. Andrews saltou da cama para segui-lo, com a intenção de castigá-lo ainda mais, mas não encontrou ninguém em nenhum dos cômodos, embora a porta estivesse trancada por dentro; ele então tocou a campainha e perguntou quem tinha visto lorde Littleton. Ninguém o vira; mas, como permanecia um enigma a maneira como entrou ou saiu do quarto, sr. Andrews afirmou que ele estava, com certeza, ali; e, irritado com a suposta brincadeira, ordenou que não lhe dessem pouso, mas que o mandassem embora para dormir em uma hospedaria. Lorde Littleton, porém, não apareceu mais; e o sr. Andrews foi dormir, sem alimentar a menor suspeita de que vira uma aparição. Acontece que, na manhã seguinte, a sra. Pigou teve a oportunidade de ir logo cedo para Londres, e ficou muito surpresa ao saber que lorde Littleton falecera na noite anterior. Imediatamente, ela enviou um mensageiro com a notícia até Dartford, e, ao recebê-las, o sr. Andrews, então passava bem, lembrando-se perfeitamente do que tinha acontecido, desmaiou. Não conseguiu entender, mas a coisa teve um sério efeito sobre ele; e, para usar sua própria expressão, não foi o mesmo homem seguro de si, nos três anos seguintes. Há várias fontes para essa história, cuja veracidade é confirmada por membros da família da sra. Pigou, que conheço, e que muitas vezes ouviram o caso ser contado por ela mesma, e me asseguram que a família nele sempre acreditou. Não vejo, portanto, qualquer fundamento para duvidarmos de qualquer desses fatos. Lorde Westcote, em cujas palavras o dr. Johnson fundamentou sua crença no aviso de lorde Littleton, era um homem muito sensato; e que a história não tenha sido vista com indiferença pela família, a prova disso é que a viúva lady Littleton tinha um quadro, que foi visto por sir Nathaniel Wraxhall na casa dela, na rua Portugal, conforme mencionado nas memórias dele, onde o evento é celebrado. O lorde está na cama, a pomba aparece à janela, e uma figura feminina está junto ao leito, anunciando ao infeliz licencioso sua morte iminente. E mais, que ele mencionou o aviso ao criado, e a algumas outras pessoas, e falou em *enganar* o fantasma, sobrevivendo ao tempo mencionado, isso é certo; e também que morreu com o relógio nas mãos, precisamente no momento indicado. O sr. Andrews diz que ele era sujeito a acessos de asfixia e inchaço na garganta, que o poderiam ter matado a qualquer momento; e sua morte decorreu de causa natural e óbvia, isso não interfere de maneira alguma na validade do vaticínio, que apenas previu sua morte em um momento particular, e não que devesse haver qualquer coisa de sobrenatural no modo como ocorreu.

Já que encontro tantas pessoas inclinadas a acreditar em aparições, mas que não podem acreditar em fantasmas — ou seja, que são vencidas pelos inúmeros exemplos e pelo peso das evidências para aqueles — seria muito desejável se pudéssemos apurar se esses espectros são vistos antes ou depois da ocorrência da morte; mas, embora o dia seja registrado, e pareça sempre ser o dia da ocorrência da morte, e a hora mais ou menos a mesma, os minutos não são suficientemente apurados para nos permitir responder a essa questão. Seria uma questão interessante, porque o argumento apresentado por aqueles que acreditam que os mortos nunca são vistos, é que a vontade e o desejo muito fortes do moribundo são o que o habilitam a agir no sistema nervoso do amigo distante, que a imaginação deste projeta a forma e a vê como que objetivamente. Por *imaginação* não pretendo simplesmente expressar a ideia comum implícita nessa palavra tão abusada, que é apenas *fantasia*, mas a imaginação *construtiva*, que tem uma função muito mais elevada, e que, na medida em que um homem é feito à semelhança de Deus, guarda uma relação distante com aquele poder sublime pelo qual o criador projeta, cria e mantém Seu universo; enquanto o trabalho exaustivo do espírito que está partindo parece consistir na vigorosa vontade de fazer, reforçada pela vigorosa fé de que a coisa pode ser feita. Raramente temos uma vontade vigorosa, e ainda mais raramente uma fé vigorosa, sem a qual a vontade permanece ineficaz. No caso seguinte, perfeitamente autêntico, a aparição do major R. foi vista diversas horas depois que sua morte ocorreu.

No ano de 1785, alguns cadetes receberam ordens para ir até Madras e juntar-se a seus regimentos no país. Uma parte considerável da viagem seria feita em barco, que estava sob o comando de um oficial superior, o major R. Para aliviar a monotonia da viagem, esse cavalheiro propôs um dia que fizessem uma caçada em terra firme e caminhassem para encontrar o barco num local combinado, que, tendo em vista as curvas do rio, não iriam alcançar antes da noite. Assim, pegaram suas armas, e como tinham que cruzar um pântano, o major R., que conhecia bem a região, calçou um par de pesadas botas altas que, com um estranho claudicar de sua marcha, o tornavam identificável em meio ao grupo, a uma distância considerável. Quando alcançaram a selva, viram que havia uma larga vala para saltar, o que todos conseguiram fazer, exceto o major, que, sendo menos jovem e ativo, deu um salto menor do que o necessário; e embora tenha subido com esforço mas ileso, viu que sua arma ficara tão cheia de areia molhada que estaria imprestável, até que fosse inteiramente limpa. Ordenou então que eles caminhassem, dizendo que os seguiria; e, tirando o chapéu, sentou-se à sombra, onde o deixaram. Após terem procurado caça por um bom tempo, começaram a se perguntar porque o major não chegava, e gritaram para que ele soubesse do paradeiro deles; mas não houve resposta, e passaram-se horas sem que ele aparecesse, até que finalmente começaram a se sentir um pouco inquietos. Assim o dia se passou, e eles se viram próximos do local de encontro; o barco estava à vista, e eles se aproximavam e se perguntavam como o amigo poderia ter-se perdido, quando, de repente, para sua grande alegria, viram-no diante deles, caminhando em direção ao barco. Estava sem chapéu nem arma, mancando apressadamente, de botas, e não parecia vê-los. Gritaram por ele, mas como ele não olhava, começaram a correr, para alcançá-lo; e, de fato, ainda que andasse rápido, eles se aproximaram bastante dele. Mesmo assim, ele alcançou o barco primeiro, atravessando a prancha que os barqueiros colocaram para os que viam se aproximar. Ele desceu a escadaria do convés, e eles atrás dele; mas a surpresa foi inexprimível, quando não o encontraram lá embaixo. Eles voltaram a subir e perguntaram para os barqueiros o que fora feito dele; mas eles afirmaram que ele não subira a bordo, e que ninguém havia atravessado a prancha antes de os jovens o fazerem.

Confusos e impressionados com o que parecia tão inexplicável, e duplamente preocupados com relação ao amigo, imediatamente resolveram refazer seus passos, em busca dele; e, acompanhados de alguns indianos que conheciam a selva, fizeram o caminho dele de volta até o lugar onde o haviam deixado. Dali, algumas pegadas permitiram rastreá-lo, até que a uma distância muito pequena da vala encontraram seu chapéu e sua arma. Nesse momento, os indianos avisaram que tomassem cuidado, pois ali perto havia um poço submerso, onde eles poderiam cair. Naturalmente, foram tomados pela apreensão de que aquele poderia ter sido o destino de seu amigo; e, ao examinar a borda, viram uma marca, como a de um calcanhar que tivesse escorregado; nisso, um dos indianos concordou em descer com uma corda que providenciaram, amarrada em sua cintura, porque, tendo conhecimento da existência dos poços, os nativos suspeitaram o que de fato acontecera, ou seja, que o desafortunado cavalheiro havia escorregado para dentro de uma daquelas armadilhas que, estando cobertas de espinheiros, não eram visíveis. Com a ajuda do indiano, o corpo foi levado para cima e carregado de volta para o barco, em meio ao profundo pesar do grupo, de quem ele se havia tornado um favorito. E assim prosseguiram até a estação seguinte, onde foi aberta uma investigação sobre a morte, mas, é claro, nada mais havia a ser apurado.

Dou essa história conforme relatada por um dos presentes no grupo, e não há dúvida de sua perfeita autenticidade. Ele diz que não é capaz, de modo algum, de explicar o mistério — pode apenas relatar o fato; e não um, mas todos os *cinco* cadetes o viram tão nitidamente como viram uns aos outros. Era evidente, pelo lugar onde o corpo foi achado, que não foi a muitas centenas de metros da vala, que o acidente deve ter acontecido muito pouco depois que o deixaram. Quando os jovens alcançaram o barco, o major R. já devia ser um habitante do outro mundo havia umas sete ou oito horas, e ainda assim honrou o compromisso do encontro!

Há lguns anos, durante a guerra, quando sir Robert H. E. servia nos Países Baixos, sucedeu-lhe estar aquartelado com dois outros oficiais, um dos quais fora mandado para a Holanda, numa expedição. Uma noite, durante sua ausência, sir R. H. E. despertou, e, para sua grande surpresa, viu o amigo ausente sentado na cama que costumava ocupar, com um ferimento no peito. R. imediatamente acordou o companheiro, que também viu o espectro. Este então dirigiu-se a eles, dizendo que morrera aquele dia em combate, e ficando muito preocupado com a família, vinha comunicar-lhes que havia uma escritura muito importante para eles nas mãos de certo advogado de Londres, cujo nome e endereço mencionou, acrescentando que não se podia confiar totalmente na honestidade daquele homem. Solicitou então que, ao voltar da Inglaterra, fossem até a casa dele solicitar a escritura, e, se negassem estar de posse dela, deveriam buscar em certa gaveta de seu escritório, a qual lhes descreveu. O caso os impressionou muito na época, mas um longo tempo se passou até chegarem à Inglaterra, e durante esse período viveram tantas vicissitudes e viram tantos amigos cair ao redor deles, que a impressão foi consideravelmente enfraquecida, de modo que cada um voltou para sua própria casa e para seus próprios afazeres, sem pensar em cumprir a missão que haviam assumido. Algum tempo depois, no entanto, sucedeu que ambos se viram em Londres, e resolveram então procurar a rua que lhes havia sido indicada e apurar se aquele homem vivia ali. Eles o encontraram, solicitaram uma reunião e perguntaram pela escritura, que ele negou possuir; mas os amigos estavam de olho na gaveta que lhes fora descrita; e afirmaram que estava ali; e sendo encontrada, ela lhes foi entregue em mãos. Aqui, também, a alma deixou o corpo, enquanto a memória do passado e a preocupação com a prosperidade material dos que ficaram sobreviveu; e assim vemos que o estado de espírito em que a pessoa morrera permaneceu inalterado. Não ficara indiferente à prosperidade material dos parentes, e viu-se infeliz em razão do medo de que pudessem sofrer com a desonestidade do agente. Aqui, naturalmente, podem objetar que centenas de viúvas amadas e órfãos foram arruinados por administradores e agentes desonestos, sem que nenhum fantasma tenha voltado para instruí-los com relação aos meios de evitar a desgraça. Essa é, sem dúvida, uma objeção muito legítima, e muito difícil de responder. Devo, no entanto, repetir o que disse; a natureza é cheia de casos excepcionais, e sabemos muito pouco das leis que regulam essas exceções; mas podemos ver uma razão muito boa para o fato de que tais comunicações *sejam* uma exceção, e não a regra; pois se fossem a regra, toda a economia desta vida mundana seria abolida, e os negócios deveriam por força ser conduzidos de uma maneira totalmente diferente daquela que prevalece no presente. Que resultados um tal arranjo da natureza teria, tivesse Deus procedido assim, apenas Ele o sabe; mas é certo que a liberdade do homem, como um agente moral, seria abolida, caso as barreiras que impedem nosso intercâmbio com o mundo espiritual fossem removidas.

Pode-se contestar que este é um argumento passível de ser apresentado contra o fato de que tais aparições sejam permitidas absolutamente; mas é uma objeção falaciosa. Terremotos e furacões são às vezes permitidos, o que arruína o trabalho de centenas de anos das mãos humanas; mas se essas convulsões da natureza ocorressem diariamente, ninguém pensaria que valeria a pena construir uma casa ou cultivar a terra, e o mundo seria um desastre, e selvagem. As aparições que surgem não são inúteis para aqueles que acreditam nelas; ao passo que existe uma incerteza grande demais em torno à questão, em geral, para permitir que seja sequer levada em consideração, nos negócios mundanos.

A velha, e assim chamada, superstição do povo de que "a morte de uma pessoa com alguma coisa em mente" é uma das causas frequentes dessas visitas, parece, como a maioria das outras superstições, ser fundada na experiência. Deparei com muitos casos em que alguma preocupação aparentemente trivial, ou alguma comunicação frustrada, impede o espírito inquieto de abandonar os vínculos que o prendem à Terra. Eu poderia citar muitos exemplos que apresentam essa característica, mas vou me limitar a dois ou três.

Jung Stilling nos fornece um muito interessante, acontecido no ano de 1746, do qual garante a autenticidade. Um cavalheiro chamado Dorrien, de excelente caráter e temperamento amigável, que era professor no Carolina College, em Brunswick, ali morreu naquele ano; e, imediatamente antes de sua morte, pediu para ver outro colega, chamado Hofer, com quem fizera amizade. Hofer obedeceu ao pedido, mas chegou tarde demais; o moribundo já estava agonizando. Após curto período de tempo, começaram a circular rumores de que Herr Dorrien tinha sido visto por diferentes pessoas na faculdade; mas como esses rumores começaram entre os alunos, supôs-se que não passassem de meras fantasias, e não se deu qualquer atenção a eles. Mais tarde, no entanto, no mês de outubro, três meses depois do falecimento de Dorrien, aconteceu um caso que despertou considerável espanto entre os professores. Fazia parte do dever de Hofer percorrer a faculdade todas as noites, entre as onze e a meia-noite, para se certificar de que todos os alunos estavam recolhidos e de que nada irregular acontecia entre eles. Na noite em questão, ao entrar numa das antessalas, cumprindo seu dever, viu, para seu grande espanto, Dorrien sentado, com o roupão e a touca branca que costumava vestir, segurando a touca com a mão direita e escondendo a parte superior do rosto; dos olhos até o queixo, no entanto, era nitidamente visível. Essa visão inesperada naturalmente alarmou Hofer, mas reunindo determinação, avançou até o quarto do jovem e, tendo verificado que tudo estava em ordem, fechou a porta; ele então voltou os olhos em direção ao espectro, e lá estava ele, sentado como antes, e nisso foi até ele e estendeu o braço em sua direção; mas agora foi tomado por um tal sentimento indescritível de horror que mal pôde retirar a mão, que inchou tanto que, durante alguns meses, ele não foi capaz de utilizá-la. No dia seguinte, contou o caso ao professor de matemática, Oeder, que naturalmente tratou a coisa como uma ilusão espectral. Ele, no entanto, consentiu em acompanhar Hofer em sua ronda na noite seguinte, convencido de que seria capaz de persuadi-lo de que era um mero fantasma, ou então um espectro de carne e osso que estava lhe pregando uma peça. Foram então, à hora usual, mas assim que o professor de matemática pôs o pé naquela mesma sala, exclamou, "Por Deus, é mesmo o Dorrien!" Hofer, enquanto isso, entrou no quarto como antes, cumprindo seu dever, e ao voltar, ambos contemplaram a figura durante algum tempo; eles não tinham, porém, nenhum dos dois, coragem para falar ou se aproximar dele, e por fim saíram do quarto muito impressionados e perfeitamente convencidos de que tinham visto Dorrien. A notícia logo se espalhou, e muita gente veio com a esperança de ver o fato com os próprios olhos, mas seus esforços resultaram inúteis; e mesmo o professor Oeder, que estava decidido a falar com a aparição, procurou-a diversas vezes no mesmo lugar, sem encontrá-la. Finalmente, desistiu e parou de pensar no assunto, dizendo,

"Procurei o fantasma o tempo suficiente; se ele tem alguma coisa para me dizer, agora vai ter que me procurar." Uns quinze dias depois, foi subitamente acordado entre três e quatro da manhã por algo se mexendo em seu quarto, e, ao abrir os olhos, viu um vulto, com a mesma aparência do espectro, parado na frente de um armário que não ficava a mais de dois passos de sua cama. Ele se levantou e contemplou a figura, cujas feições viu distintamente por alguns minutos, até desaparecer. Na noite seguinte, foi acordado do mesmo modo e viu a figura como antes, com a diferença de que ouvia um som, vindo da porta do armário, como se alguém estivesse apoiado nela. O espectro também ficou mais tempo, dessa vez, e o professor Oeder, sem dúvida assustado e irritado, dirigindo-se a ele como a um espírito maligno, ordenou que fosse embora, e nisso o vulto gesticulou com a cabeça e com as mãos, o que o alarmou tanto, que ele conjurou em nome de Deus para que o deixasse, o que de fato aconteceu. Oito dias agora se passaram sem qualquer perturbação, mas depois desse período as visitas do espírito recomeçaram, e ele foi acordado várias vezes, aproximadamente às três da manhã, pelo espírito que avançava do armário para a cama e pendia a cabeça em direção a ele, de modo tão irritante, que ele se levantou e o golpeou, e o espírito ameaçou se retirar, mas avançou de novo. Notando agora que suas feições estavam mais para calmas e amigáveis do que outra coisa, o professor por fim dirigiu-se a ele; e tendo razão para acreditar que Dorrien deixara algumas dívidas não pagas, perguntou-lhe se era esse o caso, no que o espectro recuou alguns passos, e pareceu se colocar em atitude de atenção. Oeder reiterou a pergunta, e a figura levou as mãos à boca, onde agora o professor observou um pequeno cachimbo. "É para o barbeiro que você deve?", perguntou. O espectro lentamente sacudiu a cabeça. "É para o vendedor de tabacos, então?", ele perguntou, a questão tendo sido sugerida pelo cachimbo. Nesse momento, a figura recuou e desapareceu. No dia seguinte, Oeder contou o que havia acontecido para o conselheiro Erath, um dos diretores da faculdade, e também para a irmã do falecido, e tomou providências para pagar a dívida. O professor Seidler, da mesma faculdade, propôs então passar a noite com Oeder para observar se o fantasma voltava, o que este fez por volta das cinco horas, e acordou Oeder como sempre, que chamou o companheiro, mas então a figura desapareceu, e Seidler disse que vira apenas alguma coisa branca. Ambos então se dispuseram a dormir, mas nesse momento Seidler foi acordado por Oeder, que se levantou golpeando, enquanto gritava com uma voz que exprimia raiva e horror, "Vá embora! Você já me atormentou demais! Se quer alguma coisa de mim, diga o que é, ou me faça algum sinal que eu consiga entender, e não volte mais aqui!"

Seidler ouviu tudo, embora não tenha visto nada; mas assim que Oeder se acalmou um pouco, contou-lhe que a figura havia retornado, e não apenas se aproximado da cama, mas também se inclinado sobre ela. Depois disso, Oeder acendeu uma vela e se manteve acompanhado no quarto, todas as noites. A luz lhe deu a vantagem de não estar vendo nada; mas, entre as três e as cinco horas, em geral era acordado por ruídos no quarto e outros sintomas que o convenceram de que o fantasma estava ali. Com o tempo, no entanto, essa perturbação também terminou; e acreditando que seu convidado indesejado se havia despedido, dispensou o colega de quarto e também a vela. Duas noites tranquilas se passaram; na terceira, porém, o espectro voltou; mas perceptivelmente no escuro. Agora apresentou outro signo, ou símbolo, que parecia representar uma imagem com um furo no meio, dentro do qual pôs a cabeça. Oeder agora estava tão pouco alarmado que ordenou que expressasse seus desejos de forma mais clara, ou se aproximasse. A esses pedidos, a aparição sacudiu a cabeça e então sumiu. Esse estranho fenômeno aconteceu diversas vezes, e até mesmo na presença de outro diretor da faculdade; mas foi com considerável dificuldade que desvendaram o que queria expressar com aquele símbolo. Finalmente, no entanto, descobriram que Dorrien, pouco antes de ficar doente, recebera, a título de experiência, diversos diapositivos para uma lanterna mágica, que ele nunca devolvera ao proprietário. Fizeram-no então e, a partir daí, não viram nem ouviram mais a aparição. O professor Oeder não fez segredo do caso; contou-o publicamente em juízo e na faculdade; escreveu o relato para diversas pessoas importantes e se declarou pronto a confirmar os fatos sob juramento.

Stilling, que relata essa história, foi chamado de supersticioso: talvez seja; mas sua correção e honestidade estarão sempre acima de suspeita. Ele diz que os fatos são bem conhecidos, e que pode garantir sua autenticidade; e como deve ter sido contemporâneo das partes envolvidas, teve, sem dúvida, boas oportunidades para verificar os fundamentos da história. E é decerto uma história extraordinária, e o comportamento do espírito, muito pouco conforme ao que naturalmente teríamos suspeitado possível; mas, como disse antes, não temos o direito de emitir qualquer opinião sobre esse assunto, exceto a partir da experiência, e dois argumentos podem ser apresentados a favor dessa narrativa; o primeiro, que não consigo imaginar que ninguém, empenhado em inventar uma história de fantasmas, teria introduzido circunstâncias aparentemente tão improváveis e descabidas; e o outro, que consiste no fato de que deparei com muitos relatos, oriundos de lugares completamente diferentes, que pareciam corroborar a história em questão.

Com relação à causa da aparição do espectro, Jung Stilling sugere, penso que de modo bastante razoável, que o pobre homem tivera a intenção de encarregar Hofer de resolver esses pequenos negócios para ele, mas, tendo adiado a tarefa por tempo demasiado, seu espírito ficara aflito com a lembrança dos mesmos, em seus últimos momentos — ele levara essa preocupação consigo, e isso o prendeu à Terra. Por que razão, considerando a quantidade de pessoas que morrem com tarefas por cumprir, essa preocupação em reparar a negligência não se manifesta com mais frequência, não sabemos; alguma razão já sugerimos, como possibilidade; pode haver outras, das quais não fazemos ideia, não mais do que podemos resolver a questão, por que em alguns casos a comunicação e até a fala parecem fáceis, enquanto neste caso o espírito só era capaz de expressar seus desejos por meio de gestos e símbolos. O fato de se dirigir a Oeder em vez de a Hofer, provavelmente deveu-se ao fato de encontrar a comunicação com ele menos difícil; tendo a inchação no braço de Hofer indicado que sua natureza física não estava adaptada para esse intercâmbio espiritual. Com relação ao expediente de Oeder de acender uma vela em seu quarto, para evitar ver o vulto, podemos compreender que a figura seria vista com mais facilidade em um grau de escuridão maior, e que a luz clara o tornaria invisível. Dr. Kerner conta, uma ocasião, que enquanto estava sentado em um quarto adjacente, com a porta aberta, vira um vulto com quem sua paciente estava falando, ao lado da cama; e que, pegando uma vela, correu em direção a ele; mas assim que iluminou o quarto, não conseguiu mais distingui-lo.

As tentativas ineficazes e canhestras dessa aparição tentar se fazer compreender não se conciliam facilmente com a ideia que fazemos de um espírito, enquanto, ao mesmo tempo, aquilo que podia fazer e aquilo que não podia — os poderes que tinha e os de que carecia — tendem a lançar alguma luz sobre sua condição. Com relação ao espaço, podemos supor que, neste caso, o que São Martinho disse de fantasmas em geral pode ser aplicável, "*Je ne crois pas aux revenants, mas je croix aux restants*;" ou seja, ele não acreditava que espíritos que tivessem deixado a Terra retornassem a ela, mas acreditava que alguns não a deixavam e, assim, conforme o sonâmbulo mencionado em um capítulo anterior me disse, "alguns estão aguardando, e outros já se foram." A aflição e as preocupações mundanas de Dorrien o acorrentaram à Terra, e ele era um *restant*, mas, sendo um espírito, foi inevitavelmente investido de algumas das propriedades inerentes aos espíritos; a matéria para ele não era um empecilho, nem portas nem paredes podiam impedir que entrasse; possuía uma percepção intuitiva de quem podia mais facilmente se comunicar com ele, ou estabeleceu um vínculo com Oeder porque este o procurou; e podia agir na imaginação construtiva de Oeder, de modo a torná-la capaz de projetar sua própria figura, com o pequeno cachimbo e os diapositivos, ou podia, pelo poder mágico de sua vontade, construir essas imagens a partir dos elementos da atmosfera. Isto parece o mais provável por que, se o vínculo com Oeder, ou a receptividade de Oeder, tivesse sido suficiente para possibilitar ao espírito agir com potência sobre ele, teria permitido também infundir em seu espírito os desejos que ansiava expressar, mesmo sem a fala, pois a fala, como um meio de comunicação entre os espíritos, deve ser totalmente desnecessária. Mesmo apesar dos nossos corpos densos, temos muita dificuldade de esconder nossos pensamentos uns dos outros; e o sonâmbulo lê os pensamentos, não apenas de seu magnetizador, mas também de outros com quem estabelece um vínculo. Em casos onde a fala parece ter sido usada por um espírito, com frequência não foi uma fala audível, mas apenas aquela transferência de pensamento que parece ser fala, pelo modo como o pensamento se transporta e entra na mente do receptor; mas não é através dos ouvidos, mas através do seu sentido universal suplementar, que ele o recebe; e não é mais como o que queremos dizer com *ouvir*, como o ver de um *clarividente* ou de um espírito, como o nosso ver, por meio dos nossos órgãos físicos. Naqueles casos em que a fala é audível para outras pessoas, temos que supor que a vontade mágica do espírito pode, por meio da atmosfera, simular aqueles sons, assim como pode simular outros, dos quais irei tratar logo mais. É digno de nota que, em alguns casos, esse poder mágico pareça se estender tanto a ponto de representar, ao olho do vidente, uma forma aparentemente tão real, sólida e vívida, que não é diferenciável de um ser humano vivo; enquanto, em outros casos, a produção de um vulto parece ser o limite de sua ação, seja o limite as suas próprias faculdades, ou a receptividade do sujeito; mas temos que ter certeza de que a forma é, em ambos os casos, igualmente etérea ou imaterial. E não será descabido aqui referir-me à piada vigente dos céticos sobre fantasmas que surgem vestidos de casacos e coletes. Bentham pensou ter resolvido a questão para sempre com essa objeção; e, desde então, tenho-a ouvido com frequência de pessoas com muito discernimento, mas, propriamente considerada, não tem a menor validade.

Se a alma, ao deixar seu tabernáculo mundano, encontra-se ou não imediatamente investida daquele corpo espiritual a que se refere São Paulo, é algo que não podemos saber, embora pareça altamente provável; mas, se for assim, temos que ter certeza de que esse corpo lembre em sua natureza aquela espécie de matéria fluente e sutil, chamada por nós de fluidos imponderáveis, capazes de penetrar qualquer substância; e a menos que não haja qualquer corpo visível, mas apenas a vontade de um espírito desencarnado de agir sobre alguém ainda encarnado, caso em que seria tão fácil impressionar a imaginação com uma figura vestida quanto com uma despida, temos que concluir que essa forma etérea flexível, seja permanente ou temporária, pode se manter unida e conservar sua forma pela vontade do espírito, assim como nossos corpos se mantêm coesos pelo princípio da vida que existe neles; e vemos em vários casos, onde o espectador tenha sido bastante ousado para experimentar, que embora o vulto fosse permeável a qualquer substância que o atravessasse, sua integridade era interrompida apenas naquele momento, e ele imediatamente recuperava a forma anterior. Ora, como um espírito, desde que não haja qualquer lei especial em contrário, parcial ou universal, absoluta ou não, governando o mundo espiritual, deve estar onde seus pensamentos e desejos estão, assim como deveríamos estar no lugar em que pensamos ou desejamos firmemente, se nossos corpos físicos não nos impedissem, do mesmo modo deve um espírito aparecer como é ou como *concebe* a si mesmo; moralmente, apenas pode conceber a si mesmo como é, bom ou mau, iluminado ou obscuro; mas pode conceber a si mesmo vestido, assim como despido; e se pode conceber seu antigo corpo, pode igualmente conceber seus trajes antigos, e assim representá-los, por meio de sua força de vontade, aos olhos, ou apresentá-los à imaginação construtiva do vidente; e será capaz de fazê-lo com um grau de nitidez proporcional à receptividade deste, ou à intensidade do vínculo existente entre eles. Ora, assim considerada, a aparição de um espírito "nos trajes em que vivia", não é de forma alguma mais extraordinária do que a aparição de um espírito, e não acresce qualquer dificuldade ao fenômeno. Se de fato aparece, de forma reconhecível, deve vir despido ou vestido; naquele caso, para dizer o mínimo, seria muito mais assustador e chocante; e se vier vestido, não sei que direito temos de esperar que venha em trajes caprichados, adequados ao nosso conceito, que não é conceito nenhum, do outro mundo; nem por que, se for dotado de uma memória do passado, não deveria ser natural supor que assumiria o aspecto externo que tinha durante sua peregrinação na Terra. O certo é que, consistente ou não com nossas ideias, toda tradição parece mostrar que é essa a aparência que assumem; e o fato mesmo de que, à primeira vista do caso, e até que a questão seja considerada filosoficamente, o acréscimo de trajes ao fenômeno não apenas torna sua aceitação muito mais difícil, mas também lança um quê de absurdo e improvável em toda a questão, fornece um argumento muito forte em favor da crença de que essa ideia foi fundada na experiência, e não é o resultado nem da imaginação nem da invenção gratuita. A ideia de que espíritos apareçam como anjos, com asas etc., parece ter sido extraída daqueles relatos da Bíblia em que mensageiros foram enviados por Deus, ao homem; mas aqueles espíritos que partiram não são anjos, embora provavelmente estejam destinados no curso das eras a se tornarem; entretanto, sua condição moral continua como quando deixaram o corpo, e sua memória e afetos estão no mundo, e mundanos é mais ou menos como aparecem. Deparamos com alguns casos em que espíritos iluminados foram vistos; espíritos protetores, por exemplo, que se livraram completamente da Terra, agarrados ainda a ela, mas por algum afeto sagrado ou por uma missão misericordiosa, e esses não aparecem com asas, que sempre que vistas são meramente simbólicas, pois não podemos imaginar que sejam necessárias à movimentação de um espírito, mas cobertos por mantos de luz. Tais aparições, no entanto, parecem ser muito mais raras do que outras. Parecerá, a muitos, muito inconsistente com suas ideias da dignidade de um espírito, que ele deva surgir e agir da maneira como descrevi e descreverei adiante; e ouvi objetarem que não podemos supor que Deus permita aos mortos retornar meramente para assustar os vivos, e que é demonstrar a Ele pouca reverência imaginar que toleraria que partissem em tão frívola missão, ou que se comportassem de modo tão pouco digno. Mas Deus permite aos homens todo nível de maldade e toda espécie de absurdo, e assediar e perturbar a Terra, ainda que se exponham a opróbio e ridículo.

Ora, como observei em um capítulo anterior, não há nada mais desconcertante para nós, ao olharmos o homem como um ser responsável, do que a extensão até onde temos razão para acreditar que sua natureza moral seja influenciada por sua organização física; mas deixando essa questão difícil para ser resolvida — se jamais puder ser resolvida neste mundo — por cabeças mais sábias do que a minha, há uma coisa a respeito da qual podemos estar perfeitamente seguros, a saber, que seja qual for a causa de uma vida impura, ou viciosa, ou mesmo meramente sensual — seja interna, um espírito perverso, ou externa, o corpo mal-organizado, ou um *tertium quid* da combinação de ambos, — ainda assim, a alma que tomou parte nesta carreira mundana deve estar conspurcada e deteriorada por sua familiaridade com o mal; e parece haver muita razão para acreditar que a dissolução da conexão entre a alma e o corpo produza muito menos mudanças naquela do que comumente se tem suposto. As pessoas em geral pensam, se é que sequer pensam no assunto, que, assim que morrerem, desde que tenham levado vidas toleravelmente virtuosas, ou de fato livres de qualquer grande crime, ver-se-ão instantaneamente dotadas de asas, e imediatamente voarão para algum lugar encantador, que chamam de céu, esquecendo o quanto estão inaptas para a convivência celestial; e embora não possa deixar de pensar que o Todo Poderoso concedeu misericordiosamente o relaxamento ocasional das fronteiras que separam os mortos dos vivos para nos mostrar nossa imperfeição, estamos determinados a não nos servir dessa vantagem. Não estou querendo dizer que esses espíritos — esses *revenants* ou *restants* — sejam mensageiros especiais enviados para nos avisar; quero dizer apenas que suas ocasionais "visitas aos clarões da Lua" não constituem casos excepcionais em uma grande lei geral da natureza, que divide o mundo espiritual do mundo material; e que, ao delimitarem essa lei, essas exceções podem ter sido designadas em nosso benefício.

Há diversos casos nos registros ingleses, e um vasto número nos registros alemães que, supondo bem fundados — e eu repito que, para muitas deles, temos provas tão boas como para qualquer outro que acreditamos de oitiva ou tradição — confirmariam o fato de que os espíritos dos mortos são às vezes perturbados por aquilo que nos parecem preocupações banais. Dou o seguinte exemplo, do dr. Kerner, que diz ter ouvido de um homem muito respeitável, em cuja palavra pode confiar inteiramente.

"Eu era", disse o sr. St. S., de S. — "filho de um homem que não tinha outra fortuna, além do seu negócio, no qual afinal foi bem sucedido. No início, no entanto, como possuía meios parcos, vivia talvez preocupado demais, e era inclinado à parcimônia; de modo que quando minha mãe, zelosa dona de casa que era, lhe pedia dinheiro, a demanda em geral levava a uma briga. Isso causava nela muito desconforto, e tendo mencionado essa característica do marido a seu próprio pai, o velho a aconselhou a obter uma segunda chave do cofre sem o marido saber, considerando o expediente aceitável e até preferível à destruição da felicidade conjugal, convencido de que ela não faria mau uso do poder que tivesse. Minha mãe seguiu seu conselho, para a proveito de todos os envolvidos; e ninguém suspeitou da existência dessa segunda chave, exceto eu, com quem minha mãe partilhou o segredo. Vinte e dois anos meus pais viviam juntos quando eu, estando na época a umas dezoito horas de viagem de casa, recebi uma carta de meu pai, informando que minha mãe estava doente; que ele esperava que ela se recuperasse logo; mas que, se ela piorasse, ele iria enviar um cavalo para me buscar em casa, para vê-la. Eu estava muito ocupado na época, e por isso esperei mais notícias, e como vários dias se passaram sem que qualquer notícia chegasse até mim, acreditei que ela estivesse se recuperando. Uma noite, não me sentindo bem, me deitei na cama de roupas para descansar um pouco. Eram entre onze e meia-noite, e eu não tinha dormido ainda quando alguém bateu à porta, e minha mãe entrou, com as roupas que costumava usar. Ela me cumprimentou e disse, 'Não nos veremos mais neste mundo, mas tenho uma ordem para você. Dei aquela chave para R. (e disse o nome de uma criada que tínhamos então), e ela irá entregá-la a você. Cuide bem dela ou então jogue-a na água, mas nunca deixe seu pai vê-la; isso iria perturbá-lo. Adeus, e siga virtuoso nessa vida!' E com essas palavras, virou-se e saiu pela porta do quarto, assim como entrou. Eu imediatamente me levantei, chamei os criados, expressei minha apreensão de que minha mãe estivesse morta e, sem mais demora, segui na direção de casa. Quando me aproximava, R., a criada, saiu e me informou que minha mãe falecera entre as onze e a meia-noite da noite anterior. Como havia outra pessoa presente no momento, não me disse mais nada, mas aproveitou a primeira oportunidade para me entregar a chave, dizendo que minha mãe lhe havia dado logo antes de falecer, desejando que entregasse em minhas mãos, com a ordem de que cuidasse muito bem dela ou a atirasse na água, para que meu pai nunca soubesse nada a respeito. Peguei a chave, guardei por alguns anos e, mais tarde, atirei-a no Lahne".

Estou ciente de que podem objetar, aqueles que acreditam em espectros, mas não em outros tipos de aparição, que esse fenômeno ocorreu antes da morte da senhora, e que foi produzido por sua veemente preocupação com relação à chave; pode ter sido assim, ou não; mas, em todo caso, vemos neste caso como uma preocupação relativamente trivial pode perturbar uma pessoa que está morrendo e como, portanto, se conservam a memória, podem carregar consigo uma inquietação e buscar meios para livrar-se dela.

Parece estar provado que nosso interesse em qualquer coisa que nos diz respeito nessa vida nos acompanha para o túmulo, graças a tantas

histórias com que deparo, e a próxima é de uma autenticidade incontestável:
— Há alguns anos, um professor de música morreu em Erfurt, aos 70 anos.
Ele era avarento e nunca vira com bons olhos o professor Rinck, o compositor, por saber que ele provavelmente o sucederia em suas aulas. O velho homem vivera e morrera em um apartamento adjacente à sala de aula; e no primeiro dia que Rinck entrou em sua sala, enquanto os alunos cantavam *Aus der tiefe ruf ich dich*, que é uma versão do *De profundis*, pensou ter visto, através de uma abertura ou postigo que havia na porta, alguma coisa se mexer no quarto interno. Como não havia qualquer móvel no cômodo, e ninguém poderia estar lá dentro, Rinck olhou com mais atenção: foi quando viu nitidamente um vulto, cujos movimentos eram acompanhados de um estranho murmúrio. Perplexo com o acontecimento, disse a seus pupilos que, no dia seguinte, iria pedir que repetissem o mesmo coral. Eles o fizeram; e enquanto estavam cantando, Rinck viu uma pessoa andando para frente e para trás, no quarto ao lado, que com frequência se aproximava do postigo da porta. Muito impressionado com tão extraordinária circunstância, Rinck repetiu o coral no dia seguinte; e dessa vez suas suspeitas foram totalmente confirmadas; era o velho homem, seu predecessor, aproximando-se da porta e olhando firme para a sala de aula. "O rosto dele", disse Rinck, ao contar a história para o dr. Mainzer, que obsequiosamente a forneceu para mim, conforme constava em seu diário na época, "o rosto dele estava cinza. A aparição", acrescentou, "nunca mais surgiu para mim, embora com frequência eu tenha repetido o coral".

"Não acredito em histórias de fantasmas", disse Rinck, "nem sou minimamente supersticioso; no entanto, não posso deixar de admitir que vi aquilo; é impossível para mim duvidar ou negar aquilo que sei que vi."

Capítulo X
O futuro que nos espera

Em todas as eras do mundo e por toda parte, a humanidade desejou ansiosamente conhecer o destino que a aguarda quando estiver "livre do mortal invólucro"; e aqueles que pretenderam ser seus instrutores construíram diferentes sistemas, os quais tomaram o lugar do conhecimento, e de certa forma satisfizeram a maioria das pessoas. O interesse por este assunto é, no presente momento, nas mais civilizadas porções do globo, menor do que foi em qualquer época precedente. A maioria de nós vive apenas para este mundo e pensa pouco no seguinte; estamos numa corrida por prazer e negócios intensa demais para dedicarmos qualquer tempo a um assunto do qual temos tão vagas noções — tão vagas que, em suma, mal conseguimos, mediante qualquer esforço da imaginação, esclarecer a ideia para nós mesmos; e quando estamos para morrer, raramente estamos em condições de fazer mais do que nos resignar àquilo que é inevitável e encarar cegamente nosso destino; enquanto, por outro lado, o que em geral é chamado de mundo religioso está tão absorto em sua luta por poder e dinheiro, ou por suas disputas e inimizades sectárias; e tão limitado e circunscrito por ortodoxias dogmáticas, que não tem nem inclinação nem liberdade para olhar para trás ou para os lados e se empenhar em reunir, dos registros passados e das observações presentes, as pistas que vez por outra caem em nosso caminho, para nos insinuar o que pode ser a verdade. A era racionalista, também, da qual estamos apenas emergindo, e que sucedeu uma de flagrante superstição, tendo estabelecido de modo inapelável que nunca houve nada parecido com fantasmas — que os mortos nunca retornam para nos contar os segredos de sua prisão, e que ninguém acredita nesses casos tolos, além das crianças e dos velhos, parece ter fechado as portas ao único canal onde alguma informação poderia ser buscada. O Apocalipse nos diz muito pouco a esse respeito, a razão não pode nos dizer nada; e se a Natureza é igualmente silenciosa, ou se tivermos que nos dissuadir de questioná-la por medo do ridículo, certamente não nos resta recurso senão seguirmos contentes com nossa ignorância, e cada um esperar até que o terrível segredo seja revelado a nós mesmos. Muitas coisas declaradas falsas e absurdas, e até mesmo impossíveis, pelas mais altas autoridades da época em que viveram, mais tarde, e de fato apenas um curto período depois, se revelaram tanto possíveis quanto verdadeiras. Confesso, por um lado, não ter qualquer respeito por aquelas negativas e afirmações dogmáticas, e sou de opinião que a vulgar incredulidade é algo muito mais digno de desprezo do que a credulidade vulgar. Sabemos muito pouco sobre o que é, e ainda menos o que pode ser; e até que algo seja provado, por inferência, logicamente impossível, não temos qualquer direito de afirmar que seja assim. Como disse antes, conclusões à priori são perfeitamente inúteis, e a espécie de investigação concedida a assuntos do gênero de que estou tratando é coisa ainda pior; na medida em que enganam os tímidos e os ignorantes, e aquele tão numeroso grupo que deposita sua fé nas autoridades e nunca se aventura a pensar por si mesmo, por presumir uma sabedoria e um conhecimento que, se examinados e analisados, com frequência se revelariam nem um pouco mais respeitáveis do que o preconceito obstinado e as afirmações precipitadas.

Da minha parte, repito, não insisto em nada. As opiniões que formei das evidências recolhidas podem estar totalmente erradas; se for assim, uma vez que busco apenas a verdade, ficarei feliz em ser desenganada, e estarei pronta a aceitar uma explicação melhor desses fatos desde que me ofereçam uma; mas é inútil me dizer que essa explicação pode ser encontrada naquilo que chamamos de imaginação, ou em um estado mórbido de nervos, ou em uma exaltação incomum dos órgãos da imaginação, percepção de cor e forma, ou na impostura; ou em todas essas coisas em conjunto. Estou longe de negar a existência de tais fontes de erro e ilusão, mas deparo com casos impossíveis de ser reduzidos a qualquer dessas categorias, da forma como as entendemos hoje. A multiplicidade desses casos, também — pois, sem mencionar o grande número deles que nunca se tornaram públicos, ou foram cuidadosamente ocultados, se eu fosse me servir com liberalidade dos casos já registrados em diversos trabalhos, muitos dos quais conheço, e muitos outros de que ouvi falar, mas aos quais não posso ter acesso conveniente, poderia preencher volumes — dos quais a literatura alemã sobeja —, o número de exemplos, repito, mesmo na suposição de que não sejam fatos, iria por si só se tornar objeto de uma investigação fisiológica ou psicológica muito interessante. Se tantas pessoas em situações respeitáveis de vida e em um estado aparentemente normal de saúde são capazes de tão grandes imposturas ou estão sujeitas a tão extraordinárias ilusões espectrais, seria decerto imensamente satisfatório aprender algo das condições que induzem esses fenômenos a ocorrer em tamanha abundância; e tudo que espero de meu livro neste momento é induzir à suspeita de que não somos tão sábios como pensamos; e que poderia valer a pena investigar de modo minimamente sério os relatos, que podem talvez se revelar dignos de um interesse mais profundo para nós do que todas aquelas diversas questões, públicas e privadas, em conjunto, com as quais dia a dia agitamos nossas mentes.

Aludi, em uma parte anterior desse trabalho, à crença alimentada pelos antigos de que as almas dos homens, ao se libertarem dos corpos, passavam para um estado intermediário, chamado Hades, onde seu destino parecia ser nem de completa felicidade nem de miséria insuportável. Eles mantinham sua personalidade, sua forma humana, sua memória do passado e seu interesse naqueles que lhes tinham sido caros na Terra. Os mortos ocasionalmente se comunicavam com os vivos; lamentavam os deveres negligenciados e os erros cometidos; muitos dos seus sentimentos, paixões e propensões mortais pareciam sobreviver; e eles às vezes buscavam reparar, pela mediação dos vivos, os males que haviam infligido. Em suma, a morte era apenas uma transição de uma condição de vida para outra; mas nesse estado posterior, embora não os vejamos condenados a sofrer qualquer tormento, percebemos que não estão felizes. Há de fato compartimentos nessa região obscura; há o Tártaro para os maus, e os Campos Elísios para os bons, mas são comparativamente pouco habitados. É na região intermediária que essas sombras pálidas sobejam, em consistência com o fato de que aqui na Terra a mediocridade moral, assim como a intelectual, é a regra, e extremos de bondade ou maldade são exceções.

Com relação à opinião de um estado futuro, sustentada pelos judeus, o Velho Testamento nos dá muito pouca informação; mas os lampejos que entrevemos parecem manifestar ideias análogas àquelas das nações pagãs, na medida em que a personalidade e a forma parecem se manter, e que a possibilidade de que esses espíritos que já partiram revisitem a Terra e se comuniquem com os vivos é admitida. O pedido do homem rico, de que Lázaro fosse enviado para alertar os irmãos ainda vivos de sua condição miserável, comprova a existência de tais opiniões; e vale a pena notar que o favor é negado, não porque sua realização fosse impossível, mas porque a missão seria inútil — uma previsão que, me parece, o tempo legitimou de maneira singular. Tudo considerado, a noção de que, no estado em que ficamos depois que deixamos este mundo, a personalidade e a forma se mantém, que essas almas às vezes revisitam a Terra, e que a memória do passado ainda sobrevive, parece ser universal, pois é encontrada entre todos os povos, selvagens e civilizados; e se não for fundada na observação e na experiência, torna-se difícil explicar tal unanimidade em um assunto que, penso, especulativamente considerado, não teria produzido tais resultados; e uma prova disso é que aqueles que rejeitam o testemunho e a tradição que temos em relação a ele, e confiam apenas em seu próprio entendimento, parecem ser levados de modo bastante uniforme a chegar a conclusões opostas. Não conseguem compreender esse fenômeno; que está aberto a toda espécie de objeção científica, e o *cui bono* não lhes sai da cabeça.

Admitido este ponto, como penso que deve ser, só nos resta um recurso por onde explicar a universalidade dessa convicção; que em todos os períodos e lugares, tanto homens quanto mulheres, tanto na saúde como na doença, todos estiveram sujeitos a uma série de ilusões espectrais de uma natureza tão extraordinária e complicada, e tão notavelmente semelhantes umas às outras em relação aos objetos supostamente vistos ou ouvidos, que foram universalmente levados às mesmas interpretações errôneas do fenômeno. É evidente que não é impossível que este seja o caso; e, se for, torna-se uma tarefa para fisiologistas investigar o assunto e nos dar alguma explicação sobre ele. Entretanto, é-nos permitido adotar outra perspectiva sobre a questão e examinar que probabilidades parecem favorecê-la.

Quando o corpo está para morrer, a parte que não morre, e que, para poupar palavras, chamarei de *alma*, para onde vai? Não sabemos; mas, em primeiro lugar, não temos razão para acreditar que o espaço destinado à sua habitação seja muito longe da Terra, já que, não sabendo nada a respeito disto, nos é igualmente autorizado supor o contrário; em seguida, o que chamamos distância é uma condição que diz respeito meramente a objetos materiais, e da qual um espírito é bastante independente, assim como o são nossos pensamentos, que podem viajar daqui até a China e voltar, em um segundo. Bem, supondo então que esse ser continue a existir em algum lugar, e não deixa de ser razoável supor que a alma dos habitantes de cada planeta continue a flutuar nos céus daquele planeta, ao qual, até onde sabemos, pode permanecer ligada por uma atração magnética, supondo que esse ser se encontre no espaço, livre do corpo, dotado da memória do passado e, consequentemente, consciente de suas próprias penas, capaz de sentir o que normalmente não sentimos, a saber, a presença daqueles que passaram para um estado semelhante junto consigo, este não irá naturalmente procurar seu lugar entre aqueles espíritos com os quais mais se parecia, e com quem, portanto, deve ter mais afinidade? Na Terra, os bons buscam os bons, e os maus, os maus; e o axioma que diz "os semelhantes se associam", não podemos duvidar de que será tão verdadeiro depois da morte, como o é agora. "Na casa do meu Pai há muitas moradas", e nosso sentido intuitivo daquilo que é adequado e justo precisa necessariamente nos assegurar de que é assim. Há níveis de mais de valor e desvalor moral entre os homens para nos permitir supor que a justiça possa se satisfazer com uma divisão abrupta em duas classes opostas. Ao contrário, deve haver infinitos matizes de merecimento, e como temos que considerar que o local onde o espírito entra ao deixar o corpo não é tanto um *lugar* quanto uma *condição*, então deve haver tantos níveis de felicidade ou de sofrimento quanto há indivíduos, cada um carregando consigo seu próprio Céu ou Inferno. Pois é uma noção vulgar imaginar que o Céu e o Inferno sejam *lugares*; eles são estados; e é em nós mesmos que devemos procurar ambos. Quando deixamos o corpo, os carregamos conosco; "onde cai a árvore, ali deve ficar". A alma que aqui chafurdou em maldade ou afundou em sensualidade não será de repente purificada pela morte do corpo; sua condição moral permanece como sua estada na Terra a treinou, mas os meios de se entregar às suas propensões se perdem. Se não teve aspirações divinas aqui, não será atraída para Deus, lá; e se se limitou tanto ao corpo que não conheceu outra felicidade além daquela que o corpo propiciou, será incapaz de felicidade quando for privada do meio para desfrutá-la. Aqui vemos de uma vez a variedade de condições que necessariamente se seguem; quantos estados relativamente negativos deve haver entre aqueles de felicidade positiva e de positiva miséria.

Podemos portanto conceber como uma alma, em posse dessa nova condição, deve encontrar seu próprio lugar ou estado; se seus pensamentos e aspirações foram voltados para o céu, e suas buscas foram nobres, sua condição será celestial. A contemplação do trabalho de Deus, não do ponto de vista de nossos olhos mortais, mas em sua beleza e verdade, em seus sentimentos sempre radiantes de amor e gratidão e, por tudo o que sabemos, nos bons serviços prestados às almas necessitadas, constituiriam um paraíso adequado, ou a felicidade para este ser; uma incapacidade para tais prazeres e a ausência de todos os outros constituiria um estado negativo, onde o sofrimento principal consistiria em tristes lamentos e um vago anseio por algo melhor, que a alma destreinada que nunca se despregou da Terra não sabe procurar; enquanto paixões malignas e desejos insaciáveis constituiriam o inferno apropriado para os maus; pois temos que nos lembrar que, embora um espírito esteja livre daquelas leis físicas que são as condições da matéria, a lei moral, que é indestrutível, pertence particularmente a ele, ou seja, ao espírito, e é dele inseparável.

Temos em seguida que lembrar que esse corpo mundano que habitamos é mais ou menos uma máscara, por meio da qual escondemos uns dos outros aqueles pensamentos que, se constantemente expostos, nos tornariam incapazes de viver em comunidade; mas, quando morremos, essa máscara cai, e a verdade se revela nua. Não há mais disfarce; surgimos como somos, espíritos de luz ou espíritos de trevas; e não deve ser difícil, imagino, conceber isso, uma vez que sabemos que mesmo nossas feições presentes, opacas e relativamente inflexíveis, apesar de todos os esforços em contrário, serão a referência da mente; e que a expressão do rosto aos poucos se molda à forma dos pensamentos. Muito mais ainda deve ser o caso em relação a esse corpo fluido e diáfano que esperamos suceda ao corpo carnal!

Assim, penso, chegamos a formar alguma concepção do estado que nos espera após a morte; a lei moral indestrutível fixa nosso lugar ou condição; a afinidade governa nossas associações; e a máscara sob a qual nos escondemos, tendo caído, surgimos uns aos outros como somos; e aqui devo observar que, neste último caso, precisamos incluir um elemento muito importante de felicidade ou miséria; pois o amor dos espíritos puros uns pelos outros será para sempre estimulado pela simples contemplação da beleza e do brilho, que serão a expressão inalienável de sua bondade; enquanto o contrário sucederá aos espíritos de trevas; pois ninguém ama a maldade nem em si nem nos outros, ainda que a pratiquemos. Temos também que entender que as palavras escuridão e luz, que neste mundo de aparências usamos metaforicamente para expressar o bem e o mal, deve ser entendida literalmente quando falamos daquele outro mundo, onde tudo será visto como é. A bondade é a verdade, e a verdade é a luz; e a maldade é a falsidade, e a falsidade são as trevas, e assim será visto. Aqueles que não têm a luz da verdade para guiá-los irão vagar na escuridão através desse vale das sombras da morte; aqueles em quem a luz da bondade brilha irão habitar na luz, que é inerente a eles próprios. Os primeiros estarão no reino das trevas, os últimos, no reino da luz. Todos os registros existentes de espíritos abençoados que surgiram, antigos ou modernos, mostram-nos cobertos de luz, enquanto sua cólera ou sofrimento é simbolizado pelas trevas. Ora, nada me parece incompreensível nessa visão do futuro; ao contrário, é a única que jamais me vi capaz de conceber ou de conciliar com a justiça e a misericórdia de nosso Criador. Ele não nos pune, nós nos punimos; construímos um céu ou um inferno à nossa semelhança e o trazemos conosco. O fogo que sempre queima sem se consumir é o mau impetuoso onde escolhemos estar; e o paraíso que habitaremos será a paz celestial que habitará em nós. Somos nossos próprios juízes e nossos próprios algozes; e aqui devo dizer algumas palavras a respeito daquela, aparentemente para nós, memória sobrenatural que se desenvolve sob determinadas circunstâncias, e à qual aludi em um capítulo anterior. Todos devem ter ouvido falar que pessoas que se afogaram e sobreviveram tiveram, no que teriam sido seus últimos momentos, se nenhum meio tivesse sido utilizado para revivê-las, uma estranha visão do passado, onde toda sua vida pareceu flutuar diante deles, em revista; e ouvi falar que o mesmo fenômeno aconteceu em momentos de morte iminente, de outras formas. Ora, uma vez que não é durante a luta pela vida, mas imediatamente antes do estado de inconsciência, que uma visão ocorre, deve ser o ato de um momento; e isso torna compreensível para nós o que diz a Vidente de Prevorst, e outros sonâmbulos da mais alta ordem, a saber, que no instante em que a alma se liberta do corpo, vê toda sua carreira na Terra em um único símbolo; e sabe que é bom ou mau, e pronuncia sua própria sentença. A memória extraordinária que ocasionalmente se manifesta durante uma enfermidade, quando o vínculo entre a alma e o corpo provavelmente está enfraquecido, nos dá um vislumbre dessa faculdade.

Mas essa autodeclarada sentença que somos levados a esperar não é final, nem parece consistente com o amor e a misericórdia de Deus para que seja assim. Deve haver poucos, de fato, que deixam esta Terra prontos para o céu; pois embora o estado de ânimo imediato em que a dissolução acontece seja provavelmente muito importante, é certamente um erro pernicioso, estimulado por capelães de presídio e filantropos, afirmar que um arrependimento tardio e umas poucas orações finais possam purificar uma alma conspurcada por anos de maldade. Nós receberíamos imediatamente alguém assim em nossa comunhão íntima e em nosso amor? Não deveríamos solicitar tempo para que as manchas do vício fossem lavadas e os hábitos da virtude, formados? Claro que sim! E como podemos imaginar que a pureza do paraíso seja conspurcada por essa aproximação que a pureza da Terra proibiria? Seria cruel dizer e irracional pensar que esse arrependimento tardio seria inútil; é sem dúvida proveitoso que o esforço para ascender e as aspirações celestiais da alma que parte sejam carregadas com ela, de modo que, uma vez liberta, em vez de escolher as trevas, irá fugir em direção a tanta luz quanto haja em si própria; e estará pronta, pela misericórdia de Deus e o zelo de espíritos mais iluminados, para receber mais. Mas, neste caso, como também nos inúmeros casos daqueles que morrem naquilo que pode ser chamado de um estado negativo, o avanço deve ser progressivo, embora, onde quer que a vontade exista, devo acreditar que esse avanço seja possível. Se não, por que razão Cristo, depois de "morto na carne", vai "e prega para os espíritos aprisionados"? Teria sido um deboche pregar a salvação àqueles que não teriam esperança; nem eles, não tendo esperança, teriam ouvidos para o pregador.

Penso que essas concepções são ao mesmo tempo alentadoras, encorajadoras e belas; e só posso acreditar que, se fossem mais amplamente consideradas e mais intimamente concebidas, teriam um efeito muito benéfico. Como disse antes, as ideias por demais vagas que as pessoas têm de uma vida futura impedem a possibilidade de que exerçam qualquer grande influência sobre o presente. A imagem, por um lado, é muito repulsiva e inconsistente com nossas ideias da bondade Divina para ser deliberadamente aceita; enquanto, com relação ao outro, nossos sentimentos de algum modo lembram aqueles da criança que um dia conheci, e que, quando sua mãe lhe disse qual seria a recompensa de sua bondade, caso ela tivesse a felicidade de alcançar o paraíso, ela pôs a mão nos olhos e começou a chorar, exclamando, "Mamãe! Vou ficar cansada de tanto cantar!"

A pergunta que não vai se colocar naturalmente, e que estou prestes a responder é, como se originaram essas concepções? E qual é o fundamento delas? E a resposta que tenho para dar irá alarmar muita gente, quando disser que foram buscadas em duas fontes; primeira, e principalmente, do estado em que aqueles espíritos parecem estar, e às vezes confessam estar, eles que, depois de deixar a Terra, retornam para ela e se fazem visíveis para os vivos; e, segundo, das revelações de numerosos sonâmbulos da mais alta ordem, que correspondem perfeitamente, em todos os casos, não apenas com as revelações dos mortos, mas umas com as outras. Não pretendo insinuar, dizendo isso, que considero finalmente resolvida a questão de se os sonâmbulos são de fato videntes ou apenas visionários; nem que eu tenha de modo algum comprovado o fato de que os mortos de fato às vezes retornam; mas devo presumir que seja verdade neste momento, uma vez que, sejam essas fontes puras ou impuras, é delas que a informação foi colhida. Se é verdade que essas concepções estão em perfeita conformidade com aquelas alimentadas por Platão e sua escola de filósofos; e também com aqueles dos místicos de uma era posterior; mas estes, certamente, e os primeiros, provavelmente, erigiram seus sistemas sobre as mesmas bases; e estou muito longe de usar o termo *místico* no tom de opróbrio, ou pelo menos de desdém, que tem sido utilizado ultimamente neste país; pois embora sobejem em erros, com relação ao concreto, e embora sua falta de metodologia indutiva os tenha levado com frequência a se perder no domínio do real, foram professores sublimes no que respeita ao ideal; e parecem ter sido dotados de uma percepção maravilhosa nesse domínio velado da nossa natureza.

Pode-se objetar que apenas admiramos suas percepções porque, inteiramente ignorantes do assunto e desejosos de uma revelação, simplesmente aceitamos; e que não podemos atribuir nenhum peso à conformidade de recentes revelações com aquelas, já que sem dúvida se fundaram nelas. Com relação à ignorância, admito; e simplesmente olhando para suas concepções, como se apresentam, não há nada que lhes dê suporte, além do fato de serem grandiosas e consistentes; mas, no que diz respeito ao valor das evidências oferecidas pela conformidade, baseia-se em fundamentos muito diferentes; pois das fontes de onde coletamos nossas notícias, com muito poucas exceções, podemos afirmar com segurança que desconheciam completamente os sistemas promulgados pelos filósofos platônicos ou pelos místicos, também, e nem, na maioria dos casos, tinham sequer ouvido falar seus nomes; pois, com relação àquele estado sonambúlico peculiar a que aqui nos referimos, os sujeitos parecem ser em geral pessoas muito jovens, de ambos os sexos, mas sobretudo moças; e, com relação a ver fantasmas, embora esse fenômeno pareça não ter conexão com a idade do vidente, ainda assim em geral não é dos estudados nem dos cultos que recolhemos nossos casos, na medida em que o medo do ridículo, por um lado, e a força com que a doutrina das ilusões espectrais neles se agarrou, por outro, impedem que acreditem em seus próprios sentidos ou que apresentem qualquer evidência que possam ter para fornecer.

E aqui será feita outra objeção sutil, a saber, que o depoimento de testemunhas como as que descrevi acima é completamente inválido; disso, discordo. Os estados sonambúlicos a que aludo não foram desenvolvidos artificialmente, mas naturalmente; e com frequência debaixo de enfermidades nervosas extraordinárias, acompanhadas de catalepsia e de vários sintomas, muito além do que pode ser fingido. Tais casos são raros e, neste país, parecem ter sido muito pouco observados, pois sem dúvida devem ocorrer e, quando ocorrem, são muito cuidadosamente ocultados pelas famílias do paciente, e não são acompanhados ou investigados como um fenômeno psicológico pelo médico; pois é preciso observar que, se ninguém perguntar, nenhuma revelação é feita; elas nunca são, até onde sei, espontâneas. Ouvi falar de dois casos assim no país, ambos tendo ocorrido nas classes altas, e ambos os pacientes sendo jovens mulheres; mas, embora tenham-se manifestado fenômenos surpreendentes, não se permitiram interrogações, e os detalhes nunca foram revelados.

Não há dúvida de que há exemplos de erro e exemplos de impostura, assim como há em todo lugar onde há espaço para isto; e estou bastante ciente da propensão de pacientes histéricos a enganar, mas cabe aos observadores judiciosos examinar a veracidade de cada caso particular; e é perfeitamente certo, e está comprovado pelos fisiologistas e psicólogos alemães que estudaram o assunto com atenção, que há muitos acima de qualquer suspeita. Desde que o caso seja genuíno, resta por determinar quanto valor será atribuído às revelações, pois podem ser feitas com muita honestidade e, ainda assim, carecer totalmente de valor — os meros delírios de um cérebro em desordem; e é aqui que a conformidade se torna importante, pois não posso admitir a objeção de que o simples fato de que os pacientes estejam enfermos invalide seus testemunhos, tão completamente, que anule até o valor de sua unanimidade, porque, embora não seja logicamente impossível que um certo estado de desordem nervosa possa levar todos os sonâmbulos do caso em questão a dar respostas semelhantes, quando interrogados, com relação a um assunto de que em condições normais não sabem nada a respeito, e sobre os quais nunca refletiram, e que essas respostas devam não apenas ser consistentes, mas revelar ideias muito mais elevadas do que as que foram elaboradas por mentes muito superiores que *refletiram* em profundidade sobre o assunto — digo, embora não seja logicamente impossível, isso certamente será visto, por parte de muitas pessoas, como uma hipótese muito mais difícil de aceitar do que aquela que proponho; a saber, que qualquer que seja a causa da questão, esses pacientes estão em um estado de clarividência, onde têm "mais do que um conhecimento mortal", isto é, mais conhecimento do que os mortais têm em suas condições normais; e não se deve esquecer de que temos conhecimento de alguns fatos, confessados por todos os médicos e fisiologistas experientes, e até neste país, que provam que há estados de enfermidade em que faculdades sobrenaturais se desenvolveram, o que nenhuma teoria explicou ainda, satisfatoriamente.

Mas o dr. Passavant, que escreveu um trabalho muito filosófico a respeito do magnetismo vital e da clarividência, afirma que é um erro imaginar que a condição extática é meramente o resultado de uma enfermidade. Ele diz que às vezes se manifestou em pessoas de constituição muito vigorosa, citando Joana d'Arc, uma mulher que os historiadores entenderam muito pouco, e cuja memória o poema detestável de Voltaire ridicularizou e degradou, mas que foi, ainda assim, um grande fenômeno da psicologia.

O fato, também, de que fenômenos dessa espécie se desenvolvem com mais frequência em mulheres do que em homens, e de que são meramente a consequência de sua maior irritabilidade nervosa tornou-se mais uma objeção para eles — objeção, no entanto, que o dr. Passavant considera fundamentada na ignorância da diferença essencial entre os sexos, que não é meramente física, mas psicológica. Homens são mais produtivos do que receptivos. Em condições perfeitas, ambos os atributos seriam igualmente desenvolvidos nele; mas nesta vida terrena apenas faces imperfeitas da soma total das faculdades da alma o são. A humanidade são apenas crianças, homens ou mulheres, jovens ou idosos; do homem na sua totalidade temos apenas um pálido esboço, aqui e ali.

Assim, a mulher extática será com mais frequência uma vidente, instintiva ou intuitiva; um homem, um ser ativo e trabalhador; e como todo gênio é um nível de êxtase ou de clarividência, percebemos a razão por que no homem é mais frequente do que na mulher, e que nossos maiores poetas e artistas, de todos os tipos, são daquele sexo, e mesmo as mais notáveis mulheres produzem pouco em ciência ou em arte; enquanto, por outro lado, o instinto feminino, o tato e a visão intuitiva da verdade são com frequência mais confiáveis do que o julgamento maduro e ponderado de um homem; e é daí que a solidão e as condições que desenvolvem o passivo ou receptivo, às custas do ativo, tendem a produzir esse estado e a assimilar o homem mais à natureza da mulher; enquanto, nela, elas intensificam essas características distintivas: e essa também é a razão pela qual os povos e raças simples e ingênuos são, com mais frequência, sujeitos a esses fenômenos.

Basta ler o relato de Mozart sobre seus próprios momentos de inspiração para compreender não apenas a similaridade, mas a identidade positiva do estado de êxtase com o estado do gênio em atividade. "Quando tudo vai bem comigo", ele diz, "quando estou em uma carruagem, ou caminhando, ou quando não consigo dormir à noite, os pensamentos fluem em mim mais naturalmente. De onde, ou como, é mais do que posso dizer. O que vem, canta-rolo para mim mesmo, conforme vem [ininteligível] então, surgem o contraponto e o tinir de diferentes instrumentos, e, se não estou perturbado, minha alma se fixa e a coisa se torna maior, mais ampla, mais clara; e tenho tudo na minha cabeça, mesmo quando a peça é longa, e eu a vejo como um belo quadro, não ouvindo as diferentes partes em sucessão, como devem ser tocadas, mas tudo, de uma vez. Esse é o deleite! O compor e o fazer são como um sonho bonito e vívido, mas o ouvir isso é o melhor de tudo".

O que é isso, senão clarividência, para frente e para trás, o passado e o futuro? Uma faculdade não é nem um pouco mais surpreendente e incompreensível do que a outra, para aqueles que não possuem nenhuma delas, só que vemos o resultado material de uma e portanto acreditamos nela. Mas, como Passavant diz com acerto, esse brilho virtuoso não pertence exclusivamente ao gênio; está latente em todos os homens. No altamente dotado, a centelha divina torna-se uma chama que ilumina o mundo; mas, mesmo nos organismos mais brutos e menos desenvolvidos, ela pode e, de fato, momentaneamente irrompe. O germe da vida espiritual mais elevada está no mais rude, conforme seu nível, assim como no mais elevado espécime de homem que já vimos; ele é apenas um exemplar mais imperfeito da raça, em quem o germe espiritual não se desenvolveu.

Então, com relação à nossa segunda fonte de informação, estou bem ciente de que é igualmente difícil estabelecer sua validade; mas há uns poucos argumentos a nosso favor aqui, também. Em primeiro lugar, como o dr. Johnson diz, embora toda razão esteja contra nós, toda a tradição está a nosso favor; e essa conformidade com a tradição decerto tem algum peso, uma vez que penso seria difícil encontrar qualquer exemplo paralelo de uma tradição universal que não tenha qualquer fundamento de verdade; ou, no que concerne à bruxaria, matéria em que a crença é igualmente universal, agora sabemos que os fenômenos eram em geral fatos, embora as interpretações que recebiam fossem fábulas. Certamente, pode-se objetar que essa crença universal em fantasmas apenas provém da prevalência universal das ilusões espectrais, mas, se é assim, como observei antes, essas ilusões espectrais tornam-se objeto de uma investigação muito interessante, pois, em primeiro lugar, elas com frequência ocorrem sob circunstâncias menos prováveis de produzi-las, e com pessoas de quem menos deveríamos esperar que fossem vítimas de tal enfermidade; e, segundo, que há uma conformidade muito significativa aqui também, não apenas entre os casos isolados que ocorrem com toda a espécie de pessoas que nunca demonstraram a menor tendência a disfunções nervosas ou sonambulismo, mas também entre aqueles e as revelações dos sonâmbulos. Em suma, parece-me que a vida fica reduzida a uma mera fantasmagoria, se as ilusões espectrais são tão prevalentes, tão complicadas em sua natureza e tão enganadoras como devem ser e se todos os casos de visões de fantasmas que chegam até nós forem atribuídos a essa teoria. Confesso que não tinha a menor ideia de quão numerosos eles são, até que minha atenção foi direcionada a essa investigação; não podemos duvidar de que esses casos tenham sido igualmente frequentes em todos os períodos e lugares, dada a variedade de pessoas que expressaram sua adesão, ou que pelo menos admitiram, como Addison o fez, que não poderiam recusar o testemunho universal em favor do reaparecimento dos mortos, reforçado por aquele de muitas pessoas confiáveis que conhecia. De fato, o testemunho em favor dos fatos tem sido em todos os períodos firme demais para ser totalmente rejeitado, de modo que mesmo os materialistas, como Lucrécio e Plínio, o Velho, veem-se obrigados a reconhecê-los, enquanto, por outro lado, as concessões extravagantes que nos pedem aqueles que se esforçam para desconsiderá-las, provam que sua incredulidade tem fundamento em bases menos sólidas do que seus próprios preconceitos. Reconheço todas as dificuldades para comprovar os fatos, dificuldades tais que de fato abrangem outros poucos ramos de investigação; mas sustento que a posição dos oponentes é ainda pior, embora, por seu tom altivo e suas risadas desdenhosas, presumam ter adotado uma que, sendo fortalecida pela razão, é inatacável, esquecendo que a sabedoria do homem é eminentemente "tolice, diante de Deus", quando adentra essa região das coisas desconhecidas. Esquecendo, também, que estão apenas servindo a esse ramo de investigação como seus predecessores, de quem riem, faziam fisiologia; fabricando seus sistemas a partir de seus próprios cérebros, em vez de fazê-lo a partir das respostas da natureza; e com ainda mais precipitação e presunção, sendo esse departamento do reino natural mais inacessível, menos apto à demonstração, e mais inteiramente além de nosso controle; pois esses espíritos não "virão quando nós os chamarmos"; e confesso que com frequência me surpreende ouvir as tolices mais superficiais que homens muito inteligentes dizem a respeito do assunto, e os argumentos ineficazes que utilizam para refutar aquilo de que não sabem nada. Estou bastante ciente de que os fatos que apresentarei aqui estão abertos a controvérsias; não posso apresentar nenhuma prova capaz de convencer um homem da ciência; mas não estão meus oponentes nem um pouco mais fortalecidos. Tudo o que espero apresentar não é uma prova, mas uma suposição; e a convicção que desejo despertar no espírito das pessoas é, não que essas coisas *são assim*, mas que *podem* ser assim, e que vale a pena investigar se são ou não.

Veremos que essas concepções de um estado futuro são muito semelhantes àquelas de Isaac Taylor, conforme sugerido em sua teoria física de outra vida — pelo menos na medida em que ele abordou o assunto — e que é natural que deva ser assim, porque também ele parece ter-se convertido à opinião de que "os mortos de fato às vezes vencem as barreiras que circundam as multidões etéreas; e se o fazem, como em uma transgressão, podem em casos isolados invadir o terreno da vida corpórea habitual".

Vamos agora imaginar essa alma desprovida iniciando sua nova carreira, perplexa e sem maior capacidade de acomodar-se imediatamente a condições de existência para as quais não estava preparada do que quando estava no corpo. Se suas aspirações prévias tivessem se voltado para o céu, essas condições não seriam completamente novas, e ela iria rapidamente sentir-se em casa em uma esfera onde antes já habitara; pois, como já disse, um espírito deve estar onde seus pensamentos e afetos estão, e a alma, cujos pensamentos e afetos estiveram direcionados para o céu, apenas iria despertar após a morte em um céu mais perfeito, e sem nuvens. Mas imagine o contrário. Conceba o que deve ser esse despertar para um espírito ligado à Terra — totalmente despreparado para sua nova casa — que não traga nenhuma luz em si — flutuando na escuridão sombria — apegado à Terra, onde todos os seus afetos estavam entulhados; pois onde seu tesouro estiver, ele também estará. E ver-se-á em má situação, mais ou menos, de acordo com o grau de luz ou trevas de sua condição moral, e na proporção das trevas estará sua incapacidade de procurar por luz. Ora, parece não haver nada ofensivo à nossa concepção da bondade Divina nessa ideia do que nos espera quando o corpo morre. Parece-me, ao contrário, oferecer uma visão mais compreensível e coerente do que qualquer outra já apresentada a mim; ainda assim, o estado que retratei é muito como o Hades dos gregos e romanos. É o estado do meio, onde todas as almas entram, um estado onde há muitas mansões — ou seja, há inúmeros estados — provavelmente não permanentes, mas sempre progressivos ou retrógrados; pois não podemos conceber nenhum estado moral que seja permanente, já que sabemos perfeitamente bem que o nosso nunca o é; está sempre avançando ou retrocedendo. Quando não estamos melhorando, estamos nos deteriorando; e assim deve ser, necessariamente, após a morte.

Ora, admitindo a probabilidade desse estado intermediário, removemos uma das grandes objeções feitas à crença na reaparição dos mortos; a saber, que os abençoados são felizes demais para retornar à Terra, e que os maus não têm poder para fazer isso. Essa questão, porém, provém muito das ideias materiais concebidas de Céu e de Inferno — da noção de que são lugares em vez de estados. Disseram-me que a palavra grega *Hades* deriva de *aides*, *invisível*; e que a palavra hebraica *Scheôl* que tem o mesmo significado, também implica um estado, não um lugar; já que pode ser interpretada como *desejando, ansiando, rogando, orando*. Essas palavras, na Septuaginta, são traduzidas por *túmulo, morte* ou *inferno*: mas, antes da Reforma, pareciam carregar seus significados originais; ou seja, o estado em que a alma entrava, quando o corpo morria. Era provavelmente para se livrar do purgatório da Igreja Romana, que tinha sem dúvida se tornado a fonte de tantas ideias absurdas e práticas corruptas, que a doutrina de um estado intermediário, ou Hades, foi posta de lado; além disso, uma vez que o desejo honesto de reforma em todas as igrejas reformistas foi corrompido pelo *odium theologicum*, a ação purificadora tende a adotar uma postura muito discursiva, agindo com menos humildade e discernimento do que seria desejável, e assim, não raro, varrendo a verdade e a falsidade juntas.

Rejeitando, portanto, a ideia de que Céu e Inferno são lugares onde a alma está aprisionada, na beatitude ou no pesar, e supondo que, por uma afinidade magnética, ela pode permanecer conectada com a esfera à qual antes pertencia, podemos com facilidade conceber que, se guarda a memória do passado, quanto mais plenamente sensual tenha sido sua vida no corpo, mais obstinadamente se agarrará ao palco de seus prazeres passados; ou, mesmo que sua estada na Terra não tenha sido marcada pela alegria, mas ao contrário, ainda assim, se não teve aspirações celestiais, irá se encontrar, se não em efetivo pesar, pelo menos sem propósito, sem objetivo, e fora de um ambiente agradável. Não tem mais os órgãos com os quais percebia, comunicava-se e desfrutava do mundo material e seus prazeres. Os prazeres do céu não são seus prazeres; poderíamos do mesmo modo esperar de um prisioneiro inveterado de Newgate, frequentando outros tão inveterados quanto ele, que se derreta num êxtase de prazer à ideia de associar-se com o inocente e o puro! Quão desamparada e deficiente essa condição nos parece! E quão natural seria imaginar que, em tais circunstâncias, possa despertar um desejo significativo de se manifestar àqueles que ainda vivem na carne, se tal manifestação for possível! E que direito temos nós, em contradição direta com toda tradição, de afirmar que não é? Podemos levantar uma variedade de objeções da ciência física, mas não podemos ter certeza de que são aplicáveis ao caso; e das leis do espírito sabemos muito pouco, uma vez que estamos familiarizados com ele do modo circunscrito, confinado e obstruído como opera no corpo; e sempre que tais estados anormais ocorrem de forma a possibilitar que aja com algum grau de independência, o homem, sob o domínio da razão autossuficiente, nega e repudia os fatos. Que a manifestação de um espírito diante dos vivos, visto ou ouvido, é uma exceção, e não a regra, isso é evidente; pois, supondo que o desejo de alguma forma exista, deve existir em milhões e milhões de casos que nunca se realizaram. As circunstâncias devem, portanto, sem dúvida ser muito peculiares, com relação a ambas as partes em que essa manifestação seja possível; quais sejam elas, temos pouquíssimos meios de saber, mas, até onde sabemos, somos levados a concluir que um certo vínculo magnético ou polaridade constitui essa condição, enquanto, ao mesmo tempo, no que concerne o vidente, deve haver o que o profeta chamou de *abertura dos olhos*", que pode, talvez, significar a visão do espírito sem a ajuda do órgão físico, uma condição que pode temporariamente ocorrer a qualquer um, sob uma influência que desconhecemos, mas que parece, até certo ponto, ser hereditária em algumas famílias.

A seguinte passagem é citada da edição do sr. William Hamilton dos trabalhos do dr. Reid, publicados em 1846:

"Nenhum homem pode demonstrar ser impossível para o Ser Supremo ter-nos dado o poder de perceber objetos externos, sem qualquer órgão", i.e., nossos órgãos do sentido. "Temos razão para acreditar que, quando deixamos esses corpos e todos os órgãos que pertencem a eles, nossos poderes de percepção devem antes melhorar do que ser destruídos ou prejudicados. Temos razão para acreditar que o Supremo Ser percebe tudo de uma maneira muito mais perfeita do que o fazemos, sem órgãos corporais. Temos razão para acreditar que há outras criaturas dotadas de poderes de percepção mais perfeitos e mais extensivos do que os nossos, sem quaisquer daqueles órgãos que julgamos necessários", e sir William Hamilton acrescenta a seguinte nota:

"Conquanto seja espantoso, agora está provado para além de qualquer dúvida racional, que em certos estados anormais do organismo nervoso, percepções são possíveis através de outros canais, que não os dos sentidos ordinários."

Quem quiser se convencer da existência dessa faculdade na natureza pode fazê-lo com um grau muito moderado de dificuldade, desde que proceda a uma investigação honesta; reconhecendo-se isto, uma outra objeção, se não for completamente removida, será consideravelmente enfraquecida. Aludo ao fato de que em numerosos casos registrados de vidência de fantasmas, as formas foram visíveis por apenas uma pessoa, embora outros estivessem presentes, o que é claro, tornou-os indistinguíveis dos casos de ilusão espectral, e de fato, a menos que alguma evidência adicional seja fornecida, devem permanecer assim, mas dessa forma ganhamos o seguinte, que essa objeção não é mais incontestável; pois se o fenômeno for atribuído a um vínculo mútuo, ou à abertura do olho espiritual, compreendemos como alguém pode ver o que outros não podem. Mas se o ato de ver dependesse de fato da visão ordinária, não consigo ver que a dificuldade seja intransponível; pois sabemos muito bem que algumas pessoas são dotadas de uma agudeza de sentido, ou poder de percepção, totalmente incompreensível para os outros, pois, sem entrar no âmbito controverso da clarividência, todos devem ter deparado com exemplos daquelas estranhas antipatias a certos objetos, acompanhadas por uma capacidade extraordinária de perceber sua presença, que permanece de todo inexplicada. Sem falar em gatos e lebres, onde alguns efeitos elétricos poderiam ser concebidos, ouvi há pouco falar de um cavalheiro que desmaiava quando entrava em uma sala onde havia uma torta de framboesa; e que houve pessoas dotadas de uma faculdade para descobrir a proximidade de água e metais, mesmo sem a ajuda de uma forquilha, e esse prodígio parece agora estar claramente comprovado como um fenômeno elétrico — isso dificilmente admitirá mais dúvidas. Uma pessoa muito importante, conhecida minha, e que possui um olfato muito aguçado, é objeto de uma singular exceção. Ele é insensível ao odor de feijão, por mais forte que seja: mas seria muito absurdo da parte dele negar que feijão exale odor, e a evidência da maioria contra ele é forte demais para permitir que ele o faça. Ora, temos apenas o testemunho de uma minoria com relação à existência de certas faculdades em geral não desenvolvidas, mas contestar essa possibilidade é sem dúvida demonstrar muita presunção. Poderíamos, creio, aparentemente com mais razão, insistir que meu amigo *deve* estar enganado, e que ele sente sim o cheiro de feijão; pois temos clara maioria contra ele. A diferença é que ninguém liga se o cheiro de feijão é perceptível ou não: mas se o mesmo cavalheiro afirmasse que tinha visto um fantasma, sem sombra de dúvida, sua palavra seria questionada.

Embora não saibamos em que condições se desenvolve a faculdade que São Paulo chama de discernimento de espíritos, há razão para acreditar que a aproximação da morte seja uma. Ouvi falar de demasiados casos desse gênero, em que a pessoa que parte continuou em posse de suas faculdades, para duvidar de que, em nossos últimos momentos, somos com frequência visitados por aqueles que se foram antes de nós, e tendo todos os fisiologistas admitido que faculdades paranormais às vezes se manifestam nesse momento, não temos o direito de dizer que "o discernimento de espíritos" não seja uma delas.

Há uma história interessante registrada por Beaumont, em seu "Mundo de Espíritos" e citada pelo dr. Hibbert com a observação de que nenhuma dúvida razoável pode ser apresentada com relação à autenticidade da narrativa, uma vez que foi escrita pelo bispo de Gloucester, a partir do relato do pai de uma jovem; e menciono aqui não porque apresente alguma singularidade, mas primeiro porque sua autenticidade é aceita, e em seguida graças à maneira pela qual, apesar de tudo, ainda tentam desconsiderar o fato.

"Sir Charles Lee, de sua primeira mulher tinha apenas uma filha, tendo a mãe morrido ao dar à luz. A irmã desta, lady Everard, desejou cuidar da educação da criança, educando-a bem até alcançar a idade de se casar, quando uma união foi assentada junto o sir. W. Parkins, porém impedida de uma maneira extraordinária. Em uma quinta-feira à noite, a noiva, imaginando ter visto uma luz em seu quarto depois que foi para a cama, bateu à porta de sua criada, que imediatamente a atendeu, e ela perguntou, 'Por que deixou uma vela acesa em seu quarto?' A criada respondeu que não tinha 'deixado nenhuma, e que havia apenas aquela que ela trazia consigo naquele momento'; ela disse então que devia ter sido o fogão; mas sua criada disse que estava apagado, acrescentando que acreditava fosse apenas um sonho, tendo Miss Lee respondido que deveria ser de fato isso, e preparou-se de novo para dormir. Mas, por volta das duas da manhã, foi acordada de novo e viu a aparição de uma pequena mulher entre as cortinas e o travesseiro, dizendo que era sua mãe, que estava feliz, e que por volta do meio-dia estaria com ela. Ela então chamou a criada de novo, pediu suas roupas e, uma vez vestida, recolheu-se ao seu quarto e não saiu de novo senão às nove, trazendo consigo uma carta selada para seu pai, que entregou à sua tia, lady Everard, e lhe contou o que acontecera, manifestando o desejo de que assim que estivesse morta a carta fosse entregue a ele. A senhora pensou que ela tivesse ficado louca de repente, e por isso de imediato mandou chamar, em Chelmsford, um médico e um cirurgião, que vieram imediatamente; o médico no entanto não conseguia discernir qualquer indício daquilo que a mulher tinha imaginado, nem qualquer indisposição física; ainda assim, seria necessário fazer uma sangria, o que foi feito, conforme desejado; e depois que a jovem pacientemente permitiu que lhe fizessem o que indicaram, desejou que chamassem o capelão, para umas orações; e, quando as orações terminaram, pegou o violão e o livro de salmos, sentou-se em uma cadeira sem braços e tocou e cantou tão melodiosa e admiravelmente que seu professor de música, que então estava lá, ficou admirado; e, perto de dar as doze horas, ela se levantou e se sentou em uma grande cadeira de braços, e, nesse momento, inspirando fundo uma ou duas vezes, imediatamente faleceu, e ficou fria tão de repente que o médico e o cirurgião se admiraram. Ela faleceu em Waltham, em Essex, a três milhas de Chelmsford, e a carta foi enviada ao Sr. Charles, em sua casa, em Warwickshire; mas ele ficou tão aflito com a morte da filha que não veio antes que ela fosse enterrada; mas, quando veio, fez com que fosse exumada e de novo enterrada com sua mãe, em Edmonton, conforme o desejo expresso na carta."

Esse caso ocorreu no ano de 1662, e é, conforme o dr. Hibber observa, "uma das mais interessantes histórias de fantasmas registradas"; ainda assim, ele insiste em colocá-la na categoria de ilusões espectrais, alegando que, malgrado o que disse o médico, cuja competência ele põe em cheque, a morte dela ocorreu em um período de tempo tão curto, prova de que ela devia estar indisposta no momento em que teve a visão, e que provavelmente "a debilitada mulher deve ter contribuído sem querer para a mais estrita realização da previsão do fantasma", concluindo com essas palavras, "tudo o que podemos dizer é que a coincidência foi *afortunada*; pois, sem ela, a história provavelmente jamais teria sido registrada" etc., etc.

Ora, me pergunto se essa é uma maneira justa de lidar com qualquer fato transmitido de boa fonte, que o próprio contestador admite ser perfeitamente satisfatória, em especial porque os assistentes, na ocasião, parecem ter tido má vontade para acreditar na interpretação *sobrenatural* do caso, como o dr. H. poderia ter procedido, ele mesmo, se estivesse presente; pois o que mais ele poderia ter feito senão concluir que a jovem estivesse louca, e sangrá-la? — uma linha de atuação precisamente igual a que adotariam nos dias de hoje; e que prova que eles estavam muito cientes das ilusões sensoriais produzidas por um estado perturbado do sistema nervoso; e, com respeito à conclusão de que a "debilitada mulher" contribuiu para realização da previsão, temos o direito de perguntar, onde está a prova de que ela estava debilitada? Um relojoeiro muito inteligente uma vez me disse que um relógio pode funcionar perfeitamente durante anos e afinal parar de repente, em razão de um defeito orgânico em sua construção, que só se torna perceptível, até para o olhar de um relojoeiro, quando esse resultado acontece; e sabemos que muita gente morreu de repente, imediatamente depois de dizer que estava em seu melhor estado de saúde; e não temos,

184

portanto, direito de duvidar do que o narrador insinua, a saber, que não havia indícios perceptíveis da catástrofe iminente.

Ou havia algum defeito orgânico, ou perturbação, no organismo dessa mulher, que provocou sua morte inevitável ao meio-dia daquela quinta-feira em particular, ou não havia. Se havia, e sua morte certa era iminente àquela hora, como ela ficou sabendo do fato? Com certeza, é uma presunção monstruosa dizer que foi uma "feliz coincidência", quando nenhuma razão que seja nos foi dada para concluir que ela se sentia de outro modo, que não perfeitamente bem? Se, ao contrário, nos refugiarmos na suposição de que sua morte não era iminente, e que ela apenas morreu de medo, como foi que ela — sentindo-se perfeitamente bem, e neste caso temos razão para concluir, *estando* perfeitamente bem — veio a ser sujeita a uma ilusão espectral tão extraordinária? E se tais ilusões espectrais podem acometer pessoas em estado normal de saúde, não seria muito desejável que nos fornecessem alguma teoria mais clara sobre essas ilusões, do que a que temos no presente? Mas há uma terceira suposição à qual os céticos podem recorrer para se livrar desse bem comprovado, e portanto muito perturbador, fato, a saber, que as srta. Lee *estava* doente, embora ela mesma não soubesse disso, e não apresentava sintomas que pudessem levar seu médico a um diagnóstico esclarecido; e que a prova disso pode ser encontrada na ocorrência da ilusão espectral, e que essa ilusão espectral a impressionou tanto, que ocasionou a concretização precisa da previsão imaginária, uma hipótese que a mim parece pesar demais sobre as ilusões espectrais; pois ela primeiro é evocada para comprovar o fato de que havia uma indisposição de caráter significativo, da qual nem o paciente nem o médico estavam cientes; e é depois evocada para matar a mulher com uma certeza inequívoca na hora indicada, estando ela, de acordo com a única fonte que temos para a história, em perfeita calma e em um estado de espírito sereno! Pois não há nada para ser apreciado na descrição de sua conduta, senão uma total e voluntária submissão ao decreto anunciado, acompanhado daquela exultação prazerosa que a mim me parece perfeitamente natural nessas circunstâncias; e eu não penso que nada do que sabemos da vitalidade humana permita justificar que acreditemos possa a vida se extinguir com tanta facilidade. Mas reduz-se tanto quem escreve com a predeterminação de deitar os fatos em um leito de Procusto, que os fazem caber em sua tão estimada teoria.

No caso registrado acima, da srta. Lee, o motivo da visita é suficiente; mas uma das objeções mais comuns a essas narrativas é a insignificância do motivo, quando alguma comunicação acontece, ou a falta de motivo aparente, quando não acontece. Onde qualquer relação prévia existia, não precisamos buscar qualquer outra causa motivadora; mas, em outros casos, essa causa motivadora provavelmente deve ser buscada no vínculo terreno que ainda subsiste e no desejo urgente do espírito de se manifestar e estabelecer uma comunicação onde seus pensamento e afetos ainda residem; e temos que considerar que, desde que não haja lei divina que proíba uma revisita à Terra, lei que certamente suplantaria todas as outras leis, então, como observei antes, onde os pensamentos e afetos estão, ele deve também estar. O que, senão nossos pesados corpos materiais, nos impedem de estar onde estão nossos pensamentos? Mas estar próximo de nós e manifestar-se para nós são duas coisas muito distintas, e esta última, é claro, depende de condições que não entendemos ainda. Como não estou escrevendo um livro sobre magnetismo vital, e já há tantos acessíveis a todos os que desejem se informar a respeito, não abordarei a questão do *vínculo magnético*, estando, acredito, agora geralmente aceito, exceto pelos céticos mais obstinados, que essa relação possa ser estabelecida entre dois seres humanos. Em que consiste essa relação, esta é uma questão mais difícil; mas a visão mais racional parece ser a da polaridade magnética, que duas teorias tentam explicar — a dinâmica e a etérea: uma, vendo os fenômenos simplesmente como o resultado da transmissão de forças; a outra levanta a hipótese de um éter que permeia todo o espaço e penetra em todas as substâncias, mantendo a conexão entre o corpo e a alma, e entre matéria e espírito. Para a maioria das mentes, essa última hipótese será a mais compreensível; razão pela qual, uma vez que o resultado seria o mesmo em ambos os casos, podemos adotá-la, por enquanto; e então será menos difícil conceber que a influência ou o éter de todo ser ou coisa, animada ou inanimada, deve se estender para além da periferia de suas próprias extremidades: e que esse deve ser eminentemente o caso onde há vida animal, os nervos formando os condutores mais adequados para esse suposto fluido imponderável. As provas da existência desse éter são tidas como múltiplas, e devem ser encontradas particularmente no fato de que cada criatura irradia uma atmosfera ao redor de si, conforme sua natureza; e essa atmosfera se torna, em determinadas condições, perceptível, ou mesmo visível, como nos casos do peixe elétrico etc., do encantamento de serpentes, da influência de seres humanos em plantas, e vice-versa; e, finalmente, os fenômenos de magnetismo animal, e o fato inegável, de que eu mesmo posso dar testemunho, de que as jovens mais desinformadas, quando em estado de sonambulismo, declararam, conforme se sabe, terem visto seu magnetizador rodeado por um halo de luz; e é sem dúvida esse halo de luz que, por se tratar de homens altamente magnetizados, tem sido com frequência observado ao redor das cabeças de santos e de pessoas notavelmente sagradas: o temperamento que produziu o fervor interno causando sua visível manifestação. Por meio desse éter ou força, um movimento incessante e uma intercomunicação mantém-se entre todas as criaturas, e entre as criaturas e seu Criador, que os mantém e os recria sempre de novo, pelo exercício constante da vontade Divina, da qual esse é o mensageiro e o agente, assim como acontece entre nossa vontade e nossos próprios corpos; e sem essa vontade mantenedora, assim exercida, tudo feneceria, se dissolveria e morreria; pois é a vida do universo. Que todos os objetos inanimados exercem uma influência, maior ou menor, que se estende para além de seus próprios limites, isso está comprovado por seus efeitos em vários indivíduos suscetíveis, assim como nos sonâmbulos; e, portanto, existe uma polaridade e um vínculo universais que no entanto são maiores entre certos organismos; e todo ser está em relação variável, positiva e negativa, em relação a todos os outros.

Em relação a essas teorias, porém, onde há muita obscuridade, até mesmo na linguagem, não desejo insistir; em particular, porque estou perfeitamente ciente de que esse assunto pode ser discutido de modo muito mais congruente com o espírito dinâmico da filosofia deste século; mas, entretanto, como qualquer uma das causas mencionadas aqui é capaz de produzir esse resultado, adotamos a hipótese de um éter permeável, por ser a mais fácil de ser concebida.

Admitindo então que esse seja o caso, começamos a ter alguma noção do *modus operandi* pelo qual um espírito pode se manifestar para nós, seja para nosso sentido universal interno, ou mesmo para nossos órgãos sensoriais; e vemos também que um obstáculo foi removido de nosso caminho, a saber, que será visível ou mesmo audível para uma pessoa e não para outra, ou em um momento, e não no outro; pois, por meio desse éter ou força, estamos em comunicação com todos os espíritos, assim como com toda matéria; e uma vez que este é o veículo da vontade, um forte exercício de vontade pode reforçar sua influência a um nível muito além de nossas noções habituais: mas o homem não está familiarizado com seu próprio poder, e consequentemente não tem fé em sua própria vontade; nem é, provavelmente, o desígnio da Providência, em casos normais, que ele tenha.

Ele não pode portanto exercê-lo; se pudesse, "poderia mover montanhas". Ainda assim, sabemos algo do poder da vontade e seu efeito sobre outros organismos, conforme demonstrado por certos indivíduos com muita força de vontade; e também em movimentos populares, e mais manifestamente na influência e na ação à distância do magnetizador, com seu paciente. O poder da vontade, assim como a capacidade de ver um espírito, está latente em nossa natureza, para serem desenvolvidos no tempo de Deus; mas, entretanto, veem-se exemplos modestos, despontando aqui e ali, para manter viva no homem a consciência de que ele é um espírito, e evidenciar a sua origem divina.

Que leis especiais podem pertencer a esse domínio suprassensorial da natureza, não podemos saber claramente, e portanto é impossível para nós dizer até que ponto um espírito é livre, ou não, para se manifestar a qualquer momento; e não podemos, portanto, no presente, apresentar qualquer razão para essas manifestações não serem a regra, em vez da exceção. A lei que restringe um intercâmbio mais frequente pode, até onde sabemos, ter seus relaxamentos e suas limitações fundamentados na natureza; e um vínculo com, ou o poder de agir sobre determinados indivíduos pode resultar de causas que igualmente ignoramos. Sem dúvida, a receptividade do ser corpóreo é uma das condições necessárias, enquanto, no que concerne o incorpóreo, a vontade é ao mesmo tempo a causa e o agente que produz o resultado; enquanto a afeição, seja por indivíduos ou por prazeres perdidos desse mundo, é o motivo. Os espíritos ditosos em quem esse último impulso é fraco, e que iriam flutuar em direção à gloriosa luz da lei moral pura, seriam pouco tentados a retornar; e no mínimo seriam apenas trazidos de volta por seus afetos sagrados ou desejo de servir à humanidade. Os menos ditosos, apegando-se às suas caras vidas corpóreas, iriam flutuar mais próximo da Terra; e eu me pergunto muito se a ideia tão frequentemente ridicularizada dos místicos de que há um *peso* moral, assim como uma *escuridão* moral, não tenha um fundamento de verdade. Sabemos muito bem que até nossos corpos materiais são, com relação às nossas próprias sensações (e, muito possivelmente, se a coisa pudesse ser testada, isso se provaria de fato), mais leves ou mais pesados, de acordo com a leveza ou o peso do espírito — termos empregados figurativamente, mas passíveis talvez de uma interpretação literal; e, assim, o senso comum de *para cima* e *para baixo*, conforme empregado para o Céu e o Inferno, tenha fundamento na verdade, embora não seja matematicamente correto, uma vez que empregamos

188

cotidianamete os termos *acima e abaixo* para expressar *mais longe* ou *mais perto*, com relação ao planeta onde vivemos.

A experiência parece justificar essa visão do caso; porque, supondo que os fenômenos de que estou tratando sejam fatos, e não ilusões espectrais, a tradição nos mostra que os espíritos que com mais frequência se manifestaram ao homem não estavam, como era evidente, em estado de felicidade: ao passo que, quando espíritos iluminados apareceram, foi para servi-lo; daí a velha convicção de que eram sobretudo os maus que assombravam a Terra e daí, também, o fundamento para a crença de que não apenas o assassino, mas os assassinados, voltam para atormentar os vivos; e a visão justa de que, quando se tira uma vida, o mal não se limita ao corpo, mas estende-se à alma surpresa e ressentida —

> "Cut off even in the blossoms of my sin,
> Unhousel'd, disappointed, unanel'd,
> No reckoning made, but sent to my account
> With all my imperfections on my head."

> [Abatido em plena floração de meus pecados,
> Sem confissão, comunhão ou extrema-unção,
> Fui enviado para o ajuste final,
> Com todas minhas imperfeiçoes pesando na alma.]

Parece também ter fundamento na experiência que, aqueles cujas vidas se tornaram miseráveis "não descansam em seus túmulos", ao menos diversos relatos com que deparei, assim como a tradição, dão suporte a essa visão; e isso pode se originar no fato de que a crueldade e o abuso com frequência produzem resultados perniciosos na mente do sofredor, em muitos casos inspirando, não resignação ou um desejo pio de morte, mas ressentimento e um ávido anseio por um quinhão justo de prazer terreno. Supondo, também, que os sentimentos e preconceitos da vida mundana acompanhem essa alma despossuída — pois, embora a liberação do corpo a induza a certos privilégios inerentes ao espírito, suas qualidades morais permanecem como eram — onde a árvore cai, ali deve ficar — supondo, portanto, que esses sentimentos, preconceitos e lembranças da vida passada sejam carregados consigo, vemos, de uma só vez, por que os espíritos descontentes do mundo pagão não podiam descansar até que seus corpos tivessem sepultura, porque o dinheiro enterrado deveria atormentar a alma do avarento, e porque as opiniões religiosas, quaisquer que tenham sido, acreditavam que a carne parecia sobreviver com o espírito. Há duas notáveis exceções, no entanto, e essas são precisamente aquelas que se deveria esperar. Aqueles que, durante a vida corpórea, não acreditavam em um estado futuro, voltam para avisar os amigos sobre o mesmo erro. "Existe outro mundo", disse o irmão da jovem que apareceu a ela na Catedral de York, no dia em que se afogou; e há diversos casos similares registrados. A crença de que esta vida "é tudo e que termina aqui" é um erro que a morte pode num instante corrigir. A outra exceção a que aludo aqui é que aquela tolerância, que infelizmente vemos muito menos do que é desejável neste mundo, parece prevalecer vivamente no próximo; pois, entre as numerosas narrativas com que deparei onde os mortos retornaram para pedir orações ou serviços dos vivos, elas não parecem de modo algum, como veremos logo mais, se aplicar exclusivamente aos membros de suas próprias igrejas. O *attrait* [atrativo] que parece guiar sua seleção de indivíduos, não é, evidentemente, de natureza polêmica. A pura adoração de Deus e a inexorável lei moral é o que parece prevalecer no outro mundo, e não a teologia dogmática que dá tanta importância à miséria deste aqui.

Há uma verdade fundamental em todas as religiões; o fim real de tudo é a moralidade, embora os meios possam estar errados, e conquanto a massa de seus professores possa se tornar corrupta, egoísta, ambiciosa e sectária, e em geral se torna; enquanto o efeito da oração, qualquer que seja sua forma, e seja ela oferecida a qualquer ideal de deidade, desde que seja feita de modo honesto e sério, é precisamente o mesmo, para o suplicante, em seus resultados.

Reservei para o presente capítulo a seguinte história, que não é uma ficção, mas o relato de um fato indubitável e bem comprovado, uma vez que é particularmente aplicável a esse ponto do meu assunto.

Há uns noventa anos, floresceu em Glasgow um clube de jovens, que, pela extrema prodigalidade de seus membros e licenciosidade de suas orgias, era comumente chamado de Clube do Inferno. Além de seus encontros noturnos ou semanais, eles promoviam uma grande Saturnália anual, em que cada um tentava exceder o outro em embriaguez e blasfêmia; nessas ocasiões, não havia qualquer estrela entre eles cujo brilho fosse mais conspícuo do que a do jovem sr. Archibald, B., que, dotado de talentos brilhantes e sendo bonito, tornou-se uma grande promessa em sua juventude,

190

e suscitou esperanças que foram completamente frustradas por sua subsequentes e irresponsáveis dissipações.

Uma manhã, depois de voltar desse festival anual, o sr. Archibald B., ao se recolher ao leito, teve o seguinte sonho:

Imaginou que estava montado em seu cavalo preto favorito, que ele sempre montava, e que estava se dirigindo a casa, na época uma casa de campo encoberta por árvores, situada numa colina, agora inteiramente construída e tornada parte da cidade, quando um estranho, que a escuridão da noite impediu de discernir nitidamente, de repente agarrou as rédeas do seu cavalo, dizendo, "Você deve vir comigo!"

"E quem é você?" exclamou o jovem, com uma salva de imprecações, enquanto lutava para se libertar.

"Você vai ver mais tarde", retrucou o outro, em um tom que despertou um terror inexplicável no jovem, que, afundando as esporas no cavalo, tentou fugir. Mas, em vão: não importava quão rápido o animal fugisse, o estranho ainda estava atrás dele, até que, por fim, em seus esforços desesperados para escapar, o cavaleiro foi arremessado da montaria, mas em vez de se espatifar no chão, conforme esperado, viu-se caindo — caindo — caindo — caindo ainda mais, como se afundasse nas entranhas da Terra.

Finalmente, quando se pôs um ponto final a essa misteriosa descida, encontrou fôlego para perguntar ao companheiro, que ainda estava a seu lado, para onde estavam indo; "Onde estou? Para onde está me levando?", ele exclamou.

"Para o inferno!", respondeu o estranho, e imediatamente ecos intermináveis repetiram o som terrível. "Para o inferno! Para o inferno! Para o inferno!"

Finalmente, surgiu uma luz, que logo se tornou uma chama; mas em vez dos gritos e gemidos e lamentos que o viajante apavorado esperava, nada chegou a seus ouvidos senão sons de música, risos e celebração, e ele se viu à entrada de um prédio soberbo, excedendo de longe qualquer um que tivesse visto ser construído por mãos humanas. E dentro, que cena! Nenhuma diversão, tarefa ou busca do homem sobre a Terra que não estivesse acontecendo com uma veemência que açodava seu inexprimível espanto. "Lá, os jovens e as beldades ainda mergulhavam nos labirintos da dança vertiginosa! Lá, o corcel arfante ainda aguentava o cavaleiro brutal, em meio ao entusiasmo da instigada raça! Lá, para além do alguidar noturno, os desregrados ainda balbuciavam a canção lasciva ou a blasfêmia sentimentaloide! O jogador se entregava sem tréguas a seu jogo interminável, e os escravos de Mamon cumpriam pela eternidade suas tarefas amargas; enquanto toda a magnificência da Terra empalidecia diante daquilo que agora seus olhos viam!"

Ele logo percebeu que estava entre velhos conhecidos que sabia estarem mortos, e cada um, observou, estava perseguindo a coisa, qualquer que fosse, que antes o absorvia; quando, vendo-se livre da presença de seu indesejado cicerone, aventurou-se a abordar sua velha amiga, a sra. D., que viu sentada, como costumava fazer na Terra, e absorta em seu jogo, e pediu-lhe que parasse de jogar e o introduzisse nos prazeres do lugar, que lhe pareceram muito diferentes do que ele havia esperado, e de fato um lugar extremamente agradável. Mas com um grito de agonia ela respondeu que não havia descanso no inferno; que eles tinham que labutar para sempre naqueles mesmos prazeres; e inúmeras vozes ecoaram nas abóbadas intermináveis, "Não há descanso no inferno!" Enquanto, abrindo suas vestes, cada um revelou em seu peito uma chama que queimava sem cessar! Esses, eles disseram, eram os prazeres do inferno; sua escolha na Terra era agora sua condenação inevitável! No meio do horror que essa cena inspirou, seu cicerone retornou, e mediante uma súplica sincera, levou-o de volta para a Terra; mas, ao deixá-lo, disse, "Lembre-se! Daqui a um ano e um dia nos encontraremos de novo!"

Nesse momento crítico do sonho, ele acordou febril e doente; e, seja em consequência do sonho ou de suas orgias precedentes, estava tão mal, que foi obrigado a ficar na cama por diversos dias, durante os quais teve tempo para fazer sérias reflexões, que culminaram na resolução de abandonar o clube e seus companheiros licenciosos, por completo.

Tão logo estava bem, porém, e eles se reuniram à sua volta, determinados a recuperar um membro tão valioso de sua sociedade; e, tendo extraído dele uma confissão com relação à causa de sua saída, que, como se pode supor, lhes pareceu perfeitamente ridícula, logo planejaram fazê-lo envergonhar-se de suas boas resoluções. Ele se reuniu a eles de novo, retomou o antigo curso de vida e, quando a Saturnália anual chegou, viu-se com um copo na mão, à mesa, quando o presidente, levantando-se para fazer o discurso usual, iniciou, dizendo, "Cavalheiros: como este é um ano bissexto, faz um ano e um dia de nosso último aniversário" etc., etc. As palavras atingiram o ouvido do jovem como um dobre fúnebre; mas, envergonhado de expor sua fraqueza ao sarcasmo dos companheiros, ficou até o fim da festa, servindo-se de vinho com ainda mais liberalidade do que costumava, para afogar os pensamentos que o invadiam; até que, na aurora de uma manhã de inverno, montou em seu cavalo para voltar para casa. Algumas horas depois, o cavalo foi encontrado com sela e bridas, pastando tranquilamente à beira da estrada, mais ou menos a meio caminho da cidade e da casa do sr. B.; enquanto, a algumas centenas de metros dali, jazia o corpo de seu mestre.

Ora, como disse na introdução desta história, não é ficção; o caso aconteceu conforme relatei aqui. Um relato dele foi publicado na época, mas as cópias foram todas compradas pela família. Duas ou três, no entanto, foram preservadas, e a narrativa foi reimpressa.

O sonho tem, é claro, um caráter simbólico, e está admiravelmente de acordo com as conclusões que podem ser tiradas das fontes que indiquei acima. E me parece justo interpretar que as paixões más e a carreira criminosa a que se entregaram aqui se tornam nossa maldição após a morte. Não quero com isso insinuar que as diversões corriqueiras da vida sejam criminosas, longe disso. Não há mal algum em dançar, nem tampouco em jogar; mas se as pessoas fazem disso a ocupação toda de suas vidas, e não pensam em mais nada, deixando de cultivar experiências mais elevadas, sem aspirar a nada maior, que tipo de preparação estão fazendo para o outro mundo? Mal consigo imaginar que alguém pudesse desejar ficar fazendo essas coisas durante toda a eternidade, especialmente porque em geral é o tédio o que leva tais devotos para o excesso, mesmo aqui; mas se permitiram que seus espíritos fossem absorvidos por completo por tais frivolidades e trivialidades, certamente não podem esperar que Deus vá, como por milagre, obliterar de repente seus gostos e inclinações, e inspirar-lhes com outros mais adequados à sua nova condição! Cabia a eles fazer aquilo para eles mesmo, enquanto estavam aqui; e um tal processo de preparação não é de forma alguma inconsistente com o gozo de toda espécie de prazeres inofensivos; ao contrário, dá a eles mais sabor; pois uma vida em que não há nada sério, e em que tudo seja jogo e diversão, é, sem dúvida, ao lado de uma vida de maldade ativa e perseverante, a coisa mais triste sob o sol! Mas que cada um se lembre que não vemos na natureza qualquer transição violenta; tudo avança a passos quase imperceptíveis, pelo menos tudo o que dura; e portanto esperar que, porque deixaram seus corpos carnais, que sempre souberam se tratar de um acessório temporário, condenado a perecer e decair, que por isso passarão por uma súbita e miraculosa conversão e purificação que os eleve à categoria de companheiros dignos dos anjos do céu e dos abençoados que faleceram, é certamente um dos mais inconsistentes, pouco razoáveis e perniciosos erros a que a humanidade jamais se entregou.

Capítulo XI

O poder da vontade

O poder, seja ele o que for, de erguer uma forma etérea visível, ou de agir na imaginação construtiva do vidente, que permitiria a um espírito aparecer "da forma como vivia", permitiria também a ele apresentar qualquer outro objeto aos olhos do vidente, ou a si próprio, sob qualquer forma, ou cumprindo qualquer função que desejasse; e vemos, portanto, em diversos casos, em especial naqueles registrados na Vidente de Prevorst, que assim é que acontece. Não vemos apenas trocas de roupa, mas vemos livros, canetas, material de escrita etc., em suas mãos; e uma grande variedade de sons serem imitados; sons esses que são frequentemente ouvidos, não apenas por aqueles que têm o dom de "discernir espíritos", como São Paulo diz, mas também por todas as outras pessoas presentes no local; pois ouvir esses sons não parece depender de qualquer dom particular da parte de quem ouve, exceto no caso onde há fala. Ouvir um espírito falar, ao contrário, parece na maioria dos casos depender das mesmas condições necessárias para vê-lo, que possivelmente provém do fato de não haver, realmente, qualquer voz audível, mas sim o mesmo tipo de comunicação espiritual existente entre um magnetizador e seu paciente, onde o sentido é expresso sem o uso de palavras.

Dessa imitação de sons, citarei vários exemplos em um capítulo futuro. É um modo pelo qual uma morte é com frequência anunciada. Poderia citar diversos exemplos assim, mas irei me restringir a dois ou três.

A sra. D. estava uma noite em sua cozinha, preparando-se para ir dormir, depois que a casa foi fechada e o resto da família se retirou, e assustou-se ao ouvir passos no corredor, reconhecendo-os nitidamente como os de seu pai, que ela tinha certeza não estar em casa. Os passos avançaram até a porta da cozinha, e ela esperou alarmada para ver se a porta seria aberta; mas não foi, e ela não ouviu mais nada. No dia seguinte, descobriu que o pai tinha morrido naquele momento; foi de sua sobrinha que eu soube desse caso.

Um sr. J. S., de família altamente respeitável, que conheço, estando durante algum tempo com a saúde debilitada, foi mandado ao exterior para mudar de ares. Durante sua ausência, uma de suas irmãs, ultimamente confinada, fazia-se acompanhar por uma velha criada da família, que estava sentada meio adormecida em uma poltrona num quarto ao lado daquele onde sua senhora dormia, ficando alarmada ao ouvir os passos do sr. J. S. subindo as escadas. Era fácil reconhecer, pois, graças ao constante confinamento dele na casa, em razão de sua saúde instável, seus sapatos estavam sempre tão secos que se ouvia o ranger de um lado a outro da casa. Surpresa, e esquecendo-se de que ele não estava no país, a boa mulher se levantou e, correndo com a vela nas mãos para iluminar o caminho, seguiu seus passos até o quarto dele, só descobrindo que o senhor não estava à sua frentequando chegou à porta. Ela então voltou, bastante impressionada, e, ao mencionar o caso à sua senhora, anotaram a data, e mais tarde comprovou-se que o senhor morrera em Lisboa, naquela noite.

Exemplos como esse são tão conhecidos que é desnecessário multiplicar as citações. Com relação ao modo de produzir esses sons, no entanto, ficaria contente em dizer algo mais definitivo, se pudesse, mas, em razão do fato de serem ouvidos não apenas por uma pessoa, que poderia supostamente estar *en rapport*, ou cuja imaginação construtiva poderia ser influenciada, mas igualmente por qualquer um que estivesse ao alcance do som, somos levados a concluir que estes reverberam de fato na atmosfera. Nos estranhos casos registrados em "A Vidente de Prevorst", embora as aparições fossem visíveis apenas para determinadas pessoas, os sons que faziam eram audíveis a todos; e a vidente diz que são produzidos por meio do nervo-espírito, que concluo seja o corpo espiritual de São Paulo, e da atmosfera, assim como produzimos sons por meio de nosso corpo *material* e a atmosfera.

Neste poder plástico do espírito de apresentar ao olho do vidente qualquer objeto que deseje, encontramos a explicação para casos como a famosa história de Ficino e Mercato, contada por Baronio em seus anais. Esses dois ilustres amigos, Michele Mercato e Marcilio Finico, depois de um longo diálogo sobre a natureza da alma, concordaram que, se possível, aquele que morresse primeiro deveria voltar e visitar o outro. Algum tempo depois, quando Mercato estava absorto em seus estudos, de manhã cedo, subitamente ouviu o som de um cavalo galopando na rua, nesse momento parando à sua porta, e a voz de seu amigo Ficino exclamou, "Oh, Michele! Oh, Michele! *Vera sunt illa!* Aquilo tudo é verdade!" Nisso, Mercato rapidamente abriu a janela, e viu seu amigo Ficino em um corcel branco. Chamou-o; mas ele galopou para fora de seu campo de visão. Ao enviar Florence para perguntar por Ficino, soube que ele tinha morrido aproximadamente naquela hora em que o chamou. Desde então, até o momento de sua morte, Mercato abandonou todos os seus estudos profanos, e devotou-se inteiramente à divindade. Baronio viveu no século dezesseis, e mesmo o dr. Ferrier e suas ilusões espectrais admitem que a veracidade dessa história não pode ser contestada, embora arroguem para si a explicação do caso.

Existem histórias extraordinárias em todos os países, de pessoas que foram perturbadas por aparições na forma de diferentes animais, e que muitos certamente estariam dispostos a atribuir a ilusionistas, embora ao mesmo tempo seja muito difícil reduzir alguns dos casos a essa teoria; em especial um, mencionado na página 307 de minha "Translation of the Seeress of Prevorst" [Tradução de A Vidente de Prevorst]. Se não são ilusões, são fenômenos que devem ser atribuídos a esse poder plástico ou àquela influência mágico-magnética onde a crença na licantropia e em outras estranhas transformações se originou. A profusão de histórias inexplicáveis desse gênero registradas nos julgamentos de bruxas, durante muito tempo foram motivo de perplexidade para aqueles que foram suficientemente justos com a natureza humana para concluir que deve haver algum estranho mistério na raiz de uma paixão que prevaleceu de modo tão universal, e em que tantas pessoas sensatas, honestas e bem intencionadas estavam envolvidas. Até anos recentes, quando alguns dos arcanos do magnetismo animal ou vital nos foram revelados, era impossível concebermos como aquelas estranhas ideias podiam prevalecer; mas, como agora sabemos, e muitos de nós testemunharam que todos os sentidos de um paciente com frequência ficam tão sujeitos à vontade de seu magnetizador, que podem ser levados a transmitir para o cérebro qualquer impressão que o magnetizador quiser, podemos, sem muito esforço, conceber como essa crença no poder de transformação se originou; e sabemos também como um mágico pode se tornar visível ou invisível a seu bel prazer. Testemunhei ter a visão ou a audição de um paciente sido retirada e restabelecida pelo sr. Spencer Hall, de tal modo que não poderia deixar dúvidas na mente do observador; a evidente paralisia do olho do paciente comprovava o fato. Monsieur Eusèbe Salverte, o mais resoluto dos céticos racionalistas, admite que temos numerosos testemunhos da existência de uma arte que confessa ter dificuldade para explicar, embora os diferentes lugares dos quais os relatos nos alcançam tornem difícil imaginar que os historiadores tenham copiado uns aos outros. As diversas transformações dos deuses em águias, touros, e assim por diante, têm sido vistas como meras fábulas mitológicas; mas parecem ter fundamento numa arte conhecida em todos os cantos do mundo, que permitia aos mágicos assumir uma forma que não era a sua, para enganar os amigos mais próximos e caros. Na história de Gengis Khan, faz-se menção a uma cidade conquistada por ele, "onde viviam", diz Suidas, "certos homens que detinham o segredo de assumir eles mesmos aparências ilusórias, a ponto de serem capazes de surgir aos olhos das pessoas com um aspecto muito diferente do que tinham de fato". Saxão Gramático, ao falar das tradições relacionadas à religião de Odin, diz "que os feiticeiros eram muito hábeis na arte de enganar os olhos, sendo capazes de assumir, e mesmo de tornar outras pessoas capazes de assumir, o aspecto de vários objetos, e de esconder seu aspecto real sob as aparências mais atraentes". John de Salisbury, que parece ter obtido essa informação de fontes agora perdidas, diz que "Mercúrio, o mais hábil dos mágicos, dominava a arte de encantar o olhar dos homens a ponto de tornar as pessoas invisíveis, ou de fazê-las surgir sob formas muito diferentes daquelas que de fato tinham". Sabemos também, de uma testemunha ocular, que Simon, o mágico, conhecia o segredo de fazer outra pessoa parecer-se consigo próprio tão perfeitamente, que enganava a todos os olhos. Pompônio Mela afirma que as profetizas da ilha de Sena podiam transformar-se em qualquer animal que quisessem, e Proteu tornou-se uma lenda por suas inúmeras metamorfoses.

Então, passando a outra era e hemisfério, deparamos com Joseph Acosta, que residiu durante muito tempo no Peru, garantindo-nos que havia naquele período mágicos com o poder de assumir qualquer forma que quisessem. Ele conta que o antecessor de Montezuma, tendo mandado prender um certo chefe, este transformou-se sucessivamente em uma águia, um tigre e em uma imensa serpente; e assim enganou os enviados, até que, tendo consentido em obedecer ao mandado do Rei, foi levado à corte e executado imediatamente.

As mesmas proezas desconcertantes são atribuídas com muita segurança aos mágicos das Índias Orientais; e havia dois homens eminentes entre os nativos, um chamado Gomez e o outro Gonzalez, que possuíam essa arte em um nível extraordinário; mas ambos foram vítimas dessa prática, tendo sido mortos a tiros durante o período de suas aparentes transformações.

Também há registros de que Nanak, o fundador dos Sikhs, que não eram exatamente uma nação, mas uma seita religiosa, sofreu uma oposição violenta dos hindus fanáticos; e em um período de sua carreira, quando visitou Vatala, os *yogiswaras*, que eram reclusos, e que por meio de mortificações físicas supostamente tinham adquirido domínio sobre as forças da natureza, estavam tão furiosos com ele que se esforçaram em aterrorizá-lo com seus encantamentos, assumindo a forma de tigres e serpentes. Mas não conseguiram, pois Nanak parecia ter sido um filósofo de verdade, que ensinava teísmo puro e inculcava a paz universal e a tolerância. Seus princípios, como os princípios dos fundadores de todas as religiões, foram desde então corrompidos por seus seguidores. É difícil evitar a conclusão de que o poder por meio do qual esses feitos eram executados é da mesma natureza daquele por meio do qual um magnetizador convence seu paciente de que a água que está bebendo é cerveja, ou a cerveja, vinho, e a analogia entre eles, em função da qual fica evidente um espírito poder se apresentar acompanhado daquilo que desejasse, ao olho do espectador. Naqueles exemplos onde figuras femininas são vistas com crianças nos braços, temos de supor que a aparição das crianças foi produzida dessa maneira.

Espíritos de trevas, no entanto, não podem, como observei antes, aparecer como espíritos de luz; a natureza moral não pode ser alterada. Numa ocasião, quando Frederica Hauffe perguntou a um espírito se podia aparecer da forma como desejasse, ele respondeu que não; que se ele tivesse vivido como um ser rude, deveria surgir como um ser rude; "assim como somos, assim aparecemos para vocês".

Esse poder plástico é demonstrado naqueles casos que relatei, onde a figura surgia pingando água, indicando o tipo de morte de que fora vítima; e também em casos como o de sir Robert H. E., onde a aparição apresentava um ferimento no peito. Há um vasto número de exemplos similares registrados em todos os países; mas mencionarei aqui um que ouvi dos lábios de um membro da família envolvida, no qual uma das ações triviais da vida foi curiosamente representada.

A srta. L. vivia no campo com seus três irmãos, a quem era muito ligada, assim como eles, a ela. Esses jovens, que se divertiam a manhã toda com suas perseguições ao ar livre, tinham o hábito de ir aos aposentos dela quase todo dia, antes do jantar, e de conversar com ela até serem chamados à sala de jantar. Um dia, quando dois deles tinham se reunido com ela, como de hábito, e conversavam alegremente diante da lareira, a porta se abriu e o terceiro chegou, atravessou o cômodo, entrou naquele ao lado, tirou as botas e então, em vez de se sentar ao lado deles, como de hábito, atravessou de novo o cômodo e saiu, deixando a porta aberta. E eles o viram subir as escadas em direção ao próprio quarto, onde, concluíram, iria trocar de roupa. Esse procedimento fora observado por todos; eles o viram entrar, o viram tirar as botas, subir as escadas, continuaram a conversa sem a menor suspeita de qualquer coisa extraordinária. Logo em seguida, o jantar foi anunciado; e como esse jovem não aparecia, solicitaram ao criado que lhe avisasse que estava sendo aguardado. O criado respondeu que ele ainda não voltara; mas, ao ser informado de que ele estaria em seu quarto, subiu as escadas para chamá-lo. Ele, porém, não estava lá, nem na casa. Nem suas botas foram encontradas ali onde ele as havia tirado. Enquanto ainda estavam se perguntando o que tinha sido feito dele, um vizinho chegou para anunciar à família que o amado irmão tinha sido morto durante uma caçada, e que o único desejo que expressou foi o de que pudesse ver sua irmã mais uma vez.

Observei em capítulo anterior, ao falar de espectros, quão desejável seria verificar se o fenômeno acontece antes ou depois da dissolução dos laços entre a alma e o corpo; desde então, fiquei plenamente satisfeita com relação à questão, na medida em que constatei que de fato ocorre às vezes depois da dissolução. Três casos me foram apresentados, da fonte mais confiável, onde o espectro foi visto a intervalos variáveis de um a três dias depois da morte da pessoa a cuja imagem correspondia; agravando e muito os entraves daquela teoria que considera esses fenômenos o resultado de uma interação, por onde o princípio vital de uma pessoa é capaz de influenciar outra, dentro de sua esfera, e assim faz dos órgãos do outro um objeto de sua vontade; um poder mágico, aliás, que excede de longe aquele que possuímos sobre nossos próprios órgãos. Não há aqui, no entanto, onde a morte ocorreu, nenhum organismo vivo para produzir esse resultado, e o fenômeno se torna, portanto, puramente subjetivo — uma mera ilusão espectral, acompanhada de uma coincidência, ou então uma influência do espírito desencarnado; e aqueles que se derem ao trabalho de investigar a questão, descobrirão que a quantidade dessas coincidências violaria qualquer teoria das probabilidades, em um grau que impede a aceitação daquela explicação. Não vejo, portanto, em que devemos recuar, se não for um ato de vontade do espírito liberto, a menos que consideremos que a operação da vontade do moribundo viajou tão devagar, que não fez efeito até um dia ou dois depois ter sido exercida, uma hipótese extravagante demais para ser admitida.

O dr. Passavant, cujo trabalho filosófico nesse departamento oculto da natureza é muito digno de atenção, considera essas aparições fato por demais comprovado para ser contestado; e procede a uma interessante dissertação com relação àquilo que os alemães chamam de *ação à distância*, ou o poder de agir em corpos à distância, sem qualquer condutor sensível, e cita como exemplo o caso de uma enguia que foi mantida viva por quatro meses em Estocolmo, e que, premida pela fome, podia matar peixes à distância, sem contato, acrescentando que raramente calculava mal a quantidade de choque necessária a esse propósito. Esses, e efeitos como esse, são atribuídos por essa escola de fisiologistas ao suposto fluido imponderável, o éter nervoso que mencionei em algum outro lugar, e que o dr. P. concebe, em casos de sonambulismo, em determinadas doenças e na aproximação da morte, estar menos ligado a seus condutores materiais, os nervos, e portanto ser capaz de estar mais ou menos livre e agir à distância, particularmente naqueles com quem um relacionamento, uma amizade ou o amor estabelece um vínculo ou polaridade; e ele observa que as substâncias que intervêm, ou a distância, não podem impedir essa ação, mais do que a ação do magnetismo mineral. E considera que é aqui que deve ser buscada a explicação para aquelas curiosas e assim chamadas coincidências de quadros que caem, relógios que param no momento da morte, e que com frequência vemos registradas.

Com relação aos espectros, ele observa que, quanto mais éter é liberado, como no transe ou na imediata aproximação da morte, mais facilmente a alma estabelece um vínculo com pessoas distantes; e que, portanto, ou age magicamente, de modo que o vidente percebe o corpo real da pessoa que está agindo nele, ou então vê o corpo etéreo, que se apresenta na forma perfeita do corpo carnal e que, enquanto a vida orgânica subsiste, pode momentaneamente se separar e aparecer em outro lugar, e esse corpo etéreo, segundo ele, é a forma fundamental da qual o corpo externo é apenas a cópia, ou casca.

Confesso que prefiro essa teoria do dr. Passavant, que me parece ir bem à raiz da questão. Temos aqui o "corpo espiritual" de São Paulo e o "nervo espírito" dos sonâmbulos; e seus efeitos mágicos são pouco mais extraordinários, se considerados adequadamente, do que sua ação em nossos corpos *materiais*. É este corpo etéreo que obedece ao espírito inteligente interior, e que é o agente intermediário entre o espírito e o corpo carnal. Aqui encontramos a explicação dos espectros: quando as pessoas estão em transe, ou em sono profundo, ou em coma, esse corpo etéreo pode se desconectar e aparecer em outro lugar; e penso que não deve ser muito difícil, para aqueles que estão nos seguindo até aqui, ir um pouco além e admitir que esse corpo etéreo deva ser indestrutível e sobreviver à morte do corpo material; e que possa, portanto, não apenas se tornar visível para nós, em determinadas circunstâncias, mas também produzir resultados que apresentem alguma similaridade com aqueles de que anteriormente era capaz, uma vez que, ao agir em nossos corpos durante a vida, já está agindo em uma substância material, de um modo tão incompreensível para nós, que podemos muito bem aplicar o termo *mágica* quando falamos dele, não fosse o fato de que o hábito nos tenha familiarizado com o maravilhoso.

É preciso observar que essa ideia de um corpo espiritual permeou toda a cristandade nas primeiras e mais puras eras do Cristianismo, antes que o sacerdócio — e por sacerdócio eu me refiro ao sacerdócio de todas as denominações — tenha lançado sua sombra e ofuscado, por suas várias heresias sectárias, o ensinamento puro de Jesus Cristo.

O dr. Ennemoser cita um caso curioso dessa *actio in distans*, ou ação à distância. Parece que Van Helmont, tendo afirmado ser possível para um homem extinguir a vida de um animal apenas com o olhar (*oculis intentis*), Rousseau, o naturalista, repetiu o experimento quando estava no Oriente, e desse modo matou diversos sapos; mas, em uma ocasião posterior, quando tentava a mesma experiência em Lyon, o animal, ao ver que não podia escapar, fixou nele o olhar, de modo que ele desmaiou, e pensou-se que havia morrido. Foi reanimado por meio de teriaga e pó de víbora — um remédio verdadeiramente homeopático! Porém, aqui provavelmente temos a origem da convicção popular universal de que existe alguma propriedade misteriosa no olhar de um sapo; e, também, da assim chamada superstição do *olho gordo*.

Um caso impressionante aconteceu há alguns anos em Kirkcaldy, quando uma pessoa, cuja sinceridade e respeitabilidade posso assegurar, vivia na família do coronel M., naquela localidade. A casa onde moravam ficava em uma extremidade da cidade, em uma espécie de cercado. Uma noite, quando o coronel M. havia jantado fora, e não estava ninguém em casa, além da sra. M., o filho dela (um jovem de uns 20 anos de idade) e Ann, a criada (minha informante), a sra. M. acenou para esta e chamou sua atenção para um soldado que estava andando para frente e para trás, na área de secar atrás da casa, onde algumas roupas estavam penduradas no varal. Ela se perguntou o que ele estaria fazendo ali e ordenou a Anna que fosse recolher a roupa, para que ele não roubasse nenhuma delas. A garota, temendo que pudesse ser alguém de má reputação, hesitou; mas a sra. M., no entanto, prometeu-lhe vigiar da janela para que nada lhe acontecesse, e ela foi; mas, ainda apreensiva com as intenções do homem, deu as costas para ele e, tirando depressa a roupa, levou-a para dentro da casa; e ele continuou a andar como antes, sem reparar absolutamente nela. Dentro em pouco, o coronel voltou, e a sra. M., sem perder tempo, levou-o até a janela para ver o homem, dizendo que não conseguia conceber o que ele estaria querendo, andando para um lado e para o outro ali, aquele tempo todo; nisso, Ann acrescentou, em tom jocoso, "acho que é um fantasma!" O coronel M. disse que "logo veria aquilo", e chamando um enorme cão que estava deitado na sala, e acompanhado do filho, que implorou permissão para ir também, saiu e se aproximou do estranho; nesse momento, para sua surpresa, o cão, que era um animal de grande coragem, imediatamente saltou para trás e lançou-se pela porta de vidro, que o coronel havia fechado atrás de si, estilhaçando-a e lançando vidro por toda parte.

O coronel, entretanto, avançou e desafiou o homem várias vezes, sem obter qualquer resposta ou atenção; até que por fim irritando-se, ergueu uma arma da qual se munira, dizendo que "falasse ou sofresse as consequências", e quando, ao se preparar para atirar, vejam!, não havia ninguém ali! O soldado desapareceu, e o moço desmaiou inconsciente no chão. O coronel M. pegou-o nos braços e, ao levá-lo para a casa, disse para a garota, "você tem razão, Ann. *Era* um fantasma!" Ele estava muito impressionado com o caso e lamentou muito a própria atitude, e também o fato de ter levado o filho com ele, imaginando provavelmente ter impedido alguma comunicação que fora pretendida. Para reparar, se possível, esses erros, saiu todas as noites e caminhou naquele lugar por algum tempo, na esperança de que a aparição retornasse. Por fim, disse que a vira e conversara com ela, mas que jamais revelaria o propósito da conversa a qualquer ser humano, nem mesmo à sua mulher. Os efeitos do ocorrido em seu próprio caráter foram perceptíveis a todos que o conheciam. Ele se tornou grave e pensativo, como alguém que tivesse passado por alguma experiência estranha. Ann H., mencionada acima, e de quem ouvi o caso, agora é uma mulher de meia idade. Quando o caso aconteceu, ela tinha uns 20 anos de idade. Pertence a uma família altamente respeitável e é, e sempre foi, uma pessoa de caráter e honestidade impecáveis.

Neste caso, assim como em diversos outros com que deparo, o animal tinha consciência da natureza da aparição, enquanto as pessoas à sua volta não tinham qualquer suspeita de qualquer coisa incomum. No caso singular que segue, temos que concluir que o vínculo se contrapôs a essa apreensão instintiva. Um fazendeiro, de Argyleshire, perdeu a mulher, e algumas semanas depois da morte desta, quando ele e o filho estavam atravessando uma charneca, viram-na sentada em uma pedra, com seu cão doméstico

204

aos pés, exatamente como este costumava fazer quando ela era viva. Ao se aproximarem do local, a mulher desapareceu, e supondo que o cão fosse igualmente uma visão, esperaram que desaparecesse, também; nesse momento, para sua surpresa, ele se levantou e se juntou a eles, e descobriram que era um animal de carne e osso. Como o lugar ficava a pelo menos 5 quilômetros de distância de qualquer casa, não podiam conceber o que poderia tê-lo levado até ali. Foi provavelmente a influência da vontade dela.

O poder da *vontade* é um fenômeno que tem sido observado em todas as eras do mundo, embora em anos recentes muito menos do que em períodos anteriores; e como antes era exercido com mais frequência para o mal do que para o bem, era visto como um ramo da arte da magia negra, ao passo que, sendo sua filosofia desconhecida, o demônio era considerado o agente real, e a bruxa ou feiticeira, apenas seu instrumento. A crença profunda na existência dessa arte é testemunhada pelas Dozes Tábuas de Roma, assim como pelos livros de Moisés e os de Platão etc. É um absurdo extremo supor que todos esses estatutos tenham sido instituídos para suprimir um crime que nunca existiu; e, com relação a essas bruxas e feiticeiras, é preciso lembrar, como o dr. Ennemoser justamente afirma, que a força de vontade não tem relação com a força ou a debilidade do corpo; haja vista os feitos extraordinários às vezes realizados por pessoas fracas sob arrebatamento etc.; e, embora essas bruxas e feiticeiras fossem com frequência pessoas fracas, decrépitas, elas ou acreditavam em sua própria arte, ou então que tinham um amigo ou coadjutor no demônio, que era capaz e tinha o desejo de ajudá-las. Elas, portanto, não duvidavam do próprio poder e tinham aquele importante requisito, a *fé*. *Querer e acreditar* era a explicação dada pelo Marquês de Puységur, para as curas que realizava. E essa inconscientemente tornava-se a receita para homens como Greatrix, o Pastor de Dresden e muitos outros milagreiros, e daí vemos por que em geral são os humildes, os simples e os infantis, os solitários, os reclusos, e ainda, os ignorantes, que exibem traços dessas faculdades ocultas; pois aquele que não pode acreditar, não pode *querer*, e o ceticismo do intelecto incapacita o mágico. E daí vemos também por que, em certas partes do mundo e em certos períodos da história, esses poderes e práticas prevaleceram. Eles eram objeto de crença por que existiam; e existiam porque eram objetos de crença. Havia uma contínua interação de causa e efeito — de fé e obra. Pessoas que lançam um olhar superficial para essas coisas se deliciam em dizer que, quanto mais as bruxas eram perseguidas, mais abundavam; e que, quando a perseguição cessou, não se ouviu mais falar nelas. Naturalmente; quanto mais eram perseguidas, mais acreditavam em bruxaria e nelas mesmas; quando a perseguição cessou, e os homens no poder declararam que não existia bruxaria nem bruxas, elas perderam a fé; e, com isso, aquela pequena soberania em relação à natureza, que a fé lhes havia conquistado.

Aqui vemos também uma explicação para o poder atribuído a bênçãos e pragas. A palavra de Deus é criativa, e o homem é o filho de Deus, feito à Sua imagem; e nunca supera sua infância, e costuma ser antes uma criança, quando se crê um sábio, "pois a sabedoria deste mundo", nunca é demais repetir, "é tolice diante de Deus" — e, sendo uma criança, suas faculdades são de pouca monta; mas, embora limitadas em quantidade, são divinas em espécie e estão latentes em todos nós; e ainda despontam aqui e ali para impressionar e deixar perplexos os sábios, e fazer felizes os tolos, que se esqueceram quase todos igualmente de sua origem, e repudiaram o que lhes é inato.

207

Capítulo XII
Espíritos Atormentados

Um caso muito curioso, ilustrativo do poder da vontade, foi-me recentemente narrado por um cavalheiro grego, e aconteceu com seu tio. Este, o sr. M., estava alguns anos antes viajando em Magnésia, com um amigo, quando chegaram à noite em uma estalagem, onde se viram desprovidos de qualquer coisa para comer. Concordaram então em que um deles deveria seguir em frente e se esforçar para conseguir comida; seu amigo se ofereceu para realizar a função, e o sr. M. estendeu-se no chão para repousar. Algum tempo tinha-se passado e o amigo ainda não retornara, quando sua atenção foi atraída por um sussurro no quarto; ele olhou, mas não viu ninguém, embora o sussurro prosseguisse, e parecia dar a volta junto à parede. Finalmente, aproximou-se dele; mas, embora tenha sentido uma queimação nas faces e ouvido distintamente o sussurro, não conseguiu entender as palavras. Nesse momento, ouviu os passos do amigo e pensou que estivesse voltando; mas, embora parecessem se aproximar bastante dele, e fossem perfeitamente claros, ele ainda não via ninguém; então, sentiu uma estranha sensação — um impulso irresistível de se levantar; sentiu-se *erguido*, através do quarto, para fora da porta e escada abaixo; ele tinha que ir, não podia evitar, até o portão da estalagem, e um pouco além, onde encontrou o corpo morto do amigo, que tinha sido assaltado, de saída, e esfaqueado por ladrões, infelizmente muito abundantes nas vizinhanças, naquele período.

Aqui vemos o desejo do espírito de comunicar seu destino ao sobrevivente; a imperfeição do vínculo ou da receptividade, que impediu uma comunicação mais direta; e o exercício de uma influência magnética, a que o sr. M. não pôde resistir, exatamente igual à de um magnetizador vivo sobre seu paciente.

Consta em diversas coleções inglesas uma história que teria ocorrido em meados do século passado, e que mencionarei aqui, graças à similaridade com aquela que virá em seguida.

O dr. Bretton, que em idade avançada foi nomeado reitor de Ludgate, tinha vivido em Herefordshire, onde se casou com a filha do dr. Santer, uma senhora muito pia e virtuosa. Após sua morte, uma antiga criada sua, a quem fora muito ligada, e que depois se casara, estava cuidando da filha em seu chalé, quando a porta se abriu e entrou uma mulher que lembrava tão perfeitamente a falecida Sra. Bretton, em trajes e aparência, que ela exclamou, "Se minha senhora não estivesse morta, eu pensaria que era ela!" Nisso, a aparição disse que era a própria e pediu-lhe que viesse com ela, pois tinha negócios importantes para comunicar. Alice objetou, muito assustada, que se dirigisse, não a ela, mas ao dr. Bretton; mas a sra. B. respondeu, *que tinha tentado fazê-lo, e que tinha estado diversas vezes no quarto dele com esse propósito, mas que ele continuava dormindo, e ela não tinha poder de fazer mais para acordá-lo senão descobrir seus pés.* Alice então suplicou que não tinha ninguém com quem deixar a criança, mas como a sra. B. prometeu que a criança iria dormir até ela voltar, por fim obedeceu às ordens e, tendo acompanhado a aparição até um terreno enorme, esta ordenou que o medisse com os pés e, depois de percorrer uma extensão considerável, a fez procurar o irmão e dizer-lhe que toda aquela extensão tinha sido indevidamente tirada aos pobres por seu pai, e que ele deveria restitui-la a eles, acrescentando que ela tinha maior interesse nisso, uma vez que seu nome tinha sido usado na transação. Quando Alice lhe perguntou como iria convencer o cavalheiro da autenticidade dessa missão, a sra. B. mencionou alguns fatos conhecidos apenas por ela e pelo irmão; conversou muito com a mulher e deu-lhe muitos bons conselhos, até que, ao ouvir os guizos dos cavalos, disse, "Alice, não posso ser vista por ninguém, além de você", e então desapareceu. Nisso, Alice procurou o dr. Bretton, que admitiu de fato ter ouvido alguém andar pelo seu quarto, de um modo inexplicável. Ao mencionar o caso ao irmão, este achou graça, até que Alice transmitiu o segredo que constituía suas credenciais, e nesse momento ele mudou de tom e declarou-se pronto a proceder à restituição solicitada.

O dr. Bretton parece não ter feito segredo dessa história, mas sim tê-la contado a diversas pessoas; e penso que conta em favor da história, que ela represente um exemplo notável dos vários graus de receptividade de diferentes indivíduos, onde não houve qualquer suspeita sobre a razão, nem se fez qualquer tentativa para explicar, por que a sra. Bretton não podia comunicar seus desejos ao marido tão facilmente quanto em relação a Alice. A promessa de que a criança deveria dormir, não era uma promessa maior do que a que muitos magnetizadores poderiam cumprir. Existem várias histórias interessantes de pessoas fracas e sofredoras que de súbito se curaram, e atribuíram sua recuperação à visita de uma aparição que tocara em seus membros etc.; e essas são mais interessantes por terem ocorrido antes do tempo de Mesmer, quando as pessoas em geral não sabiam nada sobre magnetismo vital. O dr. Binns cita o caso de um indivíduo chamado Jacob Olaffson, morador de uma pequena ilha pertencente à Dinamarca, que, depois de ter caído de cama muito doente e por duas semanas, foi encontrado muito bem, o que explicou dizendo que uma pessoa em trajes brilhantes o visitara durante a noite, e o tocara com a mão, e que naquele instante ele ficou curado. Mas o toque nem sempre é necessário, uma vez que sabemos que o olhar e a vontade podem produzir o mesmo resultado.

O outro caso a que aludi, como sendo semelhante ao da sra. Bretton, ocorreu na Alemanha, e é contado pelo dr. Kerner.

O falecido sr. L. St.—, diz ele, deixou este mundo com uma excelente reputação, sendo na época superintendente de uma instituição de assistência aos pobres, em B—. O filho herdou sua propriedade e, em reconhecimento aos serviços leais da antiga criada do pai, trouxe-a para a família e a instalou em uma casa de campo, a poucos quilômetros de B—, que fazia parte de sua herança. Fazia pouco tempo que se estabelecera quando foi acordada à noite, não soube dizer como, e viu um homem alto, de feições pálidas, em seu quarto, e que lhe era visível por uma luz que parecia sair dele mesmo. Ela puxou a roupa de cama, cobrindo a cabeça; mas como essa aparição lhe surgiu repetidas vezes, ficou tão alarmada que mencionou ao seu senhor, pedindo permissão para demitir-se de suas funções. Ele, no entanto, riu dela, disse-lhe que era tudo imaginação e prometeu dormir no cômodo ao lado, para que ela pudesse chamá-lo sempre que o pânico tomasse conta dela. Ele o fez; mas quando o espectro voltou, ela ficou tão angustiada de terror, que percebeu ser impossível erguer a voz. Seu senhor então lhe aconselhou que perguntasse o motivo da visita. Ela o fez; nisso, a aparição acenou que ela o seguisse, o que, depois de algum esforço, ela arregimentou forças para fazer. A aparição então levou-a a descer alguns degraus até um corredor, onde apontou para um armário fechado e deu-lhe a entender, por sinais, que ela o abrisse. Ela então comunicou que não tinha chaves, e nisso a aparição disse, em palavras suficientemente articuladas, onde poderia encontrar uma. Ela procurou a chave e, ao abrir o armário, encontrou um pequeno pacote, que o espírito desejou que devolvesse ao diretor da instituição para os pobres em B—, com a ordem de que o conteúdo deveria ser utilizado em benefício dos internos; sendo, essa restituição, o único meio pelo qual ele poderia obter sossego e paz no outro mundo. Tendo mencionado o caso ao patrão, que ordenou que ela agisse conforme fora desejado, ela levou o pacote ao diretor e o entregou sem comunicar o modo pelo qual havia chegado às suas mãos. Anotaram seu nome no livro, e ela foi dispensada; mas, depois que se foi, descobriram, para a surpresa deles, que o pacote continha uma ordem de trinta mil florins, que o falecido sr. St.— tinha furtado da instituição e utilizado para si próprio.

O sr. St.—, filho, foi então convocado a pagar o valor, e, recusando-se a fazê-lo, o caso foi levado às autoridades, e a criada tendo sido presa, ambos foram confrontados na corte, onde ela contou em detalhes as circunstâncias pelas quais o pacote tinha chegado às suas mãos. O sr. St.— negou a possibilidade do ocorrido, declarando que tudo aquilo, por uma razão ou outra, deveria ser invenção dela. De repente, enquanto fazia sua defesa, sentiu um toque no ombro, que o fez se assustar e olhar em volta, e nesse mesmo instante a criada exclamou, "Vejam! Aí está ele agora! Aí está o fantasma!" Ninguém percebeu a figura, exceto a mulher e o sr. St.—; mas todos os presentes, o ministro inclusive, ouviram as seguintes palavras, "meu filho, repare a injustiça que cometi, para que eu possa ficar em paz!" O dinheiro foi pago; e o sr. St.— foi tão afetado por esse doloroso episódio, que contraiu uma doença grave, da qual com muita dificuldade se recuperou.

O dr. Kerner diz que esses casos ocorreram no ano de 1816 e causaram uma considerável sensação na época, embora, a um pedido sincero da família do sr. St.—, tenha havido uma tentativa de abafá-lo; acrescentando que, no mês de outubro de 1819, um cidadão muito respeitável de B— garantiu-lhe que era sabido de todos na cidade que o fantasma do falecido superintendente aparecera para a criada e lhe indicara onde poderia encontrar o pacote; que ela consultara o ministro da paróquia, que ordenou que o entregasse, conforme a orientação; que ela fora em seguida presa; e o caso, levado às autoridades, onde, enquanto fazia sua defesa, o sr. St.— sentira um toque no ombro, de uma mão invisível, e que o sr. St.— ficou tão afetado com essas circunstâncias, tornadas públicas apesar dos esforços para abafá-la, que ele não sobreviveu muito tempo ao episódio.

Grose, o antiquário, fica muito feliz com a observação de que fantasmas não saem por aí resolvendo seus negócios como outras pessoas; e que, em casos de assassinato, em vez de irem ao juiz de paz mais próximo, ou ao parente mais próximo do falecido, um fantasma dirige-se a alguém que não tinha nada a ver com a questão, ou flutua sobre o túmulo onde o corpo está depositado. "O mesmo método sinuoso é seguido", ele diz, "com respeito à compensação de órfãos ou viúvas lesados; onde parece que a via mais curta e mais segura seria atormentar a pessoa culpada pela injustiça, até que esta ficasse aterrorizada para cumprir a reparação". Vemos o mesmo tipo de restrição ser feita à história do fantasma de sir George Villiers que, em vez de se dirigir ao filho, o duque de Buckingham, para avisar do perigo, dirigiu-se a um inferior, e o aviso por fim foi ineficaz, uma vez que o duque não aceitou conselho; mas sem dúvida tais restrições são tão absurdas como a conduta do fantasma: ao menos, penso que não pode haver nada mais absurdo do que pretender prescrever leis à natureza e julgar algo a respeito do que sabemos tão pouco.

Das zombarias consagradas a respeito de fantasmas, o súbito desaparecimento deles é uma muito profícua; mas penso que se examinarmos a questão descobriremos que não há nada de cômico no assunto, além da ignorância ou da falta de reflexão dos zombeteiros.

Em primeiro lugar, como observei antes, um espírito deve estar onde estão seus pensamentos e afetos, pois eles são isto mesmo — *nossos* espíritos estão onde nossos pensamentos e afetos estão, embora nossos corpos sólidos permaneçam estáveis; e ninguém irá supor que paredes ou portas, ou obstáculos materiais de qualquer natureza, possam impedir a passagem de um espírito, mais do que podem impedir a passagem de nossos pensamentos.

Mas então, existe o corpo visível do espírito — o que é? E como mantém sua forma? Pois sabemos que há uma lei, descoberta por Dalton, que diz que duas massas gasosas não podem permanecer em contato, que imediatamente se fundem uma na outra; do mesmo modo, podemos adiantar, um corpo gasoso na atmosfera é uma impossibilidade, porque não poderia manter sua forma, mas iria inevitavelmente se dissolver e se misturar ao ar à sua volta. Mas precisamente essa objeção poderia ser feita por um químico em relação à possibilidade de nossos corpos carnais permanecerem íntegros e compactos; pois do corpo humano, considerado como um todo, sabe-se que é um composto químico impossível, não fora a vitalidade que o sustenta; e assim que a vida é suprimida, ele sucumbe em putrefação; e é inegável que esse corpo aeriforme seria um fenômeno mecânico impossível, a menos que a vitalidade que estamos autorizados a supor possa sustentá-lo. Mas assim como o estado ou a condição do organismo protege o corpo carnal das reações naturais que o destruiriam, pode uma condição análoga do organismo proteger um corpo espiritual etéreo da influência destrutiva da fusão mútua de gases.

Supondo, portanto, que esse corpo aeriforme seja um acessório permanente do espírito, percebemos como pode subsistir e manter sua integridade, e seria tão razoável esperar impedir a passagem do fluido elétrico por meio de paredes ou portas, como o seria impedir por meio dos mesmos essa forma sutil e fluente. Se, do contrário, a forma for apenas algo construído a partir da atmosfera por um ato de vontade, o mesmo ato de vontade, que é uma força vital, irá preservá-la íntegra, até que, retirando-se a vontade, ela se dissolva. Em ambos os casos, no momento em que a vontade ou o pensamento do espírito está em outro lugar, ele se foi — desapareceu.

Pois aqueles que preferem a outra hipótese, a saber, que não há qualquer forma discernível, mas que a vontade do espírito, agindo na imaginação construtiva do vidente, permite-lhe conceber forma, como o espírito mesmo a concebe, não deve ser difícil entender que o tornar-se visível dependerá meramente de um ato de vontade semelhante.

Capítulo XIII
Casas mal-assombradas

Todos já ouviram falar em casas mal-assombradas: e não há país, e quase não há lugar, onde se desconheça ou não se tenha ouvido falar de algo do gênero; e suponho que não exista alguém que, no curso de suas viagens, não tenha visto casas muito respeitáveis, de boa aparência, trancadas e desabitadas, porque lhes tenha sido atribuída essa má reputação. Vi diversas assim, de minha parte; e é notável que essa *mala fama* nem sempre, de modo algum, seja atribuída a construções consideradas detestáveis a ponto de suscitar tais suspeitas. Por exemplo, nunca ouvi falar que um fantasma tenha sido visto ou ouvido em Haddon Hall, a mais fantasmagórica das casas; nem em Holyrood, nem em muitas outras construções antigas, de aparência misteriosa, onde se poderia esperá-los, enquanto, às vezes, uma casa de aspecto muito prosaico fica inabitada e finalmente se deixa arruinar por nenhuma outra razão, assim nos dizem, além do fato de que ninguém consegue viver nela. Lembro-me, em minha infância, de uma casa assim em Kent — creio que na estrada entre Maidstone e Tunbridge — que tinha essa reputação. Não havia nada de sombrio nela; não era nem grande nem velha; e ficava à beira de uma estrada bem frequentada; ainda assim, me garantiram que ficara vazia durante anos; e, enquanto vivi naquela parte do país, nunca viu um habitante, e acredito que por fim tenha sido demolida; e tudo apenas por que era mal-assombrada e ninguém podia viver nela. Soube com frequência de gente que, enquanto viajava pelo continente, alugava casas por um valor surpreendentemente baixo, além disso ouvi por diversas vezes que muitas coisas estranhas aconteciam quando estavam lá. Lembro-me, por exemplo, de uma família de nome S. S., que conseguiu uma casa muito bonita por um aluguel satisfatoriamente baixo em algum lugar na costa da Itália — penso que em Mola de Gaeta. Viviam nela com muito conforto, até que um dia, enquanto a sra. S. S. estava sentada na sala de visitas, que dava para um varanda sobre o mar, viu uma mulher vestida de branco passar diante das janelas, que estavam todas fechadas. Concluindo que era uma de suas filhas, que tivesse sido trancada do lado de fora acidentalmente, ela se levantou e abriu a janela para deixá-la entrar, mas, ao olhar naquela direção, para seu espanto, não viu ninguém ali, embora não houvesse saída possível da varanda, a não ser saltando para o mar. Ao mencionar o caso para alguém na vizinhança, disseram que "era por isso que tinham conseguido uma casa tão barata; ninguém gostaria de morar ali".

Ouvi falar de várias casas, mesmo em cidades populosas, às quais algumas estranhas circunstâncias do gênero eram atribuídas — algumas mesmo em Londres, na cidade e nos arredores; e, além disso, coisas inexplicáveis de fato acontecem com aqueles que habitam nelas. Portas que se abrem e fecham estranhamente, um murmúrio de fricção, às vezes um sussurro e, com frequência, ruído de passos. Há uma casa em Ayrshire a que se atribuiu esse tipo de coisas durante anos, a ponto de ter sido por fim entregue a um casal de idosos, que se diziam tão acostumados com aquilo, que não se importavam. Uma escritora conhecida me disse que algum tempo antes passou uma noite na casa de uma conhecida, em um dos condados no interior da Inglaterra. Ela e sua irmã ocupavam o mesmo quarto e, de noite, ouviram alguém subindo as escadas; os passos vinham nitidamente em direção à porta, então viraram, subiram para o andar seguinte, e foram ouvidos acima de suas cabeças. De manhã, quando lhes perguntaram se dormiram bem, mencionaram o caso. "É o que todos que dormem naquele quarto escutam", disse a dona da casa. "Muitas vezes, quando dormi lá, abri o trinco que de noite fica fechado, convencida de que a ama estava trazendo o bebê para mim; mas não via ninguém. Tentamos a todo custo descobrir o que era, mas em vão; e agora estamos tão acostumados que paramos de nos preocupar com o assunto".

Conheço duas ou três outras casas nesta cidade, e uma nas vizinhanças, onde casos dessa natureza estão acontecendo ou aconteceram ultimamente; mas as pessoas silenciam sobre eles, com medo de que riam, e também ficam apreensivas de manchar a reputação de uma casa; por isso, não me demoro nos detalhes; mas fazia algum desde que fama do gênero fora atribuída a uma casa na rua S. J—, e alguns dos detalhes vieram a público. Estava vazia por um longo tempo, em razão dos aborrecimentos de que foram alvos seus habitantes. Havia um quarto em particular que ninguém ocupava sem ser perturbado. Em certa ocasião, um jovem que estivera fora durante um tempo considerável,no exército ou na marinha, ao chegar, foi levado para dormir lá, uma vez que, desconhecendo esses relatos, esperava-se que seu descanso não fosse interrompido. De manhã, no entanto, reclamou da noite terrível que passara, com pessoas olhando para ele por entre as cortinas da cama, a noite inteira, e declarou sua decisão de encerrar a visita naquele mesmo dia, uma vez que não iria mais dormir lá. Depois desse período, a casa ficou vazia de novo por um tempo considerável, mas finalmente foi ocupada, e contrataram trabalhadores para reformá-la. Um dia, quando os homens estavam fora, jantando, o mestre de obras pegou a chave e foi inspecionar a obra, e tendo examinado os quartos de baixo, estava subindo as escadas quando ouviu passos de um homem atrás de si. Olhou em volta, mas não havia ninguém, e seguiu em frente; mas ainda havia alguém o seguindo, e ele parou e olhou por cima do corrimão, mas não havia ninguém à vista. Então, embora sentindo-se um pouco embaraçado, avançou para a sala de visitas, onde a lareira estava acesa; querendo combater a sensação desconfortável que tomava conta dele, pegou uma cadeira e bateu com ela resolutamente de encontro à lareira e depois sentou-se nela; aí, para seu espanto, a ação, em todos os seus detalhes sonoros, foi imediatamente repetida por seu companheiro invisível, que pareceu estar sentado ao lado dele em uma cadeira tão invisível quanto o próprio. Tomado de horror, o digno construtor assustou-se e correu para fora da casa.

Há uma casa na rua S—, em Londres que, tendo permanecido vazia por um bom tempo, finalmente foi ocupada pelo lorde B. A família estava sendo assediada por diversas ocorrências desagradáveis e pelo som de passos, ouvidos com frequência, em particular no quarto de lady B. que, embora não pudesse ver a forma, ocasionalmente ficava ciente de sua proximidade.

Faz algum tempo, um cavalheiro, tendo-se estabelecido em uma hospedaria em Londres, sentiu, na primeira vez que dormiu lá, seus lençóis serem puxados para baixo da cama. Imaginou que ele mesmo o tivesse feito durante o sono, e puxou-os de novo; mas a coisa repetiu-se; ele se levanta cada vez que isso acontece — não vê ninguém — nenhuma corda — nenhuma explicação possível, e também não recebe nenhuma do pessoal da casa, que parece apenas aflito e incomodado. Ao mencionar o caso na vizinhança, é informado que a mesma coisa aconteceu com diversos ocupantes da hospedaria; a qual, é claro, ele deixou.

Os casos sucedidos em New House, em Hampshire, conforme detalhados pelo sr. Barham no terceiro volume de "The Ingoldsby Legends" [As Lendas de Ingoldsby] são tidos por perfeitamente autênticos, assim como os seguintes, que ouvi de uma criada altamente respeitável que residia numa família conhecida: — Ela me informa que, não fazia muito tempo, trabalhava para o coronel W. e sua esposa que, estando em Carlisle, alugaram uma casa mobiliada por preço muito baixo, porque ninguém gostava de morar ali. A família, no entanto, não teve nenhum aborrecimento e não deu importância aos rumores que tinham mantido a casa vazia. Havia, porém, dois quartos completamente sem mobília e, como a casa era grande, abstiveram-se de usá-lo, até que veio a semana da corrida, quando, esperando visitas, esses dois quartos foram temporariamente arrumados para o uso das amas e das crianças. Havia pesadas venezianas nas janelas, e, no meio da noite, a pessoa que me relatou o caso foi despertada pelo som nítido do subir e descer brusco dessas venezianas, talvez umas vinte vezes. O fogo da lareira estava baixo e ela não conseguia ver se estavam de fato sendo operadas, mas permaneceu deitada, tremendo em indescritível terror. Nesse momento, ouviu passos no quarto e batidas, como se diversos homens estivessem andando descalços. Enquanto estava deitada nesse estado de agonia, reconfortou-se ao ouvir a voz de uma ama, que dormia em outra cama no mesmo quarto e exclamou "Deus tenha piedade de nós!" Essa segunda mulher então perguntou à primeira se ela tinha coragem de sair da cama e avivar o fogo, para que pudessem enxergar; o que, com muito esforço, ela fez; a lareira ficava perto da cama. Porém, não havia nada para ser visto; tudo estava precisamente como quando foram se deitar. Em outra ocasião, quando estavam sentadas de noite, trabalhando, ouviram nitidamente alguém contando dinheiro; e o tilintar das moedas sendo depositadas. O som procedia do quarto mais interno dos dois: mas não havia ninguém lá. Essa família deixou a casa e, embora fosse ampla e cômoda, souberam que permaneceu desocupada, como antes.

Um cidadão respeitável de Edimburgo, não há muito, foi à América visitar o filho, que tinha se casado e se estabelecido lá. Na manhã seguinte à sua chegada, declarou sua decisão de voltar no mesmo instante para a Filadélfia, de onde a casa distava consideravelmente; ao ser interrogado com relação à causa dessa partida súbita, disse que na noite anterior ouvira um homem caminhar por seu quarto, aproximar-se da cama, abrir as cortinas e inclinar-se sobre ele. Imaginando que fosse alguém que tinha se escondido ali com más intenções, golpeou o sujeito com violência; para seu horror, seu braço atravessou o corpo sem resistência.

Certamente, não seria preciso razões mais fortes para nos induzir a empregar o período que nos é concedido na Terra nos prazeres e ocupações puros e inocentes que nunca exaurem ou enjoam a alma, e não na crença de que um tal futuro nos espera!

Quando a mãe de George Canning, então sra. Hunn, era uma atriz nas províncias, foi, entre outros lugares, a Plymouth, tendo previamente solicitado a um amigo, o sr. Bernard, do teatro, que buscasse hospedagem para ela. Quando chegou, o sr. B disse-lhe que, se ela não tivesse medo de um fantasma, poderia conseguir uma residência confortável por um valor muito baixo; "pois há", disse ele, "uma casa que pertence ao nosso carpinteiro, tida por mal-assombrada, e ninguém quer morar nela. Se quiser ficar lá, pode, e de graça, acredito, pois ele está muito ansioso para conseguir um inquilino; só não pode deixar ninguém saber que você não paga aluguel por ela".

A sra. Hunn, aludindo às aparições no teatro, disse que não seria a primeira vez que teria que lidar com um fantasma, e que estava muito disposta a conhecer este; então, levaram sua bagagem para a casa em questão e prepararam sua cama. Na hora usual, ela mandou a criada e os filhos para a cama e, curiosa para ver se havia algum fundamento nos rumores que escutara, sentou-se com um par de velas e um livro, para observar o evento. Debaixo do quarto que ocupava, ficava a oficina do carpinteiro, que tinha duas portas; a que dava para a rua estava fechada por uma barra e trancada por dentro; a outra, menor, que dava para um corredor, estava fechada apenas com uma trave; e a casa, é claro, permanecia fechada durante a noite. Ela tinha lido durante pouco mais de meia hora, quando ouviu um barulho vindo do cômodo de baixo, que se parecia muito com o serrar de madeira; nesse momento, outros barulhos como aqueles que normalmente se ouvem em uma oficina de carpintaria se somaram àquele, até que, aos poucos, ouvia-se todo um concerto de batidas e marteladas, serras e planadores etc.; soava como uma meia dúzia de homens totalmente ocupados. Sendo uma mulher de considerável coragem, a sra. Hunn resolveu, na medida do possível, adentrar o mistério; então, tirando os sapatos para que sua aproximação não fosse ouvida, e com a vela nas mãos, com muito cuidado abriu a porta e desceu as escadas, e o barulho prosseguiu tão alto como antes, nitidamente vindo da oficina, até que ela abriu a porta e, nesse instante, tudo ficou em silêncio — tudo estava imóvel — nem um rato se mexia; e as ferramentas e a madeira, e tudo o mais, estava como tinham sido deixadas pelos trabalhadores, quando foram embora. Tendo examinado cada canto do lugar, e convencida de que não havia ninguém ali, e de que ninguém poderia entrar lá, a sra. Hunn subiu de novo para o quarto, começando quase a duvidar de seus próprios sentidos e a se questionar se realmente tinha ouvido aqueles barulhos ou não, quando este recomeçou e prosseguiu, sem interrupção, por cerca de meia hora. Ela no entanto foi para a cama e, no dia seguinte, não contou a ninguém o que tinha ocorrido, tendo decidido observar por mais uma noite, antes de mencionar o caso a qualquer pessoa. Como, no entanto, essa estranha cena aconteceu de novo, sem que ela pudesse descobrir a causa, mencionou então o caso ao proprietário da casa e à sua amiga, Bernard; e o primeiro, que não acreditou, concordou em observar com ela, o que fez.

O barulho recomeçou, como antes, e ele ficou tão horrorizado que, em vez de entrar na oficina, como ela gostaria que ele fizesse, correu para a rua. A sra. Hunn continuou a ocupar a casa durante todo o verão e, quando mais tarde se referiu à aventura, observou que aquilo para ela era natural; e que tinha certeza de que se alguma daquelas noites aqueles carpinteiros fantasmas não tivessem realizado seus afazeres fantasmagóricos, ela teria ficado temerosa de que pudessem visitá-la no andar de cima.

Nos muitos casos registrados, percebo ser fortemente amparada pelos fatos a crença comum de que dinheiro enterrado é causa frequente de perturbações. Isso decerto nos parece muito estranho; e só pode ser explicado pela hipótese sugerida, de que a alma desperta no outro mundo exatamente no mesmo estado em que deixou este.

Nos casos mencionados acima, daquilo que é chamado de *casas mal-assombradas*, em geral não se vê nada, mas são igualmente abundantes os casos em que o visitante fantasma é visível.

Duas jovens senhoras estavam passando a noite numa casa no norte quando a mais jovem, então uma criança, acordou e viu um homem idoso trajando uma boina escocesa, a andar pelo seu quarto. Ela disse, ao contar a história depois disso, que não ficou nem um pouco assustada, ficou apenas surpresa; mas descobriu que sua irmã, que era vários anos mais velha que ela, estava em estado de grande terror. Ele continuou a se mover por algum tempo e por fim foi até uma cômoda, onde havia um pacote de botões que tinha pertencido a um costureiro viajante que trabalhara na casa. Se o velho os atirou no chão, ela não sabia dizer, mas nesse momento todos os botões caíram das gavetas, rolando pelo chão, e nisso ele desapareceu. Na manhã seguinte, quando mencionaram o caso, ela observou que a família olhava um para o outro de uma maneira significativa; mas foi só quando ficou mais velha que soube que diziam que a casa era assombrada por esse velho. "Nunca me ocorreu", disse ela, "que fosse um fantasma — quem teria imaginado um fantasma vestindo uma boina escocesa?"

Monsieur De S. tinha se apaixonado violentamente por Hippolyte Clairon, a célebre atriz francesa, mas esta rejeitou sua corte de modo tão incisivo que, mesmo quando ele estava a ponto de morrer, ela recusou suas ardentes súplicas para visitá-lo. Indignado com sua crueldade, declarou que iria assombrá-la e sem dúvida manteve sua palavra. Acredito que ela nunca viu o seu fantasma, mas ele parece ter estado sempre perto dela; pelo menos, em várias ocasiões em que duvidavam do fato, ele sinalizava sua presença, ao chamado dela, com diversos sons, e isso onde quer que ela estivesse. Em algumas ocasiões, com um grito — em outras, com um som de tiro ou um bater de mãos, ou música. Ela parece ter levado muito tempo para acreditar no caráter sobrenatural desses barulhos; e mesmo quando estava finalmente convencida, parece ter ficado indecisa entre o horror, por um lado, e a diversão, dado o insólito das circunstâncias, por outro. Os sons eram ouvidos por todos à sua volta; e fui informado pelo sr. Charles Kirkpatrick Sharpe, que o marquês de Anspach, que depois foi amante dela, e o sr. Keppel Craven estavam perfeitamente familiarizados com as circunstâncias da assombração, e não tinham dúvidas sobre os fatos a que me referi acima.

O fantasma conhecido pelo nome de "A Senhora de Branco", que é com frequência visto em diferentes castelos ou palácios pertencentes à Família Real da Prússia, foi mencionado em outra publicação, eu creio. Durante muito tempo, supôs-se que se tratasse da condessa Agnes de Orlamunde; mas a foto de uma princesa chamada Bertha, ou Perchta von Rosenberg, descoberta há algum tempo, lembra tão perfeitamente a aparição, assim dizem, que é um ponto controverso se se trata de uma senhora ou da outra; ou se é ou não é a mesma aparição, vista em diferentes lugares. Nenhuma dessas senhoras parece ter sido muito feliz em vida; mas a opinião de que se trata da princesa Bertha, que viveu no século quinze, de alguma forma é amparada pelo fato de que, num período em que, graças à guerra, um benefício anual concedido por ela aos pobres foi negligenciado, sua aparição parece ter ficado perturbada de maneira incomum e foi vista com mais frequência. Ele é vista amiúde antes de uma morte; e um dos Fredericos disse, um pouco antes de morrer, que "não deveria viver muito, pois tinha visto a Senhora de Branco". Ela usa uma fita e um véu de viúva, mas suficientemente transparente para revelar suas feições, que não expressam felicidade, mas placidez. Apenas duas vezes ouviram-na falar. Em dezembro de 1628, apareceu no palácio de Berlim, e ouviram-na dizer, "Veni, judica vivos et mortuos! Judicium mihi adhuc superest". — Venha, julgue os vivos e os mortos! Espero pelo julgamento.

Em outra ocasião, mais recente, uma das princesas do castelo de Neuhaus da Boêmia estava de pé diante de um espelho, experimentando um novo penteado, quando, ao perguntar à sua camareira que horas eram, a senhora de branco surgiu subitamente de trás de um biombo e disse "Zehn uhr ist es ihr Liebden! — São dez horas, *ihr Liebden!*" que é como as princesa

224

soberanas dirigem-se umas às outra, em vez de "Vossa Alteza" A princesa ficou muito alarmada, logo caiu doente e morreu algumas semanas depois. Ela com frequência evidenciou desgosto às demonstrações de impiedade ou vício; e há inúmeros registros de suas diferentes aparições nos trabalhos de Balbinus e de Erasmus Francisci; e em uma publicação chamada "A Íris", editada em Frankfurt, em 1819, o editor George Doring, de quem se diz que era um homem de grande integridade, dá o seguinte relato de uma de suas últimas aparições, e declara fazê-lo do modo como o recebeu, dos lábios de sua própria mãe, em cuja palavra e julgamento podia confiar plenamente; e, pouco antes da sua morte, ao ser questionado sobre a correção da narrativa, ele assegurou sua autenticidade.

Parece que a irmã mais velha de sua mãe fazia companhia a uma das senhoras da corte, e que as mais jovens tinham o hábito de visitá-la com frequência. Duas delas (a mãe de Doring e outra), aos 14 e 15 anos, estavam certa vez passando a semana com ela, quando, ela estando fora, e elas, sozinhas com suas tarefas de costura e conversando sobre as diversões da corte, de repente ouviram o som de um instrumento de corda, como uma harpa, que parecia provir de trás de um grande fogão que ocupava um canto do aposento. Entre assustadas e divertidas, uma das garotas pegou um metro que estava ao lado delas, e com ele golpeou o local, e nisso a música cessou, mas o objeto foi arrancado de sua mão. Ela ficou alarmada; mas a outra, chamada Christina, riu e disse que ela devia ter imaginado aquilo, acrescentando que a música, sem dúvida, provinha da rua, embora eles não pudessem avistar nenhum músico. Para superar o medo, do qual estava um pouco envergonhada, aquela saiu correndo do quarto para visitar um vizinho por alguns minutos, mas, quando voltou, encontrou Christina deitada no chão, desmaiada; e que, ao ser reanimada, com a ajuda dos criados que ouviram um grito, contou que, assim que sua irmã a deixou, o som se repetiu, perto do fogão, e uma figura branca apareceu e avançou em sua direção, e ela gritou e desmaiou.

A mulher, proprietária dos apartamentos, gabava-se de que a aparição indicava que havia um tesouro escondido embaixo do fogão, e, impondo silêncio às garotas, mandou chamar um carpinteiro, que arrancou as tábuas. O chão que encontraram era duplo, e debaixo havia um vão de onde saía um vapor insalubre, mas nenhum tesouro foi encontrado, nada além de uma porção de cal viva. O caso foi levado ao conhecimento do rei, e este não expressou qualquer surpresa; disse que a aparição sem dúvida era da condessa de Orlamunde, que tinha sido enterrada viva naquele vão. Ela era amante de um marquês de Brandemburgo, com quem teve dois filhos. Quando o príncipe ficou viúvo, ela esperou que eles se casassem; mas ele advertiu, em tom de objeção, que temia, naquele caso, que os filhos dela pudessem a partir de então disputar a sucessão com os herdeiros legítimos. Para remover esse obstáculo do caminho, ela envenenou as crianças; e o marquês, revoltado e alarmado, em troca enterrou-a naquele vão. Ele acrescentou que ela costumava ser vista a cada sete anos, e era precedida por um som de harpa, um instrumento que dominava; acrescentou também que aparecia com mais frequência para crianças do que para adultos, como se o amor que tinha negado a suas próprias crias, em vida, fosse agora seu tormento, e que buscava uma reconciliação com a infância em geral. Sei das melhores fontes que essas aparições não são postas em dúvida por aqueles que tiveram as melhores oportunidades para perguntar e investigar; e lembro-me de ter lido nos jornais ingleses, há alguns anos, um parágrafo copiado de jornais estrangeiros, dizendo que a Senhora de Branco tinha sido vista de novo, creio que em Berlim.

Há uma história contada por Plínio, o Moço, de uma casa em Atenas onde ninguém podia viver, por ser mal-assombrada. Finalmente, o filósofo Atenodoro entrou nela; e na primeira noite em que estava lá, parece ter-se comportado muito como a corajosa sra. Canning o fez, em uma ocasião similar, em Plymouth. Ele mandou os criados para a cama e pôs-se sério a trabalhar, escrevendo, determinado a não deixar a fantasia à solta para enganá-lo. Durante algum tempo tudo estava tranquilo, e sua mente plenamente concentrada em seu trabalho, quando ouviu um som como o do chacoalhar de correntes — que era o som que assustava a todos na casa; mas Atenodoro fechou os ouvidos, manteve-se concentrado em seus pensamentos e escreveu, sem erguer os olhos. O barulho, no entanto, aumentou; aproximou-se da porta, entrou no quarto; ele então olhou em volta e viu a figura de um velho magro, abatido e sujo, descabelado, de longa barba, com o dedo levantado, acenando para ele. Atenodoro fez um gesto com a própria mão, em resposta, sinalizando que esperasse, e continuou a escrever. Então, a figura avançou e balançou as correntes por sobre a cabeça do filósofo que, ao olhar para cima, o viu acenando, como antes; nisso, levantou-se e o seguiu. A aparição caminhou lentamente, como se obstruída por suas correntes, e tendo-o conduzido até um determinado lugar no pátio que separava as duas partes de uma casa antiga, na Grécia, ela de repente desapareceu. Atenodoro, juntou alguma grama e folhas para marcar o lugar e, no dia seguinte, recomendou que as autoridades cavassem, o que fizeram, e encontraram o esqueleto de um ser humano envolto em correntes. Ao ser retirado de lá, e realizados os procedimentos do enterro, a casa não foi mais perturbada.

Mas talvez um dos casos mais notáveis de assombração nos tempos modernos seja o de Willington, perto de Newcastle, sobre o qual, no entanto, o sr. Howitt antecipou-se a mim; e como teve a vantagem de visitar o lugar, o que eu não tive, vou tomar a liberdade de tomar emprestada a sua descrição do caso, prefaciando o ocorrido com a seguinte carta do sr. Procter, o proprietário da casa que, veremos, garante a total autenticidade da narrativa. A carta foi escrita em resposta a uma em que lhe solicitei algumas informações mais precisas do que as que eu tinha conseguido.

"Joseph Procter espera que C. Crowe lhe perdoe o fato de que sua carta tenha ficado duas semanas sem resposta, mas nesse período J. P. esteve ausente, ou particularmente ocupado. Sentindo-se avesso a acrescentar ao caso ocorrido em sua casa, em Willington, mais publicidade do que já teve, J. P. prefere não fornecer detalhes adicionais; mas se C. C. não tem em mãos um exemplar do 'Howitt's Journal', que traz uma série de detalhes sobre o assunto, ele ficará contente em lhe enviar um. Ao mesmo tempo, garante a C. Crowe a rigorosa exatidão do trecho da narrativa de W. Howitt, extraído do 'Richardson's Table Book' [O Diário de Richardson]. As afirmações de W. Howitt, que têm origem na lembrança de sua comunicação verbal com ramos da família de J. Procter, são igualmente corretas em essência, embora, como se pode esperar, até certo ponto, circunstancialmente equivocadas.

"J. P. pede permissão para expressar sua convicção de que a descrença das classes instruídas em aparições de mortos e fenômenos do gênero não tem fundamento em exame filosófico adequado dos fatos que induziram a crença popular de todos os tempos e países; e que as gerações futuras verão isso como algo pouco razoável, e como um um preconceito igualmente pouco razoável.

"Willington, junto a Newcastle-on-Tyne
22 de julho de 1847."

"Visitas a lugares notáveis
por William Howitt
A casa mal-assombrada de Willington, junto a Newcastle-on-Tyne.

"Temos declarado nos últimos anos como fato estabelecido que fantasmas e casas mal-assombradas eram criações vãs de tempos de ignorância. Confortavelmente nos convencemos de que tais fantasias apenas pairavam sobre o crepúsculo da superstição e que, nestes dias esclarecidos, tinham desaparecido para sempre. Com que frequência não se afirmou, triunfalmente, como prova de que essas coisas todas são frutos da ignorância — que não se ouve falar em nada do gênero hoje em dia? O que diremos, então dos seguintes fatos? Aqui temos fantasmas e, além do mais, uma casa mal-assombrada. E os temos sob nossa tão celebrada luz do dia, no meio de bairros agitados e populosos, nas vizinhanças de uma cidade grande e culta, e em uma família nem ignorante, nem absolutamente supersticiosa. Durante anos esses fantasmas e assombrações perturbaram a tranquilidade de famílias altamente respeitáveis, e continuam a assombrar e a perturbar, apesar da incredulidade dos sábios, da investigação dos curiosos e da ávida vigilância da própria família afligida.

"Entre os trilhos que correm de Newcastle-on-Tyne a North Shields e o rio Tyne, há, num pequeno vale, alguns casebres, a casa paroquial, um moinho e a casa de moleiro. Isso constitui o vilarejo de Willington. Logo acima, correm os trilhos através do vale, em arcos elevados e, a partir deles, olhando-se para baixo, vê-se o moinho e os casebres a considerável distância. O moinho é um grande moinho de farinha a vapor, como uma fábrica, e a casa do moleiro fica perto dele, mas não ao lado. Nenhuma dos casebres localizados entre essas instalações e os trilhos fica em contato com qualquer destes. A casa fica numa espécie de promontório baixo, ao redor do qual corre um canal de água que parece encher-se e esvaziar-se com as marés. De um lado do moinho e da casa sobe um campo, até uma distância considerável, e que termina em outros limites; do outro lado há uma considerável extensão de depósito de lastro, i.e., um dos numerosos montes à beira do Tyne, transformado em depósito de lastros dos navios que comerciam naquele local. À distância, o topo do moinho parece nivelar-se com o campo à sua volta. O lugar fica a meio caminho entre Newcastle e North Shields.

"Esse moinho, acredito, é propriedade dos senhores Unthank e Procter, e é explorado por eles. O sr. Joseph Procter reside no local, na casa ao lado do moinho, conforme dito. É um membro da Sociedade de Amigos, um cavalheiro bem de vida; e sua mulher, uma senhora inteligente, vem de uma família dos Amigos de Carlisle. Têm vários filhos pequenos. Essa família muito respeitável e bem informada pertence a um estrato que, de todos,

está mais acostumado a controlar, a regular e até reprimir a imaginação —
as últimas pessoas no mundo, segundo de fato parece, que seriam afetadas
por quaisquer meros terrores ou impressões imaginários, foi durante anos
perseguida pelos mais extraordinários ruídos e aparições.

"A casa não é velha, como parece; foi construída por volta de 1800.
Não tem qualquer aspecto especialmente fantasmagórico. Vendo-a de passagem, ou por dentro, ignorando seu caráter real, de modo algum se diria
que é um lugar que goza da reputação de ser assombrado. Embora, olhando-
-se de cima, dos trilhos, e vendo-a, assim como ao moinho, em um côncavo
profundo, pode-se imaginar vários barulhos estranhos, passíveis de serem
ouvidos em tal lugar à noite, desde os barcos no rio,ventos que sopram e
assobiam pelo canal onde se localiza, até o maquinário nas redondezas, ligados às minas de carvão, uma das quais, não saberia dizer onde, fazia, na
época em que eu estava lá, um ruído como um murmúrio selvagem, audível
do morro, localizado acima. Não há, porém, qualquer passagem conhecida
debaixo da casa, onde ruídos subterrâneos pudessem ser ouvidos, nem são
meros ruídos o que se escuta; dizem que se veem nitidamente as aparições.

"Apesar da relutância do sr. Procter em tornar públicos esses casos
misteriosos, e avesso que é a divulgar ele próprio essas estranhas visitações, estas eram de natureza tal que logo se tornaram objeto de rumores de
toda a vizinhança. Muita gente acorria ao local para perguntar sobre a veracidade deles, e finalmente um caso impressionante levou-os à imprensa. O
que foi esse caso, a notícia que se deu, e que mais tarde foi reimpressa no
'The Local Historian's Table-book', publicado pelo sr. M. A. Richardson,
de Newcastle, e que copio aqui, tudo isso se explicará. Veremos que o autor desse artigo tinha a mais plena fé na veracidade do que relata, como de
fato muitos dos habitantes mais bem informados das redondezas.

"RELATO AUTÊNTICO DE UMA VISITA À
CASA MAL-ASSOMBRADA DE WILLINGTON

"Se fôssemos inferir da quantidade de casos relatados de visitas do
mundo invisível tornados públicos recentemente, poderíamos ser levados
a imaginar que os dias de atividade sobrenatural estavam para recomeçar, e
que fantasmas e duendes estavam a ponto de retomar sua influência sobre os
temores da humanidade. Se de fato nos deixarmos levar por tais apreensões,

um olhar no tom vigente da literatura e da filosofia atuais, quando tratam desses assuntos, revelaria uma certa descrença com relação aos mesmos, e com tanta derrisão e intransigência como os mais ateus ou materialistas poderiam desejar. Embora prevaleça esse sentimento entre as classes educadas, estas manifestam curiosidade e interesse em cada ocorrência dessa natureza, o que indica, no fundo, uma fé à espreita, que um ceticismo afetado não logra ocultar. Sentimos, portanto, que não temos que pedir desculpas aos nossos leitores por apresentar os seguintes detalhes de uma *visita* a uma casa aqui das vizinhanças, e que se tornou notória há alguns anos por ser 'mal-assombrada'; e diversos dos fatos reputados, ou transgressões, do visitante sobrenatural foram amplamente tornados públicos pelo rumor de milhares de línguas. Estimamos que seja digno de crônica, como os feitos de *genii* contemporâneos, em Windsor, Dublin, Liverpool, Carlisle e Sunderland que, do mesmo modo e até hoje, não receberam, após uma investigação pública, uma explicação consistente, quando se rejeita a hipótese de uma ação espiritual.

"Visitamos a casa em questão, que é bem conhecida de muitos dos nossos leitores, por ser próxima de um grande moinho de milho a vapor, com vista para o viaduto de Willington, na ferrovia de Newcastle e Shields; e pode ser relevante mencionar que fica bem separada do moinho, ou de qualquer de outras instalações, e que não tem porão sob ela. O proprietário da casa, que mora nela, recusa-se a tornar públicos os detalhes das perturbações a que se tem sujeitado, e é preciso entender que o relato da visita que iremos apresentar aos nossos leitores provém de um amigo a quem o sr. Drury forneceu uma cópia de sua correspondência sobre o assunto, com poderes para fazer dela o uso que achar conveniente. Soubemos que a casa tem sido considerada, pelo menos um de seus quartos, como mal-assombrada há quarenta anos, e que depois disso não foi perturbada por um longo período, e que durante esses anos de quietude o presente morador nela viveu sem ser molestado. Também fomos informados que, mais ou menos na época em que as dependências foram construídas, i.e., em 1800 ou 1801, houve relatos de alguns fatos sinistros, cometidos por alguém que fora empregado nela. Estenderíamos esse relato para além dos limites que estabelecemos para nós mesmos se iniciássemos um relato completo das estranhas coisas vistas e ouvidas no local por diversos vizinhos, assim como daquelas relatadas como tendo sido vistas, ouvidas ou sentidas pelos ocupantes, cujos criados, por essa razão, foram substituídos diversas vezes.

Prosseguimos, portanto, publicando as cartas seguintes, trocadas entre indivíduos de honestidade incontroversa; deixando que o leitor tire suas próprias conclusões sobre o assunto.

"(Cópia no. I)
17 de junho de 1840.

"Ao sr. Procter, — Senhor, — Tendo ouvido de indiscutível fonte, i.e., do meu excelente amigo, sr. Davison, de Low Willington, fazendeiro, que o senhor e sua família estão sendo perturbados por ruídos inexplicáveis à noite, peço licença para contar que li atentamente o relato de Wesley sobre tais coisas, mas devo confessar que sem acreditar muito; porém, um relato dessa natureza, tendo vindo de alguém do seu estrato, cuja franqueza e simplicidade admiro, despertou minha curiosidade em alto grau, e com prazer eu a satisfaria. Meu desejo é permanecer sozinho na casa a noite toda, sem outra companhia além de meu próprio cão de guarda, no qual, no que diz respeito a coragem e fidelidade, confio muito mais do que em quaisquer três jovens cavalheiros que eu conheça. E espero assim, sendo a tentativa justa, ser capaz de decifrar esse mistério. O sr. Davison lhe dará satisfações, se o senhor se der ao trabalho de perguntar a meu respeito — Respeitosamente, Edward Drury.
"C. C. Embleton, cirurgião.
Church Street, 10. Sunderland.

"(Cópia n.º 2)

"Joseph Procter cumprimenta o sr. Edward Drury, cuja carta recebeu há alguns dias, expressando o desejo de passar uma noite em minha casa em Willington. Como a família está saindo da casa no próximo dia 23, e um dos homens da Unthank e Procter irá dormir na casa, se vossa senhoria se sentir inclinado a vir, no dia ou depois do dia 24, para passar uma noite na casa, tem toda a liberdade para fazê-lo, com ou sem seu fiel cão, que, aliás, talvez seja totalmente inútil, exceto como companhia. Ao mesmo tempo, considero que é melhor informar que essas perturbações em particular estão longe de ser frequentes no presente, sendo apenas ocasionais e muito incertas, e que portanto a satisfação da curiosidade de V.S. deve ser considerada difícil. Haverá melhores chances se permanecer acordado durante a noite no terceiro andar até que o dia comece a raiar, ou seja, às duas ou três da manhã.

"Willington, 21 de junho de 1840.

"Irei deixar um recado com T. Maun, o capataz, para admitir V.S. na residência.

"O sr. Procter saiu da casa com a família no dia 23 de junho e encarregou um velho criado, que estava então fora do emprego em razão da saúde debilitada, de cuidar da casa durante sua ausência. O sr. Procter voltou sozinho, em virtude de negócios, no dia 3 de julho, na noite do dia em que o sr. Drury e companhia chegaram inesperadamente. Depois que a casa foi trancada, cada canto dela foi minuciosamente examinado. O local onde a aparição surgiu é muito exíguo para receber uma pessoa. O sr. Drury e seu amigo tinham lamparinas e ficaram convencidos de que não havia ninguém na casa além do sr. Procter, o criado, e eles mesmos.

"(Cópia n.º 3)
"Segunda de manhã, 6 de julho de 1840

"Para o sr. Procter; — Caro senhor, — lamento que eu não estivesse em casa para recebê-lo ontem, quando gentilmente me visitou para uma entrevista comigo. Fico feliz em afirmar que estou de fato surpreso que eu tenha ficado tão pouco afetado, como estou, depois daqueles acontecimentos bárbaros e terríveis. A única consequência ruim foi uma forte afecção em um dos meus ouvidos — o ouvido direito. Digo que é uma forte afecção, porque não apenas não ouço claramente, mas sinto um ruído constante. Nunca fui afetado por isso antes; mas não duvido de que irá passar. Estou convencido de que ninguém jamais entrou em sua casa *mais descrente com relação a ver qualquer coisa peculiar*; e agora ninguém pode estar mais convencido do que eu. Irei, no curso de alguns dias, encaminhar-lhe um relato detalhado de tudo o que vi e ouvi. O Sr. Spence e dois outros cavalheiros vieram até a minha casa de tarde para ouvir meu relato detalhado; mas, senhor, gostaria de atribuir causas naturais àqueles ruídos, mas estou tão firmemente persuadido da horrível aparição que diria que o que vi com meus olhos foi uma punição pelo meu escárnio e descrença; que estou convencido de que, no que diz respeito ao horror, felizes são os que acreditam e não viram. Permita-me incomodá-lo, senhor, pedindo que me forneça o endereço de sua irmã de Cumberland, que ficou alarmada, e também de seu irmão. Eu me sentiria contente em receber notícias deles; e sobretudo, será motivo de grande alegria para mim, se jamais permitir que sua jovem família entre de novo naquela casa horrenda. Na expectativa de que me escreva algumas linhas à sua discrição,

"apresento-lhe, caro senhor,

"meus respeitosos cumprimentos,

"Edward Drury.

"(Cópia n.º 4)
"Willington, 9 de julho de 1840.

"Respeitável amigo, E. Drury, — tendo estado em Sunderland, não recebi sua carta do dia 6, senão ontem de manhã. Estou feliz em saber que esteja superando os efeitos de seu visitante inesperado. Aprecio sua ousada e corajosa afirmação da verdade diante do conceito ridículo e ignorante com o qual se costuma atacar nos dias de hoje aquilo que é chamado de sobrenatural.

"Ficarei feliz em receber seu relato detalhado, onde é preciso que seja minucioso ao mostrar que o senhor não poderia estar dormindo, nem fora atacado por um pesadelo ou enganado por qualquer reflexo da chama da vela, como alguns sagazmente irão supor, — respeitosamente,

"Joseph Procter.

"P.S. — Tenho mais ou menos trinta testemunhas de várias coisas que não podem ser explicadas de modo satisfatório por qualquer outro princípio que não o de uma ação espiritual.

"(Cópia n.º 5)
"Sunderland, 13 de julho de 1840.

"Caro senhor, — Encaminho aqui, conforme prometido em minha última carta, um relato verídico do que ouvi e vi em sua casa, onde fui levado a passar a noite em razão de diversos rumores que circularam nos mais respeitáveis grupos, e particularmente de um relato de meu estimado amigo, sr. Davison, cujo nome mencionei em carta anterior. Tendo recebido sua autorização para visitar a misteriosa casa, fui, no dia 3 de julho, acompanhado de um amigo, T. Hudson. Isso não estava de acordo com o prometido, nem de acordo com minhas primeiras intenções, uma vez que lhe escrevi que iria sozinho; mas sinto-me grato por sua gentileza em não aludir à liberdade que tomei, e que por fim provou ter sido para o melhor. Devo aqui mencionar que, como não o esperava em casa, levei comigo uma cinta com pistolas, e estava determinado a deixar uma delas à mostra diante do moleiro, como que por acaso, por medo que este pretendesse me aplicar algum truque; mas, depois de minha entrevista com o senhor, senti que não haveria necessidade de armas e não as levei, depois que nos permitiu inspecionar tão minuciosamente como quiséssemos cada pedaço da casa. Sentei-me no patamar do terceiro andar, convencido de que conseguiria explicar qualquer ruído que viesse a ouvir, de um modo filosófico. Isso foi por volta das onze horas da noite. A uns dez minutos da meia noite, ambos ouvimos um barulho, como se diversas pessoas tamborilassem com os pés descalços no chão; e ainda assim, tão singular era o barulho que não pude identificar com certeza de onde provinha. Alguns minutos depois, ouvimos um barulho, como se alguém batesse com as articulações dos pés; a isso seguiu-se uma tosse seca, oriunda do mesmo quarto onde a aparição surgiu. O único barulho depois disso, foi como se uma pessoa estivesse se esfregando contra a parede enquanto subia as escadas. Às quinze para a uma, disse a meu amigo que, sentindo um pouco de frio, eu gostaria de ir para a cama, uma vez que poderíamos ouvir os barulhos igualmente bem dali; ele respondeu que não iria se deitar até o raiar do dia. Peguei uma anotação que tinha acidentalmente deixado cair e comecei a ler, e depois disso consultei o relógio para verificar a hora e descobrir que faltavam dez minutos para a uma. Ao tirar os olhos do relógio, eles ficaram pregados na porta de um armário, que vi nitidamente se abrir, e vi também a figura de uma mulher vestida de cinza, com a cabeça inclinada para baixo e uma das mãos sobre o peito, como se sentisse dor, e a outra, *i.e.*, a direita, estendida em direção ao chão, com o dedo indicador apontando para baixo. Ela avançou com passos aparentemente cuidadosos em minha direção; logo que se aproximou de meu amigo, que estava adormecido, sua mão direita estendeu-se na direção dele; eu então me lancei na direção dela, soltando, como o sr. Procter afirma, um grito terrível; mas em vez de agarrá-la, caí sobre meu amigo e não me lembro de mais nada com nitidez durante as três horas seguintes. Desde então soube que fui carregado escada abaixo em estado agonizante, de medo e terror.

"Certifico que o relato acima é estritamente verdadeiro e correto, em todos os aspectos.

"*North Shields*. Edward Drury.

"O próximo e mais recente caso de uma aparição vista na janela da mesma casa, pelo lado de fora, por quatro testemunhas fidedignas, que tiveram a oportunidade de examiná-la por mais de dez minutos, tem origem em fonte incontestável. Uma dessas testemunhas é uma jovem estreitamente ligada à família, e que, por razões óbvias, não dormiu na casa; outra, um homem respeitável, que durante muitos anos foi empregado, e hoje é capataz da manufatura; sua filha, de uns dezessete anos; e sua esposa, a primeira a ver o objeto, e que chamou os demais para vê-lo. A aparição apresentava-se como um homem careca com um manto longo como uma sobrepeliz, que deslizava para trás e para frente, a alguns centímetros do chão, ou ao nível inferior da janela do segundo andar, parecendo atravessar a parede de ambos os lados e, assim, revelando-se de lado, ao passar. Então, ficou imóvel à janela, e uma parte da figura atravessou tanto as cortinas, que estavam fechadas, quanto a janela, quando seu corpo luminoso obstruiu a vista da moldura da janela. Era semitransparente e brilhava como uma estrela, irradiando luz à sua volta. E, à medida que perdia brilho, ganhava um matiz azul, e gradualmente desapareceu, da cabeça para baixo. O capataz passou duas vezes perto da casa, por debaixo da janela, e também foi avisar a família, mas encontrou a casa trancada. Não havia luar nem raio de luz visível em qualquer lugar, e ninguém por perto. Se alguma lanterna mágica tivesse sido usada, não poderia ter escapado à nossa percepção; e obviamente nada do gênero poderia ter sido utilizado do lado de dentro, uma vez que, nesse caso, a luz poderia ter sido projetada na cortina, e não de modo a obstruir a visão tanto da cortina quanto da janela, do lado de fora. O proprietário da casa dormia naquele quarto e deve ter entrado pouco depois que a figura desapareceu.

"Pode-se muito bem supor a sensação que o relato da visita do sr. Drury e seu resultado devem ter criado. Espalhou-se amplamente e, quando saiu na imprensa, ainda mais amplamente; e não é nem um pouco singular que o sr. Procter tenha recebido, em consequência disso, um grande número de cartas de indivíduos de diferentes origens e circunstâncias, incluindo muitos grandes proprietários, informando que suas residências eram e tinham sido, durante anos, alvo de perturbações de natureza muito semelhante.

"Então, os fantasmas e as assombrações não se foram, afinal! Viramos as costas para eles e, na arrogância de nossa filosofia, nos recusamos a acreditar neles; mas insistiram em permanecer, apesar de tudo.

"Esses casos singulares, tendo sido por diversas vezes relatados por conhecidos da família de Willington, me deixaram curioso para, numa viagem que fiz há tempos para o norte, visitar essa casa mal-assombrada e pedir ali hospedagem por uma noite. Infelizmente, a família estava ausente, visitando parentes da sra. Procter em Carlisle, de modo que meu propósito principal foi contrariado; mas encontrei o capataz e sua mulher, mencionados na narrativa precedente, que moravam ao lado. Eles falaram dos fatos detalhados acima com a honestidade simples das pessoas que não têm qualquer dúvida sobre o assunto. Os ruídos e as aparições dentro e em volta da casa pareciam um outro fato qualquer relacionado a ela — como assuntos palpáveis e materiais demais para serem questionados, como o fato de a casa estar lá, e o moinho, moer. Mencionaram o caso da jovem senhora, conforme relatado, que se alojou na casa deles porque não aguentava mais os transtornos da casa mal-assombrada; e o trabalho que dava para a família conseguir manter os criados.

"A mulher me acompanhou até dentro da casa, que encontrei aos cuidados de uma criada recém-casada e seu marido, durante a ausência da família. Essa jovem que tinha, antes do casamento, vivido por algum tempo na casa, nunca tinha visto nada e, portanto, não tinha medo. Mostraram-me a casa e, em particular, o quarto do terceiro andar, mais frequentado pelos visitantes indesejados, e onde o sr. Drury levou aquele susto. Esse cômodo, conforme afirmei, foi e tinha sido, havia algum tempo, abandonado como quarto de dormir em razão de sua má reputação, e estava sendo utilizado como depósito.

"Em Carlisle, novamente me desencontrei do sr. Procter; ele tinha voltado para Willington, de modo que perdi a oportunidade de ouvir dele ou da sra. Procter qualquer relato desses assuntos singulares. Vi, no entanto, vários membros da família de sua mulher, pessoas muito inteligentes, dotadas do mais alto bom senso prático, e eles foram unânimes ao confirmar os detalhes que ouvi, e que aqui são relatados.

"Um dos irmãos da sra. Procter, um cavalheiro de meia-idade, de disposição peculiarmente sensível, serena e sincera, uma pessoa aparentemente pouco provável de ser alvo de artifícios ou inquietações fictícias, garantiu-me que ele mesmo, em uma visita à casa, tinha sido perturbado pelos barulhos mais estranhos. Que decidira, antes de ir, que se qualquer desses ruídos ocorresse, ele falaria e perguntaria ao agente invisível quem era e porque viera até ali. Mas a ocasião chegou e ele se viu incapaz de cumprir seu propósito. Quando estava deitado uma noite, ouviu passos pesados subindo as escadas em direção a seu quarto, e alguém bater, por assim dizer, com um grosso bastão no corrimão, enquanto subia. A aparição chegou à sua porta e ele tentou falar, mas sua voz morreu na garganta. Ele então saltou da cama e, abrindo a porta, não encontrou ninguém lá, mas nesse momento ouviu os mesmos passos pesados descerem com cautela, embora perfeitamente invisíveis, os degraus diante dele, e acompanharem a descida com as mesmas fortes batidas nos corrimãos.

"Meu informante agora procedeu para a porta do quarto do sr. Procter, que, soube, também tinha ouvido os sons; e que agora também se levantou, e com uma vela desceram rapidamente, fizeram uma busca completa, mas sem descobrir nada que pudesse explicar a ocorrência.

"Essas duas jovens, que em uma visita à casa também foram perturbadas por esse agente invisível, me deram o seguinte relato: — Na primeira noite, como estavam dormindo na mesma cama, sentiram a cama ser erguida debaixo delas. Ficaram, é claro, muito alarmadas. Temiam que alguém tivesse se escondido ali com o propósito de roubar. Deram o alarme, fizeram uma busca, mas não encontraram nada. Em outra noite, a cama foi violentamente sacudida e todas as cortinas subitamente erguidas até o dossel, como se tivessem sido puxadas por cordas, e na mesma velocidade desceram de novo, por diversas vezes.* As buscas novamente não produziram qualquer evidência com relação à causa. No dia seguinte, removeram por completo as cortinas da cama, tendo decidido dormir sem elas, e sentiram como se olhos malignos espiassem por detrás delas. As consequências, no entanto, foram ainda mais impressionantes e terríveis. Na noite seguinte, quando acordaram, e o quarto estava iluminado o suficiente — pois era verão — para que se visse tudo, ambas viram uma figura feminina, de uma substância nebulosa e um matiz verde azulado, sair da parede à cabeceira da cama e, através do painel da cabeceira, em posição horizontal, apoiar-se

---

* É significativo que esse erguer das cortinas seja similar a um incidente registrado no relato da visita do fantasma de lorde Tyrone a lady Beresford.

nelas. Viram nitidamente. Viram como uma figura feminina que saía, e de novo entrava, através da parede. O terror foi intenso, e uma das irmãs, a partir daquela noite, se recusou a voltar a dormir na casa, mas se refugiou na casa do capataz durante sua estada; este mudou seus aposentos para outra parte da casa. Foi a jovem que dormiu na casa do capataz que viu, conforme relatado acima, a singular aparição da figura luminosa na janela, assim como o viram o capataz e a esposa.

"Seria muito longo relatar todas as formas como a família conta que essa perturbação noturna se apresentou a ela. Quando uma figura aparece, é às vezes a figura de um homem, conforme já foi descrito, em geral muito luminosa, e que atravessa as paredes como se não fosse nada. Essa figura masculina é bem conhecida dos vizinhos pelo nome de 'Velho Jeffrey'! Outras vezes, é a figura de uma mulher também vestida de cinza, conforme descrita pelo sr. Drury. Ela é às vezes vista sentada e envolta por uma espécie de manto, com a cabeça inclinada para baixo e as mãos cruzadas sobre o colo. O fato mais terrível é que ela não tem olhos.

"Ouvir essa gente sóbria e superior relatar gravemente tais coisas dá uma sensação muito estranha. Eles dizem que o barulho em geral é como o de trabalhador com sua marreta, batendo no chão. Outras vezes, descendo as escadas, fazendo um som alto, semelhante. Para outros, tosse, suspira e geme, como uma pessoa aflita; e, de novo, ouvem o som de diversos pezinhos batendo no chão do quarto de cima, onde a aparição se revelou com mais frequência e que, por isso, é usado apenas como depósito. Ali, esses passinhos podem ser ouvidos amiúde como se empurrassem um carrinho de criança; que, quando o tempo está ruim, fica guardado lá. Às vezes, de novo, dá as mais terríveis gargalhadas. Nem sempre se restringe à noite. Em uma ocasião, uma jovem, como ela mesmo me garantiu, abriu a porta quando ouviu baterem, a criada estava ausente, e uma mulher em vestido de seda ocre entrou e subiu as escadas. Como a jovem naturalmente supôs que fosse uma vizinha em visita matinal à sra. Procter, seguiu-a até a sala de visitas onde, no entanto, para seu espanto, não a encontrou, e não mais a viu.

"Essas são algumas das 'formas questionáveis' em que esse incômodo visitante vem. Como se pode esperar, o terror é sentido pelos vizinhos dos casebres, embora ele pareça restringir sua dolosa perturbação quase que exclusivamente aos ocupantes dessa casa. Há um poço, porém, perto do qual ninguém se aventura a chegar depois que escurece, porque a aparição foi vista perto dele.

"É inútil tentar emitir qualquer opinião com relação às causas reais desses estranhos sons e visões. Quanto deles é real ou imaginário, quanto pode ser explicado por causas naturais, ou não; a única coisa que temos aqui para registrar é o fato muito singular de que uma família muito respeitável e inteligente por muitos anos tem sido continuamente importunada por eles, assim como seus visitantes. Eles se mostram muito ávidos para obter qualquer pista sobre a causa real, como pode ser visto pela imediata aquiescência do dr. Procter aos experimentos do sr. Drury. O problema é tão grande para eles, que contemplaram a necessidade de deixar completamente a casa, embora isso representasse um grande inconveniente com relação aos negócios. E só nos resta acrescentar que não temos notícias recentes quanto à continuidade dessas visitas, embora tenhamos uma carta do sr. Procter a um amigo nosso, datada de setembro de 1844, dizendo, 'As perturbações ultimamente têm sido apenas muito raras, o que é reconfortante, uma vez que as crianças mais velhas já estão ficando crescidas (por volta de 9 ou 10 anos) para serem prejudicialmente afetadas por qualquer coisa do gênero'.

"Que os filósofos ponderem sobre esses fatos, e se qualquer deles for bastante poderoso para exorcizar o 'Velho Jeffrey', ou a triste mulher cinza-azulada, temos certeza de que o sr. Joseph Procter com este se sentirá em profunda dívida. Recentemente ouvimos falar que o sr. Procter descobriu um velho livro que dá a entender que essas mesmas 'assombrações' aconteceram numa velha casa, exatamente no mesmo local, há pelo menos duzentos anos".

À informação acima, fornecida pelo sr. Howitt, devo acrescentar que a família do sr. Procter está agora deixando a casa, que pretende dividir em pequenos apartamentos para os trabalhadores. Uma amiga minha que visitou Willington em tempos recentes e foi até a casa com o sr. Procter, me garante que as perturbações ainda continuam, embora com menos frequência do que antes. O sr. Procter informou a ela que a figura feminina apareceu às vezes com um manto, e que tinha sido vista nesses trajes por alguém da família, poucos dias antes. Quando um cavalheiro em visita ao sr. Procter expressou o desejo de que alguma explicação natural para essas circunstâncias intrigantes pudesse ser descoberta, este declarou sua inteira convicção, fundamentada em uma experiência de quinze anos, de que tal elucidação não era possível.

Capítulo XIV
Luzes espectrais e aparições associadas a certas famílias

Ao iniciar um novo capítulo, aproveito a oportunidade para repetir o que disse antes, i.e., que, ao tratar desses fenômenos, acredito que seja conveniente assumir minha própria crença de que tais fenômenos se explicam pela existência e pelo aparecimento daquilo que é chamado de *fantasmas*; mas, ao fazer isso, não tenho a presunção de solucionar a questão: se alguém examinar os fatos e fornecer uma melhor explicação para eles, estarei pronta para recebê-la.

Enquanto isso, considerando essa hipótese, há um fenômeno que muitas vezes acompanha essa aparição e que suscitou enorme quantidade de ideias ridículas e insensatas, mas que, no estado atual da ciência, merece uma atenção muito especial. Grose, que o dr. Hibbert cita com muita convicção, diz, "Não sei dizer se fantasmas carregam círios nas mãos, conforme são retratados, embora, segundo dizem, os ambientes onde aparecem, mesmo sem fogo ou vela, sejam com frequência claros como o dia."

Muita gente terá ouvido falar que essa peculiaridade acompanha a aparição de fantasmas. No caso da aparição do professor Dorrien, mencionada em capítulo anterior, o professor Oeder a viu sem que houvesse nenhuma luz no quarto, por meio de uma chama proveniente dela. Quando iluminou o quarto, não mais a viu; a luz da lamparina tornou invisível a luz mais delicada e fosforescente do espectro; assim como o brilho do Sol encobre o lume mais delicado das estrelas e obscurece, aos nossos sentidos, muitas luzes de origem química, visíveis no escuro. Daí a noção, tão difundida entre aqueles que se contentam em zombar sem investigar, que a luz do dia afasta as aparições, e que a crença nestas é meramente o fruto de uma escuridão, tanto física quanto moral.

Deparo com inúmeros casos onde essa luz fosforescente também está presente, sendo que a chama às vezes visivelmente provém da figura; enquanto, em outros, o quarto aparece permeado de luz, sem que aparentemente esta provenha de qualquer objeto em particular.

Lembro-me de um caso dos criados de uma casa de campo, em Aberdeenshire, que ouviram a campainha da casa depois que sua senhora já se havia recolhido; ao se aproximarem da porta para abri-la, viram, através de uma janela que dava para o saguão, que havia bastante luz, e que seu amo, o senhor F., que na ocasião estava fora de casa, estava lá em trajes de viagem. Correram para contar à sua senhora o que tinham visto; mas, quando voltaram, tudo estava escuro, e não havia nada inusitado para ser visto. Aquela noite, o sr. F. morreu no mar, em viagem para Londres.

Um cavalheiro, há algum tempo, despertou em meio a uma noite escura de inverno e percebeu que seu quarto estava tão iluminado como se fosse dia. Acordou a esposa e contou o caso, dizendo que era incapaz de afastar a apreensão de que alguma desgraça tivesse acontecido com seus barcos de pesca, que estavam no mar. Naquela noite, eles perderam os barcos.

No ano passado, um caso muito interessante aconteceu no sul da Inglaterra, onde tais luzes foram vistas. Relato o caso literalmente, conforme extraí do jornal, e também a resposta do editor às minhas perguntas adicionais. Não sei mais nada sobre essa história; mas é singular que guarde algumas semelhanças com outras provindas de outros lugares.

"Um fantasma em Bristol. — Temos esta semana uma história de fantasma para contar. Sim, uma história de fantasma; uma história de fantasma real, e uma história de fantasma, por enquanto, sem qualquer pista que leve à sua elucidação. Depois da morte dos Calendars, sua antiga residência adjacente à Igreja de Todos os Santos, e quase fazendo parte dela, foi convertida em vicariato, sendo ainda conhecida por esse nome, embora os ocupantes tenham há muitos anos deixado de residir lá. Os ocupantes atuais são o sr. e a sra. Jones, o sacristão e a sacristã da igreja e um ou dois hóspedes; e foi para aqueles e para a criada deles que o estranho visitante apareceu, causando tamanho terror com suas visitas noturnas, que os três tomaram a decisão de deixar o local, se de fato já não tenham levado tal decisão a cabo. A descrição que o sr. e a sra. Jones fizeram do transtorno ao senhorio, a quem visitaram em grande consternação, é tão peculiar como qualquer história de fantasma poderia ser. Quando os residentes já estão deitados, ouvem o visitante noturno caminhar pela casa; e o sr. Jones, que de modo algum é um homem de constituição nervosa, declara que viu muitas vezes uma luz tremeluzir numa das paredes. A sra. Jones está igualmente certa de que ouviu um homem com sapatos rinchantes caminhar no quarto acima do seu, quando não havia ninguém no local (ou pelo menos não deveria haver), e que "quase morreu de susto" com isso. À criada, no entanto, foi concedida a honra nada invejável de ver esse irrequieto visitante noturno; ela declara que muitas vezes teve a porta do seu quarto destrancada durante a noite, entre a meia-noite e as duas da manhã — período em que tais seres em geral fazem suas caminhadas —, por alguma coisa que parecia humana — ela não é capaz de detalhar seus trajes, mas descreve-os como algo antigo, de uma moda dos tempos idos, que corresponde até certo ponto à moda dos velhos Calendars, os antigos habitantes da casa. Ela diz também que é "um cavalheiro de suíças" (em suas próprias palavras), e que esse cavalheiro de suíças chegou ao ponto de sacudir a cama em que ela estava e acredita que teria sacudido também a ela própria, mas que pôs a cabeça debaixo dos lençóis quando o viu se aproximar. A sra. Jones declara que acredita na aparição do cavalheiro de suíças e que estava decidida, uma noite antes da visitar o senhorio, que saltaria pela janela (saltar pela janela não é algo trivial para as pessoas), assim que ele entrasse no quarto. O efeito das "luzes tremeluzentes" no sr. Jones foi terrível, provocou nele um grave tremor e fez com que dobrasse o próprio corpo até ficar como uma bola." — Bristol Times.

> "Escritório do Bristol Times"
> 3 de junho de 1816.

"Madame, — em resposta às suas perguntas sobre a história do fantasma, posso garantir que o caso permanece envolto no mesmo mistério em que estivera quando foi publicado nas páginas do *Bristol Times*. — Apresento, madame, meus melhores cumprimentos, O Editor."

Mais tarde, escrevi à sra. Jones, que descobri não ser uma escritora muito hábil, mas ela me confirmou o relato acima, acrescentando, no entanto, que o rev. sr.—, o clérigo da paróquia, disse que era melhor que eu lhe escrevesse sobre o assunto, e que ele não acredita em tais coisas. É claro, ele não acredita; e teria sido inútil pedir sua opinião.

Talvez nunca tenha existido um ser humano mais destemido do que madame Gottfried, a Envenenadora de Bremen; pelo menos, ela não sentiu remorso — não temia nada, exceto ser descoberta; e ainda assim, quando, depois de anos de crimes bem sucedidos, foi por fim presa, relatou que, logo depois da morte do seu primeiro marido, Miltenburg, a quem tinha envenenado, quando estava parada ao entardecer em sua sala de visitas, subitamente viu uma luz clara pairando a pouca altura do chão, avançou em direção à porta do seu quarto e depois desapareceu. Esse fenômeno ocorreu por três noites sucessivas. Em outra ocasião, viu uma aparição sombria flutuando perto ela, "Ach! denke ich, das ist Miltenburg, seine Erscheinung! — Oh! penso eu, é o fantasma de Miltenburg!" Contudo, aquilo não deteve sua mão assassina.

A mulher que viveu uma aventura interessante em Petersburgo, mencionada em capítulo anterior, não tinha nenhuma luz no quarto; ainda assim, viu o relógio nitidamente com a luz que vinha da velha mulher, embora não soubesse dizer de que natureza fosse. Das luzes vistas sobre os túmulos, comumente chamadas de *fogos-fátuos*, já falei em outro lugar; assim como das formas luminosas vistas por Billing, no jardim de Colmar, conforme mencionado pelo barão Von Reichenbach. A maioria das pessoas ouviu falar da história do Garoto Radiante, visto por lorde Castlereagh, uma aparição que o proprietário do castelo admitiu ter sido visível para muitos outros. O dr. Kerner menciona um fato muito semelhante, onde um advogado e sua esposa foram acordados por um ruído e uma luz, e viram uma linda criança envolta numa espécie de auréola, como a que é vista ao redor das cabeças dos santos. Ela desapareceu, e eles nunca viram o fenômeno se repetir, e mais tarde ouviram dizer que se acreditava que aquilo voltava a acontecer a cada sete anos naquela casa, e que estava associado ao cruel assassinato de uma criança, por sua mãe.

A esses casos, acrescentarei um relato do fantasma visto no castelo de C—, e copiado de um texto escrito à mão por C. M. H., num livro de trechos manuscritos datado de 22 de dezembro de 1824, do castelo de C—; e contado a mim por um amigo da família.

"Para apresentar aos meus leitores o quarto mal-assombrado, digo que faz parte de uma velha casa, com janelas que dão para o pátio, e que em tempos recentes foram vistas como uma medida de segurança necessária contra um inimigo. Fica ao lado de uma torre construída para defesa, pelos romanos; pois C— era mais propriamente uma torre fronteiriça do que um castelo visto com alguma consideração. Há uma escadaria em espiral nessa torre, e suas paredes têm de dois e meio a três metros de espessura.

"Quando vieram tempos mais calmos, nossos ancestrais alargaram as seteiras e acrescentaram aquela parte da construção que faz face ao rio Éden; de cuja vista, com suas belas margens, agora desfrutamos. Mas muitos acréscimos e alterações foram feitos desde então.

"Para voltar ao quarto em questão; devo observar que não é de modo algum remoto ou solitário, sendo rodeado por todos os lados por quartos que ficam constantemente inabitados. O acesso é feito por uma passagem cortada em uma parede de dois metros e quarenta de espessura, e suas dimensões são seis metros e trinta por cinco e quarenta. Um lado dos lambris é coberto com tapeçaria, o restante é decorado com velhas fotos de família e algumas antigas peças de bordado, provavelmente o trabalho manual de freiras. Sobre um armário com portas de cristal de Veneza, fica uma velha figura de carvalho com um machado nas mãos, uma daquelas que antigamente eram postas nas paredes da cidade de Carlisle, representando guardas. Costumava também haver uma cama antiquada e alguma mobília escura nesse quarto; mas tantas foram as reclamações dos que lá dormiram que fui levado a substituir alguns desses artigos de mobília por outros mais modernos, na esperança de remover um certo ar sombrio que, imaginei, poderia ter suscitado os inúmeros relatos de aparições e ruídos extraordinários que com frequência chegavam aos nossos ouvidos. Mas lamento dizer que não consegui afastar o visitante noturno, que continua a perturbar nossos amigos.

"Saltarei diversos casos e selecionarei um especialmente notável, pelo fato de a aparição ter sido vista por um clérigo bem conhecido e altamente respeitado neste condado que, não faz seis semanas, repetiu o caso para um grupo de vinte pessoas, entre as quais havia algumas que antes não acreditavam em tais aparições.

"O melhor jeito de contar esse caso será acrescentar um trecho de meu diário, escrito na época em que o episódio ocorreu.

"8 de setembro de 1803. — Entre outros hóspedes convidados para o castelo de C—, veio o rev. Henry A. de Redburgh, pároco de Greystoke, com a sra. A., sua esposa, antes, srta. S. de Ulverstone. Segundo um arranjo prévio, iriam permanecer conosco por alguns dias; mas sua visita foi abreviada de maneira muito inesperada. Na manhã seguinte à chegada deles, estávamos todos reunidos para o café da manhã quando uma carruagem puxada por quatro cavalos freou à nossa porta com tanta violência que derrubou parte da cerca de minha floreira. Nossa curiosidade, é claro, foi saber quem poderia estar chegando tão cedo; mas, ao voltar os olhos em direção ao sr. A., observei que ele parecia muito agitado. "É a nossa carruagem!" ele disse, "Eu sinto muito, mas temos absolutamente que partir esta manhã".

"Naturalmente, sentimos e expressamos considerável surpresa, assim como lamentamos que tivessem que partir de modo inesperado; alegando que tínhamos convidado o coronel e a sra. S., amigos que o sr. A. gostaria especialmente de conhecer, para jantar conosco naquele dia. Nossos protestos, no entanto, foram em vão; o café da manhã mal terminou e eles partiram, deixando-nos consternados, conjecturando o que poderia ter ocasionado uma alteração tão súbita de seus planos. Fiquei de fato preocupado, com receio de que os tivéssemos ofendido; e relembramos tudo o que aconteceu na noite anterior, para descobrir, se alguma ofensa fora feita, de onde pudesse ter vindo. Mas nossos esforços foram inúteis; e depois de

246

conversarmos sobre isso durante alguns dias, outras circunstâncias afastaram o assunto de nossa mente.

"Foi somente algum tempo depois, visitando aquela parte do condado onde o sr. A. reside, que soubemos a causa real de sua súbita partida de C—. O relato do caso, conforme segue, está em suas próprias palavras: —

"'Assim que fomos dormir, caímos no sono; deveria ser entre uma e duas da manhã quando acordei. Observei que a lareira estava totalmente apagada; apesar disso, e de não termos luz luz, vi uma centelha no meio do quarto, que de repente aumentou, tornando-se uma chama brilhante. Olhei, temendo que alguma coisa pudesse ter pegado fogo; quando, para minha surpresa, vi um belo garoto vestido de branco, com mechas brilhantes, como que de ouro, ao lado de minha cama, ficando nessa posição durante alguns minutos, com os olhos fixos sobre mim e uma expressão suave e benevolente. Ele então deslizou suavemente em direção à lareira, onde não havia qualquer saída possível, e desapareceu por completo. Eu me vi de novo em total escuridão, e tudo permaneceu calmo até a hora em que de hábito nos levantamos. Declaro que este é um relato real do que vi no castelo de C— e dou minha palavra de clérigo.'"

Conheço alguns membros da família e diversos amigos do clérigo A., que ainda está vivo, embora idoso, e posso afirmar com segurança que sua convicção com relação à natureza dessa aparição permanece inabalada.

O caso provocou uma impressão duradoura em seu espírito, e ele nunca fala voluntariamente sobre o assunto; mas quando o faz, é sempre com a maior gravidade, e nunca deixa de afirmar a crença de que o que viu não admite outra interpretação, além daquela que deu à época.

Agora vamos ver se, nesse âmbito dos fenômenos de vidência de fantasmas, a saber, se nas luzes que com frequência acompanham as aparições, há algo digno de ser considerado ridículo como Grose e outros comentaristas como ele parecem admitir.

De Deus, o não criado, não sabemos nada; mas o espírito criado, o homem, não podemos conceber que exista sem depender de algum organismo ou órgão, conquanto possa diferir daqueles que formam nosso meio de apreender e de nos comunicarmos no presente. Este órgão, podemos supor que seja o éter que permeia, que é agora o germe daquilo que São Paulo chama de nosso *corpo espiritual*, o *espírito astral* dos místicos, o *nervo-espírito* dos clarividentes; o corpo fundamental, do qual o corpo carnal externo não passa de uma cópia e casca — um órgão que compreende todos aqueles distintos órgãos que agora possuímos em um apenas, universal, ou como agora alguns fisiologistas alemães o chamam, o sentido *central*, do qual ocasionalmente obtemos alguns lampejos durante o sonambulismo e em outros estados peculiares de disfunção nervosa; especialmente quando os sentidos ordinários da visão, audição, sensação etc. estão em suspensão; um efeito que o dr. Ennemoser considera produzido por uma alteração de polaridade, quando a periferia externa dos nervos passa para um estado negativo; e que o dr. Passavant descreve como o recuo do éter, da parte externa para a interna, de modo que os nervos não mais recebem impressões, nem transmitem informação para o cérebro; uma condição que pode ser produzida por diversas causas, como excesso de agitação, forte elevação do espírito, como vemos nos mártires e nos extáticos, ou exasperação, produzindo uma consequente exaustão; e também artificialmente, por meio de certas manipulações, narcóticos e outras influências. Todos os sonâmbulos da mais alta ordem — e quando uso essa expressão, repito, não aludo àquelas pessoas que estão sujeitas aos experimentos de mesmerismo, mas àqueles casos extraordinários de enfermidade, cujos relatos têm sido registrados por vários médicos eminentes do continente — todas as pessoas nessa condição se descrevem como tendo ouvido e visto, não por meio de seus órgãos ordinários, mas por outros meios, dos quais não fazemos outra ideia senão que são permeados de luz; e que não se trata da luz física *ordinária*, isso é evidente, na medida em que geralmente veem melhor no escuro, um caso notável que eu mesma testemunhei.

Nunca tive a menor noção a respeito dessa luz interna até que, no meio de um experimento, inalei éter sulfúrico; mas agora sou bem capaz de concebê-la; pois, depois de sentir um agradável calor invadir meus membros, a sensação seguinte foi de me encontrar, não posso dizer na luz celestial, pois a luz estava dentro de *mim* — eu fui penetrada por ela; ela não era percebida por meus olhos, que estavam fechados, mas internamente, não sei dizer como. De que natureza era essa luz celestial, não posso me abster de chamá-la *celestial*, pois era diferente de tudo o que há na Terra — não sei, nem em que medida pode ser relacionada a essas emanações luminosas vistas às vezes ao redor de extáticos, santos, mártires e moribundos; ou às chamas vistas por sonâmbulos, oriundas de vários objetos, ou àquelas observadas pelos pacientes de Von Reichenbach, oriundas das pontas dos dedos etc. Mas, de qualquer modo, uma vez que o processo que mantém a vida é da natureza da combustão, não temos razão para nos espantarmos com a presença de emanações luminosas; e assim como estamos sujeitos a vários fenômenos elétricos, ninguém se surpreenderá quando, ao pentear o cabelo ou tocar as meias de seda, ouvir um estalido ou até mesmo vir faíscas.

A luz, em suma, é um fenômeno que parece estar associado a todas as formas de vida; e não preciso aqui me referir à luz emitida por vagalumes, pirilampos e aqueles animais marinhos que iluminam o mar. Os olhos de muitos animais também brilham com uma luz que não é meramente um reflexo; como afirmou Rengger, um naturalista alemão, que pôde distinguir objetos na mais profunda escuridão, por meio do brilho dos olhos de um macaco da América do Sul.

"A visão de um clarividente", diz o dr. Passavant, "pode ser chamada de visão *solar*, pois ele ilumina e interpenetra seu objeto com sua *própria* luz orgânica, i.e., seu éter nervoso, que se torna o órgão do espírito; e em determinadas circunstâncias essa luz orgânica se torna visível, como nos casos mencionados acima. Pessoas que se recuperam de desmaios e transes profundos com frequência se descrevem como tendo estado nessa região de luz — essa luz do espírito, se posso chamar assim — nesse palácio de luz onde ele habita, será após a morte sua própria luz; pois a luz física ou solar que nos serve enquanto estamos na carne não será mais necessária quando estivermos fora dela, nem provavelmente será percebida pelo espírito, que irá então, repito, ser uma luz para si próprio: e uma vez que essa luz orgânica, esse germe de nosso futuro corpo espiritual, ocasionalmente se torna visível no presente, não deve ser muito difícil, creio, conceber que possa, em determinadas circunstâncias, ser assim após a morte.

O uso da palavra *luz* nas Escrituras não deve ser visto em um sentido puramente simbólico. Habitaremos na luz ou habitaremos nas trevas, na medida em que nos libertamos dos vínculos que nos prendem à Terra; de acordo, em suma, com nosso estado moral, seremos puros e brilhantes, ou impuros e obscuros.

Monsieur Arago menciona em seu tratado sobre os raios e o fluido elétrico que os homens não são igualmente suscetíveis a eles; e que há diferentes níveis de receptividade, desde a mais total insensibilidade até o extremo oposto. E ele também observa que os animais são mais suscetíveis do que os homens. Diz, o fluído passará por uma cadeia de pessoas, das quais uma talvez, ainda que seja apenas o segundo elo, será totalmente insensível ao choque. Essas pessoas raramente seriam atingidas por raios, enquanto outra correria um perigo tão grande de ser atingida por um raio, como se fosse feita de metal. Assim, não é apenas a localização de um homem durante uma tempestade, mas também sua constituição física, o que determina o grau do risco. Cavalos e cães são particularmente suscetíveis.

Ora, essa suscetibilidade variável é análoga, se não for igual, àquela que determina a suscetibilidade variável aos fenômenos de que estou tratando; do mesmo modo, sabemos que em todas as épocas aos cavalos e aos cães foi atribuído o dom de ver espíritos; e quando pessoas dotadas de intuição têm uma visão, esses animais, ao contato com elas, percebem também, e com frequência revelam sintomas de grande terror. Aqui também encontramos a explicação para outro mistério, a saber, o que os alemães chamam de *Ansteckung*, e os ingleses céticos, quando aludem a esses fenômenos, de *contágio* — querendo dizer simplesmente *medo contagioso*; mas assim como, quando diversas pessoas formam uma cadeia, o choque de uma máquina elétrica irá passar por todos eles; do mesmo modo, se uma pessoa está em um estado tal que se torna sensível a uma aparição ou a algum fenômeno similar, pode estar apto a comunicar esse poder a outro; e assim criou-se a convicção entre os *Highlanders* de que um vidente, ao tocar em uma pessoa perto dele, torna-a muitas vezes capaz de participar dessa visão.

Uma garotinha humilde chamada Mary Delves, de temperamento altamente nervoso, foi punida com frequência por dizer que o gato estava pegando fogo; e que via chamas saindo de várias pessoas e objetos.

Com relação a uma questão desconcertante, a dos fogos-fátuos, não seria muito difícil lidar com ela se eles permanecessem sempre parados sobre os túmulos; mas parece muito bem comprovado que não é isso o que acontece. Há inúmeras histórias, provenientes de lugares muito respeitáveis, provando o contrário; duas delas ouvi de um dignitário da igreja, nascido em Gales, e que agora irei relatar.

Uma conhecida dele precisou ir a Aberystwith, que distava cerca de cinquenta quilômetros de sua casa, a cavalo; e para isso saiu muito cedo, com o criado de seu pai. Quando tinham percorrido quase metade do trajeto, temendo que o homem pudesse ser necessário em casa, pediu a ele que retornasse, quando já se aproximavam do lugar onde o criado da mulher que iriam visitar deveria se encontrar com ela, para acompanhá-la durante outra metade do caminho. Não fazia muito tempo que o homem a havia deixado, quando ela viu uma luz vindo em sua direção e suspeitou do que se tratasse; e a luz se movia, segundo sua discrição, firmemente, a cerca de um metro do chão. Tomada por certo temor e respeito, tirou o cavalo da vereda pela qual vinham, com a intenção de esperar que ela passasse; mas, para o seu desalento, quando a luz chegou diante dela, parou, e ali permaneceu perfeitamente parada por cerca de meia hora; ao fim desse tempo, prosseguiu como antes.

O criado então chegou, e ela continuou até a casa de sua amiga, onde relatou o que tinha visto. Alguns dias depois, o mesmo criado que viera ao seu encontro adoeceu e morreu; seu corpo foi levado por aquela estrada; e no mesmo lugar onde a luz tinha parado, aconteceu um acidente que provocou um atraso de meia hora.

A outra história foi como segue: — um criado da família de lady Davis, a tia da minha informante, precisou certa vez sair cedo para o mercado. Estava na cozinha, por volta das três horas da manhã, tomando o café da manhã sozinho quando, estando todos os outros deitados, foi surpreendido pelo som de pesados passos na escada, no andar de cima; e, ao abrir a porta para ver quem poderia ser, ficou alarmado ao perceber uma forte luz, muito mais brilhante do que a que poderia ter sido produzida por uma vela, ao mesmo tempo em que ouviu um violento estrondo, como se algum objeto muito pesado tivesse atingido o relógio, que ficava no patamar. Ciente da natureza da luz, o homem não esperou que descesse mais, mas correu para fora da casa; de onde, nesse momento, viu-a sair pela porta da frente e seguir seu caminho até o adro da igreja.

Como sua senhora, lady D., estava naquele período acamada, doente, ele não teve dúvida de que sua morte era iminente; e, ao voltar do mercado à noite, sua primeira pergunta foi se ela ainda estava viva; e embora tivessem informado que estava melhor, declarou sua convicção de que ela iria morrer, alegando como razão o que tinha visto de manhã; uma explicação que levou todos os demais à mesma conclusão.

A senhora, no entanto, se recuperou; mas em duas semanas outro membro da família morreu; e quando seu caixão foi trazido escada abaixo, os carregadores se chocaram com violência contra o relógio; imediatamente, o homem exclamou, "Esse foi exatamente o barulho que ouvi!"

Eu poderia contar inúmeras histórias em que a aparição de um fantasma foi acompanhada por uma luz, mas como não há nada que as distinga das histórias mencionadas acima, não irei me estender nessa vertente do assunto, do qual tenha talvez falado o suficiente para sugerir à mente dos meus leitores que, embora saibamos muito pouco *como* tais coisas são, sabemos o suficiente sobre fenômenos análogos para nos permitir acreditar, ao menos, em sua possibilidade.

Confesso que encontro muito menos dificuldade em conceber a existência de fatos como os descritos acima, do que de fatos de outra classe, dos quais encontramos exemplos apenas ocasionais.

Por exemplo, um cavalheiro de posses e posição social na Irlanda estava um dia caminhando pela estrada quando encontrou um homem muito idoso, aparentemente um camponês, embora bem vestido, e que parecia estar usando seus trajes de domingo. Sua idade avançada chamou a atenção do cavalheiro, ainda mais porque não pôde evitar admirar-se com a vivacidade de seus movimentos e com a facilidade com que subia o morro. Ele então se aproximou e perguntou-lhe o nome e o local de residência; e ouviu que seu nome era Kirkpatrick e vivia em uma choupana, que em seguida apontou. Nisso, o cavalheiro mostrou-se surpreso por não conhecê-lo, uma vez que se imaginou familiarizado com todos os de sua propriedade. "É estranho que o senhor nunca tenha me visto antes", respondeu o velho, "pois caminho por aqui todos os dias."

"Quantos anos o senhor tem?", perguntou o cavalheiro.

"105", respondeu o outro; "e morei aqui durante toda a minha vida".

Depois de trocarem mais algumas palavras, partiram; e o cavalheiro, seguindo na direção de alguns camponeses em um terreno vizinho, perguntou se conheciam um velho chamado Kirkpatrick. Eles não conheciam; mas, ao dirigir a pergunta a uns moradores mais antigos, estes disseram, "Sim", eles o tinham conhecido e estiveram em seu funeral; ele vivia numa choupana no morro, mas fazia vinte anos que morrera.

"Quantos anos ele tinha, quando morreu?", perguntou o cavalheiro, muito espantado. "Tinha 85", disseram; então, o velho forneceu a idade que teria alcançado, se tivesse sobrevivido até o momento desse encontro.

Esse curioso caso é contado pelo próprio cavalheiro, e tudo o que ele podia dizer é que o fato acontecera, e que era incapaz de explicá-lo. Ele estava em perfeita saúde na época e nunca tinha ouvido falar naquele homem que havia morrido vários anos antes de a propriedade chegar à sua posse.

O próximo é outro caso interessante. Os originais serão encontrados nos registros da igreja citada, de onde foram copiados para meu uso: —

Extraído dos registros da igreja de Brisley, em Norfolk.

"12 de dezembro de 1706. — Eu, Robert Withers, M.A., vigário de Gately, transcrevo aqui uma história recebida de fonte segura, tendo toda a certeza moral de sua veracidade: —

"O sr. Grose foi visitar o sr. Shaw no último dia 2 de agosto. Quando se sentaram para conversar à noite, diz o sr. Shaw, 'no dia 21 do mês passado, quando fumava meu cachimbo e lia em meu escritório, entre as onze e a meia-noite, entra o sr. Naylor (ex-colega do colégio S. John, mas que morrera havia quatro anos). Quando o vi, não fiquei muito aterrorizado e pedi que se sentasse, o que ele fez, por umas duas horas, e conversamos. Perguntei-lhe como andavam as coisas. Ele disse, 'Muito bem'. 'Alguns de nossos velhos conhecidos estavam com ele?' 'Não!' (e nisso fiquei muito interessado); 'Mas o sr. Orchard logo estará comigo e com você, daqui a não muito tempo. Quando estava de partida, perguntei se não ficaria um pouco mais, mas ele se recusou. Perguntei se iria me visitar novamente. 'Não'; ele só tinha três dias de licença e tinha outros compromissos'".

"Obs. — O sr. Orchard morreu logo depois. O sr. Shaw, também falecido, foi aluno do colégio S. John; era um homem bom e ingênuo. Eu o conheci lá; quando morreu morava no colégio de Oxfordshire, mas foi aqui que viu a aparição."

Visitas como essa, que parecem indicar que a pessoa falecida ainda vive, de algum modo incompreensível para nós, são mais desconcertantes do que qualquer das histórias com que deparo. Na época de Frederico II da Prússia, a cozinheira de um padre católico que residia num vilarejo chamado Quarrey morreu, e ele contratou outra no lugar dela; mas a pobre mulher não tinha paz nem descanso com a interferência da predecessora, a tal ponto que resolveu deixar seu posto, e o ministro quase que ficou sem criado algum. As lareiras se acendiam, os quartos apareciam varridos e arrumados, e todos os serviços necessários eram feitos por mãos invisíveis. Muita gente foi testemunhar os fenômenos até que, finalmente, a história chegou aos ouvidos do rei; este enviou um capitão e um tenente da sua guarda para investigar o caso. Quando se aproximaram da casa, viram-se precedidos por uma banda, embora não pudessem ver nenhum músico, e quando entraram no salão e testemunharam o que estava acontecendo, o capitão exclamou, "Se isso não é coisa do diabo!", no que levou um belo tapa no rosto de uma mão invisível que estava arrumando a mobília.

Em função desse caso, a casa foi demolida por ordem do rei, e outra residência foi construída para o ministro, a alguma distância do local.

Montar uma farsa para Frederico II não teria sido coisa de pouca monta, à vista das prováveis consequências; e os oficiais de sua guarda sem dúvida não estariam dispostos a experimentar tal coisa; e não é provável que o rei tivesse ordenado que a casa fosse demolida, se não estivesse completamente convencido da veracidade do relato.

A história da noiva grega é ainda mais admirável, e ainda assim nos chega surpreendentemente bem comprovada, na medida em que os detalhes foram transmitidos pelo prefeito da cidade onde aconteceu ao procônsul dessa província; e, deste, foram apresentados ao Imperador Adriano; e como não era hábito mistificar os imperadores romanos, somos levados a acreditar que o prefeito e o procônsul tinham boas razões para acreditar naquilo que comunicaram a ele.

Parece que um cavalheiro chamado Demóstrato e sua mulher Kharitos tinham uma filha chamada Filínion, que morreu; e que cerca de seis meses depois, um jovem chamado Makhates, que viera visitá-los, foi surpreendido, ao se retirar para o apartamento destinado aos hóspedes, pelas visitas de uma jovem senhorita que come e bebe e troca presentes com ele. Algum acaso leva a criada para lá, e ela, surpresa com a visão, chama o amo e sua senhora para verem a filha, que estava lá, sentada com o hóspede.

Claro, eles não acreditam nela; mas por fim, cansada de ser importunada, a mãe a segue até o quarto de hóspedes; os jovens, no entanto, estão dormindo, e a porta, fechada; mas, olhando através do buraco da fechadura, ela vê o que acredita ser sua filha. Ainda incapaz de acreditar em seus sentidos, decide esperar pela manhã, antes de perturbá-los; mas, quando volta, a jovem partia; enquanto Makhates, ao ser interrogado, confessa que Filínion estivera com ele, mas que ela admitira que sem o conhecimento dos pais. O espanto e a agitação da mãe foram naturalmente enormes, em particular quando Makhates mostrou um anel que a garota lhe dera, e um corpete que tinha deixado atrás de si; e seu espanto não foi menor quando ouviu a história que tinham para contar. Ele, no entanto, prometeu que, se ela voltasse na noite seguinte, deixaria que eles a vissem; pois não podia acreditar que sua noiva fosse a filha falecida deles. Suspeitou, ao contrário, que ladrões tivessem tirado de seu corpo as roupas e ornamentos com os quais ela fora enterrada, e que a garota que o visitava em seu quarto os tivesse comprado. Quando, portanto, ela chegou, seu criado deu ordens para chamar o pai e a mãe, e eles vieram; e percebendo que era realmente a filha, abraçaram-na em lágrimas. Mas ela os repreendeu pela intromissão, declarando que obtivera permissão para passar três dias com o estranho na casa onde nascera; mas que agora tinha que ir para o lugar indicado; e imediatamente caiu morta, e seu corpo morto ficou ali, à vista de todos.

As notícias desse estranho episódio logo se espalharam, a casa foi rodeada por uma multidão, e o prefeito foi obrigado a tomar medidas para prevenir um tumulto. Na manhã seguinte, bem cedo, os habitantes de reuniram no teatro e, a partir de lá, seguiram até o túmulo, para verificar se o corpo de Filínion estava onde tinha sido depositado, seis meses antes. Não estava; mas, no caixão, estavam o anel e a boina que Makhates lhe deu de presente, na primeira noite em que ela o visitou; mostrando que, nesse ínterim, ela tinha retornado ao local. Eles então seguiram até a casa de Demóstrato, onde viram o corpo, e nesse momento decretou-se que deveria ser enterrado fora dos limites da cidade. Inúmeras cerimônias religiosas e sacrifícios se seguiram, e o desafortunado Makhates, horrorizado, pôs fim à própria vida.

Há uma interessante lenda associada à família de G. de R. que diz que, quando uma mulher fica confinada naquela casa, uma velhinha entra no quarto, na ausência da enfermeira, e puxa as roupas da cama; depois disso, a paciente, conforme diz a expressão, "não se reestabelece" e morre. Se a velha senhora visitou ou não, não sei; mas é admirável que o resultado de vários confinamentos recentes ali tenha sido fatal.

Rezava uma lenda, em certa família, que um cisne era sempre visto sozinho em um determinado lago, antes de uma morte. Um membro dessa família me contou que, em certa ocasião, o pai, viúvo, estava para firmar seu segundo casamento. Nesse dia, seu filho se mostrava tão aflito que o noivo ficou ofendido e, tendo protestado, ouviu do jovem que seu desânimo se devia ao fato de ter visto o cisne. Ele, o filho, morreu naquela noite, inesperadamente. Além da pomba de lorde Littleton, há registros de diversas histórias muito interessantes, de pássaros que eram vistos em um quarto, quando de uma morte iminente; mas o prognóstico mais extraordinário que conheço é o do cão preto que parece estar associado a algumas famílias: —

Uma jovem de nome P., não faz muito tempo, estava sentada trabalhando, saudável e alegre, quando viu, para sua grande surpresa, um enorme cão preto junto dele. Como tanto a porta quanto a janela estavam fechadas, não pôde entender como ele tinha entrado, mas quando se levantou para pô-lo para fora, não conseguiu mais vê-lo. Bastante confusa e imaginando tratar-se de alguma estranha ilusão, sentou-se de novo e continuou trabalhando, e nesse momento lá estava ele de novo. Muito alarmada, saiu correndo e contou à mãe, e esta disse que ela devia ter imaginado, ou que estava doente. Ela negou que fosse este o caso e, concedendo-lhe um favor, a mãe concordou em esperar do lado de fora e disse que, se ela o visse de novo, deveria chamá-la. A srta. P. voltou para o quarto e lá estava o cão, de novo; mas quando chamou a mãe, ele desapareceu. Logo depois, a mãe ficou subitamente doente e morreu. Antes de expirar, disse para a filha, "Lembre-se do cão preto!"

Confesso que deveria estar muito disposta a imaginar que se tratasse de uma ilusão espectral, não fosse pelo número de casos corroborativos; e acabei de ler, hoje de manhã, na resenha de uma obra chamada "The Unseen World"[O Mundo Invisível], recém publicada, que uma família de Cornwall também é avisada a respeito de uma morte iminente, pela aparição de um cachorro preto, e citam um caso muito interessante de uma mulher, recém-casada e recém-adentrada na família, que, desconhecendo a tradição, desceu do quarto da criança para pedir ao marido que subisse e expulsasse um cão preto que estava deitado na cama da criança. Subimos e encontramos a criança morta.

Pergunto-me se esse fenômeno é a origem da expressão francesa *bête noire*, usada para expressar uma perturbação ou um mau augúrio.

A maioria das pessoas se lembrará da história de lady Fanshawe, do modo como ela mesma relatou em suas memórias; a saber, que, ao visitar lady Honor O'Brien, na primeira noite em que dormiu lá, foi acordada por uma voz e, ao abrir as cortinas, viu uma figura feminina sentada no nicho da janela, vestida de branco, com cabelos ruivos e um aspecto pálido e fantasmagórico; "Ela olhava para fora da janela", diz lady Fanshawe, "e gritava em voz alta, como eu nunca tinha ouvido antes, 'Um cavalo! Um cavalo! Um cavalo!', e então, com um suspiro, que mais parecia o vento do que a voz de um ser humano, desapareceu. Seu corpo me pareceu mais uma nuvem espessa do que uma substância sólida e real. Eu estava tão assustada", ela prossegue, "que meu cabelo ficou de pé e minha touca caiu no chão. Empurrei e sacudi meu marido, que dormira o tempo todo e ficou muito surpreso ao me ver tão assustada, e ficou ainda mais quando lhe contei o motivo e mostrei a janela aberta. Nenhum de nós voltou a dormir aquela noite, mas ele me falou sobre aquilo, e me disse quão mais frequentes eram aquelas aparições naquele país, do que na Inglaterra". Aquilo, porém, era o que é conhecido por Banshee, pois de manhã lady Honor comunicou-lhes que uma pessoa da família morrera durante a noite, expressando a esperança de que não tivessem sido perturbados; pois, disse ela, "sempre que um dos O'Brien está no leito de morte, uma mulher costuma aparecer numa das janelas, todas as noites, até que a pessoa morre; mas quando instalei vocês naquele quarto, não pensei nisso". Essa aparição estava associada a alguma triste história de sedução e morte.

Eu poderia relatar muito mais casos do gênero, mas gostaria tanto quanto possível de evitar a repetição dos casos já publicados; então concluirei este capítulo com o seguinte relato de Pearlin Jean, cujos persistentes aborrecimentos em Allanbank eram objeto de um crédito tão absoluto, e de tal maneira confirmados, que chegavam a constituir um impedimento considerável para que alugassem o local. Estou em dívida com o sr. Charles Kirkpatrick Sharpe pelo relato de Jean e a história que se segue.

Uma criada chamada Betty Norrie, que viveu muitos anos em Allanbank, declarou que ela e diversas outras pessoas tinham muitas vezes visto Jean, acrescentando que estavam tão acostumadas com ela que já não mais se alarmavam com seus ruídos.

"Em minha juventude", diz o sr. Sharpe, "Pearlin Jean era o fantasma mais famoso da Escócia, e meu terror, quando eu era criança. Nossa velha ama, Jenny Blackadder, trabalhara como criada em Allanbank e com frequência ouvia seu murmúrio de seda subindo e descendo as escadas, e ao longo dos corredores. Ela nunca a viu; mas seu marido, sim.

"Ela era uma francesa que o primeiro baronete de Allanbank, então sr. Stuart, conheceu em Paris, durante a viagem em que concluiu sua educação de cavalheiro. Alguns diziam que ela era freira; nesse caso, deve ter sido uma Irmã de Caridade, pois não parece ter sido confinada em um claustro. Depois de algum tempo, o jovem Stuart foi infiel com sua esposa ou foi de repente chamado de volta à Escócia por seus pais, e ao entrar em sua carruagem, defronte à porta do hotel, viu sua Dido inesperadamente aparecer e subia na roda da frente do coche para falar com o amante; ele ordenou ao condutor que tocasse em frente, e a consequência disso foi que a mulher caiu, e uma das rodas passou por cima de sua cabeça, matando-a.

"Numa sombria noite de outono, quando o sr. Stuart conduzia sob os portões em arco de Allanbank, viu Pearlin Jean sentada no topo, com a cabeça e os ombros cobertos de sangue.

"Depois disso, durante muitos anos, a casa ficou mal-assombrada; as portas fechavam-se e abriam com grande barulho à meia-noite; o murmúrio de seda e o repique dos saltos altos dos sapatos eram ouvidos nos quartos e corredores. A ama Jenny disse que sete ministros foram chamados certa vez para exorcizar o espírito; 'mas que não conseguiram'".

"Um quadro do fantasma foi pendurado entre o do amante dela e o de sua mulher, o que a manteve relativamente tranquila; mas quando era retirado de lá, ficava mais mal-humorado do que nunca. Esse retrato estava recentemente em posse de sir J. G. Reluto, mas não desejo relembrar o destino que tomou.

"O fantasma foi denominado Pearlin, por usar sempre uma grande quantidade daquela espécie de laço.*

"A enfermeira Jenny me contou que quando Thomas Blackadder era seu amante (eu me lembro de Thomas muito bem), marcaram um encontro numa noite de luar no orquidário de Allanbank. O fiel Thomas, é claro, foi o primeiro a chegar; e, vendo uma figura feminina num vestido de cores claras a alguma distância, correu em sua direção, de braços abertos, para abraçar sua Jenny; quando, vejam! ao se aproximar do local onde a figura estava, ela desapareceu; nesse momento, ele a viu de novo no outro extremo do orquidário, a uma distância considerável. Thomas voltou para casa apavorado; mas Jenny, que chegou mais tarde e não encontrou ninguém, perdoou-o e eles se casaram.

"Muitos anos depois, por volta de 1790, duas senhoras visitaram Allanbank — creio que a casa estava então alugada — e passaram a noite lá. Elas nunca tinham ouvido uma palavra a respeito do fantasma; mas foram perturbadas a noite inteira com passos para frente e para trás, em seu quarto. Isso ouvi da melhor fonte.

"Sir Robert Stuart tornou-se baronete no ano de 1687.

"Lady Stapleton, avó do falecido lorde Le Despencer, contou-me que na noite em que lady Susan Fane, a filha de lorde Westmoreland, morreu em Londres, ela apareceu para o pai, então em Merriworth, em Kent. Ele estava na cama, mas não tinha adormecido. Havia uma luz no quarto; ela entrou e sentou-se em uma cadeira ao pé da cama. Ele disse a ela, 'Meu Deus, Susan! Como você veio até aqui? O que a trouxe da cidade?' Ela não respondeu; mas levantou-se imediatamente, foi até a porta e olhou para trás na direção dele, muito séria; então se retirou, fechando a porta atrás de si. Na manhã seguinte, ele soube de sua morte. Este caso, o lorde Westmoreland contou pessoalmente a lady Stapleton, que era Fane em solteira, e parente próxima dele."

---

* Uma espécie de laço, feito de fios — Jamieson.

Capítulo XV
Aparições em busca de orações dos vivos

Com relação à aparição de fantasmas e à frequência de casas mal-assombradas, pressentimentos, prognósticos e sonhos, se investigarmos atentamente, me parece que todas as partes do mundo estão em pé de igualdade, mas nos lugares onde as pessoas se dedicam mais aos negócios ou ao prazer, em primeiro lugar, reflete-se menos sobre essas coisas e acredita-se menos nelas, e consequentemente, estuda-se menos o assunto, e, *quando* se estuda, tudo é logo descartado; em segundo lugar, onde a vida externa — a vida do cérebro — prevalece plenamente, essas coisas não acontecem ou não são percebidas, uma vez que o vínculo não se estabelece ou a faculdade de recepção encontra-se obscurecida.

Embora os fenômenos mencionados acima pareçam ser igualmente bem conhecidos em todos os países, há uma espécie particular de aparições que encontro registrada apenas na Alemanha. Refiro-me a fantasmas que, como os descritos na "Vidente de Prevorst", buscam as orações dos vivos. Apesar das afirmações categóricas de Kerner, Eschenmayer e outros de que, tendo feito todos os esforços para investigar a questão, foram levados à forçosa conclusão de que os espectros que frequentaram Frederica Hauffe não eram ilusões subjetivas, mas formas reais, ainda assim, como ela estava em estado de sonambulismo, muita gente ficou persuadida de que a coisa toda não passava de uma ilusão. É verdade que, como essa gente não estava lá, e quem foi até o local chegou a conclusões diferentes, essa opinião, sendo apenas o resultado de noções preconcebidas ou de preconceitos, e não de tranquila investigação, não tem qualquer valor; ainda assim, não se pode negar que esses relatos são extraordinárias; mas, ainda que sejam desconcertantes, não são de modo algum casos isolados. Deparo com muitos semelhantes, registrados em diversas obras, onde não havia sonambulismo envolvido. Em todo caso, esses espíritos desafortunados parecem ter ficado à espera de alguém com quem pudessem estabelecer um vínculo, a fim de se comunicar; e essa espera ocasionalmente durou um século ou mais. Às vezes, eles são vistos por apenas uma pessoa, às vezes por diversas, em graus variáveis de distinção, surgindo a um como uma luz, a outro como uma sombra, e a um terceiro com uma forma humana definida. Outros testemunhos da sua presença, como sons, passos, luzes, o deslocamento visível de um objeto sólido sem um agente visível, odores etc., são em geral percebidos por muitos; em suma, os sons parecem audíveis a todos os presentes no local, com exceção da voz, que, na maioria dos casos, é ouvida apenas pelas pessoas com quem o vínculo se estabelece especialmente.

262

Relata-se, em alguns casos, que uma marca é deixada nos objetos erguidos, como uma queimadura. Essa é uma convicção antiga e suscitou muitos gracejos; mas, com relação à hipótese levantada por mim, a coisa é bastante simples; a marca provavelmente será da mesma natureza daquela deixada por um fluido elétrico; e esse detalhe, mais as luzes que em geral acompanham os espíritos, suscitou a ideia de que chamas, enxofre, súlfur e assim por diante estão relacionados à ideia de um estado futuro. De acordo com nossa visão, não deve ser difícil conceber que um espírito feliz e abençoado emitiria um brilho suave; enquanto a raiva ou a maldade necessariamente alterariam o caráter dessa luminosidade.

Como quem deseje conhecer diversos desses casos pode recorrer à minha tradução de "Seeress of Prevorst" [Vidente de Prevorst], relatarei aqui apenas um, impressionante por sua natureza, e ocorrido na prisão de Weinsberg, no ano de 1835.

O dr. Kerner, que publicou um pequeno volume com um relato do caso, diz que o lugar onde este ocorreu exclui qualquer possibilidade de truque ou impostura. Era uma espécie de forte ou fortaleza — uma prisão dentro de uma prisão — sem outra janela senão a que dava para um pátio estreito ou passagem, passagem esta que era fechada por várias portas. Ficava no segundo andar; as janelas ficavam no alto e eram providas de fortes barras de ferro que não podiam ser movidas sem considerável força mecânica. A prisão externa é rodeada por um muro alto, e os portões são mantidos fechados dia e noite. Os prisioneiros, em diferentes celas, não podem, é claro, se comunicar uns com os outros, e o vice-diretor da prisão e sua família, que consiste em uma mulher e uma sobrinha, mais uma criada, são descritos como pessoas de irrepreensível respeito e honestidade. Como os depoimentos sobre o caso foram feitos diante de magistrados, é neles que fundamento minha narrativa.

No dia 12 de setembro de 1835, o vice-diretor, ou o responsável pela prisão, de nome Mayer, enviou um relatório aos magistrados, dizendo que uma mulher chamada Elizabeth Eslinger todas as noites era visitada por um fantasma, que em geral vinha por volta das onze horas da noite e não a deixava em paz, dizendo que ela estava destinada a libertá-lo; e que sempre a convidava a segui-lo; e, como ela não o seguia, apertava com força seu pescoço e um lado de seu corpo, até machucá-lo. As pessoas com ela confinadas diziam também ter visto essa aparição. (Assinado) "Mayer."

Uma mulher chamada Rosina Schahl, condenada a oito dias de prisão por linguajar abusivo, depôs dizendo que, aproximadamente às onze horas, Eslinger começou a respirar com dificuldade, como se estivesse sufocando; dizia que havia um fantasma com ela, em busca de salvação. "Não me preocupei com aquilo, mas disse para ela me acordar quando ele voltasse. Ontem à noite, vi uma sombra, de um metro e vinte a um metro e meio de altura, parada perto da cama; não a vi mexer-se. Eslinger respirava com dificuldade e reclamava de uma pressão ao lado do corpo. Durante vários dias, não comeu nem bebeu nada. (Assinado) "Schahl."

"A corte decide
"Que Eslinger deve ser vista pelo médico da prisão, que fará um relatório de suas condições mentais e físicas.

"Assinado pelos magistrados,
"ECKHARDT.
"THEURER,
"KNORR.
"RELATÓRIO.

"Tendo examinado a prisioneira, Elizabeth Eslinger, confinada aqui desde o início de setembro, encontrei-a mentalmente sã, mas tomada por uma ideia fixa, a saber, que está sendo e tem sido, já faz algum tempo, perturbada por uma aparição que não lhe dá sossego e que vem sobretudo à noite, pedindo orações para que seja libertada. A aparição visitou-a antes de sua ida para a prisão e foi a causa da contravenção que a levou até lá. Tendo agora, conforme as ordens da Suprema Corte, observado essa mulher durante onze semanas, sou levado à conclusão de que não há embuste neste caso, nem que a perseguição seja uma mera ideia monomaníaca sua. Os testemunhos não apenas de seus colegas prisioneiros, mas também da família do vice-diretor, e até de pessoas que moram em casas distantes dali, confirmam minha convicção.

"Eslinger é viúva, tem 38 anos de idade e declara que nunca foi acometida de qualquer doença; nem tem ciência de nenhuma, no presente; mas que sempre viu fantasmas, embora até pouco tempo atrás nunca tivesse se comunicado com eles. Que agora, estando na prisão há onze semanas, todas as noites é perturbada por uma aparição que já a tinha visitado anteriormente em sua própria casa, e que uma vez fora vista também por uma garota de 14 anos, declaração que essa garota confirma. Em sua casa, a aparição não surgiu com uma forma humana definida, mas como uma coluna nebulosa, da qual provinha uma voz oca, dizendo que, por meio de suas orações ela iria libertá-la do porão de uma mulher chamada Singhaasin, de Wimmenthal, para onde fora banida, ou de onde não conseguia se libertar. Ela, Eslinger, diz que naquele momento não se arriscava a conversar com a aparição, não sabendo se deveria lhe dirigir a palavra com *Sie*, *Ihr* ou *Du* (ou seja, se deveria se dirigir a ela na segunda ou na terceira pessoa, um costume, entre os alemães, muito importante, no que diz respeito à etiqueta. É preciso lembrar que essa mulher era uma camponesa sem instrução que tinha se metido em problemas quando começou a procurar tesouros, e que nessa busca esperou poder ser ajudada por esse espírito. Cavar à procura de tesouros enterrados é uma paixão forte na Alemanha.)

"O fantasma aparece agora com uma forma perfeitamente humana, vestindo um longo manto cintado e tendo na cabeça um chapéu de quatro pontas. Tem queixo e testa protuberantes, olhos fundos, longa barba e as maçãs do rosto salientes, parecendo cobertas por um pergaminho. Uma luz irradia em volta e acima de sua cabeça e, dentro dessa luz, ela vê a silhueta do espectro.

"Tanto ela quanto seus companheiros de cárcere declaram que esse fantasma vem várias vezes por noite, mas sempre entre o sinal que anuncia a noite e o que anuncia a manhã. Com frequência, o fantasma entra pela porta ou pela janela fechada, mas no momento em que o faz, ninguém consegue ver nem porta, nem janela, nem as barras de ferro; costumam ouvir a porta se fechar e conseguem ver o corredor, quando ele entra e sai por lá, de modo que, se houver um pedaço de madeira ali, eles podem vê-lo. Ouvem passos curtos no corredor, quando ele vai e vem. Em geral, entra pela janela, e então ouvem ali um som peculiar. Ele entra bem ereto. Embora a cela seja inteiramente fechada, sentem um vento frio* quando ele está por perto. Ouvem toda espécie de ruídos, especialmente um crepitar. Quando está irritado ou muito perturbado, sentem um cheiro estranho, de terra e putrefação. Com frequência, puxa-lhes a coberta e senta-se na beirada da cama. No início, o toque de sua mão era gelado, mas, desde que ficou mais brilhante, tornou-se mais quente; primeiro, ela viu o brilho na ponta de seus dedos, depois o brilho se espalhou. Se ela estica as mãos, não é capaz de

---

* É preciso observar que essa é a sensação que afirmam sentir os pacientes de Reichenbach, quando deles se aproxima um ímã.

senti-lo, mas quando ele a toca, ela sente; ele às vezes pega suas mãos e as junta, para que ela reze. Seus suspiros e gemidos são feito os de uma pessoa desconsolada; são ouvidos pelos outros, assim como por Eslinger. Enquanto ele emite esses sons, em geral ela está rezando alto ou falando com os companheiros, de modo que eles têm certeza de que não é ela que os está fazendo. Ela não vê sua boca se mexer quando ele fala. Sua voz é oca e ofegante. Ele a procura em busca de orações e lhe parece alguém mortalmente enfermo, à procura de conforto na oração dos outros. Diz que era um padre católico de Wimmenthal, e que viveu no ano de 1414.

(Wimmenthal ainda é católico; Eslinger é luterana, de Backnang.)

"Ele diz que, entre outros crimes, uma trapaça cometida em parceria com o pai, visando os irmãos, pesa gravemente sobre si; não consegue se livrar disso; isso o estorva. Ele sempre rogou a ela que fosse com ele até Wimmenthal, de onde foi banido ou desterrado, e lá rezasse por ele.

"Ela conta que não é capaz de dizer se o que ele diz é verdade; e não nega que pensou que encontraria tesouros com a ajuda dele. Muitas vezes, disse-lhe que as rezas de uma pecadora como ela não poderiam ajudá-lo, e que ele deveria procurar o Redentor; mas ele não cede às suas súplicas. Quando ela diz essas coisas, ele fica triste, aproxima-se e põe a cabeça tão perto dela, que ela é obrigada a rezar junto à sua boca. *Ele parece faminto por orações.* Várias vezes ela sentiu as lágrimas dele no rosto e no pescoço; eram geladas; mas em seguida o lugar queima, deixando uma marca vermelho-azulada. (Essa marcas são visíveis em sua pele.)

"Uma noite, essa aparição trouxe consigo um enorme cão, que saltou nas camas e foi visto também pelos companheiros de cela, que ficaram aterrorizados e gritaram. O fantasma, no entanto, falava e dizia, 'Não temam, esse é meu pai'. Desde então, ele passou a levar o cão consigo, o que os alarmou terrivelmente e fez com que adoecessem.

"Tanto Mayer quanto os prisioneiros afirmaram que mal viram Eslinger dormir, seja de noite quanto de dia, durante dez semanas; ela comia pouco, rezava sem parar e parecia debilitada e exausta. Disse que via o espectro tanto de olhos abertos quanto fechados, o que demonstrava tratar-se de uma percepção magnética, e não de uma *visão* dos órgãos corporais. É interessante notar que um gato que morava na prisão, tendo sido trancado nessa cela, ficou tão assustado quando a aparição chegou que tentou escapar voando contra as paredes; e vendo que era impossível, rastejou para baixo da coberta da cama em extremo horror. Realizaram a experiência de novo, com o mesmo resultado; e depois dessa segunda vez, o animal recusou qualquer alimento, definhou e morreu.

"Para me convencer", diz o dr. Kerner, "da verdade desses depoimentos, fui até a prisão na noite de 15 de outubro e me tranquei sem luz na cela de Eslinger. Por volta das onze e meia, ouvi um som como que de um corpo sendo arremessado em direção ao chão; mas não do lado onde a mulher estava, e sim do lado oposto; ela imediatamente começou a respirar com dificuldade e me disse que o espectro estava lá. Eu pus a mão em sua cabeça e conjurei o fantasma, em sua condição de espírito maligno. Eu mal tinha dito as palavras quando ouvi um estranho e intenso crepitar ao longo das paredes, e ele por fim pareceu sair pela janela. A mulher disse que o espectro havia partido.

"Na noite seguinte, o espírito disse a ela que estava sofrendo por ter sido tratado como um espírito maligno, o que não era; mas, sim, alguém que merecia misericórdia; e queria apenas orações e libertação.

"No dia 18 de outubro, fui até a cela novamente, entre as dez e as onze horas, levando comigo minha esposa e a esposa do responsável pela prisão, madame Mayer. Quando a respiração da mulher me mostrou que o espectro estava lá, pus a mão na dela e conjurei o fantasma, em termos gentis, a não perturbá-la mais. Ouvi o mesmo tipo de som, porém mais suave, que dessa vez continuou ao longo do corredor, onde certamente não havia ninguém. Todos nós ouvimos.

"Na noite do dia 20, fui de novo, com Justice Heyd. Ambos ouvimos sons quando o espectro veio, e a mulher não podia conceber por que razão não o víamos. Não conseguíamos; mas sentimos claramente um vento frio soprar sobre nós quando, segundo o relato dela, a aparição estava perto, embora não houvesse abertura por onde o ar pudesse entrar."

Em cada uma dessas ocasiões, o dr. Kerner parece ter permanecido lá por cerca de duas horas.

A senhora Mayer decidiu então passar uma noite na cela, para observar; e levou consigo a sobrinha, uma garota de 19 anos de idade; seu relato foi o seguinte: —

"Era uma noite chuvosa, e estava muito escuro na prisão; minha sobrinha dormiu um pouco; eu permaneci acordada a noite inteira, sentada na cama durante a maior parte do tempo.

"Aproximadamente à meia-noite, vi entrar uma luz pela janela; era amarelada e se movia devagar; e embora o ambiente fosse bem fechado, senti um vento frio soprar em mim. Eu perguntei à mulher, "O fantasma está aqui, não está?" Ela disse, "Sim", e continuou a rezar, como estivera fazendo antes. O vento frio e a luz agora se aproximaram de mim; minha coberta era bem leve; e eu conseguia ver minhas mãos e braços e, ao mesmo tempo, sentia um odor indescritível de putrefação, e era como se formigas caminhassem em meu rosto. (A maioria dos prisioneiros descreveu ter sentido a mesma sensação quando o espectro estava lá). Então a luz se moveu, subiu e desceu pelo quarto; e na porta da cela vi várias estrelinhas piscando, como nunca tinha visto antes. Nesse momento, eu e minha sobrinha ouvimos uma voz que não posso comparar a nada que tivesse ouvido antes. Não parecia uma voz humana. As palavras e os suspiros soavam como se viessem de um oco profundo, e pareciam subir, do piso para o teto, numa coluna; enquanto aquela voz falava, a mulher rezava alto; assim, eu tinha certeza de que não provinha dela. Ninguém poderia produzir um som assim. Eram estranhos suspiros sobre-humanos e súplicas por orações e libertação.

"É extraordinário que, sempre que o fantasma falava, eu *sentia antes*. (Provando que o espírito tinha sido capaz de estabelecer um vínculo com essa pessoa. Ela estava numa relação magnética com ele.) Também ouvimos um crepitar na cela. Eu estava perfeitamente desperta e em posse de meus sentidos, e posso jurar ter visto e ouvido essas coisas.

No dia 9 de dezembro, madame Mayer passou a noite de novo na cela, com sua sobrinha e sua criada; e seu relato é o seguinte: —

"Era uma noite de luar, e fiquei acordada na cama a noite inteira, observando a prisioneira Eslinger. De repente, vi uma sombra clara, como a de um pequeno animal, atravessar a cela. Perguntei o que era, e ela respondeu, 'Você não vê que é um cordeiro? Ele sempre vem com a aparição'. Então vimos um banco, que estava perto de nós, ser erguido e posto de novo no chão. Ela estava na cama e rezava o tempo todo. Nesse momento, fez-se um barulho tal na janela que pensei que todas vidraças tivessem se quebrado. Ela disse que era o fantasma, e que estava sentado no banco. Então ouvimos passos e um farfalhar para cima e para baixo, mas eu não conseguia vê-lo; mas, nesse momento, senti um vento frio soprar em mim, e do vento ouvi a mesma voz oca que tinha ouvido antes, dizer, 'Em nome de Jesus, ajudem-me!'

"Antes disso, a Lua já havia sumido e estava bastante escuro; mas, quando a voz falou comigo, vi uma luz à nossa volta, embora ainda sem forma. Ouvi então um som de passos em direção à janela oposta, e ouvi a voz dizer, 'Está me vendo, agora?' E então, pela primeira vez, vi uma sombra esticar-se para o alto, como que para se fazer visível para nós, mas não era possível distinguir suas feições.

"Durante o resto da noite, vi as luzes várias vezes, ora no banco, ora movimentando-se pelo local; e estou absolutamente segura de que não havia luar naquele momento, nem qualquer outra luz de fora. Como eu vi, não sei dizer; é algo indescritível.

"Eslinger rezou o tempo todo, e quanto mais fervorosamente o fazia, mais o espectro se aproximava dela. Algumas vezes, sentou-se em sua cama.

"Por volta das cinco horas, quando se aproximou de mim e senti o ar frio, eu disse, 'Vá até o quarto do meu marido e deixe um sinal de que você esteve lá!' Ele respondeu nitidamente, 'Sim'. Então, ouvimos a porta, que estava trancada, abrir-se e fechar; e vimos a sombra flutuar para fora (pois ela flutuava, mais do que caminhava) e ouvimos o farfalhar ao longo do corredor.

"Em quinze minutos, vimos que voltava e entrava pela janela; perguntei-lhe se tinha estado com meu marido e o que tinha feito. Ele respondeu com um som parecido com uma risada curta, baixa e oca. Então, flutuou sem qualquer ruído, e o ouvimos falar com Eslinger, enquanto ela ainda rezava alto. Como antes, eu sempre sabia quando ele ia falar. Depois das seis, não o vimos mais. De manhã, meu marido disse com grande surpresa que encontrou a porta do quarto escancarada, mas tinha certeza que a fechara e trancara, chegando até a tirar a chave, ao ir para a cama."

No dia 24, a senhora Mayer passou a noite lá de novo, mas nessa ocasião viu apenas uma sombra clara ir e vir, e ficar ao lado da mulher, que rezava sempre. Ela também ouviu o som de farfalhar.

Entre prisioneiros e autoridades que vieram observar, o número de pessoas que testemunhou o fenômeno é considerável; e embora o tanto que foi percebido tenha variado de acordo com a receptividade do sujeito em particular, os elementos do todo coincidem perfeitamente com o caráter dos fenômenos. Alguns viram apenas a luz; outros, perceberam a forma, no meio dela; todos ouviram os sons e sentiram o cheiro de terra e putrefação.

Que a receptividade das mulheres tenha sido maior do que a dos homens, depois do que mencionei em outra passagem, é algo que não deveria suscitar surpresa; a preponderância do sistema simpático nelas basta para explicar a diferença.

Frederica Follen, de Lowenstein, que passou oito semanas na mesma cela com Eslinger, testemunhou todos esses fenômenos, embora só uma vez tenha visto o espectro em sua forma humana perfeita, como Eslinger o viu. Mas este falou várias vezes com ela, convidando-a a mudar de vida; e lembrem-se, foi alguém que já tinha provado o gosto da morte quem lhe deu esse conselho. O caso teve um grande efeito sobre ela.

Sempre que alguém blasfemava, a aparição demonstrava muito desgosto, pegava a pessoa pelo pescoço e a forçava a rezar. Com frequência, quando entrava ou saía, diziam que soava como uma revoada de pombos.

Catherine Sinn, de Mayenfels, ficou confinada numa cela ao lado durante duas semanas. Depois de solta, foi interrogada pelo ministro de sua paróquia e declarou que não sabia nada de Eslinger nem do espectro, "mas que toda noite, estando sozinha, eu ouvia um farfalhar e um ruído na janela que dava para o corredor. Eu sentia e ouvia, embora não visse ninguém, que alguém estava se movendo pela cela; esses sons eram acompanhados por um vento frio, embora o local fosse bem fechado. Ouvia também um crepitar e um farfalhar, e um som como que de cascalho, caindo; mas de manhã não via nada. Uma vez me pareceu que uma mão tinha pousado suavemente em minha testa. Eu não gostava de ficar lá sozinha, por causa dessas coisas; e implorei que me pusessem numa cela com outras pessoas; então, me colocaram com Eslinger e Follen. As mesmas coisas continuaram a acontecer ali, e me contaram do fantasma; mas como eu não estava sozinha, não fiquei tão assustada. Várias vezes ouvi-o falar; era uma voz rouca e lenta, não parecia uma voz humana; mas raramente eu entendia as palavras. Quando ele saía da prisão, o que em geral acontecia às cinco da manhã, costumava dizer, 'Rezem!', e quando o fazíamos, ele acrescentava, 'Deus lhes pague!' Nunca o vi nitidamente, até a última manhã em que estive lá; então, vi uma sombra clara ao lado da cama de Eslinger.

(Assinado)   "Catherine Sinn,

Do caderno do ministro, Mayenfels."

Seria entediante copiar aqui os depoimentos de todos os prisioneiros, sendo a experiência da maioria deles similar à experiência relatada acima. Portanto, irei me contentar em fazer um resumo dos detalhes mais dignos de nota.

Além do crepitar, do ciciar como que de papel, dos passos, do farfalhar, das batidas nas janelas e nas suas camas etc., etc., eles ouviam às vezes um grito terrível; e não sem frequência as cobertas eram puxadas das camas; parecendo ser o objetivo do espírito manifestar-se assim para aqueles a quem não conseguia se fazer visível; e como pude ver esse puxar dos lençóis, esse erguer da cama, repetidas vezes em diversos casos, relatados por estrangeiros e ingleses, concluo que a razão deva ser a mesma. Muitas das mulheres o ouviram falar.

Todos esses depoimentos constam nos relatos do dr. Kerner para os magistrados; e ele conclui dizendo que não resta dúvida de que Elizabeth Eslinger tenha sofrido essas perturbações, seja qual for o nome escolhido pelas pessoas para nomeá-las.

Entre os fenômenos mais notáveis, está a real ou aparente abertura das portas, de modo que as pessoas podiam ver o que havia no corredor. Eslinger disse que o espírito surgia com frequência rodeado por uma luz e que seus olhos pareciam flamejantes, e que às vezes vinham com ele duas ovelhas, que ocasionalmente surgiam como estrelas. Ele muitas vezes tocou em Eslinger, fez com que ela se sentasse e juntou suas mãos para que ela pudesse rezar; e uma vez pareceu pegar caneta e papel sob o roupão, escrever algo e deixar a nota na coberta da sua cama.

É muito interessante que, em duas ocasiões, Eslinger tenha visto o dr. Kerner e Justice Heyd entrar com o fantasma, quando eles não estavam lá fisicamente, e nas duas vezes Heyd estava envolto numa nuvem negra. O fantasma, ao ser questionado, disse a Eslinger que as nuvens indicavam que havia um problema iminente. Alguns dias depois, seu filho morreu de modo inesperado, e o dr. Kerner agora se lembra de que a primeira vez em que Eslinger disse ter visto Heyd dessa maneira, o pai dela morrera em seguida. Kerner atendia a ambos os pacientes e estava assim simbolicamente associado. Follen também viu essas duas aparições, e falou com elas, tendo acreditado que fossem o dr. Kerner em pessoa.

Em outras ocasiões, a prisioneira viu estranhos entrarem com o fantasma, e, mais tarde, quando *de fato* vieram fisicamente, ela os reconheceu, o que parece ter sido uma espécie de intuição.

Dr. Kerner diz, e creio que de maneira muito justa, que se Eslinger estivesse fingindo, nunca teria mencionado algo tão improvável.

Algumas das mulheres, depois que o espectro visivelmente se inclinou em direção a elas ou falou em seus ouvidos, foram tão afetadas pelo odor emanado que vomitaram, só conseguindo comer depois de tomarem um vomitório; suas partes do corpo em que ele tocou ficaram doloridas e inchadas, resultado que encontrei em diversos outros casos.

São dignos de nota os detalhes que darei em seguida, do depoimento de uma garota de 16 anos, chamada Margaret Laibesberg, que esteve presa durante dez dias por subtrair uvas de um vinhedo. Ela diz que não sabia nada sobre o espectro, mas que ficou muito alarmada, na primeira noite, ao ouvir uma porta ser escancarada, e alguma coisa entrar com uma espécie de farfalhar. Eslinger lhe disse que não tivesse medo, pois a coisa não iria machucá-la. Mas como a garota ficou aterrorizada todas as noites, escondendo a cabeça debaixo dos lençóis, na quarta noite Eslinger saiu de sua cama e, indo até ela, disse, "Em nome de Deus, olhe para ele! Ele não irá machucá-la, eu garanto". "Então", diz a garota, "Eu olhei por baixo do lençol e vi duas formas brancas, como dois cordeiros — tão bonitas que poderia ter ficado olhando para sempre. Entre elas havia uma forma clara, um vulto, alto como um homem, mas não pude olhar por mais tempo, pois me faltou a vista. O terror dessa garota era tão grande que Eslinger várias vezes precisou sair da cama e trazê-la para dormir consigo. Quando conseguia fazer com que ela olhasse, ela sempre via o espectro, que lhe suplicava para também rezar por ele. Sempre que ele a tocava, e ele o fez na testa e nos olhos, ela sentia dor, mas não mencionou nada sobre qualquer inchaço posterior. Tanto ela como outra garota, chamada Neidhardt, que chegou no último dia de prisão de Margaret L., testemunharam que, na noite anterior, tinham ouvido Eslinger perguntar para o fantasma, "Por que você está tão irritado?", e que o ouviram responder que era "porque ela não tinha, na noite anterior, rezado por ele tanto quanto costumava fazer", sendo a razão dessa negligência o fato de que dois cavalheiros também haviam passado a noite na cela.

Quando, no décimo dia, a garota Margaret L. foi solta, disse que havia qualquer coisa de tão terrível naquela aparição, que ela decidira e jurara firmemente que passaria a ser piedosa e levar, dali em diante, uma vida exemplar.

Alguns parecem ter ficado pouco alarmados. Maria Bar, de 41 anos disse, "Eu não estava com medo, pois tenho a consciência tranquila". As infrações pelas quais essas mulheres foram presas parecem ter sido muito leves, como discussões e coisas parecidas.

Numa cela que dava para o mesmo corredor, havia homens presos por brigar com a polícia, ignorar a lei e outras contravenções semelhantes.

As pessoas não apenas ouviram os ruídos mencionados acima, como os passos, o som de farfalhar, o abrir e fechar das portas etc., etc., mas alguns também viram o fantasma. Christian Bauer, em seu depoimento, disse que nunca tinha ouvido falar no fantasma, mas que, tendo sido perturbado por uma batida e um farfalhar por volta das três da manhã, na sua segunda noite na prisão, olhou e viu uma figura branca inclinada sobre ele, e ouviu uma estranha voz oca dizer, "Você precisa ter muita paciência!" Ele disse que pensou que fosse seu avô, e nisso, Stricker, seu companheiro, riu. Stricker, em seu depoimento, diz que ele ouviu uma voz oca dizer, "Você precisa ter muita paciência", e que Bauer lhe disse que havia uma aparição branca perto dele, supondo que fosse seu avô. Bauer contou que ficou assustado na primeira noite, mas que se acostumou e não deu importância.

Vale a pena observar que, quando ouviram a porta do quarto das mulheres se abrir, ouviram também a voz de Eslinger rezando, como se a porta não tivesse se aberto apenas em aparência, mas de fato. Já vimos que esse espírito conseguia abrir portas. Na "Vidente de Prevorst", muitas vezes as portas eram *visivelmente* e *audivelmente* abertas, como que por uma mão invisível, quando ela via um espectro entrar; e tenho absoluta certeza de que o mesmo fenômeno acontece numa casa não muito distante de onde escrevo agora; e isso, às vezes, quando há duas pessoas dormindo no quarto — uma dama e um cavalheiro. Depois de trancarem a porta, ao irem para a cama, e vasculharem o quarto por completo, e tomarem todas as precauções possíveis — pois relutam em acreditar no caráter espiritual das perturbações que os importunam, — despertam cientes de que a porta está sendo aberta, e encontram-na escancarada, ao se levantarem para investigar o fato.

Uma das provas mais notáveis, seja da força de vontade ou dos poderes elétricos da aparição que assombrava Eslinger, ou então de seu poder de imitar sons, era o real, ou o aparente, mas violento chacoalhar das pesadas barras de ferro da janela, tendo ficado comprovado que a força reunida de seis homens não o poderia absolutamente fazer, conforme a experiência realizada.

A Suprema Corte, tendo-se convencido de que não havia fraude no caso, propôs que alguns homens de ciência fossem convidados a investigar o estranho fenômeno e a tentar, se possível, explicá-lo. Desse modo, não apenas o próprio dr. Kerner em pessoa e seu filho, mas muitos outros, passaram noites na prisão, com esse propósito. Entre eles, além de alguns ministros da igreja luterana, havia um gravurista, chamado Duttenhofer; Wagner, um artista; Kapff, professor de matemática de Heilbronn, Fraas, um advogado; os doutores Seyffer e Sicherer, médicos; Heyd, um magistrado; o barão Von Hugel etc., etc.; mas esse meticuloso exame não revelou mais do que já foi contado; todos ouviram os barulhos, a maioria deles viu as luzes, e alguns viram a figura. Duttenhofer e Kapff viram-na sem uma forma definida; era brilhante, mas não iluminava o quarto. Alguns dos sons lhes pareciam como a descarga de uma garrafa de Leyden. Ouviu-se também um som de cascalhos e um forte jorro de água, mas nada disso foi visto. O professor Kapff diz que estava bastante tranquilo e em posse de seu autocontrole, até ouvir uma batida tão violenta nas barras de ferro da janela, que imaginou já ter a aparição entrado; então, tanto ele como Duttenhofer ficaram em pânico.

Como não conseguiam ver a luz emitida pelo espectro, caso em que a cela estaria iluminada, ficaram no escuro; mas tomaram todas as precauções para se certificarem de que Eslinger estava na cama enquanto essas coisas aconteciam. Ela rezava alto o tempo todo, a não ser quando conversava com eles. De manhã, em geral estava exausta, em razão desse esforço contínuo.

Mencionam também que o colchão em que ela se deitava era trocado e examinado com frequência, e usaram de todos os meios para se certificar de que ela não estava em posse de nada que lhe permitisse fazer qualquer espécie de truque. Suas companheiras de cárcere também foram convidadas a contar tudo o que sabiam ou podiam descobrir; e foi prometida uma remissão de sentença para aquelas que revelassem a farsa, se houvesse alguma.

O dr. Sicherer, que estava acompanhado pelo sr. Fraas, diz que, ao ouvir falar desses fenômenos, os quais considerou ainda mais inexplicáveis em função da idade e da condição da mulher etc., saudável e trabalhadora, de 38 anos, e que nunca tinha adoecido, desejou muito investigar o caso pessoalmente.

Enquanto estavam no pátio da prisão, aguardando para serem admitidos, ouviram ruídos extraordinários que não souberam explicar, e, durante a noite, esses ruídos se repetiram; em especial o aparente derramar de cascalho, ou de ervilhas, que pareciam cair tão perto que ele sem querer cobriu o rosto. A isso seguiu-se a sensação de um vento frio; e então um odor opressivo, incomparável, segundo ele, e que quase o impediu de respirar. Ele estava perfeitamente convencido de que o cheiro não provinha do local nem do estado da prisão. Ao mesmo tempo em que sentiu esse odor, viu uma espessa nuvem cinza, sem forma definida, perto da cama de Eslinger. Quando essa nuvem desapareceu, não sentiram mais o odor.

Fazia uma bela noite de luar e havia luz suficiente na cela para que pudessem distinguir as camas etc. Os mesmos fenômenos aconteceram diversas vezes durante a noite; ouviam Eslinger rezar e recitar hinos, sempre que o fantasma estava lá. Também a ouviram dizer, "Não junte minhas mãos com tanta força!" "Não me toque!", e assim por diante. Não ouviam a voz do espírito. Por volta das três ou quatro horas, ouviram fortes pancadas, passos, um abrir e fechar de portas, e o prédio todo tremer, o que os fez pensar que o teto iria cair sobre suas cabeças. Por volta das seis, viram o fantasma de novo; e todos esses fenômenos voltaram a acontecer pelo menos dez vezes, no decurso da noite.

O dr. Sicherer conclui dizendo que iniciou a investigação com uma disposição de espírito perfeitamente imparcial; e que no relatório feito a pedido da Suprema Corte, registrou suas observações de maneira tão consienciosa como se estivesse diante de um júri. Acrescenta que examinou tudo; e que nem na mulher, nem em qualquer dos outros companheiros de prisão, conseguiu encontrar o menor fundamento para suspeita, nem qualquer pista para o mistério que, de um ponto de vista científico, lhe pareceu totalmente inexplicável. O relatório do dr. Sicherer data de 8 de janeiro de 1836, de Heilbronn.

O sr. Fraas, que o acompanhou, confirma as afirmações acima em todos os detalhes; acrescentando que por diversas vezes viu uma luz de circunferência variável mover-se pela cela; e que, enquanto via isso, a mulher lhe dizia que o fantasma estava lá. Ele também sentiu a respiração oprimida e uma pressão na testa, sempre que a aparição estava prestes a chegar, em especial uma vez, quando, embora tenha cuidadosamente tentado se abster de mencionar a sensação, ela disse que a aparição estava perto de sua cabeça. Ele esticou a mão; mas não sentiu nada além de um vento frio e um cheiro opressivo.

O dr. Seyffer, numa noite em que estava lá com o dr. Kerner, para afastar a possibilidade de que a luz pudesse vir da janela, resolveram cobri-la. Mas, mesmo assim, viram a luz fosforescente do espectro, como antes. Moveu-se em silêncio; e permaneceu ali por quinze minutos. A cela, fora isso, estava perfeitamente às escuras; os sons que acompanharam a luz eram como de água pingando; bem comoa descarga de uma garrafa de Leyden. Eles garantiram que esses fenômenos não eram produzidos pela mulher.

Já mencionei o depoimento de madame Mayer, a esposa do vice-diretor, ou responsável pela prisão, tida por pessoa altamente respeitável. Mas o próprio Mayer, embora não pudesse explicar todos esses acontecimentos extraordinários, achou muito difícil acreditar que houvesse qualquer coisa de sobrenatural no caso; e contou a Eslinger que se ela quisesse que ele se convencesse, deveria pedir ao fantasma que o fizesse.

Ele diz, "uma noite depois de ter dito isso, fui para cama dormir, sem esperar tal visitante; mas, por volta da meia-noite, fui acordado por alguma coisa tocando em meu cotovelo esquerdo; a isso seguiu-se uma dor; e de manhã, quando olhei para o local, vi várias manchas azuis. Eu disse a Eslinger que aquilo não era suficiente, e que ela deveria pedir ao fantasma que tocasse em outro cotovelo. Aquilo aconteceu na noite seguinte e, ao mesmo tempo, senti um cheiro como de putrefação. As manchas azuis se repetiram". (Lembre-se que Eslinger também tinha manchas azuis.)

Mayer prossegue dizendo que o espectro anunciava sua presença no quarto por meio de diversos sons, como aqueles que foram ouvidos na outra parte da casa. Ele nunca viu a figura distintamente, mas sua esposa viu; ela sempre rezava quando a aparição estava lá. Mas que sentiu também o vento frio que todos descreveram.

O fantasma disse a Eslinger que continuaria visitando a prisão depois que ela tivesse saído de lá, e assim o fez. Duas noites depois que ela foi solta, sentiram sua aproximação, em especial por causa do vento frio, e a senhora Meyer quis que ele comprovasse sua presença para o seu marido. Imediatamente, ouviram sons como os de um instrumento de sopro, e isso se repetiu conforme o desejo dela.

Os prisioneiros também ouviram e sentiram a aparição, depois da partida de Eslinger, e Mayer diz ter plena certeza de que nessa cela onde os companheiros eram com frequência trocados, onde todos permaneciam trancados, e onde tudo havia sido vasculhado, era absolutamente impossível forjar algum truque. Além disso, todos concordavam que os sons eram com frequência tais que não poderiam ter sido produzidos por qualquer meio conhecido.

Mas não foi só à prisão que o espectro restringiu suas visitas. Aonde quer que Eslinger quisesse que ele fosse, ele ia, dando provas de sua presença com os mesmos sinais mencionados antes.

Visitou gabinetes de diversos magistrados, de um professor chamado Neuffer, do juiz Burger, de um cidadão de nome Rummel, e de muitos outros. Desses, alguns só perceberam sua presença pelos ruídos, pelo ar frio, pelo cheiro ou pelo toque; outros viram a luz também, e outros viram a figura de maneira mais ou menos nítida.

O sr. Dorr, de Heilbronn, parece ter zombado muito desses rumores, e o dr. Kerner propôs que Eslinger pedisse ao fantasma que o convencesse, e ela o fez.

O sr. Dorr diz, "quando ouvia falar nessas coisas, sempre ria, e me consideravam muito sensato por fazê-lo; agora, ao contrário, vão rir de mim, sem dúvida".

Ele então relata que, na manhã do dia 30 de dezembro de 1835, despertou como sempre por volta das cinco horas, e estava pensando em alguns negócios pendentes, quando notou que havia alguma coisa perto de si, e sentiu soprar um vento frio. Assustou-se, imaginando que algum animal tivesse entrado em seu quarto, mas não viu nada. Em seguida, ouviu um barulho, como as faíscas de uma máquina elétrica, e então uma voz perto de seu ouvido direito. Se algo estivesse visível, havia luz o suficiente para que fosse visto. Esse relato foi ouvido muitas vezes na prisão.

Onde quer que a aparição fazia uma primeira visita, ali voltava a aparecer por várias noites sucessivas. Também visitou o professor Kapff, em Heilbronn, e o barão von Hugel, em Eschenau, sem que Eslinger tivesse desejado; e Neuffer, a quem também visitou, nada sabia sobre o assunto.

Quando visitou o gabinete do dr. Kerner, sua mulher, que se orgulhara da própria incredulidade e se gabava de ter nascido no dia de são Tomé, foi completamente convertida, pois não apenas ouviu, mas também o viu com nitidez. Ele os visitou durante diversas noites, acompanhado pelos ruídos e pela luz.

Uma noite, quando estavam deitados e despertos, observando esses fenômenos, imaginaram ter ouvido o cavalo sair do estábulo, que ficava abaixo do quarto deles. De manhã, ele foi encontrado do lado de fora, com o cabresto posto; o local não havia sido arrombado, e era evidente que o cavalo não tinha feito força para se libertar. Além disso, a porta do estábulo estava fechada atrás dele, como estivera durante a noite, quando ele estava guardado.

A irmã do dr. Kerner, que veio de longe para visitá-los, tinha ouvido muito pouco a respeito do caso, e apesar disso foi acordada por um som que era como se alguém estivesse tentando falar em seu ouvido; e, ao olhar, viu duas estrelas, como as descritas por Margaret Laibesberg. Observou que não emitiam nenhum raio. Também sentiu o ar frio e um cheiro de cadáver. O odor acompanhava o fantasma até quando ele aparecia em Heilbronn.

É importante notar que algumas dessas pessoas, tanto homens quanto mulheres, se sentiam incapazes de se mexer ou de gritar enquanto o espectro estava lá; e que ficavam aliviados quando ele ia embora. Pareciam ficar magnetizados; mas essa sensação não era de modo algum universal. Muitos ficavam perfeitamente compostos e controlados o tempo todo, e faziam suas observações para os outros. Todos concordavam em que a voz da aparição parecia a de uma pessoa que estivesse se esforçando para falar. Ora, como devemos presumir que ele não falava por meio de órgãos, como fazemos nós, mas que imitava os sons das palavras, assim como imitava outros sons, de algum modo que desconhecemos — pois uma vez que os ruídos eram ouvidos por todas as pessoas próximas, é preciso supor que eles de fato existiam — para nós, que sabemos da extrema dificuldade de imitar a fala humana, é fácil conceber como essa imitação devia ser canhestra.

Duttenhofer e outros notaram que os sons não produziam eco, e também que a fosforescência não lançava luz à sua volta; e embora o espectro pudesse tocar *neles* ou causar a sensação que causava, eles não conseguiam *senti-lo*; mas conseguiam, como em todos os casos semelhantes, passar as mãos através daquilo que parecia ser seu corpo. A sensação das lágrimas derramadas e as marcas deixadas parecem inexplicáveis; ainda assim, os relatos de um fantasma que assombrava a condessa de Eberstein, em 1685, afirmavam a mesma coisa. Esse relato foi tornado público pelas autoridades da corte consistorial, e com o consentimento da família.

Finalmente, no dia 11 de fevereiro, o fantasma despediu-se de Eslinger; pelo menos, depois daquele dia não foi mais visto, nem ouvido por ela, nem por ninguém mais. Ele sempre suplicara a ela que fosse para Wimmenthal, onde ele tinha vivido antes, para rezar por ele; e depois que saiu da prisão, a conselho de suas amigas, ela foi. Alguns a acompanharam; e viram a aparição perto dela, quando estava ajoelhada a céu aberto, embora nem todos com a mesma nitidez. Uma mulher muito respeitável, chamada Wörner, desconhecida de Eslinger, que diz nunca a ter visto nem falado com ela até aquele dia, disse que estava disposta a jurar que a tinha acompanhado até Wimmenthal, e que, com os outros amigos, ficara a uns dez metros de distância, em silêncio e imóvel, enquanto a mulher se ajoelhava e rezava; e que tinha visto a aparição de um homem, acompanhada de dois espectros menores, flutuando perto dela. "Quando a oração terminou, ele se aproximou dela, e vi uma luz como de uma estrela cadente; então, vi algo parecido com uma nuvem branca, que parecia flutuar, afastando-se; depois disso, não vimos mais nada."

Eslinger tinha relutado muito em empreender essa expedição; despediu-se de seus filhos antes de partir e evidentemente esperou que algum mal fosse recair sobre ela; e agora, ao se aproximarem dela, encontraram-na fria e insensível. Quando a reanimaram, ela disse que, ao se despedir dela, antes de subir, o que fez acompanhado por duas formas brilhantes e infantis, o fantasma pediu-lhe que lhe desse a mão; e que, depois de envolvê-la em seu próprio lenço, ela concordou. Uma pequena chama saiu do lenço quando ele a tocou; e eles viram as marcas das queimaduras dos dedos dele, mas sem sentir qualquer cheiro. Essa, no entanto, não foi a causa do seu desmaio; ficara aterrorizada com uma tropa de animais pavorosos que viu passar por ela, quando o espírito flutuou, indo embora.

A partir desse momento, ninguém, seja na prisão ou fora dela, foi perturbado por essa aparição.

Essa é sem dúvida uma história extraordinária; e, o que é mais extraordinário, casos assim não parecem ser muito incomuns na Alemanha. Conheço diversos registrados: e um eminente erudito alemão, conhecido meu, me conta que ele também ouviu falar de vários, e ficou surpreso que não tivéssemos casos semelhantes, aqui. Se essas coisas ocorressem meramente entre os católicos romanos, poderíamos ser inclinados a supor que tivessem alguma relação com sua noção de purgatório; mas, ao contrário, parece ser entre a população luterana que eles ocorrem com mais frequência; a tal ponto que se chegou a sugerir que a omissão de orações para os mortos na igreja luterana fosse a causa do fenômeno. Mas, por outro lado, como neste caso, e em diversos outros, a pessoa que revisitou a Terra professava a fé católica em vida, somos todos levados a crer que se beneficiava das orações de sua própria igreja. Estou supondo aqui que todos os estranhos fenômenos relatados acima foram de fato produzidos pela ação de uma aparição: e se não foram, o que eram? Os três médicos que estavam entre os visitantes deviam estar perfeitamente cientes da natureza contagiosa de alguns casos de desordem nervosa e, considerando a incredulidade prévia de dois deles, deviam estar muito bem preparados para encarar tais fenômenos por esse ponto de vista; ainda assim, parecem incapazes de enquadrá-los na categoria de ilusão sensorial.

A natureza aparentemente elétrica das luzes e de vários dos sons é impressionante; assim como o inchaço produzido em algumas das pessoas pelo toque do fantasma, que nos lembra o caso do professor Hofer, mencionado em um capítulo anterior. As aparições do cão e dos cordeiros, também, por estranhas que sejam, não são de modo algum casos isolados. Essas aparições parecem ser simbólicas; o pai tinha sido mau e tinha levado o filho a fazer algo mau, e surgiu assim sob a forma degradada de um cão; e a inocência das crianças, que foram, provavelmente, de algum modo enganadas, foi simbolizada pelos cordeiros. "Se eu tivesse vivido como um animal", disse uma aparição à Vidente de Prevorst, "teria que aparecer como um animal". Essas transfigurações simbólicas não podem parecer muito extravagantes para aqueles que aceitam a crença de muitos teólogos de que a serpente do jardim do Éden era um mau espírito encarnado naquela forma degradada.

É impossível dizer até que ponto a retirada do cavalo do seu estábulo estava associada aos demais fenômenos; mas um caso semelhante ocorreu muito recentemente com um cão que estava trancado numa casa destas redondezas, à qual me referi diversas vezes, onde se ouvem passos e sons de farfalhar, portas que reabrem, e onde os moradores têm a sensação de que alguém está soprando ou respirando em cima deles.

Os furos queimados no lenço também estão bastante de acordo com muitos outros relatos do gênero, em particular com o da criada de Orlach, e também com o da família Hamerschem, mencionada na "Stilling's Pneumatology" [Pneumatologia de Stilling], onde um fantasma que tinha esperado, como ele diz, cento e vinte anos até que alguém viesse libertá-lo por meio de orações, foi visto pegando um lenço, onde deixou a marca de seus cinco dedos, como furos queimados. Uma Bíblia que tocou ficou marcada da mesma maneira, e essas duas recordações da aparição foram cuidadosamente guardadas pela família. Essa peculiaridade também nos lembra que lorde Tyrone deixou marcas de sua mão no punho de lady Beresford, que dali em diante passou a cobri-las com uma fita preta. Em vários casos, encontro relatos de que, quando se solicita a uma aparição que apareça e se comunique com outras pessoas além daquelas para as quais se apresentou, ela responde que é impossível; e, em outros casos, que poderia fazê-lo, mas que as consequências para essas pessoas seriam perniciosas. Isso, somado ao fato de esperarem tanto tempo pela pessoa certa, nos leva fortemente a apoiar a hipótese de que um intenso vínculo magnético seja necessário para facilitar a relação. Também parece que o poder de estabelecer esse vínculo com uma ou mais pessoas varia enormemente entre esses habitantes de um mundo espiritual, alguns sendo apenas capazes de se fazer ouvir, outros de se fazer visíveis para uma pessoa, enquanto alguns parecem possuir poderes ou privilégios consideravelmente maiores.

Outro detalhe a ser observado é que, em muitos casos, se não em todos, esses espíritos são o que os alemães chamam de *Gebannt*, ou seja, *banidos*, ou *proscritos*, ou, como foi o caso, *presos* a um determinado lugar, de onde podem às vezes sair, como Anton o fez, do porão de Wimmenthal, para onde tinha sido *gebannt*, mas de onde não conseguem se libertar sozinhos. Eles pareciam estar ligados a esses lugares como que por uma corrente invisível, seja pela lembrança de um crime cometido ali, seja por um tesouro escondido, ou mesmo por ter sido o receptáculo de seus próprios corpos. Em suma, parece perfeitamente claro que, admitindo-se que sejam aparições dos mortos, qualquer que seja o laço que os mantém aqui embaixo, eles não conseguem deixar a Terra; são, como diz São Martinho, *remanescentes*, e não *regressantes*, e essa parece ser a explicação das casas mal-assombradas.

No ano de 1826, Christian Eisengrun, um respeitável cidadão de Neckarsteinach, foi visitado por um fantasma do tipo acima mencionado, e os detalhes foram registrados judicialmente. Ele estava em Eherbach, em Baden, trabalhando como oleiro, que era seu ofício, na manufatura do sr. Gehrig, quando foi despertado uma noite por um barulho em seu quarto e, ao olhar, viu uma luz fraca, que nesse momento assumiu forma humana, vestida com um longo manto; ele não via nenhuma cabeça. Escondeu a própria cabeça debaixo dos lençóis; mas nesse momento a coisa falou, e disse que ele estava destinado a libertá-la, e que para isso ele deveria ir até o adro da igreja católica de Neckarsteinach e ali, durante vinte e um dias sucessivos, repetir o seguinte verso do Novo Testamento, diante do sepulcro de pedra: —

"Pois quem conhece as coisas que há no homem, senão o espírito do homem que nele reside? Assim também as coisas de Deus ninguém as conhece, senão o Espírito de Deus." I Cor., 2, 11.

Tendo o fantasma repetido as visitas e o pedido, o homem perguntou ao seu amo o que deveria fazer, e este aconselhou-o a não brincar com a aparição, mas a fazer o que ela queria, acrescentando que conhecera diversos casos semelhantes. Nisso, Eisengrun foi até Neckarsteinach e procurou o padre católico de lá, chamado Seitz, que lhe deu o mesmo conselho, com uma benção, e também um hino de Lutero, que ordenou que aprendesse e repetisse, bem como o verso, quando visitasse o sepulcro.

Como havia apenas uma pedra sepulcral no adro da igreja, Eisengrun não teve dificuldade em encontrá-la; enquanto realizava o serviço imposto pelo fantasma, este ficou no túmulo, com as mãos postas, como que rezando; mas quando entoou o hino, ele se moveu rapidamente de trás para a frente, mas ainda assim sem passar dos limites da pedra. O homem, embora muito assustado, perseverou na coisa durante o tempo que lhe fora imposto — vinte e um dias; e, durante esse período, viu a forma perfeita da aparição, que não tinha qualquer coisa cobrindo a cabeça, exceto um cabelo muito branco. Esta mantinha as mãos sempre postas, e tinha olhos arregalados, dos quais não se via qualquer movimento; isso o encheu de terror. Muitas pessoas foram testemunhar a cerimônia.

Os sobrinhos e sobrinhas sobreviventes da aparição entraram com uma ação contra Eisengrun e conseguiram fazer com que fosse preso e levado até a casa do magistrado, um dia, no horário em que ele deveria ir ao adro da igreja. Mas o fantasma veio e acenou, e fez sinais para que ele o seguisse, até que o homem ficou tão afetado e aterrorizado, que explodiu em lágrimas. Os dois magistrados não viam o espectro, mas, sentindo eles mesmos um arrepio frio, consentiram que ele fosse.

Ele foi então publicamente questionado no tribunal, assim como a família ofendida e várias testemunhas, e como resultado ganhou permissão para continuar o serviço pelos vinte e um dias, depois dos quais nunca mais viu ou ouviu o fantasma, que antes fora um rico mercador de madeira. O terror e a ansiedade que o invadiram nessas visitas diárias ao adro da igreja o afetaram tanto, que Eisengrun levou algum tempo para recuperar a saúde habitual. Ele tinha sido a vida inteira um vidente de fantasmas, mas nunca tinha se comunicado com nenhum, antes desse episódio.

O padre católico, neste caso, parece ter sido mais liberal do que o falecido comerciante de madeira, pois este não pareceu gostar do hino luterano que aquele prescreveu. A insatisfação dele, no entanto, pode ter vindo do fato de que tenham feito um acréscimo à fórmula que ele mesmo havia indicado.

283

Capítulo XVI
O Poltergeist dos alemães e possessão

Com relação às assim chamadas *assombrações*, mencionadas no capítulo anterior, parece haver razão para acreditar que o convidado invisível era anteriormente um habitante da Terra, em carne e osso, impedido, por alguma circunstância que não estamos aptos a explicar, de seguir o destino da raça humana e passar livremente para o estágio seguinte, preparado para ele.

É como uma lagarta desafortunada que não consegue se libertar inteiramente dos tegumentos da vida réptil que a prendem à Terra, enquanto suas asas adejantes buscam em vão sustentá-la na região a que agora pertence. Mas há outro tipo de *assombração*, ainda mais misteriosa e estranha, embora de modo algum rara, e que, dada a natureza peculiar, travessa e perversa das perturbações causadas, mal pode se conciliar com a ideia que fazemos de um *fantasma*. Pois nos casos em que o visitante invisível parece ser o espírito de uma pessoa falecida, vemos indícios de pesar, remorso e insatisfação, ao lado, em muitos casos, de uma disposição para repetir os atos da vida, ou pelo menos estimular uma repetição deles; mas é raro que sejam brincalhões ou perversos, nem há, em geral, a não ser quando uma ordem é desobedecida ou um pedido é recusado, qualquer indício de raiva ou de maldade neles. Mas, nos outros casos mencionados, os aborrecimentos se parecem mais com as artimanhas de um diabinho levado. Refiro-me ao que os alemães chamam de *Poltergeist*, ou um espectro turbulento, pois o fenômeno é conhecido em todos os países e foi visto em todas as épocas.

Desde que ouvi falar do fenômeno da menina elétrica, que atraiu tanta atenção e causou tanta controvérsia em Paris recentemente, e de outros casos semelhantes, que desde então chegaram até mim, fico em dúvida se alguns desses estranhos episódios não podem estar relacionados à eletricidade de algum modo. A famosa história que ficou conhecida como o Fantasma de Stockwell, por exemplo, poderia ser incluída nessa categoria. Ouvi algumas pessoas afirmarem que o mistério desse caso foi mais tarde explicado, e a coisa toda considerada uma impostura. Mas isso é um erro. Há alguns anos, conheci algumas pessoas cujos pais viviam no local, na época, e que estavam a par dos pormenores, e para eles a coisa permaneceu um mistério tão grande como antes. Nem a menor luz foi lançada sobre ele. As pessoas se contentam tanto em se livrar desse tipo perturbador de mistério, que estão sempre prontas a dizer, "Descobriram a trapaça!", e aqueles que se orgulham de não acreditar em histórias ociosas são os mais crédulas quando a "história ociosa" lisonjeia seu ceticismo.

O caso assim chamado Fantasma de Stockwell, que extraio de um relato publicado na época, é o seguinte:

O panfleto é intitulado:

"Uma narrativa autêntica, sincera e circunstancial dos espantosos acontecimentos de Stockwell, no condado de Surrey, da segunda-feira e da terça-feira, dias 6 e 7 de janeiro de 1772, contendo uma série dos mais surpreendentes e inexplicáveis episódios já ocorridos, e que duraram, do início ao fim, mais de vinte horas, em distintos lugares.

"Publicado com o consentimento e a aprovação da família e de outras pessoas envolvidas, e, para autenticá-las, a cópia original é assinada por eles.

"Antes de entrarmos numa descrição dos eventos mais extraordinários talvez já havidos, iniciaremos com um relato sobre os indivíduos mais envolvidos e, de modo a lhes fazer justiça, iremos apresentá-los, para que o mundo imparcial possa dar o devido crédito à narrativa que vem a seguir.

"Os episódios são de fato de uma natureza tão estranha e singular, que não podemos ficar absolutamente surpresos que o público duvide de sua autenticidade, especialmente porque houve muitas fraudes do gênero; mas, vamos considerar que aqui não se deseja alcançar qualquer fim tenebroso, nem se obter qualquer contribuição, que não seria aceita, uma vez que os envolvidos estão em condição honrada e em boa situação, em particular a sra. Golding, que é detentora de fortuna própria. Richard Fowler e sua esposa poderiam ser vistos como uma exceção a essa afirmação; mas, como a perda deles foi trivial, devem ser excluídos da questão, exceto até onde parecem corroborar as evidências.

"A criada do sr. Pain não perdeu nada.

"Como ou por que meios esses eventos aconteceram, isso nunca se soube: cabe-nos apenas depositar nossa confiança na sinceridade dos envolvidos, cujos relatos foram objeto da mais rigorosa atenção, sem o menor desvio: nada do que consta aqui foi exagerado ou diminuído; tudo foi transcrito da maneira mais clara, conforme aconteceu: assim é que os apresentamos diante do público, sincero e imparcial.

"A sra. Golding, uma senhora idosa de Stockwell, no Surrey, em cuja casa tiveram início as ocorrências, nasceu nessa mesma paróquia (Lambeth), nela viveu desde então e foi sempre conhecida e respeitada como dama de caráter e honra imaculados. A sra. Pain, sobrinha da sra. Golding, é casada há muitos anos com o sr. Pain, um fazendeiro de Brixton Causeway, um pouco acima de onde mora o sr. Angel, tem vários filhos, e é bem conhecido e respeitado na paróquia. Mary Martin, a criada de sr. Pain, uma senhora de idade, morou dois anos com eles, e quatro anos com a sra. Golding, de onde veio. Richard Fowler mora quase em frente ao sr. Pain, em Brick Pound, e é um homem honesto, diligente e sóbrio. E Sarah Fowler, sua esposa, é pessoa diligente e sóbria.

"Essas são as testemunhas que subscrevem, e nas quais devemos fundamentar a verdade dos fatos; no entanto, diversas outras pessoas foram testemunhas visuais de muitos dos acontecimentos, no momento em que ocorreram, e todas podem confirmar a veracidade dos mesmos.

Outra pessoa que desempenhou papel-chave nesses acontecimentos foi Ann Robinson, criada da sra. Golding, jovem de cerca de 20 anos de idade, que morou com ela durante apenas uma semana e três dias. Ja é o bastante para a *Historiæ Personæ*; agora, vamos à narrativa.

"Na segunda-feira, dia 6 de janeiro de 1772, por volta das dez da manhã, quando a sra. Golding estava no salão, ouviu porcelanas e vidros, na cozinha de trás, que rolavam e se quebraram; a criada contou que algumas panelas de pedra estavam caindo da prateleira; a sra. Golding foi até a cozinha e as viu quebradas. Logo em seguida, uma fileira de pratos da prateleira seguinte caiu do mesmo modo, enquanto ela estava lá, e ninguém perto deles; isso lhe causou grande espanto e, enquanto pensava no assunto, outras coisas em diversos lugares começaram a despencar, algumas delas, ao se quebrar, faziam grande estrondo por toda a casa; um relógio despencou e sua caixa se quebrou; um lustre que ficava pendurado na escadaria foi arremessado ao chão, e o vidro quebrou-se em cacos; uma panela de barro com carne salgada partiu-se em pedaços, e a carne se espalhou toda: tudo isso aumentou sua surpresa e atraiu várias pessoas à sua volta, entre as quais o sr. Rowlidge, um carpinteiro, que opinou dizendo que a fundação da casa estava cedendo e que a casa estava ruindo, em razão do peso excessivo de um quarto adicional erguido sobre ela; eis como estamos sempre prontos a descobrir causas naturais para tudo! Mas nada disso aconteceu, como o leitor irá descobrir, pois qualquer que tenha sido a causa, esta cessou quase no instante em que a sra. Golding e sua criada saíram de lá para seguir os outros, aonde quer que tenham ido. A sra. Golding correu para a casa de seu vizinho, o sr. Gresham, e ali desmaiou.

"Nesse ínterim, o sr. Rowlidge e outras pessoas estavam tirando as coisas da casa da sra. Golding, temendo as consequências que ele tinha prognosticado. Nessa hora, tudo estava tranquilo; a criada da sra. Golding, tendo permanecido na casa, subiu as escadas e, quando a chamaram diversas vezes para descer, temendo a perigosa situação em que acreditaram que estivesse, ela respondeu com muita frieza, e depois de algum tempo desceu calmamente, sem qualquer apreensão aparente.

"A sra. Pain foi chamada de Brixton Causeway, e quiseram que viesse diretamente, porque acreditavam que sua tia estivesse morta: essa foi a mensagem que lhe deram. Quando a sra. Pain chegou, a sra. Golding tinha voltado a si, embora estivesse muito fraca.

"Entre os presentes, estava o sr. Gardner, cirurgião em Clapham, a quem a sra. Pain pediu que fizesse uma sangria em sua tia, o que ele fez; a sra. Pain perguntou-lhe se o sangue deveria ser dispensado; ele disse que não, pois gostaria de examiná-lo, ao esfriar. Não faríamos caso desses detalhes, senão como o elo de uma cadeia que se seguiu. Pois o que aconteceu em seguida é mais espantoso do que tudo o que precedeu; o sangue recém-coagulado na bacia espalhou-se pelo chão e em seguida a bacia quebrou-se em pedaços: essa bacia de porcelana foi a única coisa do sr. Gresham que se quebrou: uma garrafa de rum, que estava ao lado, quebrou-se ao mesmo tempo.

"Entre as coisas que foram retiradas da casa do sr. Gresham estava uma bandeja cheia de porcelanas etc., um cesto de pão japonês, algumas bandejas de mogno, com garrafas de licor, jarras de picles etc., e um espelho comprido, que foi levado pelo sr. Saville (um vizinho da sra. Golding); ele o entregou a um indivíduo chamado Robert Hames, que o deixou em um local gramado, na casa do sr. Gresham: mas antes que pudesse largá-lo, uma parte de cada lado da moldura voou: naquele momento, chovia. A sra. Golding quis que o espelho fosse levado para a sala, onde o puseram debaixo de um aparador, com um espelho de corpo inteiro a seu lado e não estava lá por muito tempo quando os vidros e a porcelana sobre o aparador começaram a rachar e a cair, quebrando ambos os espelhos. Quando convidaram o sr. Saville e outros a beber um copo de vinho ou de rum, as garrafas se quebraram, antes que as rolhas fossem sacadas.

"A surpresa e o medo da sra. Golding aumentaram, ela não sabia o que fazer nem para onde ir; para onde quer que ela e a criada fossem, esses estranhos e destrutivos eventos a seguiam, mas o que fazer, ou como livrar-se deles, não estava a seu alcance nem de qualquer um dos presentes; sua mente se tornava um caos, fora de controle e alheia a tudo à sua volta, e ela, expulsa da própria casa e com medo que ninguém a recebesse; "finalmente, saiu da casa do sr. Gresham para a casa do sr. Mayling, um cavalheiro vizinho, e lá ficou cerca de quarenta e cinco minutos, durante os quais nada aconteceu. A criada ficou na casa do sr. Gresham para levar as poucas coisas ainda inteiras da sua senhora para um cômodo na parte dos fundos, quando um jarro de picles que estava em cima de uma mesa virou de cabeça para baixo, um jarro de geleia de framboesa quebrou-se em pedaços e, em seguida, duas bandejas de mogno e uma caixa de baralho ficaram também em pedaços.

"A sra. Pain, preferindo que sua tia não ficasse muito tempo em casa do sr. Mayling, por receio de haver problemas, convenceu-a a ir até sua casa em Rush Common, perto de Brixton Causeway, onde faria um esforço para animá-la tanto quanto possível, esperando que nesse momento tudo tivesse acabado, uma vez que nada tinha acontecido na casa daquele cavalheiro enquanto ela esteve lá. Isso aconteceu aproximadamente às duas horas da tarde.

"O sr. e a senhorita Gresham estavam na casa do sr. Pain quando a sra. Pain, a sra. Golding e sua criada foram para lá. Sendo por volta da hora do jantar, eles todos comeram juntos; nesse ínterim, a criada da senhora Golding foi mandada a casa, para ver como as coisas estavam. Ao voltar, disse que nada tinha acontecido desde que tinham saído de lá. Algum tempo depois, o sr. Gresham e a senhorita foram para lá, e tudo ficou tranquilo em casa do sr. Pain; mas, por volta das oito da noite, uma nova cena começou; a primeira coisa que aconteceu foi uma fileira de pratos de estanho, com exceção de um, cair de uma prateleira no meio do cômodo, os pratos rolaram um pouco e ali ficaram; e, o que é inacreditável, assim que pararam, viraram de cabeça para cima; foram então postos sobre uma cômoda, e a mesma coisa aconteceu uma segunda vez; em seguida caiu no chão toda uma fileira de pratos de estanho da segunda prateleira acima da cômoda e, quando foram recolhidos e postos de volta, um dentro do outro, foram arremessados de novo no chão.

"Em seguida, foram dois ovos que estavam em cima de uma das estantes de estanho; um deles voou, atravessou a cozinha, atingiu um gato na cabeça e então estraçalhou-se.

"Depois, Mary Martin, a criada da sra. Pain, foi atiçar o fogo na cozinha; colocou-se do lado direito da lareira, pois esta era grande, como é comum em casas de fazenda; um pilão e uma tigela que estavam do lado esquerdo da prateleira da lareira saltaram cerca de um metro e oitenta, até o chão. Então, foram os castiçais e outros objetos de latão, e quase nada ficou no lugar. Depois disso, puseram os copos e a porcelana no chão, receando

290

que tivessem o mesmo destino; eles então começaram a dançar e a virar, e em seguida fizeram-se em pedaços. Uma chaleira que estava ali no meio voou até os pés da criada da sra. Golding e a atingiu.

"Um copo de vidro depositado no chão saltou cerca de sessenta centímetros e então se quebrou. Outro, que estava ao lado dele, saltou ao mesmo tempo, mas só se quebrou algumas horas depois, quando saltou de novo e então se quebrou. Uma tigela de porcelana, que ficava na sala, saltou do chão para trás de uma mesa que ficava ali. Isso foi o mais impressionante, uma vez que estava a uma distância de dois metros, dois metros e meio, mas não se quebrou. Foi posta de volta em seu lugar por Richard Fowler, onde ficou durante algum tempo, e então se estilhaçou.

"Em seguida, foi um pote de mostarda que saltou para fora de um armário e se quebrou. Uma única xícara que estava em cima da mesa (quase a única coisa que sobrou) saltou, voou pela cozinha, soando como um sino, e então se fez em pedaços contra a cômoda. Um castiçal que estava na estante da chaminé atravessou a cozinha voando até a porta da sala, a uma distância de uns quatro metros e meio. Uma chaleira que estava embaixo da cômoda foi arremessada a uns sessenta centímetros; outra chaleira que estava num canto do fogão foi atirada contra a grade que impede as crianças de caírem no fogo. Um copo com rum e água que ficava numa bandeja sobre a mesa na sala saltou por uns três metros e se quebrou. A mesa então caiu e, com ela, uma caneca de prata que pertencia à sra. Golding, a bandeja onde estava o copo e um castiçal. Um estojo de garrafas voou em pedaços.

"Em seguida, foi um presunto que estava pendurado a um canto da chaminé da cozinha; soltou-se do gancho e caiu no chão. Algum tempo depois, outro presunto, pendurado do outro lado da chaminé, teve o mesmo destino. Então, caiu uma manta de bacon que estava pendurada na mesma chaminé.

"Toda a família foi testemunha ocular desses acontecimentos, assim como outras pessoas, algumas das quais ficaram tão alarmadas e chocadas que não suportaram ficar, e se alegraram em sair, embora a pobre família tenha permanecido em grande sofrimento. A maioria das famílias gentis à sua volta mandava continuamente gente para saber deles, e se tudo tinha terminado ou não. Surpreendente é que nenhum deles tenha se interessado e decidido a desvendar um caso tão inextricável, num momento em que poderiam fazê-lo. Decerto havia tempo suficiente para isso, uma vez que tudo, do início ao fim, durou mais de vinte horas.

"Durante todo o tempo que persistiram os acontecimentos, a criada da sra. Golding ficou andando de um lado e para outro, na cozinha e na sala, ou onde quer que houvesse alguém da família. Não conseguiram fazê-la sentar-se com eles nem por cinco minutos, exceto uma vez durante mais ou menos meia hora, de manhã, quando a família estava rezando na sala; então, tudo ficou quieto: mas no meio da maior confusão, ela permaneceu tão serena como em qualquer outro momento, e com uma frieza de temperamento incomum aconselhou sua senhora a não se alarmar nem se inquietar, dizendo que isso não ajudava. Assim argumentou, como se fossem episódios comuns que acontecessem em todas as famílias.

"Esse conselho surpreendeu e espantou sua senhora quase tanto quanto as circunstâncias que o originaram. Pois como podemos supor que uma moça de uns 20 anos de idade (uma idade em que a timidez feminina muitas vezes é acompanhada de superstição) possa estar no meio de acontecimentos tão calamitosos como aqueles (a menos que procedessem de causas familiares a ela) e não ficar tomada do mesmo terror que acometia os demais presentes? Essas reflexões levaram o sr. Pain e, ao fim do episódio, também a sra. Golding, a supor que ela não estivesse completamente livre de implicação, como parecia. Mas, até agora, tudo permanece um mistério não decifrado.

"Por volta das dez da noite, mandaram procurar Richard Fowler para perguntar se ele gostaria de vir e ficar com eles. Ele veio e ficou até uma da manhã, e se aterrorizou tanto que não conseguiu permanecer por mais tempo.

"Como era impossível persuadir a sra. Golding a ir deitar-se, a sra. Pain, naquele momento (uma da manhã), pediu licença para subir as escadas e ver sua filha mais nova, a pretexto de fazê-la adormecer, mas reconhece que foi por medo, pois declara que não foi capaz de ficar acordada assistindo aquelas estranhas coisas acontecerem, uma vez que tudo, sucessivamente, tinha-se quebrado, até não restar mais do que duas ou três xícaras e pires, de uma quantidade inicial considerável de louça etc., de algum valor.

"Por volta das cinco da manhã da terça-feira, a sra. Golding subiu para ver a sobrinha e quis que ela se levantasse, pois os ruídos e a destruição eram tão grandes que ela não podia mais continuar na casa. Naquele momento, todas as mesas, cadeiras, gavetas etc., rolavam por toda parte. Quando a sra. Pain desceu, o cenário era indescritivelmente espantoso. A única coisa segura a fazer era sair da casa, pois temiam que acontecesse a mesma catástrofe que fora esperada na manhã anterior, na casa da sra.

Golding. Tomada a decisão, a sra. Golding e sua criada seguiram para a casa de Richard Fowler. Quando a criada da sra. Golding se viu segura nessa casa, voltou para ajudar a sra. Pain a vestir as crianças no celeiro, para onde as tinha levado, temendo que a casa fosse desabar. Nesse momento, como tudo estava tranquilo; foram até a casa de Fowler, e então deu-se a mesma cena que ocorrera nos outros lugares. É importante notar que tudo estava tranquilo, ali como em todos os lugares, até o retorno da criada.

"Quando chegaram à casa do sr. Fowler, ele começou a acender a lareira no quarto dos fundos. Feito isso, pôs a vela e o castiçal em cima de uma mesa no quarto da frente. A sra. Golding e a criada atravessaram o apartamento. Outro castiçal e uma lamparina de latão, lado a lado, chocaram-se e caíram no chão. Uma lanterna com a qual a sra. Golding iluminara a estrada saltou de um gancho até o chão, e uma porção de óleo derramou no piso. A última coisa foi o cesto de carvão, que virou; o carvão rolou pelo aposento; a criada pediu então que Richard Fowler não deixasse sua senhora ficar ali, pois onde quer que ela própria estivesse, aquelas coisas aconteceriam. Graças a esse conselho, e temendo perdas maiores para si, ele quis que ela deixasse a casa; mas primeiro implorou que ela refletisse, pelo próprio bem e pelo bem de todos, se fora ou não culpada de algum crime atroz, pelo qual a Providência tivesse decidido persegui-la deste lado do túmulo, pois não conseguia deixar de pensar que a Providência, que tudo vê, estava fazendo dela um exemplo para a posteridade, por crimes que não raro somente a Providência pode penetrar e, por tais meios, trazer à luz.

"Desse modo deu-se o desfecho do longo sofrimento daquela pobre dama, que não apenas passou por tudo o que foi relatado, com também ganhou fama de mulher perversa e má, quando até então era estimada como pessoa das mais dignas. Justiça seja feita a Fowler, não se poderia censurá-lo; o que ele poderia fazer? O que qualquer homem poderia ter feito nessas circunstâncias? A sra. Golding logo satisfez-lhe a vontade; disse que não ficaria na casa, nem na de qualquer outra pessoa, pois sua consciência estava limpa e ela poderia muito bem esperar a vontade da Providência em sua própria casa, assim como em qualquer outro lugar; nisso, ela e a criada foram para casa. O sr. Pain foi com elas. Ao chegarem à casa da sra. Golding, pela última vez, os mesmos episódios voltaram a acontecer, com os despojos do que tinha sobrado.

"Um galão de quarenta litros de cerveja que estava no porão, quando abriram a porta, sem que houvesse ninguém por perto, virou de revés.

Um balde de água pousado no chão ferveu como uma panela. Uma caixa de velas caiu no chão, de uma prateleira da cozinha; elas rolaram, mas nenhuma se quebrou: e uma mesa redonda de mogno desabou em plena sala.

"O sr. Pain quis então que a sra. Golding mandasse a criada chamar sua esposa; quando esta se foi, tudo ficou tranquilo; ao voltar, foi imediatamente dispensada, e nenhuma perturbação aconteceu desde então; isso aconteceu entre as seis e as sete horas, da manhã de terça-feira.

"Na casa da sra. Golding quebraram-se três baldes de louça. Na casa da sra. Pain, encheram dois.

Assim termina a narrativa. Um relato verídico, circunstancial e fiel daquilo que demos ao conhecimento público, e fizemos um esforço, tanto quanto possível, do início ao fim, para apresentar apenas fatos, sem a presunção de impor qualquer opinião sobre os mesmos. Se em parte sugerimos algo que possa parecer desfavorável à jovem, isso não partiu de uma determinação de responsabilizá-la pelo ocorrido, julgando-a certa ou errada, mas tão-somente um apego rigoroso à verdade, com os votos mais sinceros de que esse caso extraordinário possa ser desvendado.

"O relato acima é absoluta e rigorosamente verdadeiro, em testemunho da qual assinamos, neste dia 11 de janeiro de 1772.

> "Mary Golding.
> "John Pain.
> "Mary Pain.
> "Richard Fowler.
> "Sarah Fowler.
> "Mary Martin.

"A cópia original desse relato, assinada pelas partes, foi entregue nas mãos do sr. Marks, livreiro, em St. Martin's Lane, para satisfazer aqueles que quiserem verificá-lo."

Fenômenos como esse do Fantasma de Stockwell não são de modo algum incomuns; e tenho conhecimento de muitos mais casos do que posso mencionar aqui. Um ocorreu muito recentemente nos arredores de Londres, como fiquei sabendo pelo parágrafo de jornal que vem a seguir. Mais tarde, soube que a garotinha se mudou dali, mas se os fenômenos cessaram ou se ela levou as perturbações consigo, não pude me certificar, nem me parece certo que ela tenha tido qualquer coisa a ver com aquilo."

"UM FANTASMA TRAVESSO E MISTERIOSO. (De um correspondente.) — Toda a vizinhança de Black Lion Lane, em Bayswater, está comentando os episódios extraordinários acontecidos na casa do sr. Williams, na Estrada Moscou, e que apresentam forte semelhança com o célebre caso do fantasma de Stockwell, de 1772. A casa é habitada pelo sr. e pela sra. Williams; o filho e a filha crescidos, e uma garotinha entre 10 e 11 anos de idade. No primeiro dia, a família, conhecida por sua compaixão, alarmou-se de repente com um misterioso movimento de coisas nas salas de estar, na cozinha e em outras partes da casa. De repente, sem qualquer agente visível, uma das jarras desprendeu-se do suporte em cima da cômoda e se quebrou; então, outra e, no dia seguinte, mais outra. Uma chaleira de porcelana, com o chá recém-feito, posta sobre a lareira, escorregou para o chão e se quebrou. Com uma de estanho, que tinha sido colocada ali logo depois, aconteceu a mesma coisa e, ao ser posta sobre a mesa, foi vista saltitando como se estivesse enfeitiçada, e tiveram que segurá-la, enquanto preparavam o chá para o café da manhã do sr. William, antes de ele sair para o trabalho. Quando por um momento tudo ficou tranquilo, soltou-se do seu lugar na parede a pesada moldura de um quadro, que caiu no chão sem se quebrar. Estavam todos perplexos e aterrorizados, pois os idosos são muito supersticiosos e, tendo atribuído o fenômeno a um agente sobrenatural, retiraram os demais quadros e os puseram no chão. Mas aquele espírito da locomoção não seria detido. Jarras e pratos continuaram a sair dos seus lugares, a intervalos, e a saltar dos ganchos e das prateleiras, no meio da sala, como que inspirados pela flauta mágica; e, no jantar, quando a caneca cheia de cerveja em poder da garota estava, deslizou da mesa para o chão. Três vezes voltaram a enchê-la e a recolocá-la, e três vezes ele deslizou. Seria entediante relatar as fantásticas brincadeiras de toda espécie que os utensílios da casa praticavam. Um vaso egípcio saltou da mesa de repente, quando não havia ninguém por perto, e se estilhaçou. A chaleira caiu do fogão na grelha, quando o sr. Williams enchia o bule, que acabou caindo da lareira. Castiçais, depois de dançar sobre a mesa, voaram, e enfeites de prateleiras, e toucas, e caixas de chapéu foram lançados pelo ar do mesmo estranho modo. Um espelho saltou de uma penteadeira, seguido de pentes, escovas e de diversas garrafas, e viram perfeitamente uma enorme almofada de alfinetes dançar de um lado para outro. A garotinha, que é espanhola e está sob os cuidados do sr. e da sra. Williams, foi apontada por seus amigos como a possível causa de tudo isso, ainda que pareça extraordinário para alguém da sua idade; mas, até o presente momento, continua sendo um mistério, e o *modus operandi* é invisível." — *Morning Post*.

Imaginar que esses resultados extraordinários tenham sido produzidos pela ação voluntária da criança é um dos exemplos notáveis da credulidade dos céticos, a que me referi. Mas quando lemos um relato verídico dos resultados involuntários causados por Angelique Cottin, começamos a ver que é possível sejam outros estranhos fenômenos produzidos por uma ação semelhante.

A Academia Francesa de Ciências determinou, como fizera antes com o Mesmerismo, que o fato não devia ser verdade, e a causa de monsieur Arago foi julgada improcedente; mas embora seja extremamente possível ter o fenômeno seguido seu curso até chegar a um fim natural, ou que a mudança da garota para Paris o tenha extinto, não parece haver dúvida que ele tenha ocorrido.

Angelique Cottin era nativa de La Perrière e tinha 14 anos quando, no dia 15 de janeiro de 1846, às oito da noite, enquanto tecia meias de seda num tear de carvalho, acompanhada de outras garotas, viu que o tear começou a tremer, e elas não conseguiram de modo algum mantê-lo firme. Parecia estar vivo e, alarmadas, chamaram os vizinhos, que não acreditaram nelas; mas disseram que se sentassem e continuassem a trabalhar. Sendo tímidas, continuaram, e o tear permaneceu imóvel, até que Angelique se aproximou e os movimentos recomeçaram, enquanto ela também era atraída pelo tear: imaginando que deveria estar enfeitiçada ou possuída, seus pais a levaram para o presbitério, a fim de que o espírito pudesse ser exorcizado. O cura, porém, sendo um homem sensato, recusou-se a fazê-lo: ao contrário, pôs-se ele mesmo a observar o fenômeno; e estando convencido perfeitamente do fato, ordenou que a levassem a um médico.

Enquanto isso, a intensidade da influência, qualquer que fosse, aumentava; não só utensílios de carvalho, mas toda espécie de coisas eram influenciadas e reagiam a ela, enquanto as pessoas que estavam perto dela, mesmo sem manter contato, muitas vezes sentiam choques elétricos. Os efeitos, que diminuíam quando Angelique estava sobre um tapete ou mesmo um piso encerado, faziam-se notar mais quando ela estava descalça. Às vezes os movimentos cessavam completamente por dois ou três dias, e então recomeçavam. Metais não eram afetados. Qualquer coisa que tocasse em seu avental ou em seu vestido voava, mesmo que a segurassem; e monsieur Herbert, sentado em um pesado tonel ou cocho, era erguido com ele. Em suma, o único lugar onde Angelique podia repousar era uma pedra, coberta de cortiça; ela também ficava tranquila quando isolada. Quando estava cansada, os efeitos diminuíam. Uma agulha, suspensa horizontalmente, oscilava depressa com os movimentos do seu braço, sem contato, ou então ficava fixa, desviando-se do norte magnético. Um grande número de médicos e homens de ciência esclarecidos testemunharam esses fenômenos e os investigaram com todo cuidado, para evitar fraudes. Muitas vezes, ela se machucava com os movimentos violentos e involuntários que era levada a fazer, e ficava claro que estava sendo acometida de coreia.

Infelizmente, seus pais, pobres e ignorantes, insistiram, contra o conselho dos médicos, em exibi-la por dinheiro; e nessas circunstâncias ela foi levada a Paris; e é muito provável, depois que os fenômenos tinham de fato cessado, que a garota tenha sido induzida a simular o que a princípio fora genuíno; a coisa cessou por completo, declaradamente, na noite do dia 10 de abril, e não voltou a acontecer.

Sem dúvida, é muito difícil conceber, embora não seja impossível, que fenômenos estranhos como os do Fantasma de Stockwell, e muitos outros semelhantes, possam ser manifestações de alguma extraordinária influência elétrica; mas há outros casos de Poltergeist, para os quais é impossível atribuir a mesma causa, uma vez que são acompanhados de manifestações evidentes de vontade e de inteligência. Tal era o exemplo relatado em Life of Wesley [A Vida de Wesley], de Southey, ocorrido em 1716, que começou com um gemido de lamento e em seguida prosseguiu com toda espécie de ruídos, com o levantar de trancas, bater de janelas, batidas das mais misteriosas etc., etc. A família em geral não se assustava, mas as crianças pequenas, ao dormir, revelavam sintomas de grande terror. Esses aborrecimentos duraram, creio, dois ou três meses, e então pararam. Como na maioria desses casos, o cão doméstico ficava extremamente assustado e se escondia, quando as visitas começavam.

Em 1838, um caso semelhante aconteceu em Paris, na rua St. Honoré, e não muito tempo atrás, em Caithness, onde ocorreram episódios inexplicáveis. Entre outras coisas, lançavam-se pedras, que nunca atingiam as pessoas, mas que caíam a seus pés, em quartos perfeitamente fechados por todos os lados. Um cavalheiro que testemunhou esse fenômeno extraordinário contou toda a história a um advogado conhecido meu; que me garantiu, embora fosse impossível dar crédito àquelas coisas, confiar nas palavras daquele cavalheiro, para qualquer outra questão.

Há, então, a famosa história do Tocador de Tambor de Tedworth*; e da perseguição do professor Schuppart, de Giessen, em Upper Hesse, que aconteceu com intermissões ocasionais, durante seis anos. Essa história começou com uma violenta batida à porta, uma noite; no dia seguinte, pedras foram lançadas, que assobiaram através dos quartos fechados, em todas as direções; de tal modo que, embora ninguém tivesse sido atingido, todas as janelas se quebraram; e assim que instalavam novas vidraças, eram quebradas novamente. Ele foi perseguido por tapas no rosto, de dia e de noite, e assim não tinha sossego; e quando as autoridades indicaram duas pessoas para se sentarem à sua cama e observá-lo, elas também levaram tapas. Quando estava lendo na escrivaninha, viu a lamparina subitamente erguer-se e ir parar em outro canto do quarto — não como se estivesse sendo lançada, mas sendo claramente carregada: seus livros eram rasgados e arremessados aos seus pés e, quando ele dava aulas, esse espírito travesso rasgava a folha que estava lendo; e é digno de nota que a única coisa que lhe parecia restar, como proteção, era brandir, ele ou outra pessoa, uma espada nua por cima de sua cabeça, e essa era uma das particularidades do caso do tocador de tambor de Tedworth. Schuppart contou todos esses casos em suas aulas públicas, e ninguém nunca contestou os fatos.

Eu poderia mencionar muitos outros casos e, como disse antes, eles acontecem em todos os países; mas esses serão suficientes como espécies do gênero. É ocioso, para quem não estava no lugar, rir e afirmar que se tratavam de peças pregadas por criados ou por outros, quando quem estava lá e tinha um profundo interesse em desvendar o mistério, além de tempo e oportunidade de sobra para fazê-lo, não conseguiu encontrar qualquer solução. Em muitos dos casos citados, soltaram o gado, tiraram os cavalos dos estábulos e, de maneira semelhante, todos os animais envolvidos manifestavam grande terror, suavam e tremiam, durante as visitações.

Uma vez que não podemos senão acreditar que o homem constitua apenas uma espécie em meio a uma imensa gama de seres, é impressionante como essas estranhas ocorrências nos sugerem a ideia de que, ocasionalmente, algum indivíduo dessa gama toda de seres estabelece um vínculo

---

* Houve também um caso admirável desse gênero na casa do sr. Chave, de Devonshire, em 1810, onde se prestou testemunho diante do magistrado, confirmando os fatos, e se ofereceram vultosas quantias, como recompensa pela elucidação do caso; mas em vão. Os fenômenos prosseguiram por diversos meses, e o agente espiritual era com frequência visto sob a forma de algum estranho animal.

conosco, ou cruza nosso caminho como um cometa e, enquanto perduram determinadas condições, pode flutuar à nossa volta e pregar essas peças, dignas de um *Puck*, até que o feitiço seja quebrado, e ele então volte à sua própria esfera, e não ficamos sabendo mais dele!

Mas um dos exemplos mais extraordinários desse tipo de aborrecimento foi o que ocorreu em 1806, no castelo do príncipe Hohenlohe, na Silésia. O caso foi longamente relatado pelo conselheiro Hahn, de Ingelfingen, que o testemunhou; em virtude das várias observações feitas sobre o assunto, em diferentes publicações, ele reafirmou diversas vezes os fatos em cartas que foram impressas e apresentadas ao público. Não vejo, portanto, que direito temos de desacreditar um homem honrado e de caráter, como dizem ser, apenas porque as circunstâncias que narra são inexplicáveis, e especialmente porque a história, por mais estranha, de modo algum se apresenta isolada, nos anais da demonologia. O relato detalhado apresentado em seguida foi escrito na época em que os eventos ocorreram, pelo conselheiro Hahn, para o dr. Kerner, em 1828:

"Depois da campanha dos prussianos contra os franceses em 1806, o príncipe regente de Hohenlohe deu ordens ao conselheiro Hahn, que estava a seu serviço, para seguir até Slawensick, e lá aguardar o seu retorno. Sua Alteza avançou de Leignitz em direção a seu principado, e Hahn também iniciou sua jornada em direção à Alta Silésia, no dia 19 de novembro. No mesmo período, Charles Kern, de Kuntzlau, que tinha caído nas mãos dos franceses, foi solto sob palavra e, chegando enfermo a Leignitz, permitiram-lhe que passasse algum tempo com Hahn, enquanto aguardava seu intercâmbio.

"Hahn e Kern tinham sido amigos na juventude, e como o destino levou ambos para os Estados Prussianos, ficaram alojados no mesmo apartamento do castelo, que ficava no primeiro andar, formando um ângulo com a parte de trás da construção, com um lado mirando para o norte, e o outro, para o leste. Do lado direito da porta desse aposento havia uma porta de vidro, que dava para um quarto, separado dos demais por lambris de madeira. A porta, nesses lambris, que dava para os quartos adjacentes, fora tapada por completo, porque neles era guardada toda a sorte de utensílios domésticos. Nem nesse aposento, nem na sala de estar que o precedia, havia qualquer abertura que desse acesso ao lado externo; e não havia ninguém no castelo, além dos dois amigos, exceto os dois cocheiros do príncipe e o criado de Hahn. Todos eram corajosos; e, com relação a Hahn e Kern, esses não acreditavam em fantasmas nem em bruxas, nem tinham qualquer experiência anterior que os induzisse a pensar nisso. Hahn, em sua vida universitária, tinha sido muito dado à filosofia — ouvira Fichte e estudara com afinco os escritos de Kant. O resultado dessas reflexões era puro materialismo; e ele considerava o homem, criatura, não como um objetivo, mas meramente como um meio para um fim ainda embrionário. Desde então, mudou seu conceito, como muitos que pensam de modo muito diferente aos 40 anos, e aos 20. Os detalhes aqui fornecidos são necessários para dar crédito à extraordinária narrativa que se segue, e para provar que os fenômenos não foram meramente aceitos pela superstição ignorante, mas fria e corajosamente investigados por mentes esclarecidas. Durante os primeiros dias de sua residência no castelo, os dois amigos, morando juntos e sozinhos, divertiram-se em suas longas noites com a obra de Schiller, de quem eram ambos grandes admiradores; e Hahn costumava ler alto. Três dias tinham assim se passado tranquilamente quando, estando sentados à mesa, que ficava no meio do aposento, por volta das nove da noite, a leitura foi interrompida por uma breve chuva de cal em volta deles. Olharam para o teto, imaginando que tivesse vindo dali, mas não viram nenhum canto deteriorado, e enquanto ainda buscavam se certificar de onde a cal tinha caído, caíram de repente vários pedaços maiores, muito frios, e que pareciam vir de uma parede externa. Finalmente, concluindo que a cal deveria ter caído de algum pedaço da parede e desistindo de investigar mais a fundo, foram deitar-se e dormiram tranquilos até de manhã, quando, ao acordar, ficaram um pouco surpresos com a quantidade de cal espalhada pelo chão, em especial porque não eram capazes de descobrir qualquer parte da parede ou do telhado de onde poderia ter caído. Mas não pensaram mais no assunto até de noite, quando, em vez de a cal cair, como antes, era agora arremessada, e vários pedaços atingiram Hahn. Ao mesmo tempo, ouviram pesadas explosões, às vezes embaixo, às vezes por cima de suas cabeças, como o som de tiros distantes; ainda assim, atribuindo esses sons a causas naturais, foram deitar-se, como de hábito, mas o alvoroço não os deixou dormir, e um acusava o outro de tê-lo causado, chutando com os pés a estrutura da cama, até que, percebendo que o barulho continuava quando estavam ambos de pé, juntos no meio do quarto, convenceram-se de que não se tratava disso. Na noite seguinte, um terceiro ruído foi acrescentado, que lembrava uma fraca e distante batida de tambor. Nisso, pediram à governanta do castelo as chaves dos apartamentos de cima e de baixo, que foram levadas pelo filho dela; e, enquanto este e Kern saíram para investigar, Hahn permaneceu em seu próprio quarto. Acima, encontraram um quarto vazio; embaixo, uma cozinha. Bateram, mas o barulho produzido era muito diferente do som que naquele momento Hahn continuava ouvindo ao seu redor. Quando voltaram, Hahn disse brincando, 'Este lugar está mal-assombrado!' Nessa noite, quando foram deitar-se levando uma vela acesa, ouviram o que parecia ser uma pessoa andando pelo quarto, de chinelo e bengala, com a qual batia no chão enquanto caminhava, passo a passo. Durante algum tempo, Hahn continuou a brincar, e Kern, a rir da estranheza do episódio, até que ambos adormeceram normalmente, nem um pouco perturbados com o incidentes, nem inclinados a atribui-los a qualquer causa sobrenatural. Mas, na noite seguinte, o caso ficou mais difícil de explicar; vários utensílios da casa foram arremessados; facas, garfos, escovas, toucas, chinelos, cadeados, funis, tesouras, sabão, — tudo, em suma, que era portátil; enquanto luzes brilhavam de um canto ao outro, e tudo era uma grande confusão; ao mesmo tempo, a cal caía e os estrondos prosseguiam. Nisso, os dois amigos chamaram os criados, Knittel, o vigia do castelo, e quem quer que estivesse próximo, para testemunhar essas atividades misteriosas. De manhã, tudo ficava quieto e continuava assim, até a uma da manhã. Uma noite, quando Kern foi para o aposento mencionado para pegar algo e ouviu um alvoroço que quase o levou a recuar até a porta, Hahn pegou uma vela, e ambos entraram correndo no quarto, onde encontraram uma grande peça de madeira travando o acesso para a parede de lambris. Mas, supondo que fosse aquela a causa do barulho, quem tinha movido aquilo? Pois Kern tinha certeza de que a porta estava fechada, mesmo quando ouviram o barulho; e não havia, antes, qualquer madeira no quarto. Muitas vezes, diante dos seus olhos, as facas e as tesouras se erguiam da mesa e caíam no chão depois de alguns minutos; e uma tesoura grande de Hahn certa vez levantou-se entre ele e um dos cozinheiros do príncipe e, ao cair no chão, ficou fincada nas tábuas. Como algumas noites transcorriam tranquilas, Hahn estava determinado a não deixar os quartos; mas quando, durante três semanas, a perturbação foi tão constante que não conseguiam descansar, decidiram mudar as camas para o grande quarto de cima, na esperança de voltarem a desfrutar de um sono tranquilo. Suas esperanças foram inúteis — as batidas prosseguiram como antes; mas, além disso, voavam pelo quarto objetos que eles tinham certeza de que tinham deixado no quarto de baixo. 'Podem lançar o quanto quiserem', gritava Hahn, 'eu preciso dormir'; enquanto isso, Kern se despia, refletindo sobre tais assuntos e caminhando de um lado para outro no quarto. De repente, Hahn o viu parado, como que paralisado, diante do espelho, para onde tinha olhado por acaso.

Ele já estava assim por alguns minutos, quando foi tomado por um violento tremor e virou-se do espelho, com o rosto pálido como a morte. Hahn, imaginando que o frio do quarto inabitado o tivesse acometido, apressou-se em jogar um casaco sobre ele; Kern, que era por natureza muito corajoso, cobriu-se e contou, embora com lábios trêmulos, que, quando por acaso tinha olhado para o espelho, viu uma figura feminina branca saindo dele; estava à frente da imagem dele, que viu nitidamente atrás dela. No início, não pôde acreditar em seus olhos; pensou que fosse sua imaginação, e por isso permaneceu parado tanto tempo; mas quando viu que os olhos da figura se mexiam e olhavam nos seus olhos, foi tomado por um tremor e virou o rosto. Hahn, nesse momento, avançou com passos firmes diante do espelho e exortou que a aparição se mostrasse para ele; mas não viu nada, embora tenha ficado quinze minutos diante do espelho e repetido muitas vezes a exortação. Kern então contou que os traços da aparição pareciam muito velhos, mas não sombrios nem melancólicos; sua expressão, na verdade, tendia para a indiferença; mas o rosto estava muito pálido, e a cabeça, envolta em um tecido que deixava apenas o rosto à mostra.

"A essa altura, eram quatro da manhã, — eles tinham perdido o sono — e decidiram voltar para o quarto de baixo, trazendo suas camas, novamente; mas as pessoas a quem mandaram buscá-las voltaram declarando que não conseguiam abrir a porta, embora não parecesse estar trancada. Mandaram-nas de novo; mas uma segunda e uma terceira vez, voltaram com a mesma resposta. Então Hahn foi e abriu a porta com a maior facilidade. Os quatro criados, porém, declararam solenemente que a força reunida dos quatro não resultara em nada.

"Assim, passou-se um mês: a notícia dos estranhos incidentes no castelo se espalhou; e, entre aqueles que desejavam investigar o caso, havia dois oficiais, dragões da Baviera, a saber, o capitão Cornet e o tenente Magerle, do regimento de Minuci. Magerle ofereceu-se para ficar sozinho no quarto, os demais saíram, mas nem bem tinham entrado no aposento ao lado, ouviram Magerle transtornado de raiva, cortar as mesas e cadeiras com seu sabre, e nisso o capitão achou recomendável voltar, para salvar os móveis de sua fúria. Encontraram a porta fechada, mas ele abriu a pedido deles e contou, em grande alvoroço, que, assim que tinham saído do quarto, alguma coisa amaldiçoada começou a arremessar cal e outras coisas nele; e, tendo examinado cada canto do quarto sem ser capaz de descobrir o autor da travessura, enfureceu-se e começou a dar golpes de espada em tudo à sua volta.

"O grupo passou o resto da noite reunido no quarto, e os dois bávaros observaram Hahn e Kern de perto, para se convencerem de que o mistério não era uma brincadeira deles. De repente, quando estavam tranquilamente sentados à mesa, as tesouras se ergueram no ar e caíram de novo no chão, atrás de Magerle; e uma bola de chumbo voou em direção a Hahn, e o atingiu no peito; logo em seguida ouviram um barulho na porta de vidro, como se alguém a tivesse esmurrando, acompanhado do som de vidro quebrado. Ao investigar, encontraram a porta inteira, mas um copo de vidro quebrado no chão. A essa altura, os bávaros já estavam convencidos e saíram do quarto para buscar repouso em outro, mais tranquilo.

"Entre outros episódios estranhos, o que vem a seguir e ocorreu com Hahn é digno de nota. Uma noite, por volta das oito horas, quando estava prestes a se barbear, os utensílios usados para esse fim, que estavam pousados num suporte piramidal a um canto do quarto, voaram em sua direção, um após o outro — a bacia de sabão, a lâmina e o pincel — e caíram a seus pés, embora ele estivesse a alguns metros dali. Ele e Kern, que estava sentado à mesa, riram, pois agora estavam tão acostumados com esses episódios, que para eles não passavam de diversão. Enquanto isso, Hahn pôs um pouco da água que estava no fogo em uma bacia, observando, ao mergulhar o dedo, que estava em temperatura boa para se barbear. Sentou-se diante da mesa e afiou a navalha; mas, quando foi preparar a espuma, a água sumiu da bacia. Em outra ocasião, Hahn foi acordado por duendes que lançaram sobre ele uma peça de chumbo amassada, onde tinham enrolado o tabaco, e quando ele se abaixou para pegá-la, essa mesma peça foi de novo lançada sobre ele. Quando isso se repetiu pela terceira vez, Hahn arremessou um bastão pesado em seu agressor invisível.

"Dorfel, o contador, testemunhou diversas vezes esses estranhos incidentes. Certa vez, deixou o chapéu na mesa perto do fogão e, estando prestes a partir, procurou por ele, que desapareceu. Examinou a mesa quatro ou cinco vezes, em vão; em seguida, viu-o exatamente onde tinha deixado, ao chegar. Na mesma mesa, Knittel, tendo apoiado o chapéu e puxado uma cadeira, de repente — sem que houvesse ninguém perto da mesa — viu-o voar pelo quarto, até seus pés, onde caiu.

"Hahn decidiu por si próprio desvendar o segredo; e, para isso, sentou-se diante de duas velas, num lugar onde poderia ver todo o quarto, e todas as janelas e portas; mas aconteceram as mesmas coisas, mesmo Kern estando ausente, os criados, nos estábulos, e não havendo ninguém no castelo, além dele; e as tesouras, como sempre, eram lançadas, embora o observador mais atento não fosse capaz de perceber por quem.

"O supervisor florestal, Radzensky, passou uma noite no quarto; mas embora os dois amigos dormissem, não conseguia descansar. Foi bombardeado sem interrupção; e, de manhã, sua cama foi encontrada cheia de todo tipo de utensílios domésticos.

"Uma noite, apesar de todos os rumores e arremessos, Hahn decidiu dormir; mas uma batida forte na parede perto de sua cama logo o tirou do sono. Dormiu uma segunda vez e foi acordado por uma sensação, como se alguém tivesse mergulhado o dedo na água e borrifado seu rosto com ela. Fingiu que voltava a dormir, enquanto observava Kern e Knittel, que estavam sentados à mesa, e a sensação do borrifo voltou; mas ele não encontrou água em seu rosto.

"A essa altura, Hahn precisou fazer uma viagem a Breslau; e ao voltar ouviu a história mais estranha de todas. Para não ficar sozinho naquele quarto misterioso, Kern chamara o criado de Hahn, um homem de uns 40 anos de idade e caráter muito singular, para ficar com ele. Uma noite, quando Kern estava deitado, e esse homem, perto da porta de vidro, conversando com ele, para seu grande espanto viu uma jarra de cerveja, que estava numa mesa a alguma distância dele, erguer-se devagar, a uma altura de um metro, e seu conteúdo ser vertido num copo, que estava ali também, até enchê-lo pela metade. A jarra então foi recolocada lentamente no lugar, e o copo foi erguido e esvaziado, como que por alguém que estivesse bebendo: quando John, o criado, exclamou surpreso e aterrorizado, 'Meu Deus! Ele bebe!' O copo voltou lentamente à mesa, e nem uma gota de cerveja foi encontrada no chão. Hahn esteve a ponto de pedir que John fizesse um juramento, confirmando o fato; mas absteve-se, vendo quão prestes o homem estava a fazê-lo, e se convenceu da veracidade do relato.

"Knetsch, um inspetor, passou a noite com os dois amigos e, apesar do incessante lançar de coisas, os três foram deitar-se. O quarto estava iluminado, e nesse momento os três viram dois guardanapos, no meio do quarto, subir devagar até o teto e, uma vez abertos, flutuar para baixo de novo. Um cachimbo de porcelana que pertencia a Kern voou e se quebrou. Facas e garfos foram arremessados; e finalmente um destes caiu na cabeça de Hahn, embora por sorte com o cabo virado para baixo; tendo agora suportado esses aborrecimentos por dois meses, decidiram por unanimidade deixar o quarto misterioso aquela noite, a qualquer custo. John e Kern pegaram uma das camas e a levaram para o quarto em frente, mas, mal tinham chegado lá, um cântaro de água mineral voou aos pés dos dois que ficaram para trás, embora a porta não estivesse aberta, e um castiçal de latão fosse lançado ao chão. No quarto em frente, a noite transcorreu tranquilamente, embora ainda fosse possível ouvir alguns sons no quarto que deixaram. Depois disso, essas estranhas atividades cessaram, e não aconteceu mais nada digno de nota, com exceção do seguinte episódio. Algumas semanas depois da mudança mencionada, quando Hahn estava voltando para casa e cruzando a ponte que leva até o portão do castelo, ouviu as passadas de um cachorro atrás de si. Olhou em volta e chamou várias vezes o nome de uma cadela muito apegada a ele, imaginando que pudesse ser ela, mas embora ainda ouvisse as passadas, mesmo quando estava subindo os degraus, como não conseguia ver nada, concluiu que fosse uma ilusão. Mas mal tinha posto os pés no quarto quando Kern avançou e segurou a porta, chamando a cadela pelo nome; porém logo acrescentando que pensou que a tivesse visto, mas que assim que a chamou, ela desapareceu. Hahn então perguntou se ele de fato tinha visto a cadela. 'Claro que vi', respondeu Kern; 'estava bem atrás de você — com metade do corpo para dentro do quarto — e foi por isso que tirei a porta das suas mãos, temendo que, não a tendo visto, você fechasse a porta e a esmagasse. Era um cão branco, e achei que fosse a Flora'. Mandaram procurar a cadela, mas ela foi encontrada trancada no estábulo, e não tinha saído de lá o dia inteiro. É impressionante — mesmo supondo que Hahn tivesse se enganado com relação às passadas — que Kern tenha visto o cão branco atrás de si, antes mesmo de ouvir uma palavra do amigo sobre o assunto, especialmente porque o animal não estava ali perto; além disso, ainda não estava escuro, e Kern tinha uma visão muito boa.

"Hahn permaneceu no castelo por mais seis meses, depois disso, sem presenciar nada de extraordinário; e mesmo as pessoas que dormiram naqueles quartos misteriosos não estiveram sujeitas a qualquer aborrecimento.

"Mas o enigma, apesar de todas as perquisições e investigações feitas no local, permaneceu sem solução — nenhuma explicação para esses estranhos episódios pôde ser encontrada; e mesmo supondo que podia haver algum motivo, ninguém nas redondezas era bastante inteligente para ter posto em prática tal esquema de perseguição, que durou tanto tempo que os moradores do aposento chegaram a ficar quase indiferentes a ele."

"Para concluir, é necessário acrescentar que o conselheiro Hahn escreveu este relato para sua própria satisfação, com vista à mais rigorosa verdade. Suas palavras são: —

"'Descrevi esses episódios exatamente como os ouvi e vi; do início ao fim observei-os em meu mais perfeito autocontrole. Não tive medo, nem a menor tendência para isso; ainda assim, a coisa toda permanece para mim perfeitamente inexplicável. Escrito no dia 19 de novembro de 1808.

"'Augustus Hahn, Conselheiro.'

"Sem dúvida, muitas explicações naturais para esses fenômenos serão sugeridas por aqueles que consideram estar acima da fraqueza de acreditar em histórias dessa natureza. Alguns dizem que Kern era um hábil farsante, capaz de jogar areia nos olhos de seu amigo Hahn; enquanto outros afirmam que tanto Hahn quanto Kern andavam embriagados todas as noites. Não me furtei a comunicar essas objeções a Hahn e incluo aqui sua resposta.

"'Depois dos eventos mencionados, morei com Kern durante três meses em outra parte do castelo de Slawensick (que depois disso foi atingido por um raio e pegou fogo), sem encontrar uma solução para o mistério, nem presenciar a repetição daqueles aborrecimentos, que pararam de acontecer no momento em que deixamos aqueles mencionados quartos. Deve supor-me muito tolo quem for capaz de imaginar que, tendo apenas um companheiro, eu possa ter sido vítima de suas brincadeiras durante dois meses, sem desmascará-lo. Quanto a Kern, ele estava, desde o início, muito aflito para deixar aqueles quartos; mas como eu relutava em perder as esperanças de descobrir alguma causa natural para aqueles fenômenos, insisti em ficar; e o que por fim me induziu a ceder aos seus desejos foi sua irritação com a perda do cachimbo de porcelana, que fora arremessado contra a parede e se quebrou. Além disso, farsas requerem um farsante, e eu estava muitas vezes absolutamente sozinho quando aquelas coisas aconteceram. É igualmente absurdo nos acusar de embriaguez. O vinho que havia lá era muito precioso para que o bebêssemos, e nos limitamos a beber a fraca cerveja. Nem todos os eventos foram descritos na narrativa; mas minha lembrança do todo é tão vívida como se tivesse acontecido ontem. Tivemos também muitas testemunhas, algumas das quais foram mencionadas. O conselheiro Klenk também me visitou num período posterior, com todo o desejo de investigar o mistério; e quando, uma manhã, ele subiu a uma mesa para investigar, e estava batendo no teto com um bastão, caiu sobre ele um polvorinho que tinha acabado de deixar sobre a mesa, em outro quarto. A essa altura, Kern estivera ausente por algum tempo. Não poupei qualquer meio que pudesse ter-me levado a desvendar o segredo; e no mínimo tanta gente me culpou por minha relutância em acreditar numa causa sobrenatural, quanto o contrário. Medo não é o meu fraco, como todos que me conhecem sabem; e para evitar a possibilidade de erro, muitas vezes perguntei a outros o que viam quando eu estava presente; e as respostas sempre coincidiam com o que eu mesmo via. De 1809 a 1811, vivi em Jacobswald, muito perto do castelo onde o próprio príncipe residia. Sei que alguns episódios singulares aconteceram enquanto ele estava lá; mas, como não os testemunhei pessoalmente, não posso falar sobre os mesmos, em particular.

"Sou ainda tão incapaz de explicar aqueles episódios quanto antes, e contento-me em me submeter aos comentários apressados do mundo, sabendo que relatei apenas a verdade e o que muita gente ainda viva, como eu, testemunhou.

"'Conselheiro Hahn.

"'Ingelfingen, dia 24 de agosto de 1828.*'"

A única chave descoberta desse mistério foi que, após a destruição do castelo por um raio, ao removerem as ruínas, encontraram um esqueleto de homem, sem caixão. Seu crânio tinha sido rachado, e uma espada jazia ao seu lado.

O modo como essas estranhas perseguições são atribuídas a determinadas pessoas e lugares parece um pouco análogo a outra espécie de casos que manifestam grande semelhança com aquilo que antes era chamado de *possessão*; e aqui devo observar que muitos médicos alemães afirmam que até hoje acontecem casos de genuína possessão, e que há várias obras publicadas naquela língua a esse respeito; para uma tal enfermidade, consideram o magnetismo o único remédio, e todos os outros, mais do que inúteis. Na realidade, consideram a *possessão* um estado diabólico-magnético em que o paciente estabelece um vínculo com espíritos travessos ou maldosos; como no estado magnético Agathos (ou bom), que é o polo oposto, ele estabelece um vínculo com espíritos bons; e alertam particularmente seus

---

* Traduzido do original em alemão, — C. C.

leitores contra a confusão que se faz entre esse estado e casos de epilepsia ou de mania. Afirmam que, embora os casos sejam comparativamente raros, pessoas de ambos os sexos e de todas as idades estão igualmente sujeitas a esse infortúnio; e que é um erro grave supor que isso tenha cessado desde a Ressureição de Cristo, ou que a expressão usada nas Escrituras, "possuído por um demônio", significasse apenas uma insanidade ou convulsões. Essa doença, que não é contagiosa, era bem conhecida dos gregos; e, em tempos posteriores, Hofman registrou diversos casos bem comprovados. Supõem, entre os sintomas característicos, o paciente falar numa voz que não é sua, convulsões terríveis e movimentos corporais que o acometem de repente, sem que haja qualquer indisposição prévia — blasfêmias e obscenidades, o conhecimento daquilo que é secreto, e do futuro — o vomitar de coisas extraordinárias, como cabelo, pedras, alfinetes, agulhas etc., etc. É quase desnecessário observar que essa opinião não é universal na Alemanha; ainda assim, prevalece entre muitos que tiveram oportunidades consideráveis para observar o fenômeno.

O dr. Bardili atendeu um caso, em 1830, que considerou claramente como de possessão. A paciente era uma camponesa de 34 anos que nunca tinha sido acometida por qualquer doença; e todas as suas funções físicas seguiam perfeitamente regulares, enquanto ela manifestava os seguintes e estranhos fenômenos. Devo observar que ela era feliz no casamento, tinha três filhos, não era fanática e gozava de excelente reputação com relação à sua estabilidade e capacidade de trabalho, quando, sem qualquer aviso ou causa perceptível, foi tomada pelas mais extraordinárias convulsões, enquanto uma estranha voz falava através dela, dizendo-se um espírito não abençoado, que anteriormente habitara um corpo humano. Quando tomada por tais convulsões, perdia por completo a própria individualidade e tornava-se essa pessoa; ao voltar a si, sua compreensão e caráter voltavam a ser como antes. A blasfêmia e as imprecações, os latidos e os arranhões, eram terríveis. Ela ficava ferida e seriamente machucada com os violentos tombos e golpes que dava em si mesma; e, nos intervalos, não conseguia fazer nada além de lamentar o que diziam ter acontecido e o estado em que se encontrava. Além disso, foi reduzida a um esqueleto; pois, quando queria comer, a colher se dobrava em suas mãos, e ela muitas vezes jejuava durante vários dias. Esse suplício durou três anos; todos os remédios falharam, e o único alívio que ela obtinha era por meio das contínuas e sinceras orações das pessoas a seu redor, e dela mesma;

pois, embora esse espírito não gostasse de orações e se opusesse violentamente a que ela se ajoelhasse, chegando a forçá-la a ultrajantes acessos de riso, ainda assim, eles tinham algum poder sobre ele. É surpreendente que a gravidez, o confinamento e a amamentação de seu filho não tenham feito a menor diferença nas condições dessa mulher. Tudo correu bem, mas o espírito manteve seu posto. Finalmente, ao ser magnetizada, a paciente entrou num estado de sonambulismo parcial, e ouviu-se outra voz de dentro dela, a de um espírito protetor que a encorajou a ter paciência e esperança, e prometeu que o convidado maligno seria obrigado a deixar sua sede. A partir de então, muitas vezes, ela entrava em estado magnético, sem a ajuda de um magnetizador. Ao cabo de três anos, estava totalmente livre, e bem como nunca.

No caso de Rosina Wildin, de 10 anos de idade, que ocorreu em Pleidensheim, em 1834, o espírito costumava se anunciar gritando, "Aqui estou eu de novo!" Nesse momento, a criança fraca e exausta, que estivera deitada como que morta, se enfurecia e atacava com uma voz masculina, fazia os mais extraordinários movimentos e gestos de violência e força, até que o espírito gritava, "Agora preciso ir embora de novo!" Esse espírito costumava falar no plural, pois dizia que a mesma tinha outro dentro dela, além dele, um espírito mudo, que a atormentava. "É ele que a retorce sem parar, distorce seu rosto, vira seus olhos, tranca suas mandíbulas etc. O que ele me pede, eu tenho que fazer!" A criança finalmente foi curada pelo magnetismo.

Barbara Rieger, de Steinbach, aos 10 anos de idade, em 1834, foi possuída por dois espíritos que falavam com duas vozes masculinas e em dois dialetos muito diferentes; um dizia que tinha sido pedreiro, o outro se apresentava como um comerciante falecido; este era muito pior do que o outro. Quando falavam, a criança fechava os olhos, e quando voltava a abri-los, não sabia nada do que tinham dito. O pedreiro confessou ter sido um grande pecador, mas o comerciante era orgulhoso e insensível, e não confessava nada. Eles com frequência pediam comida e faziam-na comer, e quando ela recuperava a individualidade, não sentia nada além de muita fome. O pedreiro gostava muito de conhaque e bebia muito; e se não traziam o que pedia, sua raiva e seus ataques eram terríveis. Em sua própria individualidade, a criança tinha a maior aversão a essa bebida. Recebia tratamento para vermes e outras disfunções, sem o menor resultado; até que, finalmente, com o magnetismo, o pedreiro foi expulso. O comerciante foi mais tenaz, mas por fim se livraram dele também, e a garota ficou muito bem.

Em 1835, um cidadão respeitável, cujo nome completo não é mencionado, foi levado ao dr. Kerner. Tinha 37 anos de idade, e até os últimos sete anos sua conduta e seu caráter não tinham nada de excepcional. Uma mudança inexplicável, no entanto, o acometeu quando completou 30 anos, o que deixou sua família muito infeliz, até que um dia uma estranha voz subitamente falou de dentro dele, dizendo que era o falecido magistrado S., e que tinha estado nele havia seis anos. Quando esse espírito foi exorcizado, por meio do magnetismo, o homem caiu no chão, e a violência da luta quase o fez em pedaços; ele então ficou deitado por um tempo, como que morto, e se levantou muito bem, e livre.

Em outro caso, uma jovem de Gruppenbach estava consciente e ouvia a voz de um espírito (que também era uma pessoa falecida) falar por ela, sem que tivesse qualquer poder para reprimi-la.

Em suma, casos como esses não parecem de modo algum raros; e se fenômenos como a possessão alguma vez existiram, não vejo que direito temos de afirmar que não existam mais, uma vez que de fato não sabemos nada a esse respeito; apenas que, estando determinados a não admitir nada tão contrário às ideias dos dias presentes, decidimos que a coisa é impossível.

Uma vez que esses casos ocorrem em outros países, sem dúvida acontecem neste, também; e, de fato, deparei com um caso muito mais surpreendente em seus pormenores do que qualquer dos casos mencionados, que ocorreu em Bishopwearmouth, perto de Sunderland, em 1840, e como foi publicado em detalhes e confirmado por dois médicos e dois cirurgiões, sem falar no testemunho de muitas outras pessoas, creio que aceitaremos os fatos, quaisquer que sejam as explicação que queiramos dar a eles.

A paciente, de nome Mary Jobson, tinha entre 12 e 13 anos de idade; seu pais eram cidadãos respeitáveis, de vida humilde, e ela frequentava uma escola dominical. Ficou doente em novembro de 1830, e logo em seguida foi tomada por terríveis acessos que prosseguiram, a intervalos, durante onze semanas. Foi nesse período que a família observou pela primeira vez umas estranhas batidas, que não foram capazes de explicar. Às vezes aconteciam em um lugar, às vezes em outro; e mesmo ao redor da cama, quando a garota estava deitada num sono tranquilo, com as mãos postas para fora dos lençóis. Então, ouviram uma estranha voz, que lhes contou casos que desconheciam, mas que em seguida apuraram estar corretos. Em seguida, ouviram um ruído como o chocar de armas, e um estrondo tal que o inquilino de baixo pensou que a casa estivesse desmoronando; ouviram passos onde não se via ninguém, água caindo pelo chão, não se sabia de onde, portas trancadas, que se abriram, e sobretudo uma música inefavelmente doce. Os médicos e o pai tinham algumas suspeitas e tomaram todas as precauções, mas não encontraram nenhuma solução para o mistério. Mas esse espírito era bom e rezava por eles, e deu muitos bons conselhos. Muita gente testemunhou esse estranho fenômeno, e algumas pessoas foram convocadas pela voz, em suas próprias casas. Assim, Elizabeth Gauntlett, enquanto fazia tarefas domésticas em casa, alarmou-se ao ouvir uma voz que disse, "Tem fé e verás as obras de teu Deus, e ouvirás com teus ouvidos!" Ela gritou, "Meu Deus! O que será isso!" e nesse momento viu uma enorme nuvem branca perto de si. Na mesma noite, a voz lhe disse, "Mary Jobson, uma de suas alunas, está doente; vai vê-la; e será bom para ti". Ela não sabia onde a criança vivia; mas, tendo perguntado pelo endereço, foi: e, à porta, ouviu a mesma voz ordenar que subisse. Ao entrar no quarto, ouviu outra voz, suave e bonita, que lhe ordenou que tivesse fé e disse, "Eu sou a Virgem Maria". Essa voz lhe prometeu um sinal, em casa; e assim, naquela noite, enquanto lia a Bíblia, ouviu, "Jemima, não tenha medo; sou eu: se seguir minhas ordens, tudo ficará bem com você". Ao repetir a visita, as mesmas coisas aconteceram, e ela ouviu uma música primorosa.

O mesmo tipo de fenômeno foi testemunhado por todos os presentes — os imorais foram repreendidos, os bons, encorajados. A alguns, ordenou-se que partissem imediatamente, e foram forçados a ir. Vozes de várias pessoas falecidas da família também foram ouvidas, e fizeram revelações.

Uma vez, a voz disse, "Olhe, e verá o Sol e a Lua no teto!" E no ato uma linda representação desses planetas surgiu em cores vivas, i. e., em verde, amarelo e laranja. Além disso, as figuras eram permanentes; mas o pai, um cético de longa data, insistiu em caiar o local; apesar disso, continuaram visíveis.

Entre outras coisas, a voz disse que embora a criança parecesse sofrer, ela não sofria; e não sabia onde estava seu corpo, e que seu próprio espírito o tinha deixado, e que outro tinha entrado nele; e que seu corpo tinha se tornado uma trombeta falante. A voz disse para a família e para os visitantes muitas coisas de seus amigos distantes, que se revelaram verdadeiras.

A garota viu duas vezes a seu lado, na cama, uma figura divina que falou com ela, e Joseph Ragg, uma das pessoas que tinham sido convocadas pela voz, viu uma bela e celestial figura aproximar-se de sua cama por volta das onze horas da noite, no dia 17 de janeiro. Vestida como um homem e envolta por um brilho; veio uma segunda vez, na mesma noite. Em cada ocasião, abriu as cortinas e olhou para ele com bondade, permanecendo cerca de quinze minutos. Quando foi embora, as cortinas voltaram à posição anterior. Um dia, enquanto estava no quarto da criança enferma, Margaret Watson viu um cordeiro, que atravessou o vão da porta e entrou num lugar onde o pai, John Jobson, estava; mas ele não o viu.

Um dos aspectos mais notáveis desse caso é a bela música ouvida por todos, assim como pela família, incluindo o pai cético, e parece que de fato foi isso, em grande medida, o que finalmente o converteu. Essa música foi ouvida diversas vezes em um período de dezesseis semanas; às vezes, soava como um órgão, porém mais bonito; outras, como fragmentos de um coro de canções sagradas, e ouvia-se a letra distintamente. A aparição repentina de água no quarto também era inexplicável; pois eles a sentiam, e era de fato água. Quando a voz queria que a água fosse borrifada, esta imediatamente surgia, como que borrifada. Em outra ocasião, tendo sido prometido ao pai cético um sinal, a água de repente brotou do chão; isso aconteceu "não uma, mas vinte vezes".

No decorrer do caso, as vozes disseram que um milagre seria operado nessa criança; e assim, no dia 22 de junho, quando estava mais enferma do que nunca, e apenas rezavam por sua morte, a voz ordenou, às cinco horas, que a despissem e que todos saíssem do quarto, com exceção de um bebê de 2 anos e meio. Obedeceram; e quando estavam do lado de fora havia quinze minutos, a voz gritou, "Entrem!" e, quando entraram, viram a garota completamente vestida e muito bem, sentada em uma cadeira com o bebê no colo, e ela não ficou mais doente nem por uma hora, desde então, até o dia em que o relato foi publicado, o que aconteceu em 30 de janeiro de 1841.

Ora, é muito fácil rir de tudo isso e afirmar que essas coisas nunca aconteceram, porque são absurdas e impossíveis; mas a partir do momento em que as pessoas honestas, bem-intencionadas e inteligentes que estavam no local afirmam que essas coisas aconteceram, confesso que me vejo compelida a acreditar nelas, embora veja, neste caso, muitas coisas discrepantes de minhas próprias ideias. Não foi um episódio que durou um dia ou uma hora: houve muito tempo para observação, pois os fenômenos duraram do dia 9 de fevereiro até o dia 22 de junho; e o ceticismo renitente do pai com relação à possibilidade de aparições espirituais, a tal ponto que ele chegou a expressar um enorme arrependimento pela severidade com que se portou — é uma garantia razoável contra fraudes. Além disso, recusaram de forma contumaz qualquer dinheiro ou assistência, e pareciam mais propensos a suportar a opinião pública, do que qualquer outra coisa, ao admitirem o caso.

O dr. Reld Clanny, que publica o relato, com a confirmação das testemunhas, é um médico com muitos anos de experiência, e é também, acredito, o inventor do lampiãode segurança; e ele declara sua inteira convicção nos fatos, garantindo aos leitores que "muita gente do alto escalão da Igreja Estabelecida, ministros de outras denominações, assim como muitos membros laicos da sociedade, altamente respeitáveis por sua sabedoria e piedade, se convenceram também". Quando viu pela primeira vez a criança deitada, aparentemente inconsciente, com os olhos congestionados de sangue, teve certeza de que se tratava de uma enfermidade do cérebro; e não estava nem um pouco disposto a acreditar no aspecto misterioso do caso, até que uma posterior investigação o levou a acreditar; e podemos estar certos de que sua crença é firme, uma vez que ele se mostra disposto a se submeter a todo o opróbio em que deve incorrer, ao admitir o caso.*

Ele acrescenta que, desde que a garota se recuperou, tanto sua família como a de Joseph Ragg ouviram muitas vezes a mesma música celestial que ouviam enquanto estava enferma; e o sr. Torbock, um cirurgião, que se diz convencido da veracidade do caso acima, menciona outro caso, em que ele, assim como o moribundo que estava atendendo, ouviram uma música divina, logo antes do falecimento.

Desse último fenômeno, a saber, dos sons, como os de uma música celestial, ouvidos no momento da morte, deparei com diversos casos.

Da investigação do caso acima, o dr. Clanny chegou à conclusão de que o mundo espiritual às vezes se identifica com nossas atribulações, e o dr. Drury afirma que, além desse, deparou com outro caso que o deixou firmemente convencido de que vivemos num mundo de espíritos, e esteve na presença de um ser que não é deste mundo e "atravessou o umbral do qual, dizem, nenhum viajante retorna".**

---

* Dr. Clanny me informa que Mary Jobson é agora uma jovem muito bem-educada e altamente respeitável.

** Aludindo, creio, ao caso de Willington

Capítulo XVII
Fenômenos Variados

Em capítulo anterior, aludi às figuras que Billing, o amanuense de Pfeffel, viu flutuar sobre túmulos. Para alguns, essa figura luminosa é vista apenas como uma luz, assim como acontece em muitos casos de aparições que relatei. É impossível para qualquer um, no presente, afirmar até onde o barão Reichenbach está correto em sua conclusão, de que essas figuras são meramente o resultado de um processo químico que ocorre debaixo da terra, isto. O fato de que essas luzes nem sempre flutuam sobre os túmulos, mas às vezes se distanciam deles, depõe contra essa opinião, como já observei; e a natureza insubstancial da forma que se reconstruiu depois que Pfeffel passou sua bengala através dela não prova nada, uma vez que se diz a mesma coisa de todas as aparições com que deparo, sejam elas vistas onde forem, exceto em casos extraordinários como o da Noiva de Corinto, presumindo que aquela história tenha sido real.

Ao mesmo tempo, embora esses casos não sejam retratados como fenômenos químicos, não estamos autorizados a classificá-los como o que comumente se entende pelo termo *fantasma*, ou seja, um vulto habitado por um espírito inteligente. Mas certos casos, e mencionarei alguns, são de difícil classificação numa categoria ou noutra.

O falecido primeiro-tenente Robertson de Lawers, que serviu durante toda a Guerra Americana, trouxe consigo para casa, ao fim dela, um negro que respondia pelo nome de Black Tom, que continuou a seu serviço. O quarto escolhido para o uso desse homem na cidade em que residia o tenente — falo de Edimburgo — ficava no térreo; e com frequência ouviam-no reclamar que não conseguia descansar ali, pois todas as noites a figura de uma mulher sem cabeça com uma criança nos braços surgia da lareira e o assustava de modo terrível. Naturalmente, ninguém acreditava nessa história, e supunha-se tratar-se de um delírio de embriaguez, uma vez que Tom não era conhecido pela sobriedade; mas, por estranho que pareça, quando a velha mansão foi demolida para se construir o hospital de Gillespie que fica no local, encontraram ali, debaixo das pedras da lareira daquele quarto, uma caixa contendo o corpo de uma mulher, do qual a cabeça tinha sido cortada; e, ao seu lado, os restos de uma criança, envoltos por uma fronha, enfeitada com um laço. A pobre mulher parecia ter sido decepada na "flor de seus pecados", pois estava vestida, e suas tesouras ainda pendiam de uma fita a seu lado, e também o dedal estava na caixa, tendo, aparentemente, caído de seu dedo pendente.

Ora, é difícil decidir se devemos considerar isso um fantasma ou um fenômeno da natureza daquele visto por Billing. Algo semelhante é o próximo caso, que cito a partir de uma pequena obra intitulada "Supernaturalism in New England" [O sobrenatural na Nova Inglaterra]. Não apenas este pequeno trecho prova que os mesmos fenômenos, como quer que sejam interpretados, existem em todas as partes do mundo, mas penso que concordarão comigo que, embora não tenhamos aqui a confirmação que o tempo forneceu no último caso, ainda assim é difícil presumir que essa pessoa pouco impressionável tenha sido objeto de uma ilusão espectral tão extraordinária.

"Quem quer que tenha visto o Grande Lago, na paróquia leste de Haverhill, viu um dos mais adoráveis dos milhares de lagos e lagoas da Nova Inglaterra. Com suas encostas suaves do mais intenso verdor — suas margens de areia branca e escumante — sua franja sul de pinheiros e áceres, espelhada, em meio ao vapor e às folhas, na água cristalina — seus graciosos morros vigilantes ao redor, embranquecidos pelo florido vergel da primavera ou orlados pelos cereais do outono — a extensão de suas águas azuis, quebrada aqui e ali por promontórios pitorescos — um lugar, ao que parece, entre os demais, de onde os espíritos do mal deveriam se afastar, condenados e constrangidos pela presença da beleza. Mas aqui, também, pousou a sombra do sobrenatural. Uma mulher, conhecida minha, membro convencional e pouco inventivo da Igreja, afirma que tempos atrás estava parada no cruzamento de duas estradas, uma que atravessa a costa do lago, outra que cruza os morros que se erguem abruptamente da água. Era uma noite quente de verão, durante o pôr do Sol. Ela se espantou com a aparição de um cavalo e de uma carroça, do tipo usado havia séculos na Nova Inglaterra, conduzidos velozmente pelo morro íngreme abaixo, que atravessaram o muro a poucos metros dela, sem fazer qualquer ruído nem mover uma pedra. O condutor estava sentado rigidamente ereto, com um ar hostil, segurando firme as rédeas, sem olhar para a direita nem para a esquerda. Atrás de sua carroça, e aparentemente amarrada a ela, vinha uma mulher de tamanho descomunal, com as feições agitadas e uma expressão que era um misto de raiva e agonia, contorção e esforço, como um Laocoonte envolto pela serpente. Sua cabeça, pescoço, pés e braços estavam nus; mechas selvagens de um cabelo cinza fluíam das têmporas corrugadas e tenebrosas. A terrível cavalgada varreu a estrada e desapareceu às margens do lago."

Muitas pessoas terão ouvido falar da "Tropa Selvagem de Rodenstein", mas poucas têm consciência da curiosa quantidade de indícios em favor da estranha crença que prevalece entre os habitantes daquela região. Diz a história que os antigos proprietários do castelo de Rodenstein e Schnellert eram ladrões e piratas que cometeram, em conjunto, toda espécie de atrocidades; e que até hoje ouve-se o rumor da tropa, com seus cavalos e carruagens e cães, de tempos em tempos, percorrendo selvagemente a estrada entre os dois castelos. Isso soa como um conto de fadas; ainda assim, acreditava-se tanto naquilo que até a metade do século passado relatos regulares eram feitos às autoridades das redondezas, nos períodos em que a tropa passava. Desde então, a corte senhorial ou do distrito mudou-se para Furth, e eles não foram mais importunados pelas Tropas de Rodenstein: mas um viajante chamado Wirth, que há alguns anos empreendeu um exame do caso, declara que as pessoas afirmam que a cavalaria fantasmagórica continua passando; e lhe garantiram que algumas casas que viu em ruínas estavam naquele estado porque, como ficavam exatamente no caminho das tropas, ficaram inabitáveis. Raramente vê-se alguém; mas o som de rodas de carruagem, de cascos de cavalos, de estalar dos chicotes, de cornetas, e a voz desses ferozes caçadores e de pessoas incitando-os, são os sons pelos quais se reconhece a passagem da tropa, de um castelo para o outro; e no lugar onde antes morava um ferreiro, e hoje mora um carpinteiro, o invisível lorde de Rodenstein ainda se detém para ferrar seus cavalos. O sr. Wirth copiou vários depoimentos dos registros da corte, e eles remontam a junho de 1764. Esta é sem dúvida uma história estranha; mas não é muito mais do que a história do negro, que sei ser autêntica.

Durante a guerra dos sete anos na Alemanha, um pastor perdeu a vida numa briga de bêbados na estrada.

Durante algum tempo houve uma espécie de tumba improvisada, com uma cruz, marcando o local onde seu corpo foi enterrado; mas há muito que caiu, e agora vê-se um marco de pedra em seu lugar. Ainda assim, moradores locais e diversos viajantes continuam afirmando que tiveram a ilusão de ver no lugar, conforme imaginaram, rebanhos de animais, que investigações provam ser puramente fantasmagóricos. Claro, muitas pessoas consideram isso uma superstição; mas uma confirmação muito singular da história aconteceu no ano de 1826, quando dois cavalheiros e duas senhoras passavam pelo local numa diligência postal. Um deles era um clérigo, e nenhum deles jamais tinha ouvido falar do fenômeno atribuído ao lugar. Estavam discutindo os projetos do ministro, que estava a caminho de um vicariato para o qual acabara de ser indicado, quando viram um enorme rebanho de ovinos estendendo-se pela estrada, acompanhado por um pastor e um cão preto de pelo comprido. Como encontrar gado naquela estrada não era nada incomum, e de fato haviam cruzado com vários rebanhos no curso de um dia, não fizeram nenhum comentário naquele momento, até que de repente um olhou para o outro e disse, "O que aconteceu com as ovelhas?" Perplexo com a desaparição súbita, pediram ao condutor que parasse e todos saíram para subir numa pequena elevação e olhar em volta, mas sendo ainda incapazes de vê-los, pensaram em perguntar ao condutor para onde tinham ido; quando, para sua infinita surpresa, souberam que ele não os tinha visto. Nisso, pediram que acelerasse a marcha, para que pudessem alcançar uma carruagem que os tinha ultrapassado um pouco antes e perguntar se tinham visto o rebanho; mas responderam que não tinham.

Quatro anos depois, um agente dos correios chamado J. estava na mesma estrada, conduzindo uma carruagem onde vinham um clérigo e sua esposa, quando viu um grande rebanho de carneiros no mesmo lugar. Vendo que eram carneiros de qualidade, e supondo que tivessem sido comprados numa feira de ovinos a alguns quilômetros dali, J. puxou as rédeas e parou os cavalos, virando-se ao mesmo tempo para o clérigo para dizer que queria perguntar o preço dos carneiros, uma vez que pretendia ir à feira, no dia seguinte. Enquanto o ministro perguntava a ele a que carneiros se referia, J. desceu e se viu no meio dos animais, em quantidade e beleza que o deixaram espantado. Marchavam numa velocidade incomum, enquanto caminhava no meio deles procurando o pastor, quando, ao chegar ao fim do rebanho, este de repente desaparecera. Nesse momento, ficou sabendo que seus companheiros de viagem não tinham visto absolutamente nada.

Ora, se casos como esses não são casos de pura ilusão, o que, confesso, acho difícil de acreditar, temos que presumir que os animais e todas as circunstâncias exteriores foram produzidos pelo desejo mágico do espírito, agindo sobre a imaginação construtiva dos videntes, ou de fato construindo as formas etéreas, a partir dos elementos à sua disposição; assim como presumimos que uma aparição seja capaz de se apresentar com as roupas ou acessórios que quiser; ou então, temos que concluir que essas formas têm alguma relação com o mistério chamado palingenesia, a que me referi previamente; embora o movimento e a mudança de lugar tornem difícil situá-los nessa categoria. Com relação aos animais, embora o pastor estivesse morto, eles não estavam; e portanto, mesmo concedendo que sejam dotados de uma alma, não podemos considerar que fossem uma aparição do rebanho. Nem podemos considerar como aparições os numerosos exemplos de visões de exércitos no ar; e, ainda assim, esses fenômenos são tão bem comprovados que foram explicados como tendo sido reflexos atmosféricos de exércitos em movimento, em algum outro lugar. Mas como devemos explicar tropas fantasmagóricas que não são vistas no ar, mas no próprio local onde os videntes se encontram, como foi exatamente o caso das tropas vistas no parque Havarah, perto de Ripley, em 1812. Os soldados vestiam uniforme branco e, no centro, havia um personagem de uniforme vermelho.

Depois de realizar diversas evoluções, o batalhão começou a marchar em perfeita ordem até o topo de um morro, cruzando os espectadores à distância de uns cem metros. Chegavam a diversas centenas, e marchavam em colunas de quatro, por trinta acres; e assim que passaram, outro batalhão, muito mais numeroso, mas em uniformes escuros, surgiu e marchou atrás deles, sem qualquer hostilidade aparente. Quando os dois batalhões alcançaram o topo do morro, e lá formaram o que os espectadores chamaram de um L, desapareceram do outro lado, e não foram mais vistos; mas, naquele momento, uma massa de fumaça subiu como a descarga de todo um paiol de artilharia, tão densa que os pastores não puderam, durante dois ou três minutos, distinguir seu próprio gado. Eles então correram para casa, para contar o que tinham visto, e a impressão causada neles, assim disseram, foi tão grande que jamais puderam mencionar o assunto sem emoção.

Um deles era um fazendeiro chamado Jackson, de 45 anos; o outro um rapaz de quinze, chamado Turner; e eles estavam, na época, pastoreando gado no parque. A cena parece ter durado cerca de quinze minutos, e durante esse tempo eles estavam em perfeito autocontrole, e eram capazes de comentar um com o outro o que viam. Eram ambos homens de excelente caráter e de honestidade inquestionável, a tal ponto que ninguém que os conhecia duvidou que de fato tivessem visto o que descreveram ou, em todo caso, o que acreditaram ter visto. É preciso observar que o solo ali não é pantanoso, nem sujeito a qualquer emanação.

Por volta do ano de 1750, um exército fantasmagórico da mesma natureza foi visto nas redondezas de Inverness, por um fazendeiro respeitável de Glenary e por seu filho. O número de tropas era muito grande, e eles não tiveram a menor dúvida de que se tratava de figuras sólidas, de carne e osso. Contaram pelo menos dezesseis pares de colunas e tiveram tempo de sobra para observar cada detalhe. Nas fileiras da frente marchavam sete, lado a lado, acompanhados por muitas mulheres e crianças, que carregavam recipientes de latão e outros utensílios de cozinha. Os homens estavam vestidos de vermelho, e suas armas brilhavam ao Sol. No meio deles, havia um animal, um cervo ou um cavalo, que não foram capazes de distinguir, e que estava sendo conduzido furiosamente, à força de baionetas. O mais jovem observou para o outro que, de tempos em tempos, as fileiras da retaguarda eram obrigadas a correr para acompanhar as da frente; e o mais velho, que tinha sido soldado, comentou que era sempre assim e recomendou que, se um dia o outro servisse, procurasse marchar na fileira da frente. Havia apenas um oficial montado num cavalo cinza, dos dragões, e usava um chapéu com banda dourada e uma capa de hussardo azul, com mangas largas e abertas, forradas de vermelho. Os dois espectadores observaram tão atenciosamente que mais tarde disseram poder reconhecê-lo em qualquer lugar. Mas ficaram com medo de serem maltratados ou forçados a acompanhar as tropas, supostamente vindas da Irlanda, e pousadas em Kintyre; e enquanto subiam por um aterro, para sair do caminho deles, todos desapareceram.

Há alguns anos, um fenômeno semelhante foi observado em Paderborn, na Vestfália, e presenciado por pelo menos trinta pessoas, assim como por cavalos e cães, como se constatou pelo comportamento dos animais. Em outubro de 1836, no mesmo local, houve uma inspeção militar de vinte mil homens; e as pessoas então concluíram que a primeira visão tinha sido uma *intuição*.

Um caso semelhante aconteceu na floresta de Stockton, algum tempo atrás; e há muitos registrados em outros lugares, e um em especial no ano de 1686, perto de Lanark, onde durante várias tardes, nos messes de junho e julho, muitos espectadores viram companhias de homens armados marchando em fileiras às margens do rio Clyde, e outras companhias que se juntaram àquelas etc., etc.; e, além disso, uma enxurrada de boinas, chapéus, armas, espadas etc., que os videntes descreveram com a maior exatidão. Nem todos os presentes puderam ver essas coisas, e Walker conta que um cavalheiro em particular estava mostrando o ridículo da coisa, chamando os videntes de "bruxos e feiticeiros danados, eles e suas intuições!", e gabando-se de "não vir diabo algum!", quando de repente exclamou, tremendo de medo, que agora via tudo; e suplicou àqueles que não tinham visto a não dizerem nada — uma mudança que pode ser muito bem explicada, seja o fenômeno de que natureza for, se presumirmos que ele tenha tocado num dos videntes, caso em que a faculdade pode ter sido comunicado a ele, como acontece no caso de um choque elétrico.

Com relação à palingenesia, seria necessário confirmar se esses objetos existiam previamente e se, como Oetinger diz, a casca mundana tendo caído, "a essência volátil haja ascendido em perfeita forma, embora vazia de substância".

A ideia defendida pelo barão Reichenbach de que as luzes vistas nos adros das igrejas e sobre os túmulos são o resultado de um processo subterrâneo não é de modo alguma nova, pois Gaffarillus deu a mesma opinião em 1650; mas ele fala de aparições em cima de túmulos e nos adros de igrejas como sombras, *ombres*, como as vistas por Billing; e menciona, casualmente, como sendo algo observado com frequência, que as mesmas figuras fantasmagóricas são vistas no solo onde batalhas foram travadas, o que supõe que resultem de um processo entre a terra e o Sol. Quando um membro é decepado, alguns sonâmbulos ainda percebem a forma do membro, como se ele continuasse no lugar.

Mas dizem que esse processo mágico não é apenas o trabalho dos elementos, mas igualmente do homem; e assim como as formas das plantas podem ser preservadas, depois que a substância é destruída, também a do homem pode ser preservada ou reproduzida, a partir dos elementos do seu corpo. No reino de Luís XIV, três alquimistas, tendo destilado um pouco de terra colhida do cemitério dos Inocentes, em Paris, foram forçados a desistir, ao ver figuras de homens surgir em seus frascos, em vez da pedra filosofal que estavam buscando; e um médico, depois de dissecar um corpo e pulverizar o crânio, que era então algo admitido na *materia medica*, tendo deixado o pó sobre a mesa de seu laboratório, aos cuidados do seu assistente, este, que dormia num quarto contíguo, foi despertado durante a noite ao ouvir um barulho que, depois de alguma investigação, por fim revelou-se vir do pó; no meio do qual viu, gradualmente, surgir uma forma humana. Primeiro apareceu a cabeça, com dois olhos abertos, depois os braços e as mãos e, aos poucos, o resto da pessoa, que em seguida surgiu com as roupas que vestia, quando vivo. O homem ficou, é claro, muito assustado; ainda mais quando a aparição se plantou diante da porta, sem deixá-lo partir, até que ela própria saiu, o que fez rapidamente. Dizem que resultados semelhantes foram obtidos a partir de experimentos realizados com sangue. Confesso que estaria disposta a considerar essas aparições, se de fato aconteceram, casos genuínos de fantasmas que estabeleceram vínculos por meio de tais operações, em vez de formas residentes nos ossos ou no sangue. De qualquer modo, é muito difícil acreditar em tais coisas; mas, visto que não estávamos lá, penso que não temos qualquer direito de dizer que não tenham acontecido; ou pelo menos que não tenham acontecido alguns fenômenos que pudessem estar abertos a essa interpretação.

É altamente provável que a visão desses exércitos fantasmagóricos e prodígios similares seja uma espécie de intuição; mas, uma vez admitido isso, ficamos muito pouco próximos de uma explicação. Considerando que, como nos experimentos acima, a essência das coisas possa reter a forma da substância, isso não explica a visão daquilo que ainda não aconteceu ou do que está acontecendo a uma grande distância, e nem a essência de Oetinger nem as camadas superficiais de Lucrécio são capazes de reduzir as dificuldades.

Está em voga dizer que a intuição era uma mera superstição dos *highlanders*, e que não se ouve mais falar nisso; mas aqueles que falam assim sabem muito pouco sobre o assunto. Sem dúvida, caso se disponham a procurar videntes, talvez não os possam achar; tais fenômenos, embora conhecidos em todos os países e em todas as eras, são *relativamente* raros, assim como incertos e caprichosos, e não são produtos da vontade; mas sei de muitos exemplos da existência dessa faculdade em famílias, assim como casos isolados, que ocorrem com indivíduos acima de qualquer suspeita, sem alimentar a menor dúvida de sua realidade. Mas a dificuldade em fornecer provas é considerável; porque quando os videntes provêm de classes humildes são chamados de impostores, e não se acredita neles; e quando vêm de classes altas, não expõem o assunto à conversação, nem se expõem ao ridículo dos tolos; consequentemente, a coisa não se torna conhecida para além de seus amigos íntimos. Quando o jovem duque de Orleans foi morto, uma mulher que vivia aqui viu o acidente e o descreveu a seu marido no momento em que estava acontecendo na França. Ela havia frequentado o duque, quando estava no continente.

A velha convicção de que o jejum é um meio para desenvolver o dom da profecia é sem dúvida bem fundamentado, e os anais da medicina fornecem inúmeros casos bem comprovados. Um homem condenado à morte em Viterbo, tendo se abstido de comer na esperança de escapar à execução, tornou-se tão *clarividente* que podia dizer o que estava acontecendo em qualquer parte da prisão; a expressão utilizada no relatório é que ele *via através das paredes*: isso, no entanto, não era possível de acontecer com seus órgãos naturais de visão.

É digno de nota observar que os que sofrem de idiotia com frequência revelam alguns lampejos dessa faculdade de intuição ou pressentimento; e provavelmente por isso são considerados sagrados em alguns países. Esses pressentimentos, que muito provavelmente são lembranças vagas e imperfeitas do que *soubemos* durante o sono, são observados com frequência em pessoas embriagadas.

Durante a grande praga da Basileia, que aconteceu por volta do fim do século dezesseis, quase todos os que morreram gritaram, em seus últimos momentos, o nome da pessoa que iria morrer em seguida.

Não há muito tempo, uma criada da residência dos D., de S., viu com assombro cinco figuras subirem um penhasco perpendicular, inacessível ao ser humano, a pé; uma era a de um garoto usando um chapéu com fita vermelha. Ela os observou com grande curiosidade até atingirem o topo, onde todos se estenderam no chão com expressão de grande cansaço. Enquanto olhava para eles, desapareceram, e ela imediatamente relatou a visão. Pouco depois, um navio estrangeiro em dificuldades foi visto lançar um bote com quatro homens e um garoto; o bote foi destroçado pelas ondas, e os cinco corpos, que correspondiam exatamente à descrição que ela fizera, foram lançados à costa aos pés de um penhasco que talvez tenham escalado em espírito!

O quanto era bem conhecido aquilo que chamamos de *clarividência*, embora pouco entendido, na época da perseguição às bruxas, pode ser avaliado no que dr. Henry More afirma em seu "Antídoto contra o ateísmo":

"Vamos agora tratar dos efeitos sobrenaturais observados naqueles que são enfeitiçados ou possuídos; e coisas como prever o que está por vir, dizer o que tais e tais pessoas falam ou fazem, exatamente como se a pessoa possuída estivesse na presença deles, quando está noutro canto da cidade, sentada no interior de uma casa a portas fechadas, e aqueles que agem estão reunidos fora, do outro lado da cidade; e ser capaz de ver algumas pessoas e não outras; jogar cartas com uma determinada pessoa e não ver mais ninguém à mesa, além dela; agir e falar, subir e descer, contar o que acontecerá com as coisas e o que acontece nesses acessos de possessão; e assim que a pessoa possuída ou enfeitiçada sair do transe, não se lembrar de absolutamente nada, mas perguntar pelo bem-estar daqueles que parecia estar observando ainda há pouco, quando antes estavam possuídos."

Um estado que ele acredita resultar do fato de o diabo ter possuído o corpo da pessoa magnetizada — justamente a teoria sustentada por muitos fanáticos nos dias de hoje. O dr. More não era um fanático; mas esses fenômenos, embora muito bem compreendidos pelos antigos filósofos (como por Paracelso, Van Helmont, Cornelius Agrippa, Jacob Behmen, um médico escocês chamado Maxwell, que publicou sobre o assunto no século dezessete, e por muitos outros) eram tidos ainda, quando observados, como efeitos da influência diabólica pela humanidade em geral.

Quando monsieur Six Deniers, o artista, se afogou no Sena em 1846, depois de terem procurado seu corpo em vão, chamaram uma sonâmbula, em cujas mãos puseram uma carteira que pertencia a ele, e quando lhe perguntaram onde estava o proprietário, ela manifestou grande terror, segurou o vestido, como se estivesse andando na água e disse que ele estava entre dois barcos, debaixo da Ponte das Artes, vestindo apenas um colete de flanela; e lá ele foi encontrado.

Um amigo meu conhece uma mulher que, certa manhã, estando em estado natural de *clarividência*, sem magnetismo, viu o porteiro da casa onde seu filho estava hospedado subir para o quarto dele com uma faca grande, ir até a cama onde ele dormia, inclinar-se sobre ele, então abrir um baú, pegar uma nota promissória de cinquenta libras e sair. No dia seguinte, ela procurou o filho e perguntou-lhe se guardava algum dinheiro na casa; ele disse, "Sim, que tinha cinquenta libras"; nisso, solicitou que ele as procurasse; mas tinham sumido. Suspenderam o pagamento da nota, mas não o processaram, considerando as provas insuficientes. Mais tarde, o porteiro foi pego por outros crimes, e a nota foi encontrada amassada no fundo de uma velha bolsa que lhe pertencia.

O dr. Ennemoser diz que não há dúvida de que as antigas sibilas eram mulheres *clarividentes*, e que é impossível que tanto valor tenha sido atribuído a seus livros, se suas revelações não tivessem se comprovado.

Uma criada que residia com uma família de Northumberland, um dia, no inverno passado, gritou violentamente logo depois que saíra da cozinha. Quando a seguiram para perguntar o que tinha acontecido, ela disse que tinha acabado de ver o pai, de pijama, com um aspecto terrível, e tinha certeza de que algo pavoroso tinha sucedido. Dois dias depois, recebeu uma carta dizendo que ele fora acometido de *delirium tremens* e estava à beira da morte, o que de fato aconteceu.

Há inúmeros casos como esse registrados em várias coletâneas; sem mencionar os muito mais numerosos que não encontram quem os registre; e eu mesma poderia mencionar muitos mais, mas estes bastarão — um, no entanto, não será omitido, pois, embora histórico, não é muito conhecido. Um ano antes de estourar a rebelião, em razão da qual lorde Kilmarnock perdeu a cabeça, a família foi um dia surpreendida por um violento grito, e ao correr para investigar o que acontecera, encontraram os criados reunidos e assombrados, com exceção de uma criada, que disseram que fora até o sótão para pendurar algumas roupas para secar no varal. Ao subirem, encontraram a garota no chão, inconsciente; e tinham acabado de reanimá-la quando, ao ver lorde Kilmarnock inclinado sobre si, ela gritou e desmaiou de novo. Quando por fim se recuperou, contou que enquanto pendurava as roupas, cantando, a porta se abriu bruscamente e a cabeça ensanguentada do lorde entrou, rolando. Acho que entrou duas vezes. Esse episódio ficou tão conhecido na época que, aos primeiros rumores da rebelião, lorde Saltoun disse, "Kilmarnock vai perder a cabeça". Responderam-lhe que "Kilmarnock não tinha se juntado aos rebeldes". "Ele irá e será decapitado", respondeu lorde S.

Ora, nesses casos, somos quase obrigados a acreditar que o fenômeno é puramente subjetivo, e que não há um objeto real para ser visto; ainda assim, quando nos refugiamos nessa hipótese, as dificuldades permanecem tão grandes quanto antes; e para mim é muito mais incompreensível do que ver um fantasma porque, neste caso, presumimos que haja um agente externo agindo de um modo ou de outro no vidente.

Já mencionei que Oberlin, o bom pastor de Ban de la Roche, também vidente, garantiu que tudo o que era mundano tinha sua contrapartida ou antítipo no outro mundo, e não apenas a matéria organizada, mas também a não organizada. Se é assim, será que às vezes vemos esses antítipos?

O dr. Ennemoser, ao tratar de intuição — que, aliás, é tão bem conhecida na Alemanha, especialmente na Dinamarca, como nas Terras Altas da Escócia — diz que, assim como acontece no sonambulismo natural, há uma vigilância interna parcial, e que o vidente entra, ainda desperto, em um estado onírico. Ele fica subitamente imóvel e rígido: seus olhos permanecem abertos e seus sentidos, enquanto a visão dura, insensíveis a todos os objetos externos; a visão pode ser comunicada pelo toque e, às vezes, pessoas distantes umas das outras, mas conectadas pelo sangue ou por simpatia, têm a visão simultaneamente. Ele nota também que, como vimos no caso do sr. C., mencionado antes, qualquer tentativa de frustrar a concretização da visão jamais é bem-sucedida, sempre que alguma tentativa é levada em consideração.

Ver em vidros e em cristais é igualmente inexplicável; assim como o é a visão mágica dos egípcios. De tempos em tempos, ouvimos falar que descobriram que esta última é uma fraude, ou porque algum viajante de fato caiu nas mãos de um impostor — e há impostores em todas as áreas; ou porque o fenômeno se manifestou de modo imperfeito; um caso que, como nas manifestações de clarividência e sonambulismo, onde nem todas as condições estão sob controle, ou não estão presentes, deve por força acontecer. Mas, sem mencionar os relatos publicados pelo sr. Lane e por lorde Prudhoe, quem quer que tenha lido o caso de monsieur Léon Laborde deve estar convencido de que a coisa é um fato indiscutível. É, em suma, apenas outra forma de ver em cristais, algo conhecido em todas as épocas, do qual muitos exemplos modernos ocorreram com pacientes sonambúlicos.

Vemos no capítulo 44 do Gênesis que foi diante de sua taça que José profetizou: "Não é a que serve a meu senhor para beber e também para ler os presságios?" Mas, como o dr. Passavant observa, e como veremos agora no caso do garoto e da cigana, a virtude não jaz na taça nem na água, mas no próprio vidente, que pode apresentar uma faculdade mais ou menos desenvolvida, sendo os objetos externos e as cerimônias apenas os meios de concentrar sua atenção e intensificar seu poder.

Monsieur Léon Laborde testemunhou uma demonstração no Cairo, antes da visita de lorde P.; o demonstrante, chamado Achmed, pareceu-lhe um homem respeitável, que falava com simplicidade de sua ciência, e não tinha nada de charlatão. A primeira criança chamada foi um garoto de 11 anos, o filho de europeu; e Achmed, tendo feito alguns desenhos na palma da mão e derramado tinta sobre eles, ordenou que o garoto procurasse o reflexo do próprio rosto. A criança disse que via; o mágico então queimou alguns pós num braseiro e ordenou que dissesse quando visse um soldado varrendo em algum lugar; e, enquanto a fumaça do braseiro se espalhava, pronunciou uma espécie de litania. Neste momento, a criança jogou a cabeça para trás e, gritando de terror, entre soluços, banhando-se em lágrimas, disse que tinha visto um rosto terrível. Temendo que o garoto pudesse ter-se machucado, monsieur Laborde chamou então um pequeno criado árabe, que nunca tinha visto nem ouvido falar no mágico. Ele estava alegre e rindo, e nem um pouco assustado; e tendo-se repetido a cerimônia, este disse que viu o soldado varrendo em frente a uma barraca. Pediram então que dissesse ao soldado que evocasse Shakespeare, o coronel Craddock e diversas outras pessoas; e ele descreveu cada pessoa e coisa de modo tão exato que foi plenamente satisfatório. Durante o procedimento, o garoto parecia embriagado; com os olhos fixos e suor escorrendo pela testa. Achmed o tirou do encanto pondo os polegares sobre seus olhos; ele se recuperou aos poucos e alegremente relatou tudo o que vira, e de que se lembrava perfeitamente.

Ora, essa é apenas outra forma daquilo que os lapões, os mágicos africanos e os xamãs da Sibéria fazem quando tomam narcóticos e giram até caírem inconscientes, em cuja condição tornam-se clarividentes e, além de vaticinar, descrevem cenas, lugares e pessoas que nunca tinham visto. Na Berbéria, untam as mãos com unguento preto e, erguendo-as em direção ao Sol, veem o que querem, como os egípcios.

Lady S. tem um dom algo semelhante, e natural. Dando rapidamente muitas voltas numa sala até produzir certo nível de vertigem, ela lhe dará o nome de qualquer pessoa em quem você tenha pensado, em segredo, ou combinado com outras pessoas. A frase dela é, "Eu *vejo* isto e aquilo."

Monsieur Laborde obteve o segredo de Achmed, que disse que aprendera de dois famosos xeiques de seu próprio país, a Argélia. Monsieur L. descobriu que há uma conexão tanto com a física quanto com o magnetismo, e em seguida ele próprio praticou com perfeito sucesso, e afirma categoricamente que, sob a influência de uma organização particular e de determinadas cerimônias, das quais não consegue distinguir quais são indispensáveis, quais não, crianças, sem fraude nem conluio podem ver através de uma janela ou de um buraco pessoas se mexendo, que aparecem e desaparecem sob seu comando, e com quem se comunicam — e lembram-se de tudo, depois do procedimento. Diz ele, "Eu narro, mas não explico nada; produzi esses efeitos, mas não os compreendo; apenas afirmo, da maneira mais categórica, que o que conto é verdade. Fiz a experiência em diversos lugares, com diversas pessoas, diante de numerosas testemunhas, em meu quarto e no quarto de outros, a céu aberto e até mesmo num bote, no Nilo. A precisão e a descrição detalhada de pessoas, lugares e cenas não poderiam ser fabricadas."

Além disso, o barão Dupotet muito recentemente logrou realizar esses fenômenos em Paris, com indivíduos não sonambúlicos, escolhidos do seu público; a diferença principal é que eles não se lembraram do que tinham visto, quando a crise terminou.

Cagliostro, embora charlatão, detinha esse segredo; e o grande sucesso obtido com ele é que foi o principal sustento de sua reputação; os espectadores, convencidos de que era capaz de fazer crianças verem lugares e pessoas distantes no cristal, persuadiam-se de que ele podia fazer outras coisas, que já não lhes pareciam mais misteriosas. O dr. Dee foi perfeitamente sincero com relação ao espelho, onde podia *ver*, concentrando nele a mente; mas como não era capaz de lembrar o que via, encarregou Kelly de *ver* por ele, enquanto ele mesmo anotava as revelações; mas Kelly era desonesta e enganou-o, arruinando-o.

Um amigo de Pfeffel conhecia um garoto, aprendiz de boticário em Schoppenweyer que, tendo sido visto divertindo-se enquanto olhava frascos cheios de água, perguntaram-lhe o que ele via; foi quando descobriram que ele tinha o dom de *ver* no cristal, o que mais tarde se manifestou com muita frequência, para a satisfação dos curiosos. Pfeffel também menciona outro garoto que tinha esse dom, e que andava pelo campo com um espelhinho, respondendo perguntas, recuperando mercadorias roubadas, e assim por diante. Disse que um dia encontrou uns ciganos, e um deles estava sentado ali perto, olhando para um espelho. O garoto, por curiosidade, olhou por cima de seu ombro e disse que via "um bom homem que estava se mexendo"; nisso, o cigano, tendo-o interrogado, deu-lhe o espelho; "Pois", disse ele, "tendo olhado para ele tempo suficiente, não consigo ver nada além do meu próprio rosto".

É quase desnecessário observar que os livros sagrados dos judeus e dos indianos são testemunhas do conhecimento que tinham desse modo de adivinhação, assim como de muitos outros.

Muitas pessoas terão ouvido falar ou lido o relato do sr. Canning e do sr. Huskisson, em que dizem ter visto, em Paris, a representação fantasmagórica de suas próprias mortes na água, conforme manifestada ali por uma mulher russa ou polonesa; no entanto, como desconheço a autoridade da fonte a respeito da história, não insistirei nela. Mas S. Simão conta um caso muito curioso dessa natureza, que ocorreu em Paris, e lhe foi relatado pelo duque de Orleans, mais tarde regente. Este disse que tinha mandado buscar, na noite anterior, um homem, então em Paris, que dizia ser capaz de fazer surgir o que quer que se desejasse num copo de água. Ele veio, e a uma criança de 7 anos que morava na casa, tendo sido chamada, pediram-lhe que dissesse o que via estar sendo feito em determinados lugares. Ela o fez; e, como enviaram gente para aqueles lugares e descobriram que o relato dela estava correto, pediram-lhe que descrevesse em que circunstâncias o rei iria morrer; sem, no entanto, perguntar quando a morte iria ocorrer.

A criança não conhecia ninguém na corte e nunca tinha estado em Versalhes; ainda assim, descreveu tudo com exatidão — o quarto, a cama, os móveis e o próprio rei; Madame de Maintenon, Fagon, o médico, os príncipes e princesas — todos, em suma, incluindo uma criança usando uma condecoração e que estava nos braços de uma senhora, a quem a vidente reconheceu como sendo Madame de Ventadour.

Surpreenderam-se que tivesse omitido os duques de Borgonha e de Berry, e o monsenhor, e também a duquesa de Borgonha. O duque de Orleans insistia que deveriam estar ali e os descreveu; mas a criança sempre dizia, "*não*". Tais pessoas estavam então passando bem; mas morreram antes do rei. Ela também viu os filhos do príncipe e da princesa de Conti, mas não estes próprios, o que estava correto, de vez que estes também morreram pouco depois desse evento.

Orleans quis então ver seu próprio destino; e o homem disse que, se ele não se assustasse, poderia mostrar-lhe, como que pintado em um muro; e depois de quinze minutos de conjuração o duque apareceu, em tamanho natural, vestido como sempre, mas com uma *couronne fermée* ou coroa fechada na cabeça, o que não conseguiam compreender, uma vez que não era de nenhuma país que conhecessem. Cobria sua cabeça, tinha apenas quatro voltas e nada no topo. Eles nunca tinham visto nada assim. Quando ele se tornou regente, compreenderam que aquilo era a interpretação da previsão.

Com relação a esse assunto, a aversão ao espelho que com frequência se manifesta nos cães é bastante digna de observação.

Quando descobrimos que fatos como esses foram registrados ou foram dignos de crédito em todas as partes do mundo, desde o seu início até o presente, é sem dúvida inútil, para os assim chamados *savants*, negá-los; e como Cícero justamente diz quando descreve os diferentes tipos de mágica, "Temos que ver com os fatos, uma vez que da causa sabemos pouco. Nem," ele acrescenta, "devemos repudiar esses fenômenos por considerá--los às vezes imperfeitos, ou mesmo falsos, não mais do que desacreditamos naquilo que o olho humano vê, embora alguns vejam de modo muito imperfeito, ou não vejam absolutamente".

Somos em parte espírito, em parte matéria; por meio do primeiro, estamos unidos ao mundo espiritual e ao espírito absoluto; e ninguém duvida que este possa operar de forma mágica, isto é, pelo mero ato da vontade — pois pelo mero ato da vontade tudo foi criado, e por seu esforço constante tudo é sustentado — por que então deveríamos nos surpreender que nós, que comungamos com a natureza divina e fomos criados à imagem de Deus, devamos também, dentro de certos limites, comungar desse poder mágico? Que tenham com frequência abusado desse poder, isto é culpa daqueles que, sendo capazes, recusam-se a investigar, e negam a existência desses e de outros fenômenos semelhantes; e assim, expulsando-os do domínio da ciência legítima, deixam que se tornem presa dos ignorantes e dos calculistas.

O dr. Ennemoser, em sua obra erudita a respeito de mágica, nos mostra que todos os fenômenos de magnetismo e sonambulismo, e todos os diversos tipos de adivinhação, têm sido conhecidos e praticados em todos os países sob o Sol; e têm estado intimamente ligados, e de fato podem ser remetidos, à fonte primeira de todas as religiões.

Quais sejam os limites desses poderes que possuímos enquanto estamos encarnados, quanto deles podemos desenvolver, e se no limite extremo daquilo que podemos exercer passamos a ser ajudados por Deus ou por espíritos de outras esferas de existência que tangenciam a nossa, não sabemos; mas, com relação à moralidade dessas práticas, basta saber que o que é bom em ato ou intenção deve vir do bem; e aquilo que é mau em ato ou intenção deve vir do mal; isso é verdade agora, assim como o era no tempo de Moisés e dos profetas, quando milagres e mágica eram empregados para propósitos sagrados e profanos, e julgados de acordo. Deus trabalha por meio de leis naturais, das quais sabemos ainda muito pouco, e em alguns departamentos do Seu reino, não sabemos nada; e o que nos parece sobrenatural, só nos parece assim graças à nossa ignorância; e quaisquer faculdades ou poderes de que Ele nos tenha dotado, deve tê-lo feito a fim de que pudéssemos exercê-los e cultivá-los para o benefício e o avanço de nossa raça; nem posso eu por um momento sequer supor que, embora como tudo o mais, suscetível de abuso, o exercício legítimo desses poderes, se conhecêssemos sua amplitude, pudesse ser inútil, muito menos pernicioso ou pecaminoso.

Dos poderes mágicos da *vontade*, como eu disse antes, não sabemos nada; e não cabe a uma época puramente racionalista reconhecer o que não pode compreender. Em todos os países houve, aqui e ali, homens que *souberam* disso, e algum rastro disso sobreviveu, tanto na linguagem quanto nas superstições populares. "Se tiverdes fé como um grão de mostarda, direis a esta montanha: transporta-te daqui para lá, e ela se transportará, e nada vos será impossível. Somente com oração e jejum podereis alcançar tais coisas." E, *veuillez et croyez*, queiram e creiam, foi a solução que Puységur deu para suas curas mágicas; e sem dúvida a explicação para aquelas realizadas por mãos reais encontra-se no fato de que eles acreditavam *neles próprios* e, tendo *fé*, podiam exercer a *vontade*. Mas com a crença no direito divino dos reis, a fé e o poder naturalmente expirariam juntas.

Com relação ao que Cristo diz no trecho citado acima a respeito do *jejum*, há numerosos casos que provam que a clarividência e outros poderes mágicos ou espirituais às vezes se desenvolvem por meio dele.

Wilhelm Krause, um doutor em filosofia e professor de Jena que morreu durante o surto de cólera, cultivava esses poderes e os pregava. Não pude obter suas obras, pois foram suprimidas, tanto quando possível, pelo governo da Prússia. Krause era capaz de deixar o próprio corpo e, aparentemente, morrer quando quisesse. Um de seus discípulos ainda vivo, o conde Von Eberstein, tem o mesmo dom.

Muitos escritores do século dezesseis conheciam bem o poder da vontade, e a esta era atribuída a boa ou a má influência das bênçãos e das maldições. Acreditavam que era de grande efeito na cura de doenças, e que com ela apenas podia-se extinguir a vida. Que, *subjetivamente*, pode-se extinguir a vida, isso vimos nos casos do coronel Townshend, do dervixe que foi enterrado, de Hermótimo, e em outros: pois, sem dúvida, o poder que podia tanto podia, por uma razão adequada, realizar ainda mais: e uma vez que tudo na natureza, espiritual e material, está conectado, e que há uma interação contínua entre as coisas, e que somos membros de um grande todo, individualizados apenas em nossos organismos, é possível conceber que o poder passível de ser exercido em nosso próprio organismo se estenda a outros: e uma vez que não podemos conceber o homem como um ser isolado — a única inteligência, além de Deus — não havendo nada acima e nada abaixo de nós — mas temos, ao contrário, que acreditar que há inúmeros graus de inteligência, daí parece claramente seguir-se que temos que estar, de alguma forma, relacionados com eles, de modo mais ou menos íntimo;

nem de modo algum deve nos surpreender que com alguns indivíduos essa relação deva ser mais íntima do que com outros. Finalmente, não estamos autorizados a negar a existência desse poder mágico ou espiritual, seja ele exercido por espíritos incorporados ou não, pelo fato de não compreendermos como pode ser exercido; assim, apesar de todas as palavras proferidas sobre o assunto, somos igualmente ignorantes a respeito do modo pelo qual nossa própria vontade age sobre nossos próprios músculos. Conhecemos o fato, mas não como atua.

Capítulo XVIII

Conclusão

Do poder do espírito sobre a matéria, temos um exemplo notável nos inúmeros casos bem comprovados das *Stigmata*. Como na maioria dos casos esse fenômeno foi associado a um estado de exaltação religiosa e apropriado pela Igreja Romana como um milagre, o fato tem sido, neste país, bastante desacreditado; mas sem razão; Ennemoser, Passavant, Schubert e outros eminentes fisiologistas alemães nos garantem que não apenas o fato é perfeitamente comprovado no que diz respeito a muitos dos assim chamados santos, mas também que sem dúvida tem havido exemplos modernos, como no caso das Extáticas do Tirol, Catherine Emmerich, conhecida como a Freira de Dülmen, Maria Morl e Domenica Lazzari, que apresentaram, todas, os estigmas.

Catherine Emmerich, a mais admirável das três, começou muito cedo a ter visões e a manifestar dons pouco usuais. Ela era muito pia; capaz de distinguir as propriedades das plantas, de revelar os segredos ou acontecimentos distantes e de ler o pensamento das pessoas; era, porém, muito doente e manifestava uma variedade de sintomas extraordinários e dolorosos que culminaram em sua morte. As feridas da coroa de espinhos ao redor de sua cabeça e dos pregos em suas mãos e pés eram tão perfeitas como se tivessem sido pintadas por um artista, e sangravam regularmente às sextas-feiras. Havia também uma cruz dupla em seu peito. Quando o sangue era limpo, as marcas pareciam picadas de moscas. Ela raramente se alimentava, senão de água, e tendo sido apenas uma pobre guardadora de vacas, discursava, durante o estado de êxtase, de modo inspirado.

Estou bem consciente de que, ao ler isto, muita gente que nunca a viu dirá que era tudo fraude. É muito fácil dizer isso; mas é tão absurdo quanto presunçoso pronunciar-se a respeito daquilo que não se teve a oportunidade de observar. Também nunca vi essas mulheres; mas me encontro muito mais disposta a aceitar o testemunho daqueles que viram, do que daqueles que apenas "não acreditam, porque não acreditam".

Nem Catherine Emmerich nem as demais fizeram de seus sofrimentos uma fonte de lucro, nem tiveram qualquer desejo de exibi-los; muito ao contrário. Ela era capaz de ver na escuridão, assim como na luz, e com frequência trabalhava a noite inteira fazendo roupas para os pobres, sem luz nem vela.

Houve casos de pacientes magnetizados que foram estigmatizados desse modo. Madame B. Von N. sonhou uma noite que alguém lhe oferecia uma rosa vermelha e branca, e que ela escolhia a última. Ao acordar,

336

sentiu uma queimação no braço e, aos poucos, surgiu ali o desenho perfeito de uma rosa, em forma e cor. Erguia-se em revelo, sobre a pele. A marca cresceu em intensidade até o oitavo dia, e depois disso foi mirrando, até, no décimo quarto dia, tornar-se imperceptível.

Uma carta de Moscou, endereçada ao dr. Kerner em decorrência da leitura do relato da freira de Dülmen, conta um caso ainda mais extraordinário. No tempo da invasão francesa, um cossaco perseguiu um francês até um *cul de sac*, um beco sem saída, e seguiu-se um terrível conflito entre eles, onde este último ficou gravemente ferido. Uma pessoa que se refugiara nessa viela e não conseguia sair, ficou tão terrivelmente assustada que, ao chegar em casa, brotaram em seu corpo exatamente as mesmas feridas que o cossaco havia infligido em seu inimigo.

As marcas nos fetos são casos análogos; e se a mente da mãe pode agir assim em outro organismo, por que não as mentes dos santos, ou de Catherine Emmerich, em sua própria? A respeito da influência da mãe sobre o próprio filho, estamos a apenas um passo para aquilo que afirmam ser possível, entre dois organismos, sem contato visual; pois a dificuldade aqui reside em que não é possível vermos o elo que os liga, embora, sem dúvida, ele exista. O dr. Blacklock, que perdeu a visão há pouco tempo, disse que quando desperto percebia as pessoas por meio da audição e do tato, mas que, ao dormir, tinha a nítida impressão de ser dotado de um outro sentido. Parecia-lhe que estava unido aos outros por uma espécie de contato remoto, afetado por fios que ligavam seus corpos ao dele, o que parecia ser apenas uma expressão metafórica do fato, pois fosse a conexão mantida por um éter que permeasse tudo, ou puramente dinâmica, o fato de haver uma interação entre corpos orgânicos e inorgânicos faz-se evidente onde quer que haja estímulo bastante para tornar os efeitos sensíveis. Até muito recentemente, os poderes da varinha mágica de prospecção eram considerados uma mera fábula, embora a existência desse poder, não na forquilha, mas na pessoa que a segura, seja agora algo perfeitamente comprovado. O conde Tristan, que escreveu um livro sobre o assunto, diz que aproximadamente uma em cada quarenta pessoas tem esse poder, e que uma série completa de experimentos provou que o fenômeno é de natureza elétrica. A forquilha parece servir, até certo ponto, ao mesmo propósito que o espelho mágico e as conjurações, e é útil também por tornar o resultado visível aos olhos do espectador. Mas há inúmeros casos em que metais ou água são percebidos sob a superfície da Terra, sem a intervenção da forquilha. Um homem chamado Bléton, de Dauphigny, era dotado desse poder divinatório num grau impressionante, assim com uma garota suíça chamada Katherine Beutler. Ela era forte e saudável, e de temperamento fleumático; ainda assim, era tão suscetível a essas influências que, sem a forquilha, indicava e traçava cursos de água, veios de metal, depósitos de carvão, minas de sal etc. As sensações produzidas nas solas dos seus pés, às vezes em sua língua ou no estômago, eram inúmeras. Ela nunca perdeu por completo esse poder, que variava consideravelmente em intensidade de tempos em tempos, assim como acontecia com Bléton. Ela também se tornava sensível às dores físicas dos outros, ao tocar nas partes afetadas, ou perto delas, e também realizava diversas curas magnéticas.

Uma pessoa hoje ainda viva, de nome Dussange, maçom, tem esse poder. É um homem simples e honesto, incapaz de explicar seu dom. Os abades Chatelard e Paramelle também são capazes de descobrir fontes subterrâneas; mas dizem que isso se faz por meio de ciência geológica: monsieur D., de Cluny, no entanto, considera o dom de Dussange muito mais confiável. Os gregos e romanos fizeram da hidroscopia uma arte; e aludem a obras a esse respeito, especialmente a uma de Marcellus. O caduceu de Mercúrio, a varinha de Circe e as varinhas dos feiticeiros egípcios demonstram que a varinha mágica ou forquilha sempre foram consideradas símbolos de adivinhação. Um dos exemplos mais notáveis do uso da forquilha é aquele de Jacques Aymar.

No dia 5 de julho de 1692, um homem e sua mulher foram assassinados em um porão em Lyon, e sua casa foi roubada. Não tendo qualquer pista do criminoso, esse camponês, que tinha a reputação de descobrir assassinos, ladrões e objetos roubados por meio da forquilha, foi enviado de Dauphigny. Aymar encarregou-se de seguir os passos dos assassinos, mas disse que primeiro precisava ser levado até o porão onde o assassinato fora cometido. O procurador real o conduziu até lá, e deram-lhe uma forquilha da primeira madeira em que puseram a mão. Ele caminhou pelo porão, mas a forquilha não se mexeu até que chegou ao local onde o homem tinha sido assassinado. Então, Aymar ficou agitado, e seu pulso bateu como se ele estivesse com febre alta, e todos os sintomas aumentaram quando ele se aproximou do lugar onde tinham encontrado o corpo da mulher. A partir daí, foi voluntariamente até uma espécie de oficina onde o roubo tinha sido cometido; dali, procedeu pela rua, traçando passo a passo o caminho do assassino, primeiro até o pátio do palácio do arcebispo, então para fora

338

da cidade, e ao longo do margem direita do rio. Foi acompanhado durante todo o trajeto por três pessoas indicadas para esse fim, que testemunharam que ele às vezes detectava os traços dos três cúmplices, às vezes apenas de dois. Ele liderou o caminho até a casa de um jardineiro, onde insistiu que eles tinham tocado em uma mesa e em uma das três garrafas que ainda estavam sobre ela. Primeiro, negaram; mas duas crianças, de 9 de 10 anos de idade, disseram que três homens tinham estado lá, e se tinham servido de vinho daquela garrafa. Aymar então seguiu seus traços até o rio, onde teriam entrado num barco; e, o que é extraordinário, ele os rastreava com a mesma segurança, tanto na água quanto por terra. Ele os seguiu por todos os lugares na costa, indo direto aos locais onde tinham se alojado, indicando as camas e os objetos que haviam usado. Ao chegar a Sablons, onde algumas tropas estavam acampadas, a forquilha e suas próprias sensações o convenceram de que os assassinos estavam lá; mas temendo que os soldados o maltratassem, recusou-se a levar adiante a iniciativa e voltou a Lyon. Prometeram-lhe, no entanto, proteção, e o mandaram de volta pelo rio, com cartas de recomendação. Ao alcançar Sablon, disse que não estavam mais lá, mas rastreou-os até Languedoc, entrando em cada casa onde tinham parado, até que por fim alcançou o portão da prisão, na cidade de Beaucaire, onde disse que um deles seria encontrado. Trouxeram todos os prisioneiros diante dele, em número de quinze, e o único que sua forquilha apontou foi um pequeno *bossu* [corcunda], um homem deformado, que tinha sido preso havia pouco por um roubo de pouca monta. Ele então afirmou que os outros dois tinham tomado a estrada para Nismes, e se ofereceu para acompanhá-los; mas, como o homem negava ter qualquer conhecimento do assassinato e declarava nunca ter estado em Lyon, acharam melhor voltar. E, ao seguir pelo caminho de onde tinham vindo, e parar nas mesmas casas, onde foi reconhecido, ele finalmente confessou que tinha viajado com dois homens que o tinham contratado para ajudar no crime. É muito significativo que tenham considerado necessário que Jacques Aymar andasse à frente do criminoso; pois quando o seguia, sentia-se violentamente mal. De Lyon a Beaucaire são setenta e dois quilômetros.

Como a confissão do *bossu* confirmou tudo o que Aymar tinha afirmado, o caso despertou enorme sensação, e uma grande variedade de experimentos foi realizada, cada um deles se revelando perfeitamente convincente. Além disso, descobriu-se que dois cavalheiros, um deles inspetor da alfândega, tinham esse dom, embora em grau menor. Eles então levaram Aymar de volta para Beaucaire, para que pudesse rastrear os outros dois criminosos, e ele de novo seguiu direto para o portão da prisão, onde agora disse que outro seria encontrado. As investigações, no entanto, revelaram que um homem vinha perguntando pelo *bossu*, mas que tinha ido embora. Ele então os seguiu até Toulon e finalmente até a fronteira da Espanha, o que impôs um limite para novas buscas. Ele ficava com frequência tão fraco e abatido com os eflúvios, ou o que quer que o estivesse guiando, que o suor lhe brotava da fronte, e eram obrigados a borrifá-lo com água para que não desmaiasse.

Ele descobriu muitos roubos desse mesmo modo. Sua forquilha se mexia sempre que passava por cima de metais ou de água, ou de mercadorias roubadas; mas descobriu que era capaz de notar a rota de um assassino entre as demais, pelo horror e a dor que sentia. A descoberta aconteceu por acidente, quando estava procurando água. Cavaram o chão e encontraram o corpo de uma mulher que tinha sido estrangulada.

Eu mesma deparei com três ou quatro pessoas em cujas mãos a forquilha se mexia visivelmente; e há inúmeros casos impressionantes registrados em diferentes obras. Em Hartz, há um grupo de pessoas que se sustenta exclusivamente com essa espécie de adivinhação, e como são muito bem pagos e não fazem mais nada, são em geral inúteis e dissipados.

A extraordinária suscetibilidade às alterações atmosféricas de certos organismos e o dom com o qual um cão rastreia os passos de seu mestre são casos análogos aos da forquilha. O sr. Boyle menciona uma mulher que sempre notava se uma visita vinha de algum lugar onde recentemente nevara. Vi uma que, se uma certa quantidade de luvas lhe fosse apresentada, era capaz de dizer com segurança a quem cada uma pertencia; e um amigo próximo, ao entrar numa sala, distinguia perfeitamente quem tinha se sentado ali, desde que fossem pessoas com quem estivesse familiarizado. Existem inúmeras histórias extraordinárias sobre essa espécie de dom, em cães.

Sem dúvida, não apenas nossos corpos, mas toda matéria irradia uma aura à sua volta; a esterilidade do chão onde podem ser encontrados metais é notória; e afirma-se que, para algumas pessoas, os vapores emanados do subterrâneo são visíveis; e que, assim como a altitude das montanhas em torno de um lago dá a medida de sua profundidade, também a altura a que sobem esses vapores mostra quão abaixo da superfície os tesouros minerais ou a água se encontram. O efeito de metais em pessoas sonambúlicas é bem conhecido por todos aqueles que deram alguma atenção a esses assuntos; e pode-se muito bem admitir isto, quando se lembra que Humboldt descobriu a mesma sensibilidade em zoófitos, onde nenhum traço de nervos pôde ser detectado; e há muitos anos Fracastoro afirmou que sintomas semelhantes à apoplexia eram às vezes induzidos pela proximidade de uma grande quantidade de metal. Fala-se de um cavalheiro que não podia entrar na casa da moeda de Paris, sem desmaiar. Em suma, existem tantos casos bem comprovados de sensibilidades idiossincráticas, que não temos o direito de rejeitar outros por nos parecerem incompreensíveis.

Ora, não é fácil conceber, mas sabemos ser um fato que o medo, a tristeza e outras paixões nocivas viciam as secreções* e aumentam a transpiração; e é muito natural supor que, onde foi cometido um crime que tenha despertado uma boa quantidade de emoções turbulentas, exalações perceptíveis a um sentido muito apurado possam por algum tempo pairar no local; enquanto a ansiedade, o terror, a pressa, em suma, as comoções gerais do organismo que devem acompanhar um assassino em fuga, são plenamente suficientes para explicar que seu trajeto se torne reconhecível por um dom fora do comum; "Pois os maus fogem quando ninguém os persegue". Sabemos também que uma pessoa que transpira, com os poros abertos, fica mais suscetível ao contágio do que outra; e basta supor que os poros de Jacques Aymar estivessem assim abertos, absorvendo facilmente as emanações exaladas pelo fugitivo, para entender por que ele devia estar sendo afetado pelas sensações desagradáveis que descreve. O efeito perturbador dos odores em algumas pessoas, e que são inofensivos para outras, deve ter sido observado por todos. Algumas pessoas de fato quase "die of a rose in aromatic pain" [morrer como a rosa, em aromática dor]. Boyle diz que, em sua época, muitos médicos evitavam dar drogas para crianças, ao descobrir que uma aplicação externa, absorvida pela pele ou pela respiração, era suficiente; e homeopatas atualmente às vezes usam dos mesmos meios. Sir Charles Bell me contou que o sr. F., um cavalheiro bem conhecido na esfera pública, precisava apenas aproximar um velho livro do nariz para sentir todos os efeitos de um purgante. Elizabeth Okey era tomada pelas mais dolorosas sensações quando se aproximava de uma pessoa cuja saúde estivesse decaindo. Sempre que esse efeito era de uma certa intensidade, o dr. Elliotson observava que o paciente invariavelmente morria.

---

* Nos 'Anais médicos' consta o caso de uma jovem cujas secreções das axilas se tornaram tão desagradáveis, em razão do susto e do horror que sentiu ao ver alguns de seus conhecidos serem assassinados na Índia, que ela não podia viver em sociedade.

Aqui reside o segredo dos amuletos e dos talismãs, vistos cada vez mais como uma superstição vã, mas nos quais, assim como em todas as crenças populares, havia um grão de verdade. Pessoas sonambúlicas com frequências os prescrevem; e ainda que possa parecer absurdo para muitos, há casos em que sua eficácia foi perfeitamente comprovada, seja qual for a interpretação do mistério. Em uma grande praga, ocorrida na Morávia, um médico que atendia os enfermos atribuiu sua total imunidade e a de sua família ao fato de usarem amuletos feitos com o pó de sapos; "que", diz Boyle, "produzia uma emanação adversa ao contágio". Um médico holandês menciona que, durante a grande praga de Nimegue, a peste raramente atacava uma casa, sempre que usavam sabão para lavar as roupas. Onde quer que fizessem isso, ela aparecia imediatamente.

Em suma, estamos sujeitos, assim como tudo à nossa volta, a toda espécie de influências sutis e inexplicáveis; e se nossos ancestrais atribuíam importância demais a esses arcanos mal compreendidos da face noturna da natureza, nós atribuímos muito pouca. Os efeitos simpáticos das massas nos indivíduos, dos jovens que dormem com os velhos, do magnetismo nas plantas e animais, são hoje fatos reconhecidos; não poderão muitos outros fenômenos alegados, e dos quais ainda rimos, ser fatos também, embora provavelmente de natureza por demais caprichosa — e com isso, quero dizer, que dependem de leis que estão além de nossa compreensão — para nos serem acessíveis? Pois penso que, assim como não existe algo como o acaso, e tudo seria certeza se conhecêssemos as circunstâncias em sua totalidade, nenhum fenômeno é de fato caprichoso e incerto; apenas nos parecem assim, à nossa ignorância e miopia.

A firme crença que prevalecia antigamente na eficácia das curas por simpatia mal pode ter existido, penso, sem algum fundamento; nem são mais extraordinárias do que a queda de quadros e o parar de carrilhões e relógios por via simpática, dos quais constam casos tão numerosos e bem comprovados que diversos sábios fisiologistas alemães atuais declaram a coisa inquestionável. Eu mesmo ouvi falar de alguns exemplos bastante desconcertantes.

Gaffarillus alude a um certo tipo de ímã, que não se parece com o ferro, mas que é preto e branco, e com o qual, se uma agulha ou uma faca forem nele esfregados, o corpo poderia ser perfurado ou cortado, de modo indolor. Como podemos saber se isso não é verdade? Os charlatães que se ferem e cauterizam seus corpos para a diversão do público supostamente devem servir-se de tais segredos.

Como é possível, também, imaginarmos que os inúmeros casos registrados da *Prova do Sangue*, que consistia em que o suspeito de assassinato tocasse no corpo de sua vítima, pudessem ter sido pura ficção ou coincidência? Não há muito tempo, dizem que um experimento de natureza assustadora foi realizado na França com uma pessoa sonambúlica, colocando-se em sua região epigástrica um frasco cheio do sangue arterial de um criminoso recentemente guilhotinado. O resultado que afirmaram ter sido produzido foi o estabelecimento de um vínculo entre o sonâmbulo e o morto, que punha em perigo a vida deste último.

Franz von Baader sugere a hipótese de uma *vis sanguinis ultra mortem*, e supõe que uma relação ou *communio vitae* pode ser estabelecida entre o assassino e sua vítima; e concebe que a ideia dessa relação mútua seja o significado verdadeiro dos ritos sacrificiais comuns a todos os países, assim como o *Blutschuld*, ou a exigência de sangue por sangue.

Com relação à prova do sangue, o que se segue são os dois exemplos mais recentes do caso registrados como tendo acontecido neste país: foram extraídos dos "Hargrave's Estate Trials" [Julgamentos do Estado de Hargrave]: —

"Após testemunhos prestados com relação à morte de Jane Norkott, um ancião respeitável, ministro da paróquia de Hertfordshire, onde o assassinato aconteceu, jurou e depôs que, ao retirarem o corpo do túmulo, estando presentes os quatro réus, solicitaram que cada um deles tocasse no cadáver. A esposa de Okeman se prostrou de joelhos e rezou para que Deus desse sinais de sua inocência. A ré tocou no corpo, e nisso a testa da defunta, antes lívida como a de um morto, começou a produzir gotículas ou a suar levemente, o que aos poucos aumentou, até que o suor correu em gotas pelo seu rosto; a testa apresentou uma cor viva e fresca, e a defunta abriu um dos olhos e o fechou de novo, e esse abrir de olhos aconteceu três vezes; ela, do mesmo modo, tirou o anel de casamento três vezes e o pôs de novo, e verteu sangue pelo dedo, na grama.

"Sir Nicholas Hyde, chefe da Suprema Corte, parecendo duvidar do testemunho, questionou o depoente que vira essas coisas acontecerem ao seu lado, e o depoente respondeu, 'Senhor', não posso jurar pelo que os outros viram, mas acredito que todos tenham visto; e se tivesse restado alguma dúvida, provas seriam apresentadas e muitos teriam testemunhado como eu. 'Senhor', acrescentou o depoente, notando a surpresa que seu testemunho tinha despertado, 'sou ministro da paróquia e conheço há muito tempo todos os envolvidos, e nunca tive qualquer questão contra qualquer um deles, nem eles comigo, na condição de ministro. A coisa me surpreendeu, mas não tenho qualquer interesse no assunto, exceto por ter sido chamado a dar testemunho da verdade. Senhor, meu irmão, que é ministro da paróquia ao lado, está presente, e tenho certeza que viu tudo o que afirmei'."

Nisso, o irmão, depois de jurar, confirmou o testemunho acima, em todos os detalhes; e a primeira testemunha acrescentou que, tendo mergulhado o dedo no que pareceu ser sangue, convenceu-se de que de fato era. É preciso observar que esse caso extraordinário deve ter ocorrido, se é que ocorreu, quando o corpo estava morto havia mais de um mês; pois foi exumado graças a vários rumores implicando os prisioneiros, depois que a análise do médico legista resultou no veredito de *felo de se*. No primeiro julgamento, eles foram inocentados, mas tendo sido apresentada uma apelação, foram considerados culpados e foram executados. Foi nessa última ocasião que os estranhos testemunhos relatados acima foram dados e, tendo sido anotados na época por sir John Maynard, então advogado da coroa, estão registrados, conforme observei, na edição de Hargrave dos "Julgamentos do Estado".

O caso acima aconteceu no ano de 1628, e em 1688 recorreu-se de novo à prova do sangue, no julgamento de sir Philip Stansfield, por parricídio, ocasião em que o corpo também tinha sido enterrado, mas havia pouco tempo. Tendo sido levantadas algumas suspeitas, o corpo foi exumado e examinado pelos cirurgiões e, por uma série de indícios, não restou nenhuma dúvida de que o velho fora assassinado, nem de que seu filho fora o culpado de sua morte. Quando o corpo foi lavado e vestido em trajes limpos, os parentes e amigos mais próximos foram chamados para erguê-lo e recolocá-lo no caixão; quando sir Philip pôs a mão debaixo dele, subitamente retirou-a, manchada de sangue, exclamando, "Oh, meu Deus!", e deixando o corpo cair, gritou, "O Senhor tenha piedade de mim!", e foi, e se ajoelhou em um banco da igreja, onde o corpo tinha sido inspecionado. Vários testemunhos do caso foram dados no decurso do julgamento; e é importante notar que sir John Dalrymple, um homem de forte intelecto e totalmente isento de superstição, admite o caso como um fato comprovado, em sua acusação diante do júri.

Em suma, embora em diferentes níveis, estamos todos sujeitos a uma variedade de influências sutis que neutralizam mais ou menos umas às outras, e muitas das quais, portanto, nunca observamos; e com frequência, quando observamos os resultados, não temos nem tempo nem capacidade para retroceder à causa; e quando esses resultados se manifestam em organismos mais suscetíveis, nos contentamos em nos referir aos fenômenos como casos de enfermidade ou de fraude. A imunidade, ou o poder, qualquer que seja ele, graças à qual certas pessoas ou povos são capazes de lidar com animais peçonhentos impunemente é um assunto que merece muito mais atenção do que tem encontrado; mas ninguém pensa em investigar segredos que aparentam ser mais curiosos do que lucrativos; além disso, acreditar nessas coisas implica em refletir sobre o discernimento de cada um. Ainda assim, de tempos em tempos, ouço falar de fatos tão extraordinários, que chegam até mim oriundos de fontes incontestáveis, que não vejo no mundo razão para rejeitar outros que não o são muito mais. Por exemplo, outro dia apenas, o sr. B. C., cavalheiro bem conhecido na Escócia, que viveu bom tempo no exterior, me informou que, tendo com frequência ouvido falar de um fenômeno singular, observado quando se coloca um escorpião e um rato juntos debaixo de um copo, por fim fez a experiência; e o resultado comprovou à perfeição o que ele antes tinha sido incapaz de acreditar. Ambos os animais estavam evidentemente assustados; mas o escorpião atacou primeiro e picou o rato, que se defendeu com bravura e matou o escorpião. Mas a vitória não ficou impune; pois o rato inchou até atingir um tamanho pouco natural, e parecia arriscado a morrer do veneno do antagonista derrotado, quando se acalmou e se curou, ao comer o escorpião, que assim provou ser um antídoto para o próprio veneno; fornecendo um caso muito interessante e surpreendente de isopatia.

Há uma seita religiosa na África, não longe da Argélia, onde os indivíduos comem as mais venenosas serpentes vivas e, seguramente, dizem, sem extrair as presas. Declaram que gozam do privilégio de seu chefe. As criaturas se retorcem e lutam entre seus dentes; mas possivelmente, se os mordem, a mordida é inócua.

Então, sem mencionar o expediente comum de extrair as presas das peçonhas ou de forçar o animal com repetidas mordidas para descarregá-lo de seu veneno, parece bem comprovado demais para que se duvide dele, o fato de que existem pessoas em quem o dom do encantamento, ou em outras palavras, de desarmar serpentes, é inerente, como os antigos psilos e marsos; e os povos mencionados por Bruce, Hasselquist e Lempriere, que foram eles mesmos testemunhas visuais dos fatos que relatam. Com relação aos marsos, é preciso lembrar que Heliogábalo fez seus sacerdotes soltarem serpentes venenosas no circo quando este estava cheio, e que muitos pereceram das mordidas desses animais, a que os marsos ficaram imunes. Os encantadores modernos diziam a Bruce que sua imunidade nasceu com eles; e foi sem dúvida comprovado, durante a expedição francesa ao Egito, que essas pessoas vão de casa em casa para destruir serpentes, como o fazem os homens com os ratos, neste país. Eles declaram que algum instinto misterioso os guia até esses animais, que imediatamente agarram com fúria e destroçam com as mãos e os dentes. Os negros das Antilhas são capazes de farejar uma serpente que não veem, e a cuja presença um europeu é totalmente insensível; e madame Calderón de la Barca menciona, em suas cartas do México, alguns casos singulares de imunidade aos efeitos perniciosos das picadas venenosas; e conta, além disso, que em algumas partes da América onde as cascavéis são muito abundantes, existe o costume de inocular crianças com o veneno, e que isso as previne de males futuros. Isso pode ou não ser verdade; mas atualmente está tão na moda afirmar que é fábula tudo o que se desvia de nossa experiência diária, que os viajantes podem repetir essas histórias por eras, antes que qualquer pessoa competente se dê ao trabalho de verificar o relato. No entanto, vendo as evidências como um todo, parece claro que de fato existe em algumas pessoas um dom de produzir nesses animais uma espécie de torpor ou *engourdissement*, que os torna por algum tempo incapazes de qualquer mal; embora ignoremos totalmente a natureza desse poder, a menos que seja magnético. Os sentidos dos animais, embora de modo geral lembrem os nossos, ainda são muito diferentes em vários aspectos; e sabemos que muitos deles têm um ou outro dom desenvolvido numa intensidade da qual não temos uma noção precisa. Galen afirma, com base nos próprios marsos e psilos, que estes conquistaram sua imunidade alimentando-se da carne de animais venenosos; mas Plínio, Elian, Silius Italicus e outros explicam o privilégio atribuindo-o ao uso de alguma substância poderosa, com a qual esfregam seus corpos, e a maioria dos viajantes modernos tende à mesma explicação; mas se esta fosse a explanação do mistério, suspeito que seria facilmente detectada.

É possível observar que, em todos os países onde um segredo desse gênero existe, sempre se encontra algum costume que pode ser considerado como a causa ou como a consequência da descoberta. No Hindustão, por exemplo, para se verificar a verdade de uma acusação, põem uma naja em um vaso fundo de cerâmica com um anel, e se o suposto criminoso consegue tirar o anel sem ser mordido pela serpente, é considerado inocente.

Assim as víboras sagradas no Egito infligiram a morte aos maus, mas pouparam os bons. O dr. Allnut conta que viu um negro na África encostar na língua esticada de uma cobra o conteúdo escuro da ponta de seu cachimbo, que disse ser óleo de tabaco. Os efeitos foram tão rápidos quanto um choque elétrico. O animal não se mexeu mais e endureceu, e ficou rígido e duro como se tivesse secado ao Sol.

Conta-se que Machamut, um rei mouro, alimentou-se de veneno até tornar sua mordida fatal e sua saliva, venenosa. Celio Rodigino relata a mesma coisa de uma mulher que desse modo se tornou fatal a todos os seus amantes; e Avicena menciona um homem cuja mordida era fatal, pela mesma razão.

O garoto encontrado na floresta de Arden, em 1563, e que tinha sido alimentado por uma loba, ganhou bastante dinheiro em curto prazo de tempo depois de introduzido na vida civilizada, ao libertar rebanhos e manadas dos pastores do perigo que corriam à noite, de serem devorados por lobos. Isso ele fazia tocando-os com as mãos, ou molhando-os com sua saliva, depois do que, durante algum tempo, gozavam de imunidade. Esse dom foi descoberto porque os animais de que cuidava nunca eram atacados. Mas abandonou-o quando ele tinha cerca de 14 anos, e os lobos pararam de diferenciá-lo dos demais seres humanos.

Imagino, porém, que meus leitores já tenham tido sua dose de *prodígios*, senão de *horrores*, e é hora de levar esse livro a uma conclusão. Se não fiz mais, acredito que ao menos devo ter proporcionado alguma diversão; mas ficarei mais satisfeita se souber que induzi alguém, *uma* pessoa que seja, a apreciar a vida e a morte, e os mistérios que atribuem a ambas, com um olhar mais curioso e inquisitivo do que o tenham feito até agora. Não posso senão imaginar que seria um grande passo se a humanidade fosse capaz de se familiarizar com a ideia de que são espíritos incorporados por algum tempo à carne; mas que a dissolução da ligação entre alma e corpo, embora mude as condições externas daquela, deixa seu estado moral inalterado. Aquilo que um homem fez de si, ele será; seu estado é o resultado de sua vida passada, e seu paraíso ou inferno estão dentro dele. Ao morrermos, entramos numa nova trajetória de vida; e o que a vida será, depende de nós. Se fornecemos óleo para nossas candeias e nos preparamos para um destino nobre, e para a companhia dos grandes e bons espíritos já falecidos, esse será nosso quinhão; mas se utilizamos mal nossos talentos e mergulhamos nossas almas nos prazeres sensuais ou nas paixões básicas deste mundo, carregaremos nossos desejos e paixões conosco, para nos atormentarem no outro; ou quem sabe ficaremos acorrentados à Terra por algum remorso inextinguível ou esquema frustrado, como aqueles espíritos infelizes sobre os quais tenho escrito; e talvez por centenas de anos; pois, embora evidentemente libertos de muitas das leis do espaço e da matéria, uma vez que são incapazes de deixar a Terra, são ainda os filhos do tempo, e não entraram na eternidade. É sem dúvida absurdo esperar que, porque nossos corpos decaíram ou se degradaram, ou porque foram destruídos em um acidente, um milagre seja operado em nosso favor, e o amor mesquinho do ouro ou o amor extravagante do vício sejam extintos de imediato e substituídos por inclinações e gostos mais adequados a essa nova condição! Novas circunstâncias não engendram tão rapidamente um novo espírito aqui, que devamos esperar que o façam lá; especialmente porque, em primeiro lugar, não sabemos que recursos de aperfeiçoamento possam nos restar; e, em segundo lugar, uma vez que deve ser rígida a lei que determina que os iguais procuram os iguais, os cegos procurarão os cegos, e não aqueles que poderiam orientá-los em direção à luz.

Penso também que, se as pessoas aprendessem a lembrar que são espíritos e adquirissem o hábito de se conceber como indivíduos, para além do corpo, não somente seriam mais capazes de compreender essa visão de uma vida futura, como também teriam muito menos dificuldade em imaginar que, uma vez que pertencem ao mundo espiritual, por um lado, tanto quanto pertencem ao mundo material, por outro, essas extraordinárias faculdades que às vezes elas veem se manifestar em determinados indivíduos, ou sob determinadas condições, podem ser apenas tênues réstias daquelas propriedades inerentes ao espírito, embora temporariamente obscurecidas por sua ligação com a carne; e planejadas para serem assim, para os propósitos desta existência terrestre. As nações mais antigas do mundo sabiam disso, embora tenhamos perdido isso de vista, conforme aprendemos nos livros sagrados dos hebreus.

De acordo com a cabala, "a humanidade é dotada, por natureza, não apenas do dom de penetrar nas regiões do suprassensorial e do invisível, mas também de operar magicamente acima e abaixo; ou, nos mundos da luz e das trevas. Assim como o Eterno preenche o mundo, vê e não é visto, também a alma — *N'schamach* — preenche o corpo e vê, sem ser vista. A alma percebe aquilo que os olhos do corpo não podem perceber. Às vezes, um homem é subitamente tomado por um medo inexplicável, e assim acontece porque a alma divisa uma desgraça iminente. A alma tem também o poder de operar na matéria elementar da Terra, de modo a aniquilar uma forma e produzir outra. Mesmo com a força da imaginação, seres humanos podem causar danos a outras coisas; até mesmo a ponto de matar um homem". (O neoplatônico Paracelso diz a mesma coisa). A cabala ensina que em todos os tempos houve homens dotados de poderes, em grau maior ou menor, para fazer o bem ou o mal; pois ser um virtuose em ambos requer um vigor espiritual peculiar; daí, homens como os heróis e os sacerdotes, no reino de Tumah — (o reino dos puros e dos impuros). Portanto, se um homem projeta seus desejos naquilo que é divino, na proporção em que seus esforços não sejam egoístas, mas puramente uma busca pelo sagrado, ele será dotado, pela dádiva gratuita de Deus, das faculdades sobrenaturais; e é o objetivo maior da existência que o homem reconquiste a ligação com sua fonte interior e original, e eleve o material e o mundano em direção ao espiritual. O mais alto grau dessa condição de luz e espírito é comumente chamado de "êxtase místico", e aparentemente é o grau atingido pelos extáticos do Tirol.

Estou muito longe de pretender insinuar que esse seja nosso dever; nem que seja de modo algum desejável que busquemos alcançar esse estado de êxtase sagrado; o que parece envolver alguma disfunção das relações normais entre a alma e o corpo; mas é no mínimo igualmente pouco sábio da nossa parte rir disso, ou negar isto, ou suas condições próximas, onde elas de fato existam. Parece perfeitamente claro que, assim como ao nos entregarmos por completo à nossa vida externa e sensual enfraquecemos e obscurecemos o espírito de Deus que existe em nós, do mesmo modo, ao aniquilar, tanto quanto possível, as necessidades do corpo, somos capazes de subjugar a carne, a ponto de enfraquecer seus laços com o espírito, permitindo que este manifeste alguns de seus dons inerentes. Ascetas e santos com frequência fizeram isso voluntariamente, e as enfermidades, ou uma constituição peculiar, às vezes, o fazem por nós, involuntariamente. Está longe de ser desejável que busquemos produzir um tal estado por qualquer desses meios, mas é muito desejável que nos sirvamos da sabedoria que podemos adquirir pelo simples reconhecimento de que tais fenômenos existiram e foram observados em todas as épocas; e que deste modo nossa ligação com o mundo espiritual pode se tornar um fato comprovado para todos aqueles que escolham abrir seus olhos para ela.

Com relação aos casos de aparições que apresentei, eles não são, como eu disse antes, um centésimo daquilo que eu poderia ter apresentado, se tivesse recorrido a umas poucas das inúmeras coletâneas impressas, existentes em todas as línguas.

Se a visão que admiti ter adotado dos fatos está correta ou não, se devemos olhar para o domínio do psíquico ou do sobrenatural em busca de uma explicação, qualquer que seja o caso, os fatos em si são sem dúvida muito dignos de observação; ainda mais porque, como veremos, embora fantasmas sejam com frequência considerados fora de moda, tais ocorrências são, na realidade, abundantes como sempre; ao mesmo tempo, se essas figuras fantasmagóricas são de fato uma visita dos mortos, nunca é cedo demais para estarmos atentos àquilo que sua reaparição quer nos dizer.

Que todos não os vejamos, ou que aqueles que prometem vir não cumpram todos os seus compromissos, isso não significa nada. Não sabemos por que podem vir nem por que não podem; e, quanto ao fato de não os vermos, repito, não devemos esquecer quantas outras coisas existem e que não vemos; e uma vez que, em ciência, sabemos que existem manifestações tão delicadas que só podem se fazer perceptíveis aos nossos órgãos mediante os mais delicados electrômetros, não é razoável supor que podem existir certos organismos suscetíveis ou enfermos que, tratados de modo sensato, possam servir de electrômetros para os saudáveis?

Como meu livro foi feito com o propósito de ser uma investigação, com um tom de interrogação, caracteristicamente, despeço-me de meus leitores.

C.C.

Este livro foi composto com a tipologia
Times New Roman e impresso em papel
Pólen 80g/m^2 em fevereiro de 2022.